제7판(전면개정)

채권총론

〔민법강의 III〕

곽윤직 · 김재형

박영사

제 7 판(전면개정) 머리말

이 책을 내기까지 오랜 시간이 걸렸다. 민법총칙 교과서와 물권법 교과서를 전면적으로 개정하여 공저로 발간한 다음 채권총론 교과서를 수정하는 일을 시작하였다. 그러던 중 2016년 필자가 대법관에 임명되면서 교과서 수정작업을 중단하였다가, 지난 해 9월 대법관 임기를 마치고서야 교과서를 다시 고치는 일을 할 수 있었다.

2003년에 제 6 판이 나왔으니, 개정판이 20년 만에 나오는 셈이다. 그 사이에 보증채무에 관한 민법 규정이 개정되고 이자제한법을 비롯하여 여러 민사특별법의 제정·개정이 이루어졌다. 채권총론 분야에서도 다른 분야와 마찬가지로 풍부한 판례가 쌓였다. 채무불이행책임, 채권자지체, 손해배상, 채권자대위권, 채권자취소권, 채권양도, 상계 등 채권총론의 주요 쟁점에 관하여 새로운 판례와 학설을 파악하지 않고서는 더 이상 채권총론을 이해하고 있다고 말할 수 없을 정도가 되었다.

이 개정판에서는 민법총칙·물권법 교과서와 마찬가지로 기존 체제를 유지하면서 새로운 학설과 판례의 변화를 반영하여 현재 적용되고 있는 민법 채권총칙편의 전체적인 모습을 보여주고자 하였다. 표현을 간결하고 쉽게 이해할 수 있도록 하였으며 한자는 모두 한글로 바꾸었다.

이 책이 나오는지, 언제 나오는지 문의하는 분들이 많았다. 이『민법강의』시리즈가 계속 이어져야 한다고 말씀하시는 분도 있었다. 법학전문대학원 도입 이후 학생들이 반드시 읽어야 할 교과서로 만들어달라고 요청하는 분도 있었다. 2018년 2월에 곽윤직 선생님께서 작고하셨다. 2010년 가을 선생님께서 제게 교과서 개정작업을 맡기시면서 기뻐하시던 모습이 눈에 선하다. 모든 것을 혼자 알아서 결정하라고 하셨던 말씀이 더욱 무겁게 다가온다.

기대와 격려에 깊이 감사드린다.

2023년 8월

김 재 형

제 6 판 머리말

債權總論敎科書를 나의 民法講義 제 3 권 즉 Ⅲ으로 하여 처음으로 낸 것은 1964년 여름이었고, 「法文社」가 출판을 담당하였다. 그 후 1976년에 全訂版·1983년에 再全訂版·1994년에 新訂版·1999년에 新訂修正版을 냈는데, 再全訂版부터 「博英社」가 출판을 맡고 있다.

이 第六版을 엮은 기본자세는 民法總則(第七版)의 머리말에서 밝힌 그대로이다. 여기에 되풀이하지 않는다.

이 책이 나오는 과정에서, 서울大學校 法科大學 南孝淳 副敎授의 도움을 받았다. 이 책의 여러 索引은 바로 그의 작품이다. 도움에 대하여 감사의 뜻을 표시한다.

2002년 12월 10일

郭 潤 直

차   례

제 1 장 서   론

제 2 장 채권의 본질

제 3 장 채권의 목적

제 4 장 채권의 효력

제 1 절 총   설

제 2 절 채무불이행과 채권자지체

제 1 관 서   설

제 2 관 이행지체

제 3 관 이행불능

제 4 관 불완전이행

제 5 관 이행거절

제 6 관 채권자지체

제 3 절 채무불이행에 대한 구제

제 1 관 서   설

제 5 장 수인의 채권자와 채무자(다수당사자의 채권관계)

제 1 절 총   설

제 2 절 분할채권관계

제 3 절 불가분채권관계

제 4 절 연대채무

제 5 절 보증채무

제 6 장   채권양도와 채무인수

제 1 절   채권의 양도

제 1 관   총   설

제 2 관   지명채권의 양도

제 3 관   증권적 채권의 양도

제 2 절   채무의 인수

제 7 장   채권의 소멸

제 1 절   총   설

제 2 절 변 제

제 3 절 대물변제

제 4 절 공 탁

제 5 절 상 계

제 6 절　경　　개

제 7 절　면　　제

제 8 절　혼　　동

법령 약어

* 법령의 명칭 없이 인용하는 조문은 민법의 조문이다. 아래 법률의 조문을 괄호 안에 인용하는 경우에는 다음과 같이 약어를 사용한다.

가담	가등기담보 등에 관한 법률
가소	가사소송법
가소규	가사소송규칙
가족등록	가족관계의 등록 등에 관한 법률
공저	공장 및 광업재단 저당법
공증	공증인법
광업	광업법
근기	근로기준법
민소	민사소송법
민소규	민사소송규칙
민집	민사집행법
부등	부동산등기법
부등규	부동산등기규칙
상	상법
수산업	수산업법
수표	수표법
어음	어음법
이자	이자제한법
하천	하천법
회생파산	채무자 회생 및 파산에 관한 법률
형	형법

주요 참고문헌

* 아래 단행본은 저자 또는 서명으로 인용한다.

곽윤직 편집대표, 민법주해, 박영사, 1992~2008.

김기선, 한국채권법총론, 법문사, 1987.

김상용, 채권총론, 제 2 판, 화산미디어, 2014.

김용한, 채권법총론, 박영사, 1983.

김증한·김학동, 채권총론, 제 6 판, 박영사, 1998.

김증한·안이준 편저, 신채권총론, 박영사, 1963.

김현태, 신채권법총론, 일조각, 1964.

김형배, 채권총론, 제 2 판, 박영사, 1998.

송덕수, 채권법총론, 제 6 판, 박영사, 2021.

양창수·김재형, 계약법, 제 3 판, 박영사, 2020.

이은영, 채권총론, 제 4 판, 박영사, 2009.

최 식, 신채권법총론, 박영사, 1963.

현승종, 채권총론, 일신사, 1975.

제1장 서 론

[1] Ⅰ. 채권법의 의의

1. 채권에 관한 법을 통틀어 채권법(債權法) 또는 채무법(債務法)이라고 말한다. 채권법은 채권을 기본으로 하여 이를 규율하는 법이고, 채무법은 채무를 기본으로 하여 이를 규율하는 법이다. 우리나라에서는 일반적으로 채권법이라는 용어를 사용한다. 그런데 이것은 결국 채권관계(債權關係. 이를 채무관계 또는 채권·채무관계라고도 일컫는다. 그러나 종래 채권관계라는 용어가 널리 쓰이고 있다)를 규율하므로, 채권법은 채권관계를 규율하는 법이라고도 말할 수 있다. 따라서 채권법의 의의를 밝히려면, 채권의 본질 또는 채권관계가 무엇인지를 명백히 할 필요가 있다. 이에 관해서는 나중에 자세히 설명하지만([4] 참조), 우선 채권법의 뜻을 이해하는 데 필요한 한도에서 그 개념만을 적어 보기로 한다. 채권은 특정인(채권자)이 다른 특정인(채무자)에 대하여 특정한 행위(급부·급여)를 요구·청구할 수 있는 권리이다. 채권관계는 2인 또는 그 이상의 다수인이 채권자 또는 채무자로서 서로 일정한 행위를 요구할 수 있는 권리(채권)를 갖고 그에 대응하는 의무(채무)를 부담하여 대립하는 법률관계이다. 요컨대, 채권법은 특정인이 타인의 일정한 행위를 청구·요구하는 법률관계(즉 채권관계)를 규율하는 법을 말한다.

2. 채권이나 채권관계에 관한 제도는 사회생활에서 어떠한 의미를 가지는가? 사람은 사회생활을 한다. 사회구성원인 개인은 서로 의지하고 협력하는 관계에 있다. 그렇지 않고서는 각자 생존하는 것이 거의 불가능하다. 문화가 발전하고 사회적 분업이 복잡해질수록 더욱더 다른 사람의 협력에 의존하는 정도는 높아진다. 사람들이 순조롭게 사회생활을 하고 일상생활이 안정되려면, 각자가 원하는 경우에 언제든지 다른 사람의 협력을 얻을 수 있는 길을 미리 법적으로 확보할 수 있는 제도가 필요하다. 위에서 적은 채권이나 채권관계의 개념에 따라서 관념적으로 생각하더라도, 채권이나 채권관계는 위와 같은 요청에 따른 제도라는 것을 이해할 수 있다. 즉, 채권은 타인의 협력에 대한 기대이며, 채권관계는 개인 상호간의 협력관계이다. 개인과 개인 사이에 채권관계가 맺어짐으로써, 한쪽 당사자인 채권자는 다

- 1 -

른 쪽 당사자인 채무자의 일정한 행위, 즉 협력을 얻게 된다는 기대를 갖는다. 채권자의 기대에 대한 안전을 보장하고, 만일 채무자가 신의에 어긋나는 행동으로 채권자의 기대를 배반하면 국가권력으로 이를 실현시키며, 실현이 불가능한 때에는 일정한 대상을 얻게 하는 것이 바로 채권법이다. 바꾸어 말하면, 채권법은 타인의 협력을 보장하는 법이다. 우리는 생활의 모든 측면에서 타인과 채권관계를 맺고 채권자로서 또는 채무자로서 서로 협력을 주고받고 있다.

　　타인의 협력을 법적으로 확보하는 제도는 역사상 사회구조의 변화에 따라 여러 변천을 겪었다. 노예제도가 존재하던 사회에서는 타인으로부터 협력을 얻는 수단은 주로 노예의 노동에 의존하였으며, 노예의 노동은 물권법적으로 확보되었다. 노예는 노동을 생산하는 기계나 동물, 바꾸어 말하면 물건으로 생각되고 법률상 인격이 인정되지 않았다. 주인은 노예를 소유함으로써 직접 그 노동력을 지배하고 이용하였다. 한편 신분적 예속관계가 사회의 기본구조를 형성했던 봉건사회에서는 사람들이 혈연단체 그 밖의 공동체에서 일정한 신분적 지위를 가지고 있었으며, 그가 속하는 공동체를 위하여 노동력을 제공하고 협력할 의무를 지고 그 대신 공동체에 의하여 생활을 보장받았다. 그러한 사회에서는 당사자가 자유의사에 따라 협력관계를 선택할 수 없었다. 이 시대에는 사람들의 사회적 신분관계를 규율하는 법규범(즉 봉건적 신분법)이 동시에 타인의 협력을 확보하는 법규범이기도 하였다. 그 후 봉건사회가 무너지고 모든 사람의 자유와 평등을 기초로 하는 근대 시민사회가 성립하였다. 이 시민사회는 모든 개인을 신분적 차별과 구속으로부터 해방하고 개인의 자유와 인격의 독립성을 존중하는 동시에, 개인 사이의 계약적 결합을 사회구성의 이념으로 한다. 근대 시민사회의 성립으로 모든 개인은 신분적인 여러 차별과 구속을 벗어났다. 반면에 종전의 신분질서에 따라 생존을 보장받지 못하고 이른바 자기책임(自己責任)의 원리에 따라 자신의 생존은 스스로의 힘으로 유지해야 했다. 모든 개인은 반드시 사회적 분업협동관계에 들어가야 했는데, 그 수단으로 계약(契約)이 이용되었다. 즉, 대규모의 복잡한 사회분업을 기초로 하는 근대 시민사회에서 독립한 자유인격자인 개인 사이의 협력이나 의존 관계는 원칙적으로 자유로운 의사의 합치인 계약에 따라 형성되었다. 채권법은 근대사회에서 타인의 협력을 확보하는 수단으로서 중요한 기능을 하게 되었다. 바꾸어 말하면, 노예제도뿐만 아니라 신분적 예속관계도 인정되지 않는 근대사회에서는 채권법이 타인의 협력을 법적으로 확보할 수 있게 하는 유일한 법이 되었다. 채권법에 따라서만 타인의 협력을 확실하게 기대하고 법적으로 그 협력을 강제적으로 요구할 수 있다. 채권법, 특히 계약법이 근대사회에서 매우 중요한 의의를 가지는 이유도 여기에 있다.

3. 채권법은 물권법(物權法)과 더불어 재산법(財産法)의 가장 중요한 두 부분을 이루고 있으나, 역사적으로는 물권법이 채권법보다 먼저 발달하였다. 즉, 법률생활의 진화라는 점에서 본다면, 재산관계로서는 먼저 물권관계가 인정되고, 채권관계는 그 후에 점차 발달하였다.

앞에서 설명한 것처럼, 채권법은 채권관계, 즉 자유인격자 상호간의 협력관계를 규율하는 법이다. 채권관계를 통하여 얻을 수 있는 '타인의 협력'에는 여러 가지가 있지만, 가장 중요한 것은 사람이 그의 물질적·정신적 생활을 해나가는 데 필요한 각종 재화나 타인의 노무를 얻는 것이다. 그러므로 채권법은 타인을 매개하여 생활에 필요한 재화나 노무를 취득하는 것을 규율하는 법이라고도 말할 수 있다. 이에 반하여 물권법은 스스로 생산한 재화 또는 타인의 협력으로 얻은 재화를 직접 지배하고 이용하는 것에 관한 법이다. 바꾸어 말하면, 채권관계는 타인을 매개하여 '재화 또는 노무를 장차 얻는 관계'이고, 물권관계는 '재화를 현재 직접 지배·이용하는 관계'이다. 따라서 채권관계는 기본적으로 물권관계에 도달하기 위한 수단이다. 그런데 원시 미개의 자급자족하는 고립·배타적 사회에서는 아직 사회적 분업이 이루어지지 않고 원칙적으로 다른 경제단위와 교섭을 하거나 생산물을 교환하지 않았기 때문에, 타인의 협력도 요청되지 않았다. 그러나 이때에도 외계(外界), 즉 바깥 세계의 물자를 지배하지 않고서는 생존할 수 없었기 때문에, 물자의 이용관계를 규율하는 법, 즉 물권법은 사회질서를 유지하기 위하여 없어서는 안 되는 꼭 필요한 법이었다. 그 후 문화가 발달함에 따라 사회적 분업이 성립하고, 원시적인 자급자족경제로부터 교환경제로, 나아가 상품경제로 발전하면서, 채권관계가 널리 퍼져가고 왕성해진다. 이와 같이 역사적으로는 물권법이 채권법보다 먼저 발달하였고 채권관계는 기본적으로는 물권관계에 도달하기 위한 수단이다.

[2] Ⅱ. 채권법의 내용과 법원(法源)

1. 채권법의 중심을 이루고 있는 것은 민법 제 3 편 채권(373조부터 766조까지 총 394개 조문)으로, 총칙·계약·사무관리·부당이득·불법행위의 5장으로 구성되어 있다. 제 1 장 총칙은 채권 일반에 관한 통칙을 정하고 있고, 강학상 채권총론(債權總論) 또는 채권법총론(債權法總論)이라고 부른다. 제 2 장 계약 이하의 4개장은 각종 채권의 발생원인에 관하여 정하고 있으며, 채권각론(債權各論) 또는 채권법각론(債權法各論)이라고 부른다.

(1) 채권총론에 해당하는 제 1 장 총칙은 채권의 목적, 채권의 효력, 수인의 채권자 및 채무자, 채권의 양도, 채무의 인수, 채권의 소멸, 지시채권, 무기명채권의 8개절로 되어 있다. 이러한 체계는 채권에 관한 법률관계를 순전히 논리적으로 열거한 것이다.

권리나 권리관계의 논리적 기본구조는, 민법 제 1 편 총칙에 제시되어 있는 것처럼, 주체·객체·변동(즉 발생·변경·소멸)의 법률요건으로 되어 있다. 각종 권리에 관해서는 그 밖에 권리의 효력이 덧붙여 있다. 그런데 채권의 주체에 관해서는 권리 일반의 주체와 마찬가지이므로, 따로 규정할 필요가 없기 때문에, 그것은 총칙편에 맡기고 있다. 그리하여 채권편에서 채권의 목적(즉 객체)을 맨 앞에 규정한다. 이어서 채권의 효력으로서, 주로 채무자에 대한 채권자의 권리 내용을 규정한다. 채권자의 권리가 실현되면 채권이 소멸하지만, 채권의 소멸을 규정하기 전에 채권관계의 주체인 채권자 또는 채무자가 여럿 있는 특수한 채권관계의 모습, 즉 제 3 절 수인(數人)의 채권자 및 채무자를 규정하고, 제 4·5 절에서 채권·채무의 주체가 변경되는 채권양도와 채무인수를 규정하고 있다. 채권의 변경 가운데 발생원인에 관해서는 제 2 장 이하에서 다루고 있다. 그 밖에 민법은 채권의 소멸 다음에 제 7·8 절에서 지시채권과 무기명채권에 관하여 규정하고 있다. 이것은 이른바 증권적 채권의 양도에 관한 것이므로 채권양도와 나란히 규정할 수도 있다. 그러나 증권적 채권의 양도는 지명채권의 양도와 본질적으로 다르고 상법·어음법·수표법 등 여러 특별법과 관련되어 있어 통일적 규정을 둘 필요성이 있기 때문에 일반법인 민법에 규정을 두려는 뜻에서 마지막에 가져온 것이다.

민법 채권편은 제 1 장 총칙에서 채권에 관한 법률관계를 논리적으로 규정하고 있다. 그러나 경제사회에서 채권의 작용이라는 측면에서 본다면 그 중요성이나 의의는 위 순서와는 다르다.

　⑦　가장 중요한 의의를 가지는 것은 채권자가 채무자에게 급부(給付)를 청구하는 효력이다(제2절). 왜냐하면 채권은 채무자의 급부(변제)를 받아 그 목적을 달성하여 소멸하는 것을 본래의 목적으로 하는 권리이기 때문이다. 채권의 효력으로는 채무자가 스스로 변제하지 않는 경우에 채권자가 갖게 되는 이행청구권(389조)과 손해배상청구권(390조~399조), 채무자의 일반재산이 줄어드는 경우 채권자가 행사할 수 있는 채권자대위권(404조·405조)과 채권자취소권(406조·407조)이 주요한 내용을 이룬다. 그 밖에 채무자가 변제하려고 하는데 채권자가 받지 않거나 받을 수 없는 경우(수령지체 또는 채권자지체)에 관해서도 규정한다(400조~403조). 그러나 그것은 채무자가 어떻게, 또한 어떠한 변제를 하여야 하는지의 문제, 즉 채무자의 변제제공(460조·461조 등), 공탁(487조~491조)과 밀접한 관련을 가지는 제도이며, 채권 본래의 효력과는 다른 것이다(그렇기 때문에 채권자지체를 변제 부분에서 다루는 경우도 있다. 최식 208면 이하 참조).

　⑭　다음으로 채권자의 급부를 청구하는 권리에 대응하여 채무자의 변제(제6절 제1관)행위가 중요한 의의를 가진다. 그것은 채권이 그 목적을 달성하여 소멸하는 주요한 사유이기 때문이다. 그러나 채권은, 변제 이외에도, 상계·경개·면제·혼동 등으로 소멸하므로, 제6절에서는 이들에 관해서도 규정하고 있다.

　⑭　제1절에서 다루는 채권의 목적은 여러 가지 원인으로 발생하는 채권 가운데 그 목적이 공통적인 것에 관한 통칙을 정하고 있지만, 실제에서는 변제의 내용과 방법에 관한 하나의 표준을 보여준다.

　⑭　제3절에서 다루는 수인의 채권자 및 채무자에서 중요한 것은 연대채무(제3관)와 보증채무(제4관)이다. 이들은 채권담보로서 중요한 작용을 하고 담보물권과 밀접한 관계가 있다. 이에 반하여 분할채권관계를 정하는 총칙(제1관)과 불가분채권·채무(제2관)는 채권의 목적인 급부를 분할할 수 있는지 여부라는 형식적 표준에 따른 채권의 모습이며, 채권담보라는 의미는 거의 없다.

　⑭　제4·5절의 채권양도와 채무인수는 채권·채무가 하나의 재화로서 거래의 목적이 되는 것을 규정하고 있는데, 물권의 거래에서와 마찬가지로 공시의 원칙

이나 공신의 원칙이 문제된다. 채권·채무의 거래는 경제계에서 비교적 새로운 현상이며, 민법에서도 가장 늦게 발달한 부분이다.

(ㅂ)　민법은 지시채권(제 7 절)과 무기명채권(제 8 절)에 관해서도 규정하고 있으나, 그것은 민법보다도 상법·어음법·수표법 등 특별법에서 중요한 의미가 있다.

(2)　채권편 제 2 장부터 제 5 장까지는 이른바 채권각론으로서, 각종의 채권발생원인을 규정하고 있다. 채권은 사회생활에서 물권보다도 훨씬 빈번하게 성립하는 재산권이나, 그 발생원인은 크게 계약(제 2 장)·사무관리(제 3 장)·부당이득(제 4 장)·불법행위(제 5 장)의 네 가지로 나눌 수 있다. 계약은 법률행위에 의한 채권 발생원인이고, 나머지는 모두 법률 규정에 의한 채권 발생원인이다.

제 2 장 계약은 모두 15개절로 되어 있다. 제 1 절 총칙은 계약의 통칙을 정하는 것이며, 계약의 성립, 계약의 효력, 계약의 해지·해제의 3관으로 되어 있다. 계약의 해지·해제는 계약에 공통적인 소멸원인으로서 중요한 의의를 가지므로, 결국 총칙은 모든 계약에 공통적인 성립·효력·소멸의 3가지에 관하여 규정하고 있는 셈이다. 이 총칙은 강학상 계약총론(契約總論)이라고도 한다. 제 2 절 이하 제15절까지는 15가지의 전형계약에 관하여 규정하는데, 이 부분은 강학상 계약각론(契約各論)이라고도 부른다. 제 3 장 사무관리는 의무 없이 타인을 위하여 그의 사무를 관리하는 것이고, 제 4 장 부당이득은 법률상의 원인 없이 타인의 손실로 이익을 얻는 것이며, 제 5 장 불법행위는 위법행위로 타인에게 손해를 입힌 것이다. 이들은 모두 법률규정으로 채권이 발생하는 원인 가운데 가장 중요한 것이다.

특히 계약은 민법이 15가지 전형적인 것을 들고 있는 것에서도 알 수 있듯이 매우 다양한 내용을 가진다. 또한 불법행위도 법률적인 모습으로서는 종류가 적으나, 실제에서는 천태만상이어서 이 두 가지가 가지는 의의는 매우 크다.

위에서 민법 채권편의 내용을 살펴보았는데, 이를 정리하면 채권법의 내용과 범위는 크게 다음의 넷으로 나눌 수 있다.
① 채권의 발생원인
② 채권의 효력
③ 채권의 소멸
④ 재산으로서의 채권

　　이 가운데 ①에 관한 설명이 채권각론의 내용이고, 나머지에 관한 것이 채권총론이다.

　　2. 　채권에 관한 법률로서 가장 주요한 것은 민법 제 3 편이지만, 그 밖에도 채권법에 관한 특별법이 많다. 주요한 것을 들면 다음과 같다.

　　(1) 민법의 부속특별법　　주택임대차보호법(1981년 법 3379호), 상가건물 임대차보호법(2001년 법 6542호), 약관의 규제에 관한 법률(1986년 법 3922호), 이자제한법(2007년 법 8322호), 대부업의 등록 및 이용자 보호에 관한 법(2002년 법 6706호), 보증인 보호를 위한 특별법(2008년 법 8918호), 제조물 책임법(2000년 법 6109호), 부동산등기 특별조치법(1990년 법 4244호), 가등기담보 등에 관한 법률(1983년 법 3681호), 동산 · 채권 등의 담보에 관한 법률(2010년 법 10366호), 신탁법(2011년(전개) 법 10924호), 부정경쟁방지 및 영업비밀보호에 관한 법률(1986년(전개) 법 3897호), 신원보증법(2002년(전개) 법 6592호), 어음법(1962년 법 1001호), 수표법(1962년 법 1002호), 공탁법(2007년(전개) 법 8319호), 농지법(2007년(전개) 법 8352호), 실화책임에 관한 법률(2009년(전개) 법 9648호), 자동차손해배상 보장법(2008년(전개) 법 9065호), 국가배상법(1967년 법 1899호), 전자문서 및 전자거래 기본법(2002년(전개) 법 6614호) 등.

　　(2) 상법과 그 부속법　　상법(1962년 법 1000호), 자본시장과 금융투자업에 관한 법률(2007년 법 8635호), 은행법(1998년(전개) 법 5499호) 등.

　　(3) 노동관계법　　근로기준법(2007년(전개) 법 8372호), 최저임금법(1986년 법 3927호), 남녀고용평등과 일 · 가정 양립 지원에 관한 법률(2001년(전개) 법 6508호), 임금채권 보장법(1998년 법 5513호), 노동조합 및 노동관계조정법(1997년 법 5310호) 등.

　　(4) 각종 통제에 관한 특별법　　국토의 계획 및 이용에 관한 법률(2002년 법 6655호), 독점규제 및 공정거래에 관한 법률(2020년(전개) 법 17799호), 물가안정에 관한 법률(1975년 법 2798호), 소비자기본법(2006년(전개) 법 7988호) 등.

　　3. 적용범위　　민법 채권편의 규정은 위에서 본 특별법에 따라 생기는 채권에 관해서도 일반법으로서 적용됨은 물론이나, 그 밖에 민법의 물권편 · 친족편 · 상속편에 규정되어 있는 채권관계에 대해서도 적용된다. 즉, 물권관계 · 가족관계 · 상속관계로부터 생기는 청구권에 관해서도 그 성질이 허용하는 한 채권편 규정

이 준용된다.

  4. 채권법 분야는 매우 방대하기 때문에, 자세한 교과서를 엮으려면 한 권으로는 아무래도 무리이다. 그리하여 보통 채권법을 총론과 각론으로 나누어서 두 권으로 펴내고 있다. 상권에 해당하는 이 책에서는 강학상의 「채권총론」을 다루고, 하권(민법강의 Ⅳ)에서 「채권각론」을 다루기로 한다.

[3] Ⅲ. 채권법의 특질

  사법적 생활관계는 크게 재산관계와 가족관계(친족관계)로 구별된다. 재산관계를 규율하는 사법이 재산법이고, 가족관계를 규율하는 것은 가족법(친족법)이다. 한편 재산관계를 기본적으로는 채권관계와 물권관계 그리고 상속관계로 나누는 것이 근대법의 근본태도이다. 상속법은 사람이 사망한 경우 그 재산의 승계라는 특수한 관계에 관한 법률이다. 그러므로 이를 잠시 제쳐놓고 생각한다면, 재산법의 주요부분을 이루고 서로 밀접한 관련을 갖는 것은 물권법과 채권법이다. 그러나 이 둘은 뚜렷하게 구별되며 여러 가지 차이가 있다. 물권법과 비교할 때 채권법은 다음과 같은 특질을 가진다.

  1. 채권법 규정은 원칙적으로 임의규정(任意規定. 임의법규라고도 한다)이다. 물권법 규정이 대부분 강행법규인 점과 대조적이다. 본래 채권은 배타성이 없는 상대적 권리이므로, 그 성립이나 내용을 당사자의 의사에 맡기더라도, 제 3 자의 이익을 침해할 위험이 적다. 채권법의 핵심은 이른바 거래법(去來法)이다. 근현대의 자유로운 거래에서는 사적 자치와 계약자유의 원칙이 지배한다. 그리하여 채권법 규정은 임의규정으로서 당사자의 의사를 보충하는 보충규정 또는 의사해석의 기준이 되는 해석규정이 대부분을 차지한다.

  그러나 채권법에도 강행규정(강행법규라고도 한다)이 있음은 물론이다. 특히 계약 이외의 채권발생원인인 불법행위·부당이득·사무관리에서 채권관계는 당사자의 의사에 의하지 않고서 법률상 당연히 발생하므로, 사적 자치가 인정되는 범위는 좁고, 그 규정은 강행성을 가진다. 또한 재산으로서의 채권에 관한 규정(즉, 채권의 양도, 채무의 인수와 증권적 채권에 관한 규정)은 직접 제 3 자에게 영향을 미치는 것이므로, 대부분은 강행규정이다. 그 밖에도, 나중에 자세히 보는 것처럼, 채권의 효력에 관한 규정에는 강행규정에 해당하는 것이 적지 않다. 채권법의 임의성이 가장 현저하게 나타나는 곳은 계약법이다.

2. 채권법은 국제적·보편적 성질을 가진다. 채권법은 물권법, 상속법, 가족법과는 달리 지역적 색채나 민족적 특색이 적다. 또한 현대의 경제사회는 한 나라만의 봉쇄적 사회가 아니라 세계적 사회이다. 자본주의 경제는 국제거래가 자유롭게 이루어지는 것을 요청하며, 이러한 요청은 각국 채권법의 국제화를 촉진한다. 뿐만 아니라 자본주의 경제는 그 경제기구를 합리적이고 효율적으로 조직하기 위하여 재산적 법률제도를 가장 합리적인 것으로 하려고 한다. 이러한 점에서도 재산법, 특히 채권법은 국경을 넘어서 더욱더 균질해지는 경향이 있다. 이러한 국제화 또는 보편화의 경향이 특히 강한 것은 채권법에서도 매매를 중심으로 하는 재산거래의 계약관계와 국제거래의 직접적인 영향을 받는 노동관계이다.

3. 채권법은 신의성실(信義誠實)의 원칙, 즉 신의칙(信義則)에 의하여 지배된다. 신의칙과 권리남용 금지의 원칙이 민법의 기본원칙으로 선언되어 있는 이상, 이들 원칙이 민법의 일부인 채권법에서도 역시 기본원칙으로 작용하는 것은 당연한 일이다(2조 1항·2항 참조. 「민법총칙」 [31] 참조). 그런데도 채권법의 특징으로 신의칙에 의한 지배를 드는 것은 이 원칙이 민법의 다른 어느 분야보다도 채권법에서 중요하게 작용하기 때문이다. 본래 채권은 채권자가 채무자의 특정 행위를 청구하는 권리이나, 그 행위는 장래의 행위인 경우가 많다. 그러므로 채권은 채권자와 채무자 사이의 신뢰관계를 전제로 그 위에 성립하는 권리이다. 신의칙이 채권법에서 중요하게 작용하는 까닭은 여기에 있다. 이와 같이 채권법은 신의칙을 기초로 하고 있으므로, 채권의 행사, 채무의 이행, 계약의 해석, 계약의 해지와 해제, 사무관리의 적법성, 손해배상액의 결정, 부당이득의 부당성 등에서 신의칙을 충분히 고려해야 한다.

4. 채권법은 로마법의 영향을 강하게 받고 있는 법영역이다. 로마법에서 가장 발달한 것이 채권법이며, 근세의 모든 입법은 직접 또는 간접적으로 그 영향을 받았다. 이 점에서 근대의 물권제도가 로마법적 요소와 게르만법적 요소가 뒤섞여서 이루어진 것과 다르다. 우리 민법의 채권제도는 독일·프랑스 등의 여러 법전을 참작해서 계수한 것이므로, 간접적으로 로마법의 영향을 두드러지게 받고 있다.

제 2 장   채권의 본질

[4]   Ⅰ. 채권의 의의와 특질

　　민법은 채권의 정의나 본질에 관하여 명문의 규정을 두고 있지 않다. 그러므로 채권의 본질은 채권이 다른 권리들과 어떻게 구별되는지를 명백히 함으로써 밝혀질 것이다. 민법에서 고찰의 대상이 되는 사권(私權)은 여러 표준에 따라서 여러 가지로 나누어지나, 채권은 그 가운데 재산권이고 청구권이며 상대권임은 이미 총칙 강의에서 설명하였다(「민법총칙」 [25]·[26]·[27] 1. 참조). 또한 재산권의 주요한 것으로는 물권·채권·상속권·지식재산권 등이 있으나, 이들 가운데서 특히 중요한 것은 물권과 채권이라는 것도 잘 아는 사실이다. 이들은 근대민법이 다루는 재산권을 떠받치고 있는 두 기둥이다. 따라서 채권의 본질은, 다 같이 재산권에 속하고 서로 밀접한 관련을 갖고 있는 물권과 어떻게 구별되는지를 밝힘으로써, 명백해질 것이다. 물권과 맞대어 비교할 때 채권의 가장 뚜렷한 특질은, 청구권·상대권이라는 데 있다. 따라서 채권의 본질을 알려면, 무엇보다도 이 점을 명백히 인식해야 한다. 그러므로 아래에서는 먼저 일반적으로 드는 채권의 정의를 설명하고, 이어서 물권과 비교할 때 드러나는 근본적 차이점을 중심으로 채권의 여러 특질을 살펴보기로 한다.

　　1. 채권의 의의　　일반적으로 채권은 "특정인이 다른 특정인에 대하여 특정의 행위를 청구할 수 있는 권리"라고 설명한다. 바꾸어 말하면, 특정인으로 하여금 특정의 행위를 하게 하는 권리가 채권이다. 그리고 이 채권에 대응하는 의무, 즉 특정의 행위를 할 의무가 채무이다. 채권·채무의 내용이 되는 「특정의 행위」는 보통 이를 급부(給付)라고 일컫는다. 그러므로 채권은 권리자인 채권자가 의무자인 채무자에게 일정한 급부를 청구할 수 있는 권리라고 말할 수 있다.

　　　　급부라는 용어는 독일어의 Leistung을 번역한 것인데, 의용민법은 이를 법전상의 용어로서 사용하였다. 그런데 현행 민법은 이 급부라는 말을 전혀 쓰지 않고 있으며, 그것을 갈음하여 급여(給與)·지급·행위·이행 등의 여러 말을 그때그때 사용하고 있다(그러나 특별법에서는 급부라는 용어를 사용하고 있는 경우도 있다. 예컨대, 「장기

등 이식에 관한 법률」7조 참조). 그러나 채권의 목적으로서 채무자의 행위를 표현하는 통일적인 하나의 용어를 사용하는 것이 편리하고도 필요하기 때문에, 위와 같은 법전상의 용어와는 따로 Leistung에 해당하는 말로서 급부라는 용어를 그대로 사용하기로 한다.

(1) 채권은 급부, 즉「채무자의 행위」를 목적(내용)으로 하는 권리이다. 채무자의 행위, 즉 급부는 적극적인 행위(물건의 인도, 물건의 운송이나 보관, 노무의 제공 등) 즉 작위(作爲)일 수도 있고, 소극적인 행위(건축을 하지 않을 것, 경업을 하지 않을 것, 소음을 내지 않을 것 등) 즉 부작위(不作爲)일 수도 있다. 어떻든 채권은 이와 같이 채무자의 행위를 그 목적으로 한다. 이 점에서 물권이 특정의 물건을 그 목적으로 하고 권리내용의 실현에 타인의 행위를 필요로 하지 않는 것과는 근본적으로 다르다. 예컨대, 물건의 매매에서 매수인의 채권과 같이, 물건의 소유권과 점유를 이전하게 하는 권리에서도 채권의 목적은 어디까지나 채무자의 소유권이전행위와 인도행위이며, 물건은 소유권이전행위와 인도행위의 목적물일 뿐이다. 이때 채권과 물건의 관계는 채무자의 행위(급부)에 의하여 매개되는 간접적 관계일 뿐이다.

(2) 채권은 채무자라는「특정인」에 대한 권리이다. 본래 채권·채무는 채권자·채무자라는 특정인 사이의 법률관계이므로, 채권자가 급부를 요구할 수 있는 것은 오직 채무자뿐이다. 따라서 특정의 채무자 이외의 제 3 자는 원칙적으로 채권의 목적인 급부를 요구당하지 않는다. 이런 의미에서 채권은 상대권(相對權)이다. 이에 대하여 물권에서는 특정의 의무자라는 것이 없다. 이 세상에 있는 모든 사람이 물권자의 지배를 방해해서는 안 된다는 불가침의무를 부담한다. 물권은 객체에 대한 유형적 지배를 내용으로 하는 권리이기 때문에, 제 3 자가 이 객체를 지배하거나 침해하는 것은 반드시 물권자의 지배를 방해하고 물권내용의 실현과 충돌하게 된다. 여기에 모든 사람에 대한 불가침의무의 근거가 있으며, 이런 의미에서 물권은 절대권(絕對權)이다. 절대권·상대권에 관해서는 나중에 다시 적기로 한다(4. ⑴ 참조).

(3) 채권은 위에서 보았듯이 채무자의 특정의 행위를「요구(청구)할 수 있는 권리」이다. 첫째, 채권은 급부를 청구·요구할 수 있다는 것을 내용으로 하는 권리이고, 채무자를 지배하는 권리가 아니다. 물건의 소유권과 점유의 이전을 목적으로

하는 경우(예, 매매·증여 등)에도 그 물건을 지배하는 권리는 아니다. 따라서 채권은 청구권을 그 핵심으로 한다. 채권과 물권의 가장 본질적인 구별은 바로 여기에 있다. 즉, 물권은 물건을 직접 지배하는 권리로서 지배권(支配權)에 속하는 데 반하여, 채권은 채무자에 대한 요구·청구를 내용으로 하는 청구권(請求權)이다. 둘째, 「청구(요구)할 수 있다」는 것은 다음과 같은 두 가지를 뜻한다. 즉, ① 청구를 해도 좋다는 것, 바꾸어 말하면 청구하는 행동이 위법하지 않다는 것을 뜻한다. 타인에게 급부를 청구한다는 것은 대부분 그 타인의 의사에 어느 정도 압박을 주어 급부를 하도록 강요한다. 따라서 청구할 수 있는 권리 없이 함부로 타인에게 급부를 강요하는 것은 대체로 타인에 대해 의사의 자유를 침해하여 위법하게 된다. 이 위법성을 물리친다는 것이 「청구할 수 있다」·「요구할 수 있다」는 의미이다. 다음으로 ② 「청구(요구)할 수 있다」는 것은 상대방이 그에 응하여 급부를 한 경우 이를 수령·보유, 즉 받아서 지닐 수 있다는 것, 바꾸어 말하면 그 수령·보유가 채무자에 대한 상대적 관계에서 부당이득이 되지 않는다는 것을 뜻한다.

　2. 채권과 청구권　　위에서 보았듯이 채권은 특정의 채무자에 대하여 급부(작위 또는 부작위)를 청구할 수 있는 권리이다. 그런데 권리는 그 작용인 법률상의 힘, 즉 효력의 차이를 표준으로 하여 지배권·청구권·형성권 등으로 나누어진다. 그 가운데 청구권(請求權)은 특정인이 다른 특정인에게 일정한 행위, 즉 작위 또는 부작위를 청구할 수 있는 권리이다(「민법총칙」 [26] 2. 참조). 여기서 채권과 청구권은 같은 것인지 의문이 생긴다(채권의 정의와 청구권의 정의를 비교해 보라). 학설은 채권과 청구권이 동일하지 않다고 보고 있다(김기선 39면, 최식 25·26면, 김증한·김학동 6면 참조). 채권과 청구권의 관계에 관하여 본다면 다음과 같다.

〈청구권 개념의 역사〉
　(ㄱ) 공법과 사법이 아직 완전히 갈라져 있지 않았던 로마법의 체계는 사법적 내용을 가진 소송법의 체계, 즉 actio(소권)의 체계 또는 소권법 체계였다. 바꾸어 말하면, 로마법에서는, 실체법과 소송법의 체계적 분화가 확립되지 못하고 있었으며, 실체적 이익은 오직 개별적으로 인정되는 특정의 actio에 의해서만 보호될 수 있을 뿐이었다. 근대법에서는 권리보호가 일반화되어 있어서, 권리가 있으면 반드시 그 보호가 따르게 되고 소권은 권리의 보호수단으로서 일반적 성격을 갖는다. 그러나 로마법에서는 일반

적 actio는 존재하지 않았으며, 실체적 이익의 보호수단인 개별적 actio만이 있을 뿐이었다. 로마법 계수로 성립한 독일보통법에서도, 실체법적 권리는 개별적 actio를 통해서 인식될 수 있을 뿐이었으며, 소송법과 실체사법이 완전히 분리되거나 분화되지 못하였다. 그런데 19세기 독일법학을 주도했던 빈트샤이트(Windscheid)는 로마법상 actio는 소권이 아니라 실체법적 권리의 주장이며, 권리의 표현이라고 보았다. 바꾸어 말하면, actio는 「사람이 타인에 대하여 요구(청구)할 수 있는 것」에 대한 표현이며, 그것은 Anspruch, 즉 「청구권」이라고 부르는 것이 가장 적절하다고 하였다. Windscheid에 의하면, 권리의 침해가 있는 경우, 당시 학설이 생각하고 있었던 것과 같이, 곧 소권으로 바뀌는 것이 아니라, 우선 실체법적 관계에서 청구권이 생기고, 이 청구권이 만족을 얻지 못하는 경우에 비로소 청구권에서 소권으로 바뀐다고 한다. 즉, 사권과 소송 사이의 매개물이라는 역할을 하고 있었던 actio를 갈음하는 것으로서 Anspruch 개념을 생각해 내고, 이것이 사권과 소송(소권) 사이에 다리를 놓는 역할을 한다고 하였다. 이와 같이 청구권 개념을 사법체계로 끌어들임으로써, 실체법 체계를 확립하고 그에 따라 실체법과 소송법의 분화와 소송법학의 독립을 가져오게 하였다.

　　(ㄴ) 독일 민법의 제정 당시 Windscheid의 영향으로, 그의 청구권 개념이 그대로 채용되었다.

　　(ㄷ) 위에서 보았듯이 청구권 개념은 전적으로 독일법학의 산물이다. Windscheid가 태어나기 10여년 전에 제정된 프랑스 민법에서는, 청구권이나 그에 해당하는 개념을 찾아볼 수 없다. 뿐만 아니라, 그 후의 프랑스법학에서도 Windscheid가 창안한 청구권 개념이 없다. 여전히 실체적 권리와 소권은 그 표현형식이 다를 뿐이고 실질이나 내용이 같은 것으로 파악하는 것이 일반이다.

　　(ㄹ) 프랑스 민법과 독일 민법 제 1 초안을 모범으로 하여 1896년에 제정된 일본민법은 청구권 개념을 끌어들였다. 그 영향으로 우리 민법에서도 청구권 개념이 사용되었다.

채권과 청구권은 결코 동의어가 아니다. 다음과 같은 두 방면에서 이를 알 수가 있다.

(1)　채권이 발생하면 언제나 청구권도 존재한다. 그러나 채권의 내용은 청구권이 그 전부는 아니며, 그 밖에 위에서 보았듯이 급부를 받고 이를 지닐 수 있는 효력이라든가, 또는 채권자취소권·채권자대위권·항변권·해제권 등 여러 권능이 붙어 있다. 뿐만 아니라, 청구권은 즉시의 행위요구권을 뜻하므로, 이행기에 이르지 않은 채권에서는 채권은 있어도 청구권은 아직 발생하고 있지 않으며, 청구권은

채권의 이행기가 되어야 비로소 발생한다. 채권과 급부청구권은 같은 것이 아니며, 다만 청구권이 채권의 본질적인 요소를 이루고 있을 뿐이다. 이 급부청구권은 채권의 요소로서 이것과 불가분적으로 결합되어 있다. 따라서 채권과 분리해서 청구권만을 양도하지는 못한다. 청구권의 양도는 곧 채권을 양도하는 것이고, 청구권을 포기한다는 것은 바로 채권의 면제를 뜻한다. 그리고 채권은 급부청구권의 실현을 궁극적인 목표로 하므로, 청구권이 이행되면 채권도 동시에 소멸한다.

요컨대, 채권이 성립하면 그로부터 청구권이 생기지만, 그것은 어디까지나 채권의 주된 내용이나 효력일 뿐이고, 「채권＝청구권」은 아니다. 바꾸어 말하면, 청구권은 채권의 핵심 또는 본질적 요소를 이루며, 그것은 채권의 작용이나 효력에 지나지 않는다.

(2) 한편 청구권은 채권 이외에도 물권·상속권·가족권 등의 권리를 기초로 해서도 발생한다. 예컨대, 물권 내용의 실현이 어떤 사정으로 방해받고 있거나 방해받을 염려가 있으면, 물권자는 방해자에게 방해의 제거 또는 예방에 필요한 일정한 행위를 청구할 수 있다. 이 청구권이 이른바 물권적 청구권이다(「물권법」 [13] 참조). 또한 상속권이 참칭상속인(僭稱相續人. 상속권이 없으면서 자기가 상속권 있는 상속인이라고 주장하여 진정한 상속인의 상속재산을 점유하는 자)에 의하여 침해된 경우에는 진정한 상속인이 자기의 상속권을 주장하여 상속재산의 반환이나 회복을 청구할 수 있는 상속회복청구권이 생긴다(「상속법」 [37] 참조). 가족법상 청구권도 있음은 물론이다. 예컨대, 지배권인 친권이나 후견권이 방해된 경우에, 권리자는 방해자에 대하여 지배의 회복이나 방해의 제거를 요구하는 청구권을 취득한다(가령 유아의 인도청구권). 그 밖에도 부양청구권이나 부부의 동거청구권과 같은 가족권에 기초를 둔 청구권이 있다.

요컨대, 청구권은 기초적 권리로부터 유출(流出) 즉 흘러나오는 것이며, 「채권＝청구권」은 아니다. 다만 채권의 주된 효력이나 내용이 청구권이기 때문에, 채권은 청구권을 그 본질적 내용으로 한다.

위와 같이 채권과 청구권을 구별한다면, 이들 개념은 마땅히 구별해서 사용해야 하고 섞어서 써서는 안 된다. 즉, 채권은 청구권을 흘러나오게 하는 근거로서, 추상적·포괄적 내용의 권리나 지위를 나타내고, 청구권은 그 채권의 효력 또는 그에 포함되어

있는 구체적·개별적 내용을 나타내는 경우에 사용해야 한다. 그러나 채권법의 영역에
서는 청구권이라는 용어가 흔히 채권의 동의어로 사용된다.

3. 채권의 강제적 실현가능성　　　위에서 보았듯이 청구권은 채권의 중심
적 효력 또는 본질적 내용을 이룬다. 그리고 청구권의 효력 또는 내용은 의무자의
급부를 청구하거나 요구하는 데 있다. 따라서 모든 채권은 청구적 효력 또는 청구
력(請求力)을 가지며, 이 청구력에 의하여 재화나 노무를 얻으려는 목적을 달성한다.
그런데 이미 보았듯이 '청구한다'는 것은 타인의 의사를 어느 정도 압박함으로써
이익을 제공하도록 강제적으로 요구하며, 청구력은 본래 채무자의 자유의사를 향
한 것이다. 바꾸어 말하면, 청구에 응해서 이행을 할지는 채무자의 자유의사에 맡
겨져 있다. 이른바 자력구제(自力救濟)는 원칙적으로 허용되지 않으므로, 채권자는
다만 채무자의 성의 또는 선의(통속적인 의미의)를 바랄 뿐이다. 따라서 많은 경우에
청구력만으로는 채권을 실현할 수 없다. 여기서 법질서는 채무자에게 채무를 부담
하게 하고, 또한 채권자에게 급부청구권을 인정하는 것만으로 만족하지 않고 필요
한 경우에는 채권자가 그의 권리내용을 실현할 수 있도록 힘쓰고 있다. 즉, 채권이
청구력에 의하여 실현되지 못하는 경우에는 다시 강제적으로 실현하는 수단을 마
련하고 있다. 첫째, 채권자에게 소권(訴權)을 인정한다. 소권은 채무자가 급부를 하
지 않는 경우 채권자가 국가에 대하여 '채무자는 급부(이행)를 해야 한다'는 급부판
결이나 이행판결을 청구하는 권리이다. 채권자는 이 소권을 행사해서 국가가 이행
청구를 인정하고 허락해달라고 요구할 수 있다. 이러한 경우에 국가는 재판으로 채
무자에게 이행, 즉 급부를 명령하는 판결을 하여 채무자의 이행을 강제한다. 둘째,
채권자에게 집행청구권(執行請求權)을 인정한다. 집행청구권은 국가에 대하여 강제
집행(채무자의 급부의무를 국가권력으로 강제적으로 실현하는 법률적 절차)의 실행을 청구하
는 권리이다. 채무자가 이행판결에 복종하지 않는 경우 채권자는 집행청구권을 행
사해서 국가권력으로 채무자의 급부의무를 강제적으로 실현할 수 있다. 법률에 특
별한 규정이 없어도 채권자는 원칙적으로 위와 같은 급부를 소구(訴求), 즉 소를 제
기하여 요구하고, 강제집행을 청구할 수 있다. 따라서 채권자가 채무자의 급부를
청구할 수 있다는 것은 결국 국가에 대하여 소구하고 강제적으로 실현할 가능성을

가진다는 것을 뜻한다. 위와 같은 강제적 실현가능성은 채권의 본질적 성질 또는
본질적·필수적 내용을 이루는 것인지 문제된다.

　　근대법에서 채권은 위와 같은 강제수단까지 가지는 것이 원칙이다. 그러나 모
든 채권에 그러한 강제수단이 인정되는 것은 아니다. 예외적으로 소구할 수 없거나
강제집행할 수 없는 채권도 있다. 바꾸어 말하면, 그 이행강제가 법률상 제도로써
보장되지 않고, 도덕·종교·관습 등 비법률적인 규범에 맡겨져 있는 채권도 있다.
그러나 그러한 채권에서도 채무자가 급부를 하면 채권자가 이를 수령·보유, 즉 받
아서 지니는 것이 법적으로 정당한 것이기 때문에, 그것도 역시 법률상 채권이다.
이와 같이 모든 채권 또는 청구권이 법률상 강제적으로 실현할 수 있는 것은 아니
고, 그 예외가 되는 채권이나 청구권도 있다. 따라서 채권에 따르는 강제수단은 채
권 또는 청구권 자체와는 구별해야 한다. 즉, 강제적 실현가능성은 채권의 본질적
성질이 아니다. 그리고 이 구별은 채권제도를 이해하는 데서도 실익이 있으며, 이
점에 관해서는 '자연채무'와 '채무와 책임'의 문제로서 나중에 자세히 설명하기로
한다([14]·[15] 참조).

　　4. 채권과 물권　　　채권의 목적인 급부는 일반적으로 재산적 가치를 갖는
것이 보통이지만, 그러한 가치가 없더라도 상관없다(373조). 그러나 나중에 보듯이
채무자가 그 급부를 자발적으로 이행하지 않으면, 채권의 효력으로서 금전배상을
해야 하므로, 채권은 물권과 더불어 이른바 재산권이다. 재산권이라는 점에서는 채
권은 물권과 그 성질이 같다. 그러나 채권은 어디까지나 채권자가 채무자의 행위를
요구하는, 사람과 사람의 관계에서 발생하는 권리인 반면, 물권은 사람의 물건에
대한 지배를 내용으로 한다는 점에서, 둘은 근본적으로 구별됨은 이미 적었다. 이
곳에서 채권과 물권을 비교해 보는 목적은 주로 위와 같은 둘 사이의 근본적 차이
에서 생기는 법적 성질의 차이를 명백히 하는 데 있다(이미 설명한 채권의 청구권성도
채권의 법적 성질의 하나이다).

　　(1)　권리에 대한 의무자의 범위를 표준으로 사권(私權)을 절대권과 상대권으
로 나눈다면, 물권은 절대권이고 채권은 상대권이다. 절대권은 특정의 상대방이 없
고 일반인을 의무자로 하여 모든 사람에게 주장할 수 있는 권리이며, 대세권(對世
權)이라고도 한다. 이에 대하여 상대권은 특정인을 의무자로 하여 그에 대해서만

주장할 수 있는 권리이며, 대인권(對人權)이라고도 한다. 물권이 절대권인 데 대하여, 채권은 특정의 채무자에 대한 청구력을 그 주된 내용으로 하는 상대권·대인권이라는 점에 본래의 특색이 있다. 그런데 우리나라에서는 제3자에 의한 채권침해가 불법행위가 된다는 점을 들어, 위와 같이 물권이 절대권이고 채권이 상대권이라는 견해는 부당하다는 것이 다수설이다. 그러나 물권·채권의 절대성·상대성은 법률개념상 구별이며, 이들 권리에 대한 침해가 있는 경우 이를 보호할 것인지 또는 어느 정도로 보호할 것인지는 입법정책의 문제이다. 즉, 절대성·상대성의 개념과 권리 보호의 목적은 필연적인 관련을 갖는 것은 아니다. 따라서 채권침해에 대한 불법행위의 성립을 주장하기 위하여 채권의 상대성을 부인할 필요는 없다. 이에 관해서는 채권의 대외적 효력의 문제로서 나중에 자세히 다루기로 한다([16] 1. 참조). 절대권에는 다음에서 설명하는 바와 같이 배타성(排他性)이 있으나, 상대권에는 이것이 없는 것이 특색이다.

　(2)　절대권인 물권은 배타성을 가지고 있으나, 상대권인 채권에는 배타성이 없다. 배타성은 하나의 물건에 함께 맞설 수 없는 내용의 권리가 두 개 이상 동시에 성립할 수 없다는 것을 뜻한다. 물권은 물건에 대한 직접적 지배를 그 내용으로 하는 권리이므로, 배타성을 인정하지 않는다면 실제의 효력을 거둘 수 없다. 그러나 채권은 채무자에 대한 청구력이며, 채권 내용의 실현 여부는 채무자의 자유의사에 달려 있다. 또한 이미 보았듯이 채권은 상대권이다. 따라서 채권에 배타성이 없는 것은 당연한 결과이다. 이와 같이 배타성이 없으므로, 사실상 함께 맞설 수 없는 같은 내용을 가진 채권이 동시에 둘 이상 함께 존재하는 것도 상관없다. 그리고 함께 존재하는 채권은 모두 평등하며, 성립 시기의 선후에 따른 우열의 차이가 없다(채권자 평등의 원칙). 이것은 곧 채권이 제3자에게 대항할 수 없다는 것을 뜻한다(배타성을 갖는 채권이 예외적으로 있으나, 이에 관해서는 채권각론 강의에서 '임대차'를 설명할 때 보기로 한다). 위와 같이 물권에는 배타성이 있으나 채권에는 그것이 원칙적으로 없는 결과로서, 동일물을 목적으로 하는 채권과 물권이 성립할 때 물권이 채권에 우선하게 되나, 이에 관해서는 물권법에서 설명하였다(「물권법」 [12] 2. 참조).

　　같은 내용의 급부를 목적으로 하는 채권이 둘 이상 성립하는 예를 들어 보면, 다음과 같다.

　　① 배우 A가 X극장에 대하여 특정한 일시에 X극장에서 특정의 연기를 할 출연계약을 한 후에, Y극장에 대해서도 같은 시각에 Y극장에서 같은 연기를 내용으로 하는 출연계약을 하였다면, X·Y는 모두 A에 대하여 계약한 대로 출연청구권을 가진다.

　　② 예를 임대차에 관하여 들어 본다면, 甲이 그의 소유지를 乙에게 임대하는 계약을 맺고, 그 후 같은 토지를 甲이 다시 丙에게 임대하였다면, 乙·丙은 모두 甲에 대하여 그 토지를 사용·수익하게 하라고 청구할 수 있는 채권(임차권)을 가진다.

　　이 가운데 어느 경우에나 각 채권은 유효하게 성립하며, 각 채권자의 권리는 그 성립의 전후를 묻지 않고 평등하게 다루어진다(채권자 평등의 원칙). 따라서 예컨대, 배우의 출연계약에서, 배우 A가 실제로는 Y극장에서 출연하였다면, Y극장의 채권은 목적의 달성으로 소멸하며, 한편 X극장은 배우 A에 대하여 채무불이행을 이유로 손해배상을 청구하게 된다.

　　같은 내용의 채권이 이미 존재함을 알면서 같은 내용의 채권을 취득하더라도, 그것만으로 반드시 채권에 대한 침해가 되지는 않는다. 위 ①의 예에서 Y가 A와 계약을 맺어 채권을 취득해도, 그것이 곧바로 X의 채권을 침해한 것이 되지 않는다. 위 ②의 예에서 丙이 甲과 계약을 맺어 채권을 취득한 경우에도 마찬가지이다.

　　(3)　물권은 권리의 성질상 당연히 양도성을 가진다. 즉, 물권은 물건에 대한 지배를 내용으로 하고 타인과의 인적 관계를 포함하고 있지 않으므로, 물권자의 자유로운 의사로 얼마든지 양도할 수 있다. 이 양도성을 당사자의 특약으로 제한하거나 빼앗아도 원칙적으로 절대적 효력이 없다. 그러나 상대권인 채권은 대인관계로서의 성질을 가진다. 따라서 제 3 자에게 채권을 양도한다는 것은 대인관계에 변화를 가져온다는 것을 뜻하므로, 채권이 그대로 이전한다는 양도의 관념에 어긋나는 것이 아닌지 문제된다. 그러나 근대법에서는 '계약은 지켜야 한다'(pacta sunt servanda)라는 규범의식에 의하여 굳게 지지되어 있고 재산책임에 의하여 확실하게 보장되어 있으므로, 채권은 하나의 재산권으로서 확립되어 있다. 뿐만 아니라, 채권을 하나의 재산으로서 유통시킬 경제적 필요도 강하다. 여기서 오늘날에는 채권도 넓은 범위에서 양도성이 인정되어 있으며, 민법도 채권양도·채무인수에 관한 규정을 두고 있다. 민법은, 채권의 성질이 양도를 허용하지 않는 경우를 제외하고는, 원칙적으로 채권의 양도성·처분성을 인정하고 있다(449조·345조 이하 참조). 그러나 금전 그 밖의 대체물의 인도를 목적으로 하는 채권은 재산성이 매우 높지만, 그 밖의

채권에서는 재산성의 정도가 상대적으로 낮을 수 있다.

위와 같이 민법은 채권의 양도성을 원칙적으로 인정하고 있으나, 특정인 사이에 특별한 신뢰관계라든가 또는 인격을 기초로 하는 채권에 관해서는 상대적으로 양도성을 제한하고 있다. 양도금지의 특약(449조 2항) · 사용대차(610조 2항) · 임대차(629조 1항) · 고용(657조 1항) 등 참조.

5. 채권과 채권관계   민법은 채권관계라는 용어를 쓰고 있지 않고 주로 채권을 중심으로 규정하고 있으나, 학설에서는 채권관계를 인정하고 있다. 앞에서 채권관계는 2인 또는 그 이상의 다수인이, 채권자 또는 채무자로서, 서로 일정한 행위를 요구할 수 있는 권리(채권)를 갖고 그에 대응하는 의무(채무)를 부담하여 대립하는 법률관계라고 적었다([1] 1. 참조). 이에 관해서 좀 더 자세히 적으면 다음과 같다.

채권관계는 언제나 특정인 사이에서 성립하는 법률관계이다. 바꾸어 말하면, 당사자 가운데 한쪽이 채권자이고 다른 쪽이 채무자가 되는 2인 이상의 특정인 사이의 법률관계이다. 이에 반하여 인격권이나 물권은 그 권리자에게 모든 사람에 대한 관계에서 법적 보호를 인정하는 법률관계이다. 특정인 사이에서만 성립하는 법률관계는 법률상 '특별구속관계'라고 말할 수 있다. 그러나 특정인 사이에서 성립하는 법률관계에서도 그 구속의 강함과 약함의 정도에는 차이가 있다. 예컨대, 혼인관계나 공법상 공무원 관계에서는 구속의 정도가 아주 강하며, 단순히 한정된 급부의무를 지는 게 아니라, 모든 힘을 기울여서 다해야만 한다. 그러나 채권관계에서는 어디까지나 '제한된 급부', 즉 '특정의 행위'를 청구할 수 있고 부담할 뿐이다. 채권관계가 다른 법률상 특별구속관계와 구별되는 것은 그 기초가 되는 채권 · 채무의 내용에 있다.

채권관계에는 매매 · 임대차 · 위임 등 여러 모습이 있지만, 모든 채권관계에는 우선 그것을 다른 채권관계와 구별하도록 하는 기본적인 채권 · 채무가 있다. 예컨대, 매매에서는 물건의 소유권이전과 대금지급을 중심으로 당사자 사이에 채권 · 채무가 있게 된다. 이 채권 · 채무가 매매라는 채권관계를 임대차 · 위임 등과 같은 다른 모습의 채권관계로부터 구별하게 하는 기본적인 채권 · 채무이다. 그런데 이러한 기본적 채권·채무의 내용을 실현하는 과정에서 당사자 사이에는 그 밖에도 다시 여러 권리(예컨대, 항변권·해제권·해지권·감액청구권·매수청구권 등)와 부수적인 의무(통지의무·담보제공의무 등)가 따르게 된다. 나아가 채권자나 채무자는 이러한 권리와 의무를 행사하고 이행하는 데 신의에 따라 성실하게 행동할 의무가 있다(2조 참조). 이 신의칙에서 나오는 의무를 학자들은 주의의무(Sorgfaltspflichten), 보호의무(Schutzpflichten), 성실의무(Treupflichten), 충실의무(Loyalitätspflichten), 부수적 의무(Nebenpflichten) 또는 기본채무 이외의 용태의무(weitere Verhaltenspflichten) 등 여러 가지로 표현한다.

채권관계는 채권·채무를 비롯하여 그 밖의 여러 권리·의무를 포괄하는 것이라고 할 수 있다. 여기에서 나아가 종래의 다수설은 특정인 사이에 성립하는 구체적인 채권관계가 단순히 이들 권리·의무 전체를 모아 합한 것이 아니라, 그 이상으로 채권관계로써 당사자가 달성하려는 목적을 향해서 서로 협력해야 할 긴밀한 관계라고 하면서 채권관계를 하나의 유기적(有機的) 관계라고 설명해 왔다. 채권관계는 하나의 사회적 목적을 가지는 채권·채무의 유기적 결합관계이므로, 그러한 하나의 법률적 지위로서 다루어야 하며, 또한 채권자와 채무자 사이의 형식적인 권리·의무의 대립으로 볼 것이 아니라 신의칙에 의하여 지배되는 하나의 협동체 또는 공동체의 관계라고 하였다(김기선 34면, 김상용 21면 참조). 그러나 최근에는 채권관계에서 채권과 채무는 기본적으로 서로 대립하고 있는 관계에 있다고 이해하는 견해가 더욱 유력해지고 있다(김증한·김학동 5면, 최식 22면 참조). 채권과 채무는 채권자가 채무자에게 급부를 청구하고 이를 수령·보유하는 권리와 채무자가 채권자에게 급부할 의무를 부담하는 것이 기본골격이다. 채권관계를 채권자의 만족, 즉 급부의 이행이라는 목적의 달성을 목표로 하는 유기적 관계로 이해하는 것은 민법 채권편에서 정하고 있는 내용과 합치하지 않는다.

[5] Ⅱ. 채권의 사회적 작용

채권은 타인의 협력에 대한 기대이다. 우리는 생활의 모든 방면에서 타인의 협력이 필요하지만, 특히 주요한 것은 생활에 필요한 물자와 노동력을 타인을 매개하여 얻는 것이다. 따라서 채권의 사명은 사회에서 재화의 이동을 매개하는 데 있다고 말할 수 있다. 근대법에서 주요한 재산권은 물권과 채권이다. 물권은 사람이 생활에 필요한 재화를 직접 지배하는 권리인 반면, 채권은 이 재화를 교환·분배·취득하는 것에 관한 권리이다. 자급자족 생활을 하는 시대에는 사회의 재산적 법률관계는 물권을 인정하는 것만으로 충분했다. 그러나 타인이 가지는 재화와 자기의 재화를 교환하지 않고는 생활할 수 없게 되면 채권관계가 발생한다. 그러나 자기와 타인이 각각 현재 가지고 있는 재화를 직접 교환(즉 물물교환)하는 동안은 물권의 이동이 있을 뿐이고, 아직 순수한 채권관계는 발생하지 않는다. 현재의 재화와 장래에 취득하는 재화를 교환하거나, 장래에 취득하는 재화를 서로 교환하는 경우에 순수한 채권관계가 발생한다. 이와 같이 채권관계는 장래 일정한 재화를 급부할 것을 신뢰하여 현재 가지고 있는 재화를 교부하거나 서로 장래에 일정한 재화를 급부할 것을 신뢰하는 관계이다. 그것이 인정되려면 사람 사이에 신뢰관계가 발생하고 국가가 이 신뢰를 보호할 만한 잘 갖추어진 권력을 가진다는 것이 꼭 필요한 전제이다. 따라서 채권은 물권보다 훨씬 나중에 인정되었다. 뿐만 아니라, 오늘날에도 사회가 동요하거나 불안한 때에는 곧 채권관계가 후퇴하고 물권관계가 앞서는 현상이 나타난다. 어떻든 사회에서 재화의 교환·이동은 채권관계를 통해서 이루어지며, 채권관계 없이는 오늘날의 경제관계는 하루도 존재할 수 없다. 물권만의 사회는 정적 사회이며 고립적 사회이다. 채권의 매개로 동적인 사회가 되고 상호의존적인 사회가 된다.

제3장 채권의 목적

[6] I. 총 설

1. 의 의 채권자가 채무자에 대하여 청구할 수 있는 일정한 행위, 즉 채무자의 행위가 채권의 목적이다. 채무자의 행위를 급부(給付)라고도 하므로, 채권의 목적은 결국 급부를 가리킨다. 채권의 목적은 채권의 내용이나 객체라고도 말한다.

채권의 '목적'과 채권의 '목적물'은 동의어가 아니다. 채권의 목적은 급부이고, 그 급부의 목적(내용 또는 객체)이 채권의 목적물이다. 따라서 급부를 가리키는 채권의 목적과 급부의 목적을 가리키는 채권의 목적물은 구별해서 사용하는 것이 옳다 (민법도 두 가지를 구별해서 쓰고 있다. 예컨대, 373조와 375조 2항 참조).

2. 요 건 물권에 관해서는 물권법정주의를 채택하고 있으므로, 물권의 종류와 내용은 한정되어 있다(185조. 「물권법」 [8] 참조). 그러나 채권에 관해서는 사적 자치를 원칙으로 하기 때문에, 채권의 종류나 내용이 제한되지 않는다. 채권의 목적인 급부의 종류나 내용에 관해서도 아무런 제한이 없고 당사자가 계약으로 자유로이 정할 수 있다. 그러나 이것은 급부에 관하여 전혀 제한이 있을 수 없다는 뜻이 아니다. 채권의 목적(Objekt)은 급부이다. 그리고 채권을 법률적 수단으로 하여 실현하려는 것도 또한 채권의 목적(Zweck)이다. 둘 중 뒤의 채권의 목적(Zweck)은 급부에 의하여 실현된다. 그러므로 채권의 목적(Zweck)을 실현하는 수단이 되는 급부는 채권의 목적(Zweck)에 관한 요건에 의하여 제한된다. 그런데 채권은 법률 규정으로 직접 발생하는 경우도 있으나, 원칙적으로 법률행위, 특히 계약에 따라 생긴다. 따라서 급부든지 채권의 목적(Zweck)이든지 모두 법률행위의 목적 또는 내용의 범위 안에서만 허용된다(「민법총칙」 [127] ~ [132] 참조). 따라서 채권의 목적 (Objekt)인 급부도 법률행위의 목적에 관한 일반적 요건을 갖추어야만 한다. 즉, 적법하고, 사회적 타당성을 가지며, 가능하고, 확정할 수 있어야 한다. 다만 급부에 관해서는 금전적 평가를 할 수 있는 것이어야 하는지 논의가 있었기 때문에, 민법은 이 점에 관한 규정(373조)을 따로 두고 있다. 이들 요건에 관하여 설명하면, 다음

과 같다.

(1) **적 법 성**   급부는 적법한 것이어야 한다. 바꾸어 말하면, 강행법규를 위반하지 않아야 한다(「민법총칙」[130] 참조). 예컨대, 법률상 양도가 금지된 물건을 이전한다는 급부 또는 민법이 인정하지 않는 물권을 설정한다는 급부는 강행법규를 위반하는 급부이며, 적법성이 없다. 그러한 부적법한 급부를 약속해도 법률상 무효이다.

(2) **사회적 타당성**   급부는 사회적 타당성이 있는 것이어야 한다(「민법총칙」[131] 참조). 예컨대, 인신매매를 하거나 불륜의 남녀관계를 맺는 것을 약속하는 경우와 같이, 급부의 내용이 사회질서를 위반하는 경우에는 법률상 급부로서 인정되지 않으며, 그 채권은 무효이다.

(3) **실현 가능성**   급부는 그 실현이 가능해야 하며, 불가능한 급부를 목적으로 하는 채권은 무효이다. 여기서 말하는 가능은 사실상 개념이 아니라 법률상 개념이다. 이론상으로는 가능하더라도, 사회의 거래관념상 일반적으로 불가능한 것으로 다루어지거나 또는 실현이 매우 곤란한 경우도 불가능에 해당한다(「민법총칙」[129] 참조).

그런데 채권의 목적인 급부가 가능한 것이어야 한다는 것은 채권이 성립할 때를 기준으로 가능해야 한다는 것을 뜻한다. 그러므로 채권이 성립하거나 발생할 때부터 불가능한 급부, 바꾸어 말해서 원시적으로 불가능한(예컨대, 매매의 목적물인 가옥이 계약체결 전에 이미 불타 없어진 경우) 급부를 목적으로 하는 것일 때에 그 채권은 무효이다. 그러나 채권이 성립한 후에 급부가 불가능하게 되어도(즉 후발적 불가능), 그 채권은 변함없이 그대로 유효하다.

그러나 다음의 점을 주의해야 한다.

위에서 본 바와 같이, 원시적 불가능의 경우에, 채권이 성립하지 않은 것이 되어 계약은 무효이지만, 「계약체결상의 과실」이라는 문제가 있고, 또한 유상계약에 관해서는 하자담보책임 문제가 생긴다. 이들에 관해서는 각각 관계되는 곳(앞의 것은 계약총론, 그리고 뒤의 것은 계약각론 매매)에서 설명한다.

한편 후발적 불가능의 경우에 채권은 일단 유효하게 성립하고 있지만, 채권자·채무자 사이의 이익을 조절하기 위하여, 그 불가능으로 된 원인이 채무자의 과실에 의한 것인지 아닌지에 따라서, 채무는 손해배상책임으로 바뀌거나 소멸하게 된다. 또한 채무가 소멸하는 경우에도 이른바 쌍무계약에서는 상대방의 채무(반대급부)도 소멸하는지 문제된다. 이들에 관해서는 각각 채무불이행(제 4 장에서 설명한다)과 위험부담(이에 관하여는 계약총론에서 설명한다)을 설명할 때에 자세히 다루기로 한다.

문제는 채권의 목적인 급부가 계약이 성립할 때 불가능하더라도, 이행기에는 그것이 가능하게 되면, 그 채권은 원시적 불가능인 급부를 목적으로 하는 것으로서 무효라고 할 것인지이다. 급부의 실현 가능성은 채권의 이행기에 있으면 충분하다. 위와 같은 급부를 계약 내용으로 하고 있는 경우에 그 계약은 유효하다.

(4) **확 정 성**   채권의 목적인 급부는 확정할 수 있어야 한다. 그러나 채권이 성립할 당시 확정되어 있을 필요는 없으며, 이행기에 확정할 수 있을 만한 표준이 정하여져 있으면 된다(「민법총칙」 [128] 참조). 당사자 사이에 계약을 체결하면서 일정한 사항에 관하여 장래의 합의를 유보한 경우에 당사자에게 계약에 구속되려는 의사가 있고 계약 내용을 나중에라도 구체적으로 특정할 수 있는 방법과 기준이 있다면 계약이 성립하여 채권이 발생한다(대판 2020. 4. 9, 2017다20371. 김재형, 민법론 Ⅰ, 22면 참조). 그러나 급부를 특정하는 표준이 전혀 없는 경우에는 채권이 성립하지 않는다.

법률 규정에 따라 발생하는 채권에 관해서는 법률은 동시에 급부를 확정하는 표준도 정하고 있다(734조 이하·741조 이하·750조 이하·974조 이하 등). 그러나 법률행위로 발생하는 채권에 관해서는 급부의 확정에 관한 일반적 표준을 정하고 있지 않으며, 다만 특수한 급부를 내용으로 하는 채권에 관해서만 보충적 규정을 두고 있을 뿐이다(375조·376조·379조·380조 이하 등). 그러므로 법률행위로 생기는 채권으로서 그 급부를 확정하는 것에 관한 특별규정이 없는 경우에는 의사표시의 해석에 관한 일반원칙 또는 표준에 따라 급부를 확정하거나 확정할 수 있는 표준을 찾아야 한다(「민법총칙」 [133] ~ [138] 참조).

(5) **급부의 금전적 가치**   금전으로 가액을 산정할 수 없는 급부라도 이를 채권의 목적으로 할 수 있다(373조. 그러나 상법에는 668조의 특칙이 있다). 채권의 목적은 금전으로 산정할 수 있어야 하는지에 관하여, 종전에(특히 19세기 독일에서) 학자들 사이에서 크게 다투어졌으나, 이를 입법적으로 해결하고 있는 것이 제373조이다.

㈎ 채권의 목적, 즉 급부가 그 가액을 금전으로 산정할 수 있는지라는 문제에는 두 가지 의미가 있다. 하나는, 일반적으로 금전적 가치가 있는지 없는지이고, 다른 하나는, 채권자에게 금전적 가치가 있는 것인지 아닌지이다. 그중 어느 의미인지에 관하여 문제 삼는 견해는 없다. 민법의 해석으로서는 어느 쪽 의미에서든 금전적 가치가 필요하지 않다고 새기는 것이 옳다.

㈏ 제373조는 금전적 가치가 없는 급부에 대해서도 채무로서의 법적 구속을 발생시킬 수 있다는 원칙을 소극적으로 밝히고 있는 규정이다. 바꾸어 말하면, 금전적 가치가 없는 행위를 할 약속이 언제나 반드시 도덕이나 종교 등에 의해서만 규율되는 데 지나지 않는 것이 아니라, 법률의 규율을 받을 수도 있다고 규정하고 있다(일반적으로 금전적 가치가 없는 급부에 관해서는 당사자 사이에 법적 구속을 생기게 할 의사가 없거나, 법적 보호를 줄 값어치가 없는 경우가 많을 것이다. 그러한 경우에는 결국 도덕이나 종교규범으로 규율될 뿐이다). 따라서 이러한 행위를 할 의무가 과연 법적 구속을 받는 것인지는 다시 구체적인 경우 당사자의 의사나 그 밖의 사정에 따라서 결정할 별개의 문제이다. 예컨대, 불교도가 사찰에 토지를 기부하고, 그 사찰로 하여금 오래도록 조상의 명복을 기도하도록 약속하게 하였다면, 금전으로 산정할 수 없는 기도에 관하여 사찰에 법적 구속을 부과할 수도 있다. 그렇다고 그러한 행위가 언제나 법적 구속을 받는 것도 아니다. 어느 쪽인지는 구체적인 경우마다 개별적으로 결정할 수밖에 없다. 요컨대, 도의관계와 법률관계의 구별은 필요한 것이지만, 그 구별을 단순히 금전적 가치가 있는지 없는지에 따라 정할 수는 없다. 결국 이 구별은 오늘날의 법의식에 비추어 볼 때 법적 보호를 주는 것이 타당한지 아닌지에 따라서 구체적·개별적으로 판정해야 한다.

㈐ 금전으로 가액을 산정할 수 없는 급부를 목적으로 하는 채권도 그 효력에서는 다른 보통의 채권과 다름이 없다. 즉, 채권자는 급부의 실현을 소구할 수 있을 뿐만 아니라, 강제이행을 청구할 수 있고, 또한 그 불이행으로 입은 손해의 배상을 청구할 수도 있다. 이때 손해배상은 금전에 의하므로(394조 참조), 채권의 목적 자체가 금전으로 산정할 수 없는 경우에 이를 인정하는 것은 모순이라고 생각할 수 있다. 그러나 본래 손해배상은 채무불이행으로 채권자가 받은 물질적·정신적 손해를 금전으로 평가해서 배상하는 것이다. 따라서 금전으로 산정할 수 없는 채권이라도

채무불이행으로 인한 손해는 이를 금전으로 산정할 수 있고, 채권 본래의 목적 자체가 금전으로 산정할 수 없다는 것과 모순되지 않는다.

　㈐　채권은 재산권이다. 채권이 재산권이라면, 채권자에게 재산적 이익을 주거나 급부가 재산적 가치를 가져야만 한다는 것이 된다. 여기서 금전적 가치가 없는 채권은 채권이지만 재산권은 아니라는 의문이 생길 수 있다. 그러나 금전으로 평가할 수 없는 채무의 불이행이 있으면, 위에서 본 바와 같이 금전에 의한 손해배상을 하게 되므로, 금전으로 산정할 수 없는 급부를 목적으로 하는 채권도 재산권이라고 할 수 있다.

　3. 급부의 종류　　급부의 종류에 특별한 한정이 있지 않지만, 급부는 그 내용이나 모습에 따라서 보통 다음과 같이 나누어진다.

　(1)　**작위급부**(作爲給付)·**부작위급부**(不作爲給付)　　급부의 내용이 적극적 행위, 즉 작위인지 아니면 소극적 행위, 즉 부작위인지에 따른 구별이다. 이것은 적극급부와 소극급부라고도 한다. 행위는 작위인 것이 보통이고, 채권법도 주로 작위채권을 대상으로 하여 규정하고 있다. 그러나 부작위도 채권의 목적이 될 수 있음은 여러 나라의 입법이 인정하고 있으며, 우리 민법도 또한 같다(389조 3항 참조). 부작위에는 「단순부작위」와 「인용」(忍容)이 있다. 단순부작위는 이를테면 건축을 하지 않는 것, 경업을 하지 않는 것, 연주나 출연을 하지 않는 것을 말하고, 인용은 채권자가 일정한 행위를 하는 것을 방해하지 않는 것으로서, 예컨대, 임대인이 임대물을 수선하는 것을 임차인이 방해하지 않는 것(624조), 차주가 차용물에 부속시킨 물건을 수거하는 것을 대주가 방해하지 않는 것(615조·654조)을 말한다. 작위급부·부작위급부를 구별하는 실익은 채무불이행이 있는 경우 강제이행의 방법(389조 참조)에 관하여 특히 현저하다.

　(2)　**주는 급부·하는 급부**　　이것은 작위급부를 그 내용에 따라 구별한 것이다. 작위가 물건 인도인 경우에는 「주는 급부」이고, 물건 인도 이외의 작위를 내용으로 하는 경우에는 「하는 급부」이다. 특히 뒤의 것은 「협의의 작위급부」라고도 한다. 물건의 인도에서는 물건이 인도된 결과가 중요하고, 채무자 자신에 의한 인도행위 자체는 그다지 중요하지 않다. 이에 반하여, 물건 인도 이외의 행위에서는 채무자 자신의 행위가 중요하다. 「하는 급부」를 목적으로 하는 채권관계에서는 채

권자와 채무자의 대인적 신뢰관계가 긴밀하며, 특히 그 급부가 계속적이라면 그 관계는 인격적 결합관계의 빛깔을 띠게 된다. 그러므로 이 채권관계에서는 채권의 재산성이 희박하고, 신의성실의 원칙이나 사정변경의 원칙이 강하게 적용한다. 또한 「주는 급부」와 「하는 급부」는 강제이행의 방법도 다르다(389조 참조).

(3) **특정물급부 · 불특정물급부**   이것은 위에서 설명한 「주는 급부」에서 인도의 목적물이 특정되어 있는지 아닌지에 따른 구별이다. 특정물급부에서 특정물의 인도에는 매도인의 채무와 같이 물건을 한 번 인도함으로써 목적을 달성하는 경우도 있고, 임대인의 채무와 같이 물건을 인도하여 용익하게 하는 경우도 있다. 뒤의 경우에는 위에서 설명한 것처럼 당사자 사이에 긴밀한 계속적 관계가 있게 된다. 불특정물급부에는 인도해야 할 물건이 종류에 의하여 정해지는 경우(예컨대 A4 용지 100부 등)와 금전인 경우가 있으며, 뒤의 것은 물건(즉 금전)에 대한 관계가 매우 희박하고 추상적인 일정량의 가치를 급부한다는 관념에 가깝다. 특정물급부와 불특정물급부의 구별은 특정이 필요한지 여부, 이행의 방법, 이행의 장소 등에 관하여 실익이 있다.

(4) **가분급부 · 불가분급부**   급부의 본질이나 가치를 손상하지 않고 급부를 몇 개로 나누어 쪼개서 실현할 수 있는지 없는지에 따른 구별이다. 이 구별은 「하는 급부」에 관해서도 할 수 있지만, 「주는 급부」에 관해서 하는 경우가 많다. 불가분급부에는 성질상 나누려고 해도 나눌 수 없는 경우도 있고, 성질상으로는 나눌 수 있지만 당사자의 의사로 불가분, 즉 나눌 수 없는 것으로 하는 경우도 있다. 가분급부는 법률 규정 또는 당사자의 합의가 있는 경우에는 나누어 쪼개서 이행할 수 있다. 또한 불이행의 경우에도 역시 몇 개로 나누어서 다룰 수 있는 경우가 많다. 그러나 불가분급부는 급부 전체가 언제나 일체로 다루어지기 때문에, 일부 이행이나 일부 불가능 등의 문제가 생기지 않는다. 가분급부 · 불가분급부의 구별은 채권자 또는 채무자가 여럿 있는 경우에, 특히 그 실익이 있다.

(5) **일시적 급부 · 계속적 급부 · 회귀적 급부**   이것은 급부를 실현하는 모습에 따른 구별이다. 일시적 급부는 한 번(또는 몇 번으로 나누어서)의 작위 또는 부작위로 완전히 끝을 맺는 급부(예컨대, 물건 인도, 대금 지급 등)를 말하며, 비계속적 급부라고도 말한다. 계속적 급부는 채무자가 급부를 하려면, 작위 · 부작위를 계속적으로

또는 반복해서 해야 하는 급부이다. 바꾸어 말하면, 작위 또는 부작위를 계속적으로 해야 하는 급부이다(예컨대, 수도·전기 등의 공급, 노무의 제공). 회귀적 급부는 위 두 가지를 결합한 것이며, 일정한 시간적 간격을 두고 일정한 행위를 되풀이해야 하는 급부이다(예컨대, 매월·매주 또는 매일 1회의 잡지·우유·신문의 배달). 회귀적 급부를 목적으로 하는 채무에서는 우선 기본채무가 있고, 이 기본채무를 기초로 하여 그로부터 갈려 나오는 여러 지분채무가 있으며, 이들 지분채무의 내용으로서 하나하나의 지분급부를 하게 된다. 따라서 하나하나의 지분급부는 독립되어 있고 그 불이행은 급부 전체의 일부 불이행이 아니다. 그리고 계속적 급부와 회귀적 급부에서는 당사자 사이에 계속적 관계가 생기는 결과 신의칙이나 사정변경의 원칙이 지배하는 정도가 강하다. 이 구별의 실익은 이행지체·이행불능 등에서 나타난다.

　　4. 채권의 종류　　　　민법은 「채권의 목적」이라 하여 특정물의 인도를 목적으로 하는 채권, 종류채권, 금전채권, 이자채권, 선택채권의 다섯 가지를 규정하고 있다. 이러한 급부는 각종의 계약으로부터 생길 뿐만 아니라, 불법행위, 부당이득 그 밖의 법률 규정으로부터도 생기므로, 공통적인 규정을 두었다. 한편 선택채권과 비슷한 것으로 임의채권이 있으나, 민법은 이에 관해서 규정하고 있지 않다. 그러나 이에 관해서는 선택채권과 함께 설명하는 것이 보통이므로, 이 책에서도 역시 선택채권과 관련해서 설명하기로 한다.

[7]　Ⅱ. **특정물채권**(특정물의 인도를 목적으로 하는 채권)

　　1. 의　　의　　　　특정물채권(特定物債權)은 특정물(「민법총칙」[104] 4. 참조)의 인도를 목적으로 하는 채권이다. 구체적으로 특정된 물건의 점유를 이전하는 것이 특정물의 인도이다. 주의할 것은, 특정물채권에는 이와 같이 특정물의 점유를 이전하는 경우뿐만 아니라, 점유와 함께 소유권까지 이전하는 경우도 포함된다는 점이다. 이 채권은 증여·매매·교환·사용대차·임대차·임치 등에서 발생하는 경우가 많다.

　　특정물채권은 채권이 성립할 당시부터 특정물의 인도를 목적으로 하는 경우뿐만 아니라, 종류채권이나 선택채권에서 목적물이 특정되면 그때부터 특정물채권이 된다.

2. 선관주의의무　　　특정물을 인도해야 하는 특정물채권의 채무자는 "그
물건을 인도하기까지 선량한 관리자의 주의로 보존하여야 한다"(374조).

(1)　선량한 관리자의 주의는 짧게 줄여서 선관주의(善管注意)라고도 일컫는다.
그것은 거래상 일반적으로 평균인에게 요구되는 정도의 주의, 즉 거래상 필요한 주
의를 말한다. 바꾸어 말하면, 그 사람이 종사하는 직업, 그가 속하는 사회적 지위 등
에 따라서 보통 일반적으로 요구되는 정도의 주의이다. 이 일반적·객관적 표준에 의
한 주의의무를 게을리하는 것을 추상적(抽象的) 과실(過失)이라고 한다. 이것이 민법상
주의의무의 원칙이다. 민법이 특히 주의의무를 경감, 즉 줄여서 가볍게 하려고 할
경우에는 행위자의 구체적·주관적 주의능력에 따른 주의만을 요구한다. 자기 재산
과 동일한 주의(695조), 자기의 재산에 관한 행위와 동일한 주의(922조), 고유재산에
대하는 것과 동일한 주의(1022조) 등이 이에 속한다. 이러한 주의를 게을리하는 것
을 구체적(具體的) 과실이라고 한다. 따라서 무상수치인(無償受置人. 특정물의 인도를 목
적으로 하는 채무를 부담한다)의 주의의무에 관한 제695조는 제374조의 예외가 된다.

과실(過失)을 종류에 따라 나누어 설명하면, 다음과 같다.

과실은 부주의의 정도가 가벼운지 무거운지에 따라 경과실(輕過失)과 중과실(重過
失)로 구별된다. 경과실은 다소간에 주의를 하지 않은 경우이고, 중과실은 현저하게(바
꾸어 말해서, 지나칠 정도로 크게) 주의를 하지 않은 경우이다. 민사책임의 성립요건으
로서는 과실이 있기만 하면 되므로, 일반적으로 과실이란 경과실을 뜻한다. 중과실이
필요한 경우에는 민법은 「중대한 과실」이라고 표현하고 있다(109조 1항 단서·735조
등 참조).

한편 과실은 주의의무의 종류에 따라 「추상적 과실」과 「구체적 과실」로 나누어진
다. 이미 설명한 바와 같이, 추상적 과실에서 주의의무는 구체적인 사람에 따른 개인차
가 인정되지 않고, 일반적으로 평균인에게 요구되는 주의의무가 기준으로서 요구된다.
이에 반하여, 구체적 과실에서 주의의무는, 구체적인 사람에 따른 개인차가 인정된다.

민법의 대상이 되는 사람은 「합리적·추상적인 법률인」이므로, 민법상의 주의는
선관주의가 원칙이다. 따라서 과실은 추상적 과실을 뜻하고, 그 가운데 경과실, 즉 추
상적 경과실을 뜻한다. 구체적 과실도 다시 경과실과 중과실로 나누는 것이 이론상으
로는 가능하나, 민법에는 구체적 중과실을 요건으로 하는 규정이 없다. 따라서 구체적
과실이라고 하면 언제나 경과실, 즉 구체적 경과실을 가리킨다.

(2)　위에서 설명한 선관주의의무의 존속기간에 관하여, 제374조는 "물건을 인도하기까지"라고 규정하고 있다. 이는 채무자가 실제로 인도할 때까지를 뜻하는지 또는 인도를 하여야 할 때 즉 이행기까지를 뜻하는지 문제되는데, 앞의 것으로 해석하고 있다. 그러나 이행기 이후에는 채무자의 이행지체로 채무자의 책임이 무거워지거나(392조. [20] 3. 참조), 또는 채권자의 수령지체로 채무자의 주의의무는 가벼워진다(401조. [31] 1. 참조). 따라서 이행기가 지난 후 인도할 때까지 채무자가 선관주의의무를 부담하는 것은 이행지체와 수령지체의 어느 것에도 해당하지 않는 경우에 한한다. 예컨대, 불가항력으로 이행기에 이행하지 못한 때, 채무자에게 이행의 지연을 정당하게 하는 사유(유치권·동시이행의 항변권 등)가 있는 경우를 들 수 있다.

(3)　「보존」한다는 것은, 자연적 또는 인위적 멸실·훼손으로부터 물건을 보호하여 그 경제적 가치를 유지하는 것을 말한다. 따라서 보존을 위하여 어떠한 행위를 하여야 하는지는 구체적인 경우에 물건의 성질이나 경제적 효용을 고려하여 그때그때 사회통념에 따라 결정하는 수밖에 없다.

(4)　채무자가 선관주의를 게을리하여 그로 말미암아 목적물을 멸실 또는 훼손케 한 때에는 손해배상책임을 진다(390조). 반면에, 채무자가 선관주의의무를 다하였는데도 손해가 생긴 때에는, 채무자는 책임을 지지 않으며, 그 손실은 채권자에게 돌아간다(멸실의 경우에는 채무자는 인도의무를 면하고, 훼손의 경우에는 그 훼손된 상태 그대로 인도하면 되며, 어느 경우에나 손해배상의무는 없다). 즉, 멸실·훼손에 의한 손실은 채권자의 위험에 돌아간다. 이를 가리켜 채권자가 「위험」을 부담한다고 한다(그러나 위와 같은 특정물채권에서 채권자위험부담은 이를 쌍무계약에서의 위험부담의 문제와는 구별해야 한다). 선관주의의무를 다하였다는 증명책임은 당연히 채무자가 부담한다고 새겨야 하며, 이를 증명하지 않는 한, 채무자는 손해배상책임을 벗어나지 못한다(대판 1980. 11. 25, 80다508; 대판 1982. 8. 24, 82다카254; 대판 1991. 10. 25, 91다22605·22612 등 참조).

3. 그 밖의 효력

(1)　채무자는 선량한 관리자의 주의를 가지고 보존한 다음에, 그 목적물을 인도할 때의 현상 그대로 인도해야 하며, 또한 그것으로써 충분하다(462조). 따라서 이행기까지 목적물이 훼손된 경우에는 인도할 때의 현상, 즉 훼손된 상태 그대로 인도하면 된다. 또한 목적물이 멸실한 때에는 인도의무를 지지 않게 된다.

(2) 변제장소에 관하여, 당사자의 특별한 의사표시가 없으면, 특정물의 인도
는 채권이 성립할 당시에 그 물건이 있었던 장소에서 이를 해야 한다(467조).

(3) 특정물을 인도할 때까지 생긴 천연과실은 누구에게 돌아가는가? 특정물채
무자가 과실수취권을 가지는 때에는, 인도의 이행기까지는 목적물로부터 분리한
과실을 수취, 즉 거두어들여서 취득할 수 있으나, 이행기 이후의 과실은 목적물과
함께 채권자에게 인도해야 한다. 따라서 매매에 관한 제587조는 이에 대한 예외를
규정한 것이다.

[8] **Ⅲ. 종류채권**(불특정물의 인도를 목적으로 하는 채권)

1. 의   의   일정한 종류에 속하는 물건을 일정한 양만큼 인도하는 것
을 목적으로 하는 채권이 종류채권(種類債權)이다(예컨대, 공책 100권·맥주 50병·석탄
10톤). 바꾸어 말하면, 인도해야 할 물건의 종류와 수량은 정해져 있으나, 그 종류에
속하는 물건 가운데 어느 것을 인도할 것인지가 아직 특정되어 있지 않은 채권이
다. 그것은 이미 설명한 특정물채권에 대응하며, 이런 의미에서 불특정물채권(不特
定物債權)이라고도 일컫는다. 종류채권이나 불특정물채권은 상품의 대량거래에서 발
생한 것으로서, 현대의 상거래에서 중대한 의의를 가진다. 그러나 상품매매뿐만 아
니라, 그 밖에 보통의 매매·증여·교환·소비대차·소비임치·혼장임치·유증 등을
원인으로 하여 발생하기도 한다.

위와 같은 종류채권은 인도할 목적물의 개성을 중요하게 보지 않고서, 일정한
종류에 속하는 물건의 일정량이면 어느 부분이라도 좋다고 하는 데 그 특색이 있
다. 이러한 특색과 관련하여 다음의 점을 주의해야 한다.

(1) 종류채권의 목적물은 위에서 보았듯이 불특정물이다. 한편 종류는 공통적
인 성질에 따라 성질이 다른 것과 구별되는 것을 하나로 모으는 개념이기 때문에,
종류채권의 목적물은 대체물이 보통이다. 그러나 불특정물과 대체물은 같지 않다.
즉, 물건의 특정성과 대체성은 전혀 다른 관념이다. 물건의 대체성은 거래의 일반
관념에 따라 객관적으로 결정되는 반면, 특정성은 당사자의 의사에 따라 주관적으
로 결정된다. 그러므로 쌀·주류 등과 같은 대체물이더라도 「이 10가마의 쌀」, 「이
통 속의 술 전부」라는 것과 같이 특정물채권의 목적물로 할 수도 있고, 반대로 부

대체물인 건물·자동차·소(牛) 등도 그 개성이 아니라 공통성·수량에 중점을 두는 경우에는 종류채권의 목적물로 할 수 있다(예컨대, 일정한 설계에 의한 주택 10동, 2015년형 소나타 승용차 50대, 제주도산 숫말 200마리 등). 요컨대, 종류채권의 목적물이 될 수 있는지는 거래상 종류로서 다루어지는지 않는지를 표준으로 하지 않고, 당사자의 의사를 표준으로 한다(「민법총칙」 [104] 3·4 참조).

(2) 종류 이외에 다시 일정한 제한을 두어 일정량의 물건을 급부하기로 약속하는 경우가 있다. 예컨대, 특정한 창고 속에 있는 쌀 10톤이라고 정하는 것과 같다(그러나 '이 창고 속의 쌀 전부'라고 정하면 그것은 특정물채권이다). 이를 제한(또는 한정)종류채권이라고 한다. 제한종류채권은 특정물채권인지, 종류채권인지 또는 선택채권인지에 관하여 논란이 있었으나, 지금은 종류채권이라는 데 이론이 없다(김기선 66면, 최식 39면, 김증한·김학동 32면 참조).

그러나 그러한 채권이 언제나 종류채권인 것은 아니다. 예컨대, 3,000㎡의 소유지 가운데 660㎡, 돼지우리에 있는 세 마리의 돼지 가운데 한 마리라는 것과 같이, 일정 범위의 부대체물 가운데에서 일정 수량의 인도를 목적으로 하는 채권은 문제이다. 이때에는 당사자의 의사가 그 일정 범위에만 중점을 두고 있을 뿐이고 물건의 개성에는 중점을 두고 있지 않은지 또는 그 반대인지에 따라서 종류채권 또는 선택채권이라고 보아야 한다(김증한·김학동 32면 참조). 보통 물건의 개성에 중점을 두기 때문에, 선택채권인 경우가 많을 것이다.

2. 목적물의 품질   종류채권에서 같은 종류에 속하는 물건의 품질에 상·중·하의 등급이 있는 경우 채무자는 어떠한 품질의 물건을 급부해야 하는가? 이에 관하여 민법은 세 가지 표준을 정하고 있다(375조 1항). 첫째, 법률행위의 성질이다. 예컨대, 소비대차(598조)와 소비임치(702조)에서 차주와 수치인은 그가 처음에 받은 물건과 동일한 품질의 것을 반환해야 하는 것과 같다. 둘째, 당사자의 의사이다. 당사자의 의사가 관습에 따라 인정되는 경우(106조 참조)에는 그에 따른다. 셋째, 당사자의 의사해석으로도 정해지지 않는 경우에는 채무자는 '중등의 품질'을 갖는 물건을 급부해야 한다. 민법이 특히 중등품으로 이행하도록 규정한 것은 그것이 가장 합리적이기 때문이다. 어떠한 품질이 중등의 품질인지는 거래상 일반관념에 따라 결정해야 한다.

중등품을 급부해야 할 경우에, 채무자가 그보다 품질이 좋은 물건으로 이행하면 어떻게 되는가? 이를테면 상등품으로 이행하면, 그것은 채권자에게 유리하고 거래의 목적도 달성되는 것이 보통이겠지만, 채권자에게 불리한 경우도 있을 수 있다(상등품으로 이행하면 그 대가가 증대하거나, 중등품만큼 잘 팔리지 않는 경우 등). 따라서 상등품의 급부가 채무불이행이 되는지는 그때그때 거래의 목적에 따라 결정된다.

3. 종류채권의 특정　　종류채권의 목적물은 종류와 수량에 의하여 추상적으로 정해져 있을 뿐이다. 따라서 종류채무를 실제로 이행하려면, 정해진 종류에 속하는 물건 가운데에서 정해진 수량의 물건을 구체적으로 가려서 정해야 한다. 이를 종류채권의 '특정'이라고 한다. 이 특정의 방법으로 민법은 두 개의 표준을 정하고 있다(375조 2항). 그러나 그 밖에도 당사자 사이의 계약으로 특정 방법을 정할 수 있음은 물론이다. 이에 관하여 설명하면 다음과 같다.

(1) 채무자가 이행에 필요한 행위를 완료한 때　　물건을 급부하는 데 채무자가 해야 할 모든 행위를 완료한 때 특정이 있게 된다. 바꾸어 말하면, 채무자가 채무의 내용에 따라 변제제공(460조 참조)을 한 때 채무자는 급부에 관하여 필요한 행위를 다한 것이 되고, 급부의 목적물이 구체적으로 정해진다. 그런데 채무자가 물건을 급부하는 데 필요한 행위를 완료한 때, 즉 목적물을 특정하는 시기에 관해서는 변제(즉 이행)의 장소와 관련하여 다음과 같은 차이가 생긴다.

⑺ **지참채무**　　채무자가 목적물을 채권자의 주소에 가지고 가서 이행해야 하는 채무가 지참채무(持參債務)이다. 민법에서는 변제의 장소에 관하여 당사자의 의사표시로 특별히 정한 바가 없으면, 특정물채무 이외의 채무는 지참채무가 원칙이다(467조 참조). 따라서 종류채무도 원칙적으로 지참채무이다. 한편 변제의 제공은 원칙적으로 채무의 내용에 좇은 '현실제공'으로 해야 한다(460조 참조). 그러므로 지참채무에서는 채무자가 채권자의 주소에서 채무의 내용에 좇아서 현실적으로 변제제공을 한 때, 즉 목적물이 채권자의 주소에 도달하고 채권자가 언제든지 수령할 수 있는 상태에 놓인 때에 비로소 특정이 있게 된다. 채무자가 인도할 목적물을 분리하거나(즉 그 종류에 속하는 물건 가운데에서 이행하려고 특정의 물건을 분리하는 것), 우편·철도 등의 운송기관에 위탁하여 발송하는 것만으로는, 특약 또는 다른 관습이 없는 한, 특정되었다고 볼 수 없다. 따라서 발송한 후 도달하기 전에 물건이 멸실한

때에는 그 멸실이 불가항력에 의한 경우에도 채무자는 그의 이행의무를 벗어나지 못하며, 그 종류에 속하는 다른 물건으로 변제해야 한다(즉 운송 중의 위험은 채무자가 부담한다). 그러나 지참채무라고 하더라도, 채권자가 미리 그 수령을 거절한 때에는, 아래에서 설명하는 추심채무와 마찬가지로 '구두의 제공'을 하면 특정이 생긴다.

(나) **추심채무**   추심채무(推尋債務)는 채권자가 채무자의 주소에 와서 목적물을 추심하여 변제를 받아야 하는 채무이다. 추심채무에서는 채무를 이행하는 데 채권자의 추심행위가 필요하다. 이 경우에는 변제의 제공은 구두의 제공, 즉 변제의 준비를 완료하였음을 통지하고 그 수령을 최고하는 것으로 충분하다(460조 단서). 따라서 채무자가 인도할 목적물을 분리해서 채권자가 추심하러 온다면 언제든지 수령할 수 있는 상태에 두고 이를 채권자에게 통지하면, 특정이 된다(그러나 인도의 준비를 하지 않고 통지만 한 경우에는 특정되었다고 볼 수 없다).

(다) **송부채무**   채권자 또는 채무자의 주소가 아니라 제 3 의 장소에 목적물을 송부, 즉 부쳐서 보내야 할 채무가 송부채무(送付債務)이다. 그러나 이것을 하나의 독립한 특정방법의 표준으로 볼 필요는 없다. 제 3 의 장소가 채무 본래의 이행장소인 때에는, 목적물의 특정은 이미 설명한 지참채무와 마찬가지이다(467조 2항 본문 참조). 한편 제 3 의 장소가 본래의 이행장소는 아니지만 채무자의 친절이나 호의로(바꾸어 말하면 채권자의 청구가 있을 때 채무자가 그에 응하여) 제 3 의 장소에 송부하는 경우에는, 채무자로서 해야 할 행위는 목적물을 분리해서 그 제 3 의 장소로 발송함으로써 끝나게 되며, 따라서 발송한 때에 특정이 생긴다.

(2) **채권자의 동의를 얻어 이행할 물건을 지정한 때**   여기서 채권자의 동의는 채무자가 지정하여 특정해도 좋다는 동의, 바꾸어 말하면 지정권(일종의 형성권이다)을 준다는 동의이며, 어떤 물건을 특정한 것에 대한 동의가 아니다. 따라서 "채권자의 동의를 얻어 이행할 물건을 지정한 때"는 당사자 사이의 계약으로 채무자에게 지정권이 주어지고, 채무자가 그 지정권을 행사하여 지정한 경우를 말한다. 그러므로 지정권자인 채무자가 지정권을 행사하여 지정한 때, 즉 특정의 물건을 지정·분리한 때에 특정이 생긴다.

(3) 민법이 규정하는 특정의 표준은 위의 두 가지뿐이나, 그 밖에도 다음과 같은 경우를 생각할 수 있다.

⑺　당사자의 계약으로 목적물을 가려서 정한 때에도 특정이 생긴다. 이때 합의만으로는 아직 특정이 생기지 않고, 그 밖에 사실상 목적물을 분리해야 함은 물론이다.

⑷　당사자 사이의 특약으로 제 3 자에게 지정권을 줄 수 있음은 물론이다.

4.　특정의 효과

(1)　종류채권의 목적물이 특정되면, 그 후로는 특정된 물건이 채권의 목적물이 된다(375조 2항 참조). 즉, 종류채권은 목적물의 특정으로 특정물채권으로 바뀌고 그 동일성이 그대로 유지된다. 따라서 특정하기 전에는, 비록 채무자가 소유하는 그 종류의 물건이 모두 멸실되어도, 거래계에 그 종류의 물건이 있는 한, 이를 마련하여 급부할 의무를 벗어나지 못한다. 다만 한정종류채권에서는 한정된 종류의 일정 분량이 멸실하면, 같은 종류의 다른 물건이 있더라도, 채무자는 책임을 벗어난다. 한편 특정된 후에는 목적물이 채무자의 책임이 아닌 사유, 가령 불가항력으로 멸실하면, 같은 종류의 다른 물건이 있어도 채무자는 채무를 벗어나지만, 유책사유(즉, 고의 또는 과실)로 멸실하면, 다른 물건으로 급부할 의무는 없고 손해배상채무를 질 뿐이다.

(2)　매매 그 밖의 쌍무계약에서는 특정된 때 이후에도 위험은 여전히 채무자가 부담하며(537조 참조), 목적물이 불가항력으로 멸실해도 채무자는 상대방(채권자)의 이행을 청구하지는 못한다.

(3)　특정물채권은 그 특정물만을 채권의 목적으로 한다는 점은 이미 설명하였다([7] 3. ⑴ 참조). 특별한 합의가 없으면, 목적물을 다른 물건으로 갈음하지 못한다. 그러나 종류채권은 목적물의 개성에 중점을 두지 않는 채권이며, 그 특정은 종류채권을 이행하기 위한 수단·방법에 지나지 않는다. 따라서 일단 특정된 후에 동종·동량의 다른 물건을 인도하더라도 그것을 언제나 채무불이행으로 볼 것은 아니다. 그리하여 종류채권에 관해서는 특정 후에도 변경권이 인정된다(김기선 70면, 김증한·김학동 46면 참조). 그러나 변경권은 종류채권의 성질과 신의칙으로부터 인정되는 것이므로, 채권자의 반대 의사가 있거나 채권자에게 불이익을 주는 경우에는 인정되지 않는다(김상용 46면, 김형배 65면, 이은영 115면. 김증한·김학동 46면은 반대).

[9] Ⅳ. 금전채권

1. 의 의

(1) 금전채권(金錢債權)은 넓은 의미로는 금전의 지급(인도)을 목적으로 하는 채권을 모두 포함한다. 그러나 일반적으로 금전채권은 '일정액'의 금전을 인도하는 것을 목적으로 하는 채권, 즉 금액채권(金額債權)을 말한다. 이것도 일종의 종류채권 이지만, 지급하는 금전 자체에는 별로 의의가 없고, 그것이 표시하는 일정 금액, 즉 화폐가치에 중점을 두는 데 그 특색이 있다. 그렇기 때문에 금전채권에는 보통의 종류채권에서와 같은 목적물의 '특정'이라는 것이 없다. 따라서 금전채권에 관해서 는, 경제적 변혁이 생기지 않는 한, 이행불능 상태가 생기지 않는다.

(2) 금전채권은 증여, 무이자 소비대차, 무상임치, 유증 등 무상행위를 원인으 로 해서도 발생하나, 매매, 이자부 소비대차, 임대차, 고용, 도급, 유상임치 등의 유 상행위는 대부분 금전을 대가로 하므로, 금전채권이 발생하는 원인은 매우 풍부하 다. 특히 채무불이행이나 불법행위로 발생하는 손해배상채권도 금전채권이다(손해 배상은 금전배상을 원칙으로 한다. 394조 · 763조 참조).

(3) 자본주의 경제사회는 금전을 매개로 하는 자본의 축적과 상품의 교환을 기초로 하기 때문에, 금전채권은 현대의 경제 전체를 움직이는 대동맥과 같은 작용 을 한다. 본래 금전은 일반적 가치척도나 교환수단으로서 기능을 한다. 그런데 현 대사회는 교환을 통해서 움직이고 있으며, 그 교환은 물물교환이 아니라, 원칙적으 로 교환수단인 금전에 의한 교환이다. 금전채권이 현대사회의 경제에서 가장 중요 한 역할을 하는 까닭은 여기에 있다. 다음에, 금전이나 금전채권은 자본의 존재형 태의 하나이다. 오히려 그것은 자본의 가장 전형적 · 대표적인 존재형태이다. 자본 을 마련하는 것은 기업의 존립 · 발전을 위한 필수 · 불가결의 조건이다. 위와 같은 금전채권의 중대한 작용은 당연히 경제가 원활하게 돌아가도록 하기 위하여 필요 한 금전채권의 확보 · 유통에 관한 법률제도(금전채권을 위한 강제집행, 파산, 인적 및 물 적 담보 등은 그 예)의 발달을 가져왔다. 그 반면에 금전채권의 강한 압력에 허덕이는 채무자를 보호하기 위하여 합리적 조정(이자 제한은 그 예)이 필요하게 되었다.

(4) 금전채권이 현대의 사회경제조직에서 극히 중요한 작용을 하는 것임은 앞에서 그 일단을 살펴보았으나, 민법이 금전채권에 관하여 다루는 범위는 아주 적

은 부분에 한하며, 세 조항을 두고 있을 뿐이다. 또한 그 규정도 금전채권의 기본적 특질에 관한 것에 그치고 있다.

민법은 금전의 의의에 관하여 규정하고 있지 않다. 금전은 대체로 재화의 교환을 매개하고 그 가치를 측정하는 일반적 기준이라고 말할 수 있다. 그것은 동산이긴 하지만, 그 본래의 용법에 따른 사용이 양도에 있는 점에서 보통의 동산과는 다르다.

국가가 법률로써 강제통용력을 인정한 금전을 법정화폐·법화(法貨) 또는 단순히 통화라고 한다. 우리나라의 통화에는 한국은행이 정부의 승인을 얻어 발행하는 한국은행권과 주화(鑄貨)의 두 가지가 있다(한국은행법 47조·48조·53조 참조).

2.　금전채권의 종류

(1)　**금액채권**　　'일정 금액의 금전'의 지급을 목적으로 하는 채권이 금액채권이다(예, 금 1천만원의 지급을 목적으로 하는 채권). 이것이 고유의 의미에서 금전채권이며, 보통 금전채권이라고 하면 이 금액채권을 뜻한다는 점은 이미 설명하였다. 이 경우 금전은 가치측정의 기준 또는 재화교환의 매개물로서 다루어진다. 따라서 금전은, 강제통용력을 가지는 한, 그 종류를 묻지 않으며, 위험의 문제도 생기지 않는다. 또한 금전·금전채권은 가분물·가분채권의 전형이다. 그러므로 다수당사자의 채권관계(408조)나 채무의 이행과 관련해서도 가분채권에 관한 규정이 금전채권에 적용된다.

금액채권은, 특약이 없는 한, 채무자의 선택에 따라 각종의 통화로 변제할 수 있다(376조 참조). 바꾸어 말하면, 채무자는 여러 가지 통화로, 또한 그 액면액[명가(名價)라고도 하는데, 통화의 법정가격이다]으로, 금액채무를 변제할 수 있다. 본래 금전채권은 일정한 추상적인 화폐가치의 급부를 내용으로 하는 데 그 본질이 있기 때문이다.

(2)　**금종채권**　　당사자 사이의 특약으로, 일정한 종류에 속하는 통화의 일정량을 지급하는 것을 목적으로 하는 채권을 금종채권(金種債權)이라고 한다(예, 5천원 권으로 10만원을 지급할 채권). 이러한 특약이 있는 경우에 채무자는 그 특약에 따라서 변제할 의무가 있음은 물론이다(376조 참조).

문제가 되는 것은 채권의 목적인 특별한 종류의 통화가 변제기에 강제통용력을 잃은 경우이다. 만일 그 특별한 종류의 화폐 자체에 중점을 둔다면, 강제통용력을 잃음으로써 이행불능의 상태가 발생하고 채무자는 변제의 의무를 벗어난다고 해야 할 것이다. 그러나 여러 번 언급한 바와 같이, 본래 금전채권은 일정한 추상적인 화폐가치의 급부를 그 본질로 하기 때문에, 민법은 그러한 경우에 다른 강제통용력 있는 화폐로 변제해야 한다고 하였다(376조). 말하자면 제376조는 금전채권의 본질을 고려하여 금종채권의 변제에 관한 특칙으로 둔 것이다. 그러나 이 규정은 임의규정이며, 당사자가 다른 특약을 하면 그 특약은 유효하다. 바꾸어 말하면, 당사자는 절대적으로 일정한 종류의 금전으로 지급할 것을 목적으로 하는 채권을 유효하게 성립시킬 수 있다(예, 수집의 목적으로 1983년 발행의 5천원권 10매의 인도를 목적으로 하는 채권). 이를 특히 '절대적 금종채권'이라고 한다. 이 경우에는 그 종류의 통화가 전혀 존재하지 않게 되면 이행불능이 되겠지만, 그 종류의 금전이 강제통용력을 잃은 채 존재하는 때에는 채무자는 그 금전으로 지급해야만 한다. 절대적 금종채권은 그 목적물인 금전을 본래의 금전으로서가 아니라, 단순히 하나의 종류물(즉, 어떤 종류에 속하는 물건)로서 다루는 것이므로, 그것은 금전채권이라기보다는 단순한 종류채권에 지나지 않으며, 따라서 종류채권으로서 다루는 것이 타당하다.

　　(3)　**특정금전채권**　　　이것은 '특정한 금전'의 지급을 목적으로 하는 채권이다. 예컨대, 봉금(封金)을 임치하거나 진열 목적으로 특정한 화폐를 지급하는 경우가 이에 해당한다. 특정금전채권은 특정물의 급부를 목적으로 하는 특정물채권이며, 금전채권으로서의 특질은 전혀 없다.

　　(4)　**외국금전채권**(외화채권)　　　외국의 금전 또는 통화의 급부를 목적으로 하는 채권을 외국금전채권 또는 외화채권이라고 한다(예, 미화 5만불(Dollar), 일화 10만엔 등). 외국금전채권에도 외국금액채권, 외국금종채권(상대적 외국금종채권), 절대적 외국금종채권, 특정 외국금전채권 등이 있음은 물론이다. 또한 외국금전을 특정물 또는 종류물로서 다루는 때에는 금전채권으로서의 특질이나 특색이 없음은 내국 금전채권과 마찬가지이다.

　　민법은 국제거래를 고려하여 외국금전채권에 관해서도 금액채권과 금종채권의 구별에 따라 다음과 같은 규정을 두고 있다.

　　㈎　채권의 목적이 다른 나라의 통화로 지급해야 하는 경우에, 당사자 사이에 특약이 없으면, 채무자는 그의 선택에 따라 해당 외국의 각종 통화로 변제할 수 있

다(377조 1항). 그러나 채무자는 외국의 통화로 변제하는 것을 갈음하여 변제할 때
(변제를 해야 할 때, 즉 '변제기'가 아니다), 바꾸어 말하면, 지급할 때의 이행지의 환금시
가에 의하여 환산한 우리나라의 통화를 급부해도 유효한 변제가 된다(378조). 환산
시기에 관하여 제378조는 위와 같이 '지급할 때'라고 규정함으로써 '지급해야 할
때', 즉 이행기가 아니라, 현실적으로 이행할 때가 환산시기임을 분명히 하고 있다
(대판(전) 1991. 3. 12, 90다2147 참조).

    (나) 특별한 종류의 외국통화로 지급하는 것을 목적으로 하는 금종채권의 경우
그 통화가 변제기에 강제통용력을 잃은 때에는 그 나라의 다른 통화로 변제해야 한
다(377조 2항). 이때에도 지급할 때 이행지의 환금시가에 따라 환산한 우리나라 통화
로 변제할 수 있음은 물론이다(378조).

    3. 금전채권의 특칙   민법이 '채권의 목적' 가운데에 두고 있는 금전채
권의 특칙에 관해서는 각종 금전채권을 설명하면서 이미 설명하였다. 그러므로 여
기에서는 민법상 그 밖의 특칙과 금전채권에 관하여 특히 유의할 점에 관하여 간단
히 설명하기로 한다.

    (1) 금전채권에 관해서는 이미 보았듯이 이행불능 상태가 생기지 않는다. 이
행지체만이 생길 뿐이다. 민법은 금전채권의 이행지체에 관하여 제397조의 특칙을
두고 있다.

    (가) 채무자가 채무의 내용에 좇은 이행을 하지 않는 때에는 채권자는 채무불
이행에 따른 손해배상을 청구할 수 있다(390조 참조). 그 손해배상의 청구에서는 채
권자는 손해의 발생과 그 액을 증명해야 한다. 그러나 금전채무의 불이행, 즉 이행
지체에서는 채권자는 그 손해를 증명할 필요가 없다(397조 2항 전단). 금전채권에 관
해서는 손해의 증명이 곤란할 뿐만 아니라, 금전은 그것으로써 이익을 얻어서 재산
을 늘려갈 수 있는 것이 보통이므로, 민법은 금전채무를 이행하지 않으면 당연히
일정한 손해(이자에 상당하는 손해)가 생긴다고 한 것이다.

    (나) 금전채권의 채무자는 과실 없음을 항변하지 못한다(397조 2항 후단). 즉, 무
과실책임(無過失責任)을 진다. 따라서 채무자는 그에게 책임 없는 사유로 금전채무의
이행을 지체한 때에도 책임을 지고 손해를 배상해야 한다. 이처럼 채무자는 금전채
무의 이행지체에 대하여 무과실책임을 지게 되나, 그 이행지체가 불가항력에 의한

것임을 증명하면 책임을 벗어난다고 새기는 것이 타당하다.

〈불가항력과 무과실책임〉

　　민법은 금전채무자가 무과실을 가지고 항변하지 못한다고 정하고 있기 때문에, 채무자는 불가항력(不可抗力, force majeure)을 가지고 항변할 수 있는지 문제된다.

　　먼저, 불가항력은 일반적으로 외부에서 일어난 사건이나 사고로서, 보통 일반적으로 필요하다고 인정되는 주의나 예방방법으로는 막을 수 없는 것을 가리킨다. 태풍·홍수·지진·낙뢰·전쟁 등이 그 예이다. 참고로 불가항력보다 넓은 개념으로 사변(事變), 즉 우연한 사고라는 것도 있다. 예컨대, 불똥이 튀어 화재가 발생한 경우와 같이, 어떤 특정인의 유책사유라고 할 수 없는 사건(이는 불가항력이 아니다. 이러한 종류의 사변을 '통상의 사변'이라고 한다)과 불가항력을 통틀어서 사변이라고 한다. 그러므로 사변은 불가항력이 아닌 통상의 사변과 불가항력으로 나누어지는 셈이다. 판례는 천재지변이나 이에 준하는 경제사정의 급격한 변동 등 불가항력으로 인하여 목적물의 준공이 지연된 경우 수급인은 지체상금을 지급할 의무가 없지만, 이른바 IMF 사태와 그로 인한 자재 수급의 차질 등은 그와 같은 불가항력적인 사정이라고 볼 수 없다고 하였다(대판 2002. 9. 4, 2001다1386 참조).

　　위에서 본 바와 같은 불가항력에 의한 금전채무의 불이행, 즉 이행지체(예컨대, 홍수나 지진으로 도로·철도 그 밖의 교통수단과 통신시설이 모두 파괴되어 변제기에 이행할 수 없게 된 때)는 채무자의 과실에 의한 것이 아님은 명백하다. 즉, 그것은 무과실에 의한 채무불이행의 한 경우이다. 그렇다고 이 경우에도 채무자는 불이행의 책임을 진다는 것은, 비록 금전의 특수성을 고려한다고 하여도, 너무나 무거운 책임을 지우는 것이어서 타당하지 않다. 본래 불가항력의 관념은 배상의무자에게 무과실책임을 인정하려고 할 때 그 책임이 지나치게 무겁게 되는 것을 제한하기 위하여 사용된 것이다. 금전채무의 이행을 지체한 경우에 채무자가 무과실책임을 지지만, 그 지체가 불가항력에 의한 것임을 증명하면 책임을 벗어난다고 새기는 것이 타당하다.

　⒟　금전채무를 불이행(즉 지체)한 경우 손해배상액은 법정이율(379조, 상법 54조, 「소송촉진 등에 관한 특례법」 3조 1항 참조)로 정하는 것이 원칙이다(397조 1항 본문). 그러나 약정이율이 있고, 그것이 법령의 제한을 위반하지 않는 것이면, 손해배상액은 그 약정이율에 의하여 산정된다(397조 1항 단서).

　　채무자는 실제 손해의 다소를 묻지 않고서 일정 이율로 산정한 금전을 손해배상으로 지급해야 한다. 그 반면에 채권자는 실제의 손해가 더 크다는 것을 증명해도 초과 손해의 배상을 청구하지 못한다. 다만, 법률에 특별규정이 있거나(685조·705조·958조 등 참조), 당사자가 실손해배상의 특약을 하고 있는 때, 그리고 손해배상액의 예정 또는 위약금의 특약이 있는 때(398조 참조)에는 그에 따른다.

약정이율이 법정이율보다 높은 경우에 법정이율에 따른 지연손해금만으로 충분하다고 하면 채무자가 이행지체로 오히려 이익을 얻게 되는 불합리가 발생한다. 이를 고려해서 397조 1항 단서에서 약정이율에 의한 지연손해금을 인정한다(대판 2017. 9. 26, 2017다22407 참조). 이 단서 규정은 약정이율이 법정이율 이상인 경우에만 적용되고, 약정이율이 법정이율보다 낮은 경우에는 그 본문으로 돌아가 법정이율에 따라 지연손해금을 정해야 한다(대판 2009. 12. 24, 2009다85342 참조).

금전채무 불이행으로 인한 손해배상(지연배상)의 금액은 위와 같이 일정한 이율에 의하여 산정되기 때문에 이를 흔히 '지연이자'라고 일컫는다. 민법에서는 지연이자를 '연체이자'라고 부르기도 한다(705조 참조).

(2) 금전채권에 관하여 특히 유의할 것은 경제사정이 급격히 변화할 때에는 특별한 조치가 필요하게 된다는 점이다.

(가) 금전은 그 액면가격으로 통용된다. 그러나 그 실질적 가치는 재화 구매력에 따라 좌우되고 물가 변동에 따라 끊임없이 변동한다. 금전채권의 당사자는 금전가치가 다소 변동하는 것을 언제나 예상하고 또한 이를 고려해서 거래한다. 그러나 경제계의 큰 변혁으로 금전의 가치에 급격한 변동이 생긴 경우, 특히 통화팽창(inflation)으로 금전가치가 크게 폭락한 때 금전채권을 명목상의 가액으로 변제하는 것은 당사자 사이에 심한 불공평을 초래한다. 이러한 경우에 신의칙의 파생적 원칙인 '사정변경의 원칙'을 적용하여 금전채권의 증액을 인정할 것인지 문제된다.

(나) 이미 보았듯이 금전채무의 불이행은 무과실을 가지고 항변하지 못한다. 따라서 경제공황 등으로 경제계가 일반적으로 매우 어려운 사정에 있는 때에도, 원칙적으로 불이행의 책임을 벗어날 수 없다. 이는 오히려 사회·경제를 혼란에 빠뜨릴 수 있다. 이러한 때에는 지급유예(Moratorium) 조치를 취할 수 있다(우리나라에서도 통화개혁 시에 지급유예의 조치를 취한 적이 있다. 1962년의 긴급통화조치법 15조·16조 참조).

[10] V. 이자채권

이자의 지급을 목적으로 하는 채권이 이자채권(利子債權)이다. 그러므로 이자채권을 이해하려면, 그에 앞서서 이자가 무엇인지를 밝히는 것이 필요하다. 또한, 이자의 이자인 복리(複利)라는 것이 있다. 이들에 관하여 차례로 살펴보기로 한다. 이자에 관하여 가장 문제가 되는 것은 그 제한인데, 이에 관해서는 아래 Ⅵ에서 다룬다.

1. 이 자

(1) 의 의　이자의 실질적 의의는 경제학상의 근본문제로서, 학설도 나누어져 있다. 가장 간단히 말해서, 이자는 유동자본(생산에 투하되는 자본 가운데 1회의 생산기간 동안 그 효용을 잃게 되는 자본. 그러나 그 전체는 생산물의 생산원가를 이루며, 상품의 매각으로 그 가치 전부를 회수하게 된다)인 원본(元本. 이자를 생기게 하는 것)의 사용료라고 말할 수 있다. 그러나 민법에서 이자는 금전 그 밖의 대체물의 사용대가로서, 원본액과 사용기간에 비례하여 지급되는 금전 그 밖의 대체물이라고 설명하는 것이 보통이다.

(가)　이자는 원본 사용의 대가이며, 법정과실의 일종이다. 그러나 원본의 소각금, 월부[또는 일부(日賦)나 연부(年賦)] 상환금, 주식의 배당금 등은 원본의 사용대가가 아니므로, 이자가 아니다. 또한 금전 채무불이행의 경우에 지급되는 지연배상(397조 참조)을 지연이자라고 부르기도 하며, 이자와 같은 것으로 보기도 하지만, 그 법적 성질은 손해배상이지 이자가 아니다. 즉, 그것은 법률에 의하여 의제되는 법정이자이다.

(나)　이자는 원본채권의 존재를 전제로 한다. 따라서 원본채권이 무효이거나 취소되면 이자는 생기지 않는다. 또한 원본채권이 없는 종신정기금(725조)은 이자가 아니다.

(다)　이자는 유동자본, 즉 금전 그 밖의 대체물에 대한 사용대가이다. 따라서 부대체물인 토지·기계·건물 등의 고정자본에 대한 사용대가인 지료·차임 등은 이자가 아니다.

(라)　이자는 금전 그 밖의 대체물이다. 즉, 이자는 금전이 보통이지만, 반드시 금전일 필요는 없고 대체물도 이자가 된다(예컨대, 쌀 100kg을 빌리고 1kg의 쌀을 이자로서 지급하는 때). 원본과 이자는 같은 종류의 대체물이어야 하는가? 그럴 필요는 없다

(김기선 77면, 현승종 64면, 김증한·김학동 45면 등 참조). 같은 종류의 대체물이 아니더라도, 원본과 이자 모두 대체물이면, 이율에 의한 이자를 계산할 수 있다.

(마) 이자는 일정한 이율(利率)에 의하여 산정된다. 원본액에 대한 이자의 비율이 이율이며, 원본을 이용하는 일정 기간을 단위로 하여 정해진다. 연리·월리는 백분율에 의하여, 그리고 일변(日邊)은 100원에 관하여 몇 전(錢) 또는 몇 리(厘)로 정해진다. 이자는 위와 같이 일정한 이율에 의하여 산정되는 것이므로, 원본사용의 대가라도 이율에 의하지 않는 사례나 사금(謝金) 등은 이자가 아니다. 이자는 이율을 떠나서는 생각할 수 없는 것이다.

(2) 이   율   그 의의와 결정방법에 관해서는 위에서 설명하였다. 이율에는 법률이 규정하는 법정이율과 당사자의 법률행위로 정해지는 약정이율이 있다.

(가) 법정이율   민사에서는 연 5푼이고(379조), 상사에서는 연 6푼이다(상법 54조). 그러나 공탁금에 관한 이자는 연 1만분의 35로 하고 있다(공탁법 6조, 「공탁금의 이자에 관한 규칙」 2조 참조). 그 밖에도 법정이율을 조절하고 있는 특별법이 있다. 즉, 「소송 촉진 등에 관한 특례법」 제3조는 "금전채무의 전부 또는 일부의 이행을 명하는 판결(심판을 포함)을 선고할 경우, 금전채무 불이행으로 인한 손해배상액 산정의 기준이 되는 법정이율은 그 금전채무의 이행을 구하는 소장 또는 이에 준하는 서면이 채무자에게 송달된 날의 다음 날부터는 연 100분의 40 이내의 범위에서 은행법에 따른 은행이 적용하는 연체금리 등 경제 여건을 고려하여 대통령령으로 정하는 이율에 따른다."라고 정하고 있다. 그리고 그 이율은 현재는 연 100분의 12이다(「소송 촉진 등에 관한 특례법 제3조 제1항 본문의 법정이율에 관한 규정」(2019. 5. 21. 개정 대통령령 제29768호).

(나) 약정이율   원칙적으로 자유이다. 다만 일정한 금전소비대차에 관해서는 이율을 제한하는 특별법이 제정되어 있으나, 그에 관해서는 아래 [11]에서 설명한다.

(3) **이자의 발생원인**   이자는 금전 또는 그 밖의 대체물을 사용하는 경우 언제나 당연히 발생하는 것은 아니며, 당사자 사이의 특약이 있거나 법률규정이 있는 때에만 발생한다(598조·600조·601조 등 참조). 그리하여 법률 규정에 따라 발생하는 이자를 법정이자(法定利子)라고 하고, 당사자의 법률행위로 발생하는 이자를 약

정이자(約定利子)라고 한다. 법정이자는 위에서 설명한 법정이율에 따라 산정하며, 약정이자는 약정이율로 산정한다. 그러나 약정이율에 관한 특약이 없으면, 이때 약정이자는 법정이율에 의한다(379조. 상법 55조 참조). 한편 지연배상의 산정은 그에 관한 약정이율이 있으면 그에 따라 산정한다(397조 1항 참조).

2. 이자채권   이미 설명하였듯이 이자의 지급을 목적으로 하는 채권이 이자채권이다. 그것은 원본채권을 전제로 하여 성립하기 때문에, 원본채권에 대하여 종속성 또는 부종성을 가진다. 이자는 금전 그 밖의 대체물이므로, 이자채권은 일종의 종류채권이며, 특히 이자가 금전이라면 금전채권의 일종이다. 다만 이자채권은 그 확정기준이 이율에 있다는 데 특색이 있다.

앞에서 보았듯이 이자채권은 법률 규정에 따라 발생하는 경우도 많으나, 보통은 소비대차·소비임치에 수반하여 약정된다. 매매대금의 지급을 유예해서 이자를 붙일 수도 있다. 특히 상인이 그 영업에 관하여 금전을 대여한 때 또는 상인이 그 영업범위 안에서 타인을 위하여 금전을 체당(替當. 나중에 돌려받기로 하고 금전을 대신 지급하는 것)한 때에는, 특별한 약정이 없더라도 당연히 이자채권이 생긴다(상법 55조).

이자채권은 기본적 이자채권과 그로부터 생기는 지분적 이자채권으로 나누어 볼 수 있다. 예컨대, 甲·乙 사이에 10만원의 대금채권이 있고 이자가 연 1할이라고 한다면, 10만원의 채권은 원본채권이고, 원본채권의 존재를 전제로 하여 연 1만원의 이자를 발생케 하는 기본적인 채권으로서 이자채권이 성립하며, 기본적 이자채권의 효과로서 매기(매년 말 또는 매월 말 등)에 일정액의 이자를 지급해야 할 지분권인 지분적 이자채권이 생긴다. 그러나 보통 이자채권이라고 할 때 그것은 기본적 이자채권을 뜻한다.

이자채권은 원본채권의 일부가 아니라 그것과는 별개의 채권이지만, 이미 밝혔듯이 둘 사이에는 주종의 관계가 있으며, 이자채권은 원본채권에 종속한다. 그러나 그 종속의 정도는 기본적 이자채권인지 지분적 이자채권인지에 따라 다르다.

(1) 기본적 이자채권   원본채권에 대한 종속성이 강하며, 원본채권과 법률상의 운명을 같이한다. 즉, 원본채권이 없으면 발생하는 경우가 없고, 원본채권이 소멸하면 함께 소멸한다. 또한 원본채권의 처분은, 특별한 의사표시가 없는 한, 기본적 이자채권의 처분을 가져오는 것이 원칙이다. 즉, 원본채권이 양도되면 이자채

권도 양도되고, 원본채권에 관하여 전부명령(민집 229조)이 있으면 이자채권도 압류채권자에게 이전한다.

(2) **지분적 이자채권**   이것은 변제기에 이른 각 기간의 이자를 목적으로 하는 것이므로, 원본채권에 대한 부종성이 약하고 상당히 강한 독립성을 가지고 있다. 즉, 지분적 이자채권은 기본적 이자채권의 효과로서 발생하는 것이기 때문에 역시 부종성이 있으며, 원본채권과 기본적 이자채권이 없으면 발생하지 않는다. 또한 채권자가 만족을 얻는다는 점에서 본다면, 지분적 이자채권은 원본채권의 확장이라고 볼 수 있으므로, 원본채권의 담보는 당연히 지분적 이자채권도 담보하고 (334조·360조·429조 참조), 이자를 뺀 원본만 제공해도 그것은 채권의 내용에 좋은 변제의 제공이 아니다. 변제에서는 이자채권은 원본채권에 우선한다(479조 참조). 그러나 이미 변제기에 이른 지분적 이자채권은 원본채권에 대하여 강한 독립성을 가지며, 원본채권이 변제나 소멸시효의 완성 등으로 소멸해도 지분적 이자채권은 당연히는 소멸하지 않는다. 원본채권이 양도되더라도, 지분적 이자채권은 원칙적으로 수반하지 않는다(대판 1989. 3. 28, 88다카12803 참조). 또한 원본채권과는 따로 변제나 양도의 대상이 되고 소멸시효에 걸린다.

3. 복   리   이자의 이자, 즉 변제기에 이른 이자를 원본에 넣어서 이를 원본의 일부로 하여 그에 대한 이자를 다시 붙이는 것을 복리(複利)라고 한다. 이와 달리 변제기가 도래한 이자를 원본에 넣지 않고서, 이를 독립한 원본으로 하여 이자를 생기게 하는 것('독립이자'라고 부른다)은 여기서 말하는 복리가 아니다.

원래 복리는 원본 채권액을 빨리 증가시켜 채무자에게 가혹한 부담이 되기 때문에, 이를 금지하거나 제한하는 입법이 많다(독일 민법 248조, 스위스 채무법 314조 3항, 프랑스 민법 1154조 참조). 그러나 우리 민법은 복리를 금지하거나 제한하는 규정을 두고 있지 않으므로, 사회질서를 위반하거나 폭리행위로 되지 않는 한, 복리계약은 유효하다.

복리에는 다음과 같은 종류가 있다.

(1) **약정복리**   당사자의 특약에 따른 복리가 약정복리이다. 이에는 여러 모습이 있다. 먼저 이자의 변제기에 이른 후에 그것을 원본에 넣는 경우와 이자의 변제기에 이르기 전에 복리의 예약을 하는 경우로 나누어볼 수 있다. 뒤의 것에는

다시 두 경우가 있다. ① 이자 지급을 지체하는 것을 조건으로 하여 이를 원본에 넣는 경우와 ② 이자 지급의 지체를 조건으로 하지 않고 이자가 발생하면 당연히 이를 원본에 넣는 경우이다. ①의 경우, 즉 연체이자를 원본에 넣는 경우 그 이율 자체가 폭리가 되지 않으면 문제가 되지 않는다. 그러나 복리의 가장 전형적인 것은 이자의 발생과 동시에 당연히 원본에 넣게 되는 ②의 경우이며, 이때에는 복리 계산에 따른 이율이 폭리가 되는지를 심사해야 한다. 바꾸어 말하면, 원본에 넣은 이자와 이 이자에 대한 이자를 합산한 금액이 본래의 원본에 대한 관계에서 폭리가 되는 때에는 무효가 된다고 해야 한다.

　(2) **법정복리**　　예컨대, 상법 제76조가 규정하는 것처럼, 법률 규정에 따라 직접 인정되는 복리가 법정복리이다.

　연체이자에 대하여 다시 지연손해금을 지급해야 하는가? 민법은 이에 관한 규정을 두고 있지 않으나, 적극적으로 새기는 것이 옳다(김증한·김학동 46면. 판례도 마찬가지이다. 대판 1996. 9. 20, 96다25302 참조). 따라서 이자가 연체되면, 당연히 이에 관하여 손해배상의무, 즉 지연이자의 지급의무가 생긴다. 이때 이율에 관해서는 이미 설명하였다(397조 1항 참조). 위와 같이 연체이자에 다시 이자를 지급해야 한다면, 그것은 복리가 된다. 이때 복리는 법정복리라고 말할 수 있다.

[11]　Ⅵ. 이자의 제한

　1. 연　혁　　근대의 자본주의 경제가 성립하기 이전에는 금전대차는 주로 가난한 사람이 소비재를 확보하기 위하여 이용하였다. 그 때문에 이자는 궁박한 채무자를 착취하고 그의 재산을 수탈하여 이득을 얻는 부도덕한 행위로 여겨져 사회적으로 혐오의 대상이었다. 여기서 채무자를 보호하기 위하여 법률로 이를 제한하거나 금지해야 한다는 사상이 예로부터 있었다. 실제로 이자를 거두어들이는 것을 금지한 예도 있었다. 그러나 경제적으로 금전소비대차에 대한 현실적인 필요성이 있었기 때문에, 각종의 탈법행위가 생겼다.

　그 후 자본주의 경제가 성립하면서 이자는 자본으로서의 금전에 대한 이윤을 분배하는 의미를 갖게 되었다. 이에 따라 이자 금지의 사상은 계약자유의 원칙에 따라 깨뜨려졌다. 현대법에서는 이자의 자유가 인정되고 있다(프랑스 민법 1907조, 독일 민법 138조·246조, 스위스 채무법 21조·73조 참조).

　　우리나라의 실정은 어떠한가? 금전에 관한 신용거래를 하면서 높은 이자를 받는 경우가 많았다. 일반 시민과 농민 그리고 융자의 혜택을 받지 못하는 중소기업이 고리채에 의존하는 정도가 높았다. 그러므로 이율을 제한하고 폭리행위를 금지·단속할 필요성이 매우 강하다. 이 문제를 이제까지 어떻게 대처해 왔을까? 일찍이 일제강점기에 이자를 제한하는 이식제한령(利息制限令. 1911년 제령 13호)이 있었으나, 동령은 제대로 갖추어진 내용의 것이 아니었기 때문에 큰 효과가 없었다. 그리하여 해방 이후 이식제한령을 갈음하는 이자제한법(1962년 법 971호)이 제정되었다. 그러나 그 제한이율(최고한도 연 2할)도 실제로 거래되는 이율에 비하여 훨씬 낮은 것이어서, 실제적 효과를 거두지 못하게 되자 법률을 개정하여 제한이율을 실제의 거래이율에 접근시켰다(약정이율의 최고한도는 연 4할을 넘지 않는 범위 안에서 대통령령으로 정하도록 하였는데, 처음에는 연 3할 6푼 5리였다가 나중에 연 2할 5푼으로 낮추었다). 그 후 이자제한법은 30년 이상 이자를 제한하고 폭리행위를 억제하는 데에 매우 중요한 역할을 하였다. 또한 이 법률을 해석·운영하는 과정에서 생긴 여러 문제에 관하여 많은 판례가 나왔다.

　　우리나라 경제는 1960년대 이후에 꾸준히 발전하면서 상당한 수준에 이르렀으나, 1997년에 급격한 외환위기로 국가부도 직전의 위기를 맞이하였다. 급기야 국제통화기금(International Monetary Fund; IMF)의 구제금융을 받으면서, 동시에 그 통제를 받아야 했다. IMF가 요구한 것의 하나는 고금리정책이었다. 이 정책을 펴나가는 데 이자제한법이 걸림돌이 되었으며, 결국 이 법률은 1997년 12월 제한이율을 연 2할 5푼에서 연 4할로 대폭 올린 후, 1998년 1월 13일「자금의 수급상황에 따라 금리가 자유롭게 정해질 수 있도록 함으로써 자원 배분의 효율성」을 도모한다는 이유로 폐지되었다(1997년 법 5507호). 그리하여 이자나 이율을 직접 제한하는 법령이 없는 이자 자유의 세상이 되었다(다만 민법 제103조·제104조에 따라 무효로 될 수 있고, 금융기관의 금리에 관해서는 따로 규제하고 있다. 한국은행법 28조 참조). 이자제한법의 폐지는 비록 일시적인 시대적 상황으로 불가피한 것이기는 하였지만, 장기적으로는 고금리대금의 폐해로부터 국민을 보호하는 데 필요한 법률적 안전장치를 포기하고 말았다는 근본적인 문제점을 안고 있었다.

그러나 이자 자유는 오래 가지 않았다. 2001년 8월에 IMF에 대한 막대한 국가 채무(195억 달러)를 모두 갚아 그 통제를 벗어나자, 다시 이자 제한의 문제가 생겼다. 이자제한법을 폐지한 후에 고리대금업자에 의한 폭리행위가 널리 행해졌기 때문이다. 그리하여 우선 2002년 8월 「대부업의 등록 및 이용자보호에 관한 법률」(2002년 법 6707호)이 제정되었는데, 그 후 법률 명칭이 「대부업 등의 등록 및 금융이용자 보호에 관한 법률」(약칭: 대부업법)로 바뀌었다. 이 법은 원래 대부업자의 등록과 감독에 관하여 규제하는 것이나, 그 밖에 대부업자가 대부하는 경우의 약정이자를 제한하는 규정도 두고 있다. 제8조와 제11조가 그것이다. 즉, 이 법은 한편으로는 대부업의 등록과 이에 대한 감독을 통하여 대부업을 양성화함과 동시에, 다른 한편으로는 높은 이율을 제한하여 서민을 보호하려는 목적이 있었다. 이 법은 몇 차례 개정을 통하여 대부업의 등록과 감독을 강화하고 제한이율의 적용범위를 확대하였다. 그러나 대부업에 대한 관리·감독과 불법 대부업자에 대한 처벌이 실질적으로 이루어지지 못하면서, 우후죽순으로 생긴 미등록 대부업체에 의하여 폭리행위가 증가하였고, 급기야 신용불량자의 양산이라는 커다란 사회적 문제가 발생하였다. 그러자 폐지되었던 이자제한법을 부활시켜야 한다는 주장이 일부 행정부처, 시민단체와 학계에서 제기되기 시작하였다. 그 무렵 판례는 고율의 이자약정을 공서양속에 관한 민법 제103조를 위반한 것으로 무효라고 판결하였다(대판(전) 2007. 2. 15, 2004다50426 참조). 그 직후인 2007년 3월 29일 이자제한법(2007년 법 8322호)이 다시 제정되었는데, 종전 이자제한법이 제대로 기능하지 못했던 점도 부분적으로 보완하였다(김재형, 민법론 Ⅴ, 296면 참조).

이하에서는 이자제한법에 관하여 살펴보기로 한다.

2. 이자제한법　　　이자제한법은 그 시행령(「이자제한법 제2조 제1항의 최고이자율에 관한 규정」)의 제정과 함께 2007. 6. 30.부터 시행되었다. 이자제한법은 구법이 규율하지 않고 있던 사항을 보완하여 입법한 것이다. 이 법은 금전대차에 관한 최고이자를 제한하는 입법으로서, 인가·허가·등록을 마친 금융기관 및 대부업자에 의한 금전대차를 제외하고 모든 경우에 적용되는 일반법으로서의 지위를 갖는다.

(1) 적용범위　　　이자제한법은 금전대차에 관한 계약상의 이자에 적용된다(동법 2조 1항).

㈎ 이 법은 금전의 대차, 즉 금전을 목적으로 하는 '소비대차'에 적용된다. 즉, 대차관계에 의하지 않고 발생한 금전채권의 이자에는 적용되지 않는다. 따라서 구법 당시의 판례도 인정했던 것처럼, 이 법은 매매대금에 대한 이자(대판 1959. 11. 19, 4292민상170 참조), 계금채무에 대한 이자(대판 1958. 2. 13, 4290민상502 참조), 국유임야 대부료채무의 이행지체로 인한 손해배상액의 예정(대판 1980. 10. 27, 80다703 참조) 등에는 적용되지 않는다.

㈏ 이 법은 '금전'의 대차에서 발생하는 이자에 적용된다. 이 법은 금전 이외의 대체물의 소비대차에도 유추 적용할 것인가? 구법 당시에도 동일한 문제가 제기되었다. 구법 당시의 판례도 금전 이외의 대체물의 소비대차에 이자제한법을 적용하지 않았다(대판(전) 1965. 11. 25, 65다1422; 대판 1980. 6. 10, 80다669; 대판 1984. 5. 22, 83다카1116 참조). 이자제한법이 명시적으로 '금전대차'로 제한하고 있고, 금전 이외의 대체물을 대여하는 것에 관해서는 민법 제104의 폭리행위에 해당하는 것으로 무효로 할 수 있으므로, 금전 이외의 대체물을 목적으로 하는 소비대차에는 적용되지 않는다.

㈐ 이 법은 금전대차이면 충분하고, 이자도 원본과 같은 금전일 필요가 없다. 이자의 속성상 이자는 대체물이면 충분하고 원본과 동일한 금전일 필요가 없기 때문이다. 구법 당시에도 판례는 금전을 대차하고 곡식을 이자로 준 경우 이자제한법을 적용하였다(대판 1960. 3. 31, 4291민상178 참조).

㈑ 이 법은 대차원금 10만원 미만인 금전대차의 이자에 관해서는 적용되지 않는다(동법 2조 5호).

㈒ 다른 법률에 따라 인가·허가·등록을 마친 금융업·대부업과 대부업법 제9조의 4에 따른 미등록대부업자에 대해서는 이 법을 적용하지 않는다(동법 7조). 따라서 관련 법률에 따라 인가·허가·등록이 이루어지는 금융기관(은행법 8조), 여신전문금융기관(여신전문금융업법 3조 이하)과 대부업자(대부업법 3조)는 이자제한법을 적용받지 않는다.

이 법 제7조의 문언에 따르면 대부업자가 대부업법에 따라 등록하지 않은 때에는 이자제한법을 적용하지 않는다. 그러나 대부업법은 미등록대부업자가 대부하는 경우 이자율에 관해서는 이자제한법 제2조 제1항과 대부업법 제8조 제2항부터 제6항까지의 규정을 준용한다(동법 11조 1항). 따라서 미등록대부업자의 경우에는 이자제한법이 정한 최고이율의 제한을 받고, 간주이자, 초과부분의 무효, 반환청구, 선이자에 관해서는 대부업법의 위 조항이 준용된다.

(2) **제한이율**   이자제한법은 이율의 최고한도를 제한하는 방법으로 이자를 규제하고 있다. 즉, 이 법은 금전대차에 관한 약정이자의 최고이율을 제한한다. 최고이율은 약정한 때의 이율을 말한다(동법 2조 2항).

㈎ 이 법이 제한이율을 정하는 방법은 단계적이다. 우선 시행령으로 최고이율을 정하도록 하고, 그 대신 이 법은 최고이율의 한도를 연 25%로 설정하고 있다(동법 2조 1항). 현재 시행령은 최고이율을 연 20%로 정하고 있다(이자제한법 제2조 제1항의 최고이자율에 관한 규정, 2021. 4. 6. 개정 대통령령 제31593호). 그동안 최고이율에 관한 규정은 세 차례 변동되었는데, 금융기관과 대부업체의 평균 대출이율, 경제사정과 입법례 등을 고려하여 정하고 있다.

㈏ 이자인지 여부는 그 명칭에 구애되지 않고 대차한 금전의 사용대가를 약정한 것이면 이자 약정에 해당한다. 이러한 이유에서 이 법은 예금(禮金), 할인금, 수수료, 공제금, 체당금(替當金), 그 밖의 명칭에도 불구하고 금전의 대차와 관련하여 채권자가 받은 것은 이를 이자로 본다고 정하고 있다(동법 4조 1항). 또한 채무자가 금전대차와 관련하여 금전지급의무를 부담하기로 약정하는 경우 의무 발생의 원인 및 근거법령, 의무의 내용, 거래상 일반원칙 등에 비추어 그 의무가 원래 채권자가 부담하여야 할 성질인 때에는 이를 이자로 본다고 규정하고 있다(동법 4조 2항). 그 취지는 채권자가 이자제한법의 적용을 면탈하려는 탈법행위를 금지하려는데 있다.

㈐ 시행령에서 최고이율을 변경하면, 개정 전에 체결된 금전대차에는 개정 전의 제한이율과 개정 후의 제한이율 중 어느 것을 적용하여야 하는가? 현재 시행령 부칙 제2조에서는 이 영 시행 이후 계약을 체결하거나 갱신하는 분부터 적용한다고 정하고 있다. 따라서 2021. 7. 7. 이후 최초로 계약을 체결하거나 갱신하는 분부터 위 시행령에 따른 제한이율이 적용된다고 보아야 한다.

(3) **제한위반의 효과**   금전대차에 관한 계약상의 이자로서 제한이율을 초과하는 부분은 무효이다(동법 2조 3항). 현행 이자제한법은 초과이자에 관한 약정을

무효로 하는 데 그치지 않고, 무효로 인한 법률관계를 규율할 구체적인 규정도 두고 있다.

　(가)　약정이자가 시행령의 최고이율을 초과하면, 이자 약정은 전부가 아니라 초과부분만 무효가 된다. 이는 법률행위 일부가 무효인 경우 원칙적으로 전부를 무효로 하는 민법 제137조에 대한 예외이다. 이는 대차관계가 중단되어 신용이 끊기는 것을 방지하기 위한 것이다.

　(나)　초과부분에 관한 이자 약정이 무효가 되므로, 채권자는 초과부분의 이자를 재판상 청구할 수 없다. 또 초과이자를 자동채권으로 하는 상계는 무효이다(대판 1963. 11. 21, 63다429 참조). 초과이자를 원본에 산입하거나 이를 준소비대차로 하는 약정은 무효이고(대판 1957. 3. 23, 4289민상659 참조), 초과이자에 대한 경개는 무효이다(대판 1998. 10. 13, 98다17046). 원본채권의 양도가 있더라도 초과이자에 대한 채권은 양도의 효력이 발생하지 않고(대판 1968. 4. 16, 67다2624 참조), 초과이자를 제3자가 대위변제하거나 연대보증인이 변제하여 채무자가 면책되더라도 초과부분을 채무자에게 구상할 수 없다(대판 1957. 10. 31, 4290민상504 참조).

　(다)　채무자가 임의로 초과이자를 지급하면 그 반환을 청구할 수 있는가? 만일 이를 인정한다면, 원본이 소멸하지 않은 경우에도 원본충당을 인정하지 않고 그 반환을 청구할 수 있는가? 반대로 지급된 초과이자의 반환청구를 부정한다면, 지급한 초과이자의 원본충당은 인정되는가? 구법은 이에 대하여 아무런 규정을 두지 않았고, 학설 대립이 심하였다. 현행 이자제한법은 지급된 초과이자는 원본에 충당하고, 원본이 소멸한 때에는 그 반환을 청구할 수 있다고 명확히 규정하고 있다(동법 2조 4항. 대부업법 8조 4항에서도 같은 취지의 규정을 두었다). 나아가 금전을 대여한 채권자가 고의 또는 과실로 이자제한법을 위반하여 최고이자율을 초과하는 이자를 받아 채무자에게 손해를 입혔다면 민법 제750조에 따라 불법행위가 성립한다(대판 2021. 2. 25, 2020다230239 참조).

[이자제한법이 없는 경우 과도한 이자약정의 효력]
　구법 당시에는 초과이자의 반환을 인정하지 않았던 것이 판례의 확고한 입장이었다. 그런데 대판(전) 2007. 2. 15, 2004다50426은 이자제한법이 폐지된 후 이자에 의한

폭리행위를 민법 제103조에 의하여 규제하면서, 사회통념상 허용 한도를 초과하는 이자의 반환청구를 인정하는 것으로 태도를 변경하였다. 대법원은 금전 소비대차계약과 함께 이자의 약정을 하는 경우, 양쪽 당사자 사이의 경제력의 차이로 인하여 그 이율이 당시의 경제적·사회적 여건에 비추어 사회통념상 허용되는 한도를 초과하여 현저하게 고율로 정하여졌다면, 그와 같이 허용할 수 있는 한도를 초과하는 부분의 이자 약정은 선량한 풍속 기타 사회질서에 위반한 사항을 내용으로 하는 법률행위로서 무효라고 하고, 나아가 이미 지급한 제한초과이자의 반환을 긍정한다.

판례가 무효부분의 반환을 인정하는 근거가 무엇인지를 살펴볼 필요가 있다. 이는 이자제한법 제 2 조 4항의 실질적인 근거라고 할 수 있다. 구법 당시 초과이자의 지급은 민법 제746조의 불법원인급여에 해당한다거나 또는 민법 제742조의 비채변제에 해당한다는 이유로 그 반환을 부정하는 학설이 있었다. 그러나 본서에서는 초과이자의 지급은 불법원인급여에 해당하지만 불법의 원인이 채권자에게만 있는 것이 되어, 민법 제746조 단서에 의하여 그 반환을 청구할 수 있다고 보아야 한다고 하였다. 그것이 모처럼 두게 된 이자제한법의 실효성을 달성하는 것이라고 보았기 때문이다. 현재 판례도 불법의 원인이 수익자인 대주에게만 있거나 또는 적어도 대주의 불법성이 차주의 불법성에 비하여 현저히 크다고 하면서, 그 근거를 민법 제746조의 단서에서 찾고 있다. 판례의 태도 변경은 환영할 일이다.

㈐ 선 이 자   선이자(先利子)란 차주가 지급해야 할 이자를 약정한 원본에서 미리 공제하여 지급하는 이자를 말한다. 예컨대, 100만원을 연 40%로 1년간 대차하면서, 차주는 미리 40만원을 공제한 60만원을 받고 만기에 100만원을 반환하기로 약정하는 경우가 있다. 이 경우 원본 100만원에서 미리 공제하는 40만원이 바로 선이자에 해당한다. 선이자약정에도 이자제한법이 당연히 적용된다. 여기서 선이자약정의 효력을 과연 어디까지 인정할 것인지, 달리 말하면 무엇을 기준으로 대주가 받을 수 있는 선이자의 최고한도를 정할 것인지 문제된다.

① 구법은 선이자에 대하여 아무런 규정을 두고 있지 않았다. 당시 판례(대판 1981. 1. 27, 80다2694 참조)는 채무자는 실제로 받은 금액에 이 금액에 대한 변제기까지 이자제한법의 제한이율에 따른 이자를 합산한 금액을 변제기에 원금으로서 변제할 의무가 있고, 이 금액과 약정원금의 차액부분에 대한 소비대차는 무효라고 하였다. 위 예에서 차주는 수령한 60만원에 당시의 제한이율인 30%를 적용한 18만원을 합산한 78만원을 원본으로 변제할 의무가 있고, 이 78만원과 약정원본인 100만

원의 차액 22만원에 대한 소비대차는 무효가 된다. 즉, 판례는 18만원만을 선이자로 인정하기 때문에, 차주가 반환해야 할 원본은 실수령액 60만원에 선이자 18만원을 합산한 78만원이 된다. 이는 처음에 약정한 원본 100만원에서 선이자로서 인정되지 않고 무효가 된 초과부분 22만원을 공제한 금액과 같다.

② 이자제한법은 선이자를 미리 공제한 경우에는 그 공제액이 채무자가 실제 수령한 금액을 원본으로 하여 최고이자율에 따라 계산한 금액을 초과하는 때에는 그 초과부분은 원본에 충당한 것으로 본다고 규정하고 있다(동법 3조). 위 예에서 차주는 수령한 60만원에 제한이율인 24%를 적용한 14만 4천원만 이자로 지급하면 된다. 만일 차주가 이자로 14만 4천원을 초과하여 갚았다면 그 부분은 원본에 충당한 것으로 본다. 따라서 대주가 공제하고 교부하지 않은 40만원 중에는 14만 4천원의 선이자를 뺀 25만 6천원에 해당하는 부분은 원본의 일부가 포함되어 있기 때문에, 변제기에 74만 4천원을 반환받으면 대주는 결국 원본과 이자를 모두 반환받게 되는 것이다. 이처럼 이자제한법이 실제로 받은 금액을 원본으로 보는 것은 구법 당시의 판례에서 진일보한 것이다. 선이자의 최고한도를 계산한 기초가 약정원본이 아니라 실수령액인 근거가 무엇인지 의문이 제기될 수 있다. 이는 소비대차의 선이자약정이 갖는 특징에서 찾을 수 있다. 소비대차의 경우에는 부대체물을 대여하는 경우와는 달리 대주가 선이자에 해당하는 부분만큼 공제하고 대체물을 교부하므로, 차주는 약정원본 전부를 사용하지도 않고 그에 대한 이자를 지급하게 된다. 따라서 사용대가라는 이자의 본질에 따라 선이자는 실수령액을 기초로 계산한다.

㈐ **복리약정** 이자제한법은 이자에 대하여 다시 이자를 지급하기로 하는 복리약정은 최고이율을 초과하는 부분에 해당하는 금액에 대해서는 무효로 본다(동법 5조). 이는 원본에 산입된 이자와 이 이자에 대한 이자의 합산액이 본래 원본에 제한이율에 따른 액을 넘는 때에는, 그 초과부분이 무효라는 뜻이다(위 3. ⑴ 참조).

㈑ **배상액의 감액** 금전대차의 당사자는 장차 채무의 불이행으로 인한 손해에 관하여 그 배상액을 미리 약정할 수 있다. 이 경우 이자제한법은 배상액이 부당하다고 인정하면 법원이 상당한 액까지 감액할 수 있다고 정하고 있다(동법 6조). 이 규정은 구법에도 있었던 규정인데, 민법 제398조 제 2 항과 동일한 취지의 규정으로서 불필요한 규정이다.

[12] Ⅶ. 선택채권

1. 의 의 선택채권(選擇債權)은 채권의 목적이 선택적으로 정해져 있는 채권이다. 바꾸어 말하면, 선택이 있을 때까지는 선택되어야 할 서로 다른 여러 급부가 선택적으로 채권의 목적이 되며, 선택으로 여러 급부 가운데 어느 하나가 목적으로 확정되는 채권이다. 예컨대, 甲이라는 말의 급부나 乙이라는 소의 급부를 선택할 수 있는 채권, 또는 이 시계나 돈 5만원을 준다는 채권이 선택채권이다. 선택채권의 목적은 선택적으로 정해져 있을 뿐이므로, 선택으로 어느 하나의 급부로 특정될 때까지 채권의 목적이 확정되지 않으며, 따라서 이행할 수도 없고 강제집행을 할 수도 없다. 이 선택채권에서는 '선택'이 특히 중대한 의미가 있다. 여기서 민법은 선택권자와 선택방법에 관하여 자세한 규정을 두고 있다.

선택채권은 채권자나 채무자의 편의를 위하여, 또는 제 3 자의 공평·합리적인 판단에 맡기기 위하여, 또는 위험을 분산시킬 목적으로 발생한다. 선택채권은 당사자의 법률행위로 생길 수도 있고(증여·매매·대차 등에서 약정하는 경우), 법률규정으로 발생할 수도 있다(제135조에 따른 무권대리인의 책임, 제203조 2항에 따른 점유자의 유익비상환청구권 등은 그 예이다. 특히 제203조 2항은 많은 경우에 준용되고 있다).

2. 선택채권과 비슷한 채권 선택채권의 성질을 분명히 하려면, 이와 비슷한 채권들과 어떤 차이가 있는지 살펴볼 필요가 있다.

(1) 조건부 채권 법률행위를 하면서 조건을 붙임으로써 선택채권과 비슷한 채권을 발생시킬 수 있다. 예컨대, ① 여러 채권 사이의 선택(급부의 수만큼 채권을 발생시키고 그 가운데 하나의 채권을 선택하면 다른 채권은 당연히 소멸한다고 약정한 경우), ② 선택을 조건으로 하는 단순채권(여러 급부 가운데 하나를 선택할 것을 조건으로 하여 그 급부에 관하여 단순채권을 발생시키는 경우), ③ 여러 급부 가운데 조건의 성취로 그중 하나에 특정케 하는 경우 등을 들 수 있다. 그러나 ①은 여러 채권이며, ②는 조건부 단순채권이고, ③은 선택에 의하지 않고 조건이라는 사실에 의하여 특정이 생기는 점에서, 각각 선택채권과는 다르다.

(2) 종류채권 선택채권과 종류채권은 모두 채권의 목적이 특정되어 있지 않으며, 나중에 특정이 필요하다는 점에서 비슷하다. 그러나 선택채권에서는 선택할 급부의 수는 확정되어 있고 각 급부의 개성을 중요하게 본다. 그러므로 '선택'이

중요한 의미가 있고, 다른 급부가 모두 이행불능으로 되면 나머지 급부에 특정된다 (아래 3.(2) 참조). 또한 선택에는 소급효가 인정된다. 이에 반하여 종류채권에서는 급부의 범위가 개별적으로 예정되는 일이 없으며, 그 목적인 종류에 속하는 물건은 모두 같은 가치를 가지는 것이어서 개성은 완전히 무시된다. 그러므로 이행불능에 의한 특정이 생기지 않고 '특정의 소급효'도 인정되지 않는다. 다만 제한종류채권에서는 그 제한범위가 좁은 경우 선택채권과 가까워진다. 그러나 목적물의 개성이 중시되지 않는 점에서 선택채권과는 구별됨은 이미 설명하였다([8] 1. 참조).

(3) **임의채권**   임의채권은 선택채권과 비슷하나, 이에 관해서는 잠시 후에 보기로 한다([13] 참조).

3. 선택채권의 특정   선택채권은 선택적으로 정해져 있는 여러 급부를 목적으로 하는 것이므로, 채무를 이행하려면 여러 급부 가운데 어느 하나로 특정해서 단순채권으로 변경되어야 한다. 이를 선택채권의 '특정'이라고 한다. 바꾸어 말하면, 선택채권의 목적인 여러 급부가 하나의 급부로 확정되는 것이 선택채권의 특정이다. 특정의 원인에는 선택권의 행사와 급부불가능의 두 가지가 있다. 선택권의 행사가 보통의 특정원인이다. 그 밖에 당사자가 계약으로 특정을 생기게 할 수 있음은 계약자유의 원칙상 상관없다.

(1) **선택에 의한 특정**

(개) **선 택 권**   선택채권에서 여러 급부 가운데 구체적으로 이행될 하나의 급부를 선정, 즉 가려서 정하는 의사표시가 급부의 선택이다. 이 선택을 할 수 있는 법률상 지위를 선택권이라 한다. 그것은 선택하는 자의 일방적 의사표시로 채권의 내용을 변경시키는 것이므로, 일종의 형성권이다.

(내) **선택권자**   누가 선택권을 가지는지는 선택채권의 발생원인에서 정해지는 것이 보통이다. 따라서 선택채권이 법률 규정으로 발생하는 때에는 법률(예컨대, 제135조 1항은 채권자에게, 그리고 제203조 2항은 채무자에게 선택권을 주고 있다)에 따라, 법률행위로 발생하는 경우에는 법률행위에 따라 각각 선택권자가 정해진다. 선택권자는 채권자·채무자는 물론이고 제 3 자도 될 수 있다. 만일 선택권자를 정하는 규정이나 당사자의 약정이 없으면, 선택권은 채무자에게 속한다(380조).

(대) **선택권의 이전**   선택권은 권리이지 의무가 아니므로, 선택권을 행사할

의무에 관하여 당사자 사이에 특약이 없는 한, 선택권의 행사를 강제하지 못한다. 그러나 선택권자가 선택권을 행사하지 않으면, 선택권을 가지지 않는 당사자는 이행에 관하여 곤란한 상황에 있을 수 있다. 여기서 민법은 일정한 경우 선택권이 당연히 이전한다고 정하고 있다.

① 당사자의 일방이 선택권을 가지는 경우   선택권 행사의 기간이 있는지 없는지에 따라 다르다. 먼저, 선택권 행사의 기간이 있는 때에는, 선택권자가 그 기간 내에 선택권을 행사하지 않으면 상대방은 상당한 기간을 정하여 그 선택을 최고할 수 있고, 그런데도 그 기간 내에 선택하지 않으면, 선택권은 상대방에게 이전한다(381조 1항). 선택권 행사의 기간이 없는 때에는, 채권의 이행기에 이른 다음 상대방이 상당한 기간을 정하여 선택을 최고하였는데도 선택권자가 그 기간 내에 선택하지 않으면, 역시 선택권은 상대방에게 이전한다(381조 2항).

② 제3자가 선택권을 가지는 경우   이때에는 선택권자인 제3자가 선택하는 것이 불가능한지 또는 선택을 할 수 있는데도 하지 않는지에 따라 다르다. 선택권자인 제3자가 선택할 수 없으면, 선택권은 당연히 채무자에게 이전한다(384조 1항). 즉, 선택이 불가능하다는 것이 확정되면, 선택권은 법률상 당연히 이전하며, 변제기를 기다릴 필요도 없고 또한 당사자(즉, 채권자 또는 채무자)의 최고도 필요하지 않다. 그러나 선택할 수 있는데도 선택하지 않으면, 채권자나 채무자는 상당한 기간을 정하여 선택을 최고할 수 있고, 그 기간 내에 선택하지 않으면, 선택권은 역시 채무자에게 이전한다(384조 2항).

㈑ **선택권의 행사**   한쪽 당사자가 선택권을 가지는 경우 선택권은 상대방에 대한 의사표시로 이를 행사한다(382조 1항). 한편 제3자가 선택하는 경우 그 선택은 채권자와 채무자에 대한 의사표시로 해야 한다(383조 1항). 선택의 의사표시는 수령을 필요로 하는 일방적 의사표시이며, 상대방에 도달한 때에 그 효력이 발생한다(111조 참조). 그리고 일단 그 효력이 발생한 때에는 상대방의 동의가 없으면 철회하지 못한다(382조 2항). 제3자가 선택의 의사표시를 한 때에는, 채권자와 채무자(즉, 당사자 쌍방)의 동의가 없으면 철회하지 못한다(383조 2항). 선택의 의사표시에는 의사표시에 관한 일반법리가 적용됨은 물론이다. 예컨대, 착오나 사기·강박에 의한 선택의 의사표시는 일반원칙에 따라 취소할 수 있다(109조·110조 참조). 그리고

선택은 일방적 의사표시이므로, 원칙적으로 조건이나 기한을 붙이지 못한다(「민법총칙」 [185]·[189] 참조).

　　㈐ **선택의 효과**　　　선택을 하면 선택채권은 단순채권으로 변한다. 즉, 특정으로 선택채권은 선택적이 아닌 하나의 급부를 목적으로 하게 된다. 그러나 선택으로 반드시 특정물채권이 되는 것은 아니다. 급부의 목적물이 특정물인지 불특정물인지 또는 금전인지에 따라 특정물채권·종류채권 또는 금전채권으로 바뀐다. 따라서 종류채권이 선택된 때에는 종류채권으로 되고, 종류채권으로서 다시 특정이 필요하다.

　　선택은 채권이 발생한 때에 소급하여 그 효력이 생긴다(386조 본문). 즉, 채권이 발생한 때부터 선택된 급부만을 목적으로 하는 채권이 성립하고 있었던 것이 된다. 민법 제386조 단서는 선택의 소급효는 "제 3 자의 권리를 해하지 못한다."라고 정하고 있으나, 이 규정은 전혀 무의미한 것이며(김증한·김학동 55면 참조), 입법상의 잘못이다.

[제386조 단서의 제 3 자]

　　제386조 단서에서 말하는 「제 3 자」는 급부의 목적물에 관하여 권리를 취득한 자를 가리킨다. 또한 제 3 자의 「권리」라고 하고 있는데, 그 권리로는 물권과 채권을 생각할 수 있다. 그런데 어느 경우든지 선택의 소급효로 제 3 자의 권리를 침해하는 일은 있을 수 없다. 예컨대, 甲 동물 또는 乙 동물을 급부한다는 선택채권에서, 甲을 선택하였으나, 그 선택이 있기 전에 이미 채무자가 甲을 제 3 자에게 매각하였다고 하자. 甲에 관하여 채권자의 채권과 제 3 자의 채권이 성립하게 된다. 그러나 본래 채권은 배타성이 없으므로, 선택의 소급효로 제 3 자의 채권을 침해한다는 일은 있을 수 없다. 한편 제 3 자가 매매계약에 의하여 이미 甲을 인도받고 있는데, 그 후에 선택을 하였다고 하자. 이 경우에는 甲에 관하여 채권자의 채권과 제 3 자의 물권이 성립하게 되나, 언제나 물권이 우선하기 때문에, 역시 제 3 자의 권리를 침해한다는 것은 있을 수 없다.

(2) 급부 불가능에 의한 특정

　　㈎ **원시적 불가능**　　　여러 급부 가운데 채권이 성립할 때부터 처음부터 이행할 수 없는 것이 있다면(원시적 불가능) 채권은 남아 있는 급부에 관하여 존재하게 된다(385조 1항). 즉, 남아 있는 급부가 하나뿐이면 처음부터 단순채권으로서 성립하

고, 남아 있는 급부가 두 개 이상이면 선택채권이 성립한다.

    (ㄴ) **후발적 불가능**   민법은 다시 선택권 없는 당사자의 과실로 불가능이 되었는지 아닌지에 따라 구별하고 있다.

    선택권 없는 당사자의 과실로 이행할 수 없게 된 경우에는, 선택채권의 존속에 영향을 주지 않는다(385조 2항). 나머지 급부가 하나뿐이더라도 특정은 생기지 않는다. 따라서 선택권자는 이행할 수 없게 된 급부를 선택할 수도 있다. 채권자가 선택권자인 때에는, 채무자의 과실로 이행할 수 없게 된 급부를 선택하여, 채무자에게 책임 있는 이행불능으로 인한 손해배상을 청구할 수 있다. 또한 채무자가 선택권자인 경우에는, 채권자의 과실로 이행할 수 없게 된 급부를 선택하여, 채무자에게 책임이 없는 이행불능으로서 채무를 벗어날 수 있다.

    선택권을 가지는 당사자의 과실에 의하든가, 또는 당사자 쌍방의 과실에 의하지 않고서 이행할 수 없게 된 경우에는, 채권은 남아 있는 급부에 관하여 존재한다(385조 1항). 만일 남아 있는 급부가 하나뿐이면, 채권은 그 급부에 특정된다.

    급부 불가능에 의한 특정은, 선택에 의한 특정과는 달리, 소급효가 없다. 그리고 선택권을 가지는 채권자의 과실로 이행할 수 없게 된 경우에는 채무자는 채권자에게 손해배상을 청구할 수 있음은 물론이다.

    민법은 전부 불가능과 일부 불가능의 경우, 모든 급부가 동시에 불가능하게 된 경우, 또는 당사자의 공동과실로 불가능하게 된 경우 등에 관해서는 규정하고 있지 않다. 이러한 경우에는 민법 규정을 참작하여 합리적으로 해결하는 수밖에 없다. 그리고 일부 불가능의 급부가 있게 된 때에는, 그 이행으로 채권의 목적을 달성할 수 있는지에 따라서, 달성할 수 없으면 전부 불가능에 관한 규정을 적용하고, 달성할 수 있으면 전부 가능으로 다루어야 한다(김기선 96면. 137조 참조). 그리고 당사자의 공동과실로 불가능하게 된 때에는, 남아 있는 급부에 관하여 채권은 존재한다고 해석하는 것이 적절하다(385조 1항 참조).

[13] Ⅷ. 임의채권

    선택채권과 비슷하지만, 그것과 성질을 달리하는 것으로 임의채권(任意債權)이 있다. 甲이 본래의 급부이나, 당사자의 한쪽이 乙로써 이에 대용(代用), 즉 갈음할 수 있는 권리가 있는 경우이다. 바꾸어 말하면, 채권의 목적은 하나의 급부에 특정되어 있으나, 채권자 또는 채무자가 다른 급부로써 본래의 급부를 갈음할 수 있는 권리(대용권·보충권)를 가지고 있는 채권이다. 법률행위로 발생하는 것이 보통이나, 법률 규정에 따라 발생하는 경우도 있다(378조·443조 후단·764조 등). 하나의 특정된 급부가 본래 채권의 목적이고, 그것을 갈음하는 급부는 보충적 지위에 있으며, 여러 급부가 선택적으로 채권의 목적이 되어 있지 않은 점에서, 선택채권과 다르다. 그러므로 본래의 급부가 채무자에게 책임 없는 사유로 불가능으로 된 때에는 채권은 소멸한다. 그리고 대용급부의 의사를 표시해도 그것만으로는 특정하지 않는다. 또한 대용권이 없는 채권자는 어디까지나 본래의 급부를 청구할 수 있음에 그치고, 대용권이 없는 채무자는 대용급부의 수령을 강요하거나, 이를 기초로 상계를 주장하는 등의 권리는 없다.

제 4 장 채권의 효력

제 1 절 총 설

[14] Ⅰ. 채권의 효력 개관

1. 청구력과 급부보유력 이미 본 바와 같이([4] 참조), 채권은 채권자가 채무자에 대하여 일정한 급부를 청구하는 것을 내용으로 하는 권리이며, 채무자에 대한 청구적 효력, 즉 청구력(請求力)과 채무자의 급부를 받아 적법하게 간직해 가질 수 있는 효력 즉 급부보유력(給付保有力)이 기본적 효력 또는 최소한도의 법적 효력이다. 따라서 채권자의 청구에 응하여 채무자가 스스로 채무의 내용에 따라 이행하면(임의이행), 채권은 바르게 제대로 실현되어 만족을 얻고 소멸한다. 채무자가 채무의 내용에 따라 채무 내용을 실현하는 과정을 채무의 이행(履行)이라고 말하고, 채무의 이행으로 채권이 만족을 얻어 소멸하는 것을 채무의 변제(辨濟)라고 일컫는다. 채무의 이행과 채무의 변제는 모두 채무 내용을 실현하는 과정이며, 다만 이들은 보는 관점이 다를 뿐이다. 이들은 채권의 청구력과 급부보유력을 연결하는 것이므로, 그것도 채권의 효력에 포함되나, 민법은 채권의 소멸이라는 측면에서 따로 규정하고 있다(제 7 장 제 2 절 참조).

위와 같이 채권은 채무자의 이행을 목적으로 하나, 그러한 채권을 통해서 궁극적으로 달성하려는 것은 채무자의 행위를 통해서 일정한 재산적 이익을 얻는 데 있다. 그런데 채무자가 스스로 이행하지 않는다면, 채권의 청구력만으로는 일정한 재산적 가치의 취득이라는 목적을 달성할 수 없다. 여기서 법질서는 채권이 청구력으로 실현되지 않는 경우에, 재산적 가치를 얻을 수 있도록 하기 위한 여러 효력을 인정한다. 바꾸어 말하면, 채권의 실현을 보장하기 위한 강제력이 법질서에 의하여 인정되고 있다. 그러나 예외적으로 그러한 강제력이 없는 채권도 있어서 자연채무(自然債務) 및 '채무와 책임의 구별'이라는 문제가 있다.

2. 채무불이행에 대한 효력 채무자가 채무의 내용에 따른 이행을 스스로 하지 않는 경우에 국가권력의 활동을 통해서 채무 내용의 실현을 강제하는 것이

원칙이다(판결과 강제집행). 그러한 채무의 이행을 보장하는 방법으로는 현실적 이행을 강제하는 방법과 손해를 배상하도록 하는 방법이 있다. 그런데 채무의 이행을 보장하려면, 가급적 채무 내용을 그대로 실현하는 것이 채권자에게 유리하다. 이것이 채권을 권리로서 인정한 취지에도 적합하다. 그러므로 근대법은 이행강제의 방법으로 우선 현실적 이행의 강제를 인정한다. 그러나 물건의 인도채무나 대체적 작위채무('하는 채무' 중 제3자가 채무자 대신 이행해도 채권의 목적을 달성할 수 있는 채무) 등에서는 강제이행의 방법으로도 아무런 부당한 결과를 가져오지 않으나, 부대체적(不代替的. '비대체적'이라고도 한다) 작위채무(채무자 자신의 행위에 의하지 않고서는 채권의 내용을 실현할 수 없는 '하는 채무')에 관해서는 채무자의 의사를 강제해도 그 목적을 달성할 수 없는 것이 많다. 또한 근대법은 채무자의 인격과 의사를 가급적 존중하려고 한다. 따라서 현실적 이행의 강제에는 스스로 한계가 있다. 한편 채무불이행이 있으면, 채권자가 현실적 이행을 강제할 수 없는 경우는 물론, 그러한 강제를 할 수 있는 경우라도, 불이행으로 채권자는 언제나 손해를 입는다. 그러한 손해는 모두 금전으로 배상되기 때문에, 채무불이행에 의한 손해배상청구는 채권의 효력으로서 실제에서는 가장 주요한 문제이다.

　위와 같은 채무 내용의 강제적 실현을 실효성 있게 하는 것은 결국 채무자의 일반재산(一般財産)이다. 왜냐하면 채무불이행에 대한 채권의 일반적 효력은 위와 같이 현실적 이행의 강제와 불이행에 의한 손해배상청구이지만, 강제의 수단으로서 주요한 것은 손해배상으로 채무자에게 금전지급을 명령하는 것이다. 그러므로 채권의 효력은 최종적으로 금전의 지급청구로 나타나고, 모든 채권은 금전지급으로 그 목적이 달성된다. 그런데 채무자로 하여금 금전을 지급하도록 하려면, 그의 재산을 처분해서 이를 금전으로 바꾸는 수밖에 없다. 결국 모든 채권은 궁극적으로는 채무자의 일반재산에 의하여 보장된다. 그렇기 때문에 민법은 채무자의 일반재산을 유지·보전하기 위하여, 바꾸어 말해서 보호하여 안전하게 유지되도록 하기 위하여, 채권자에게 채권자대위권과 채권자취소권을 인정하고 있다.

　3. 채권자지체　　채무 가운데에는 채무자만으로는 이행할 수 없고 채권자의 협력이 필요한 것이 많다. 이와 같이 채권자의 협력이 필요한 채무에 관해서는 채권자에게도 채무의 이행에 협력할 의무가 있게 된다. 이러한 경우에 채권자가 협

력의무를 게을리하는 것이 채권자지체(債權者遲滯) 또는 수령지체(受領遲滯)이다. 채권자지체로 채무가 이행되지 않는 경우에 채무자는 불이행의 책임을 지지 않는다. 따라서 이 경우에는 채권의 효력으로 인정되는 채무불이행책임이 인정되지 않는다. 이러한 소극적인 의미에서는 채권자지체도 채권의 효력이라고 할 수 있다. 그러므로 민법은 채무자의 채무불이행 다음에 수령지체에 관한 규정을 두고 있다.

    4. 채권의 대외적 효력   채권은 상대권(相對權)이자 대인권(對人權)이라는 데서 제 3 자에 의한 채권침해는 오랫동안 문제되지 않았다. 그러나 채권도 하나의 재산권이며, 재산권으로서의 채권을 제 3 자가 침해하는 것은 이론상 가능하다. 또한 위법한 침해에 대해서는 불법행위에 의한 손해배상을 인정해야 한다는 것이 점차 승인되었다. 그리하여 제 3 자의 위법한 채권침해에 의한 불법행위의 성립과 방해배제청구가 문제되었다. 이것이 채권의 대외적 효력 문제이다.

    5. 설명의 순서   위에서 개관한 채권의 효력에 관하여 이 장에서 자세히 설명하기로 한다. 다만 민법은 변제를 채권소멸원인의 하나로 규율하고 있으므로, 이 책에서도 그러한 민법의 태도에 따라 변제 또는 이행을 채권의 소멸에 관한 제 7 장에서 설명하기로 한다. 결국 이 장에서 다루는 내용은 이행 또는 변제를 제외한 채권의 효력이나, 민법이 '채권의 효력'이라 하여 제387조에서 제407조까지 규정하는 것은, 크게 세 부분으로 나눌 수 있다. 채무불이행과 채권자지체, 그에 대한 구제로서의 강제이행과 손해배상, 책임재산의 보전이 그것이다. 여기서도 이들에 관하여 각각 1개절을 두어 제 2 절에서 제 4 절로 나누어 살펴보기로 한다. 그런데 이미 지적한 채권의 효력으로서 문제되는 것 중 자연채무, 채무와 책임, 제 3 자에 의한 채권침해에 관해서는 민법이 따로 규정하고 있지 않다(다만 제 3 자에 의한 채권침해 문제는 이를 제750조 이하의 불법행위 규정에 맡기고 있다). 이들에 관해서는 편의상 이 절에서 다루기로 한다.

[15] Ⅱ. 자연채무

    1. 자연채무의 의의   소권(訴權)이 인정되지 않는 채무를 일반적으로 자연채무(自然債務)라고 한다. 채무자가 그의 채무를 이행하지 않더라도, 채권자가 그 이행을 소구(訴求. 소로써 청구하는 것을 말한다)하지 못하는 채무를 말한다.

자연채무는 원래 로마법에서 유래한다. 로마법은 "소권이 있는 곳에 권리가 있다."라는 소권법 체계를 취하였다. 따라서 소권이 없는 채무, 즉 자연채무가 발생하는 경우가 적지 않았다. 그러나 "권리가 있는 곳에 소권이 있다."라는 실체법 체계를 취하는 근대법에서는 채권에는 원칙적으로 소권이 인정된다([4] 3. 참조). 그렇지만 근대법에서도 소권 또는 집행청구권으로 보호되지 않는 예외적인 채권의 존재를 인정해야 할 경우가 있다. 그리하여 이러한 경우를 총괄하기 위하여 지금도 자연채무라는 전통적인 개념을 사용하고 있다.

2.　민법은 자연채무에 관하여 규정하고 있지 않으나, 학설은 이 관념을 인정하고 있다(김기선 52면, 김증한·김학동 61면, 김현태 19면, 최식 56면, 현승종 88면 참조). 자연채무의 관념은 채권의 본질을 이해하는 데 도움이 되므로, 이를 인정하는 것이 좋다. 그러나 그 용어에 관해서는 주의할 점이 있다. 자연채무는 소구가능성이 없는 채무, 즉 소권이 인정되지 않는 채무를 뜻한다. 그리하여 집행가능성이 없는 채무, 즉 소구할 수는 있으나 강제집행이 배제되는 채무는 '책임 없는 채무'라 하여 자연채무와 구별된다. 그리고 자연채무와 '책임 없는 채무'의 두 가지를 포함하는 개념으로서는 불완전채무(不完全債務)라는 용어가 사용된다.

위와 같이 소권이 따르지 않는 채무가 자연채무이나, 이때 '채무'가 무엇을 뜻하는지에 관해서는 학자들의 견해가 반드시 분명하지는 않다. 학설 중에는 자연채무에서 말하는 '채무'는 법률상 채무 또는 법적으로 의의 있는 채무(즉, 경개나 준소비대차의 기초로 할 수 있는 채무, 그에 대한 담보가 유효하게 성립할 수 있는 채무, 또는 상계를 할 수 있는 채무 등)에 한정되지 않고, 그 밖에 '도덕적 의무'나 '사회질서 위반의 채무'라도 임의의 급부가 있는 경우에 법률상 그 반환청구가 인정되지 않는다면, 역시 자연채무로 인정하는 것이 적당하다는 견해가 있다(현승종 87·88·92면 참조). 그러나 이 견해에는 찬성할 수 없다. 단순한 도덕적 의무는 원칙적으로 법률이 관여할 사항이 아니다. 그것은 법적 채무가 아니기 때문에, 그것을 자연채무라고 부른다고 해도 법적으로는 아무런 의미가 없다. 굳이 그 의의를 찾는다면, 도덕적 의무의 이행은 법적으로는 증여의 약속을 이행한 것으로 볼 수 있을 뿐이다. 민법은 그러한 도덕적 의무를 이행한 경우에, 이를 비채변제(742조) 또는 도의관념에 적합한 비채변제(744조)로서 이행한 것의 반환청구를 인정하지 않는다. 그러나 이는 채무의 이행이 있었기 때문이 아니라, 그러한 급부자를 보호할 필요가 없다는 정책적 고려에서 나온 것이다. 한편 사회질서를 위반한 행위로 인한 채무도 법적으로는 채무가 아니다. 사회질서 위반의 법률행위는 무효이므로, 그 무효인 법률행위에서 발생할 것으로 예정되었던 채무는 성립할 수 없다. 민법은 이때에도 임의의 급부가 있는 경우에 그 반환청구를 인정하지 않으나(746조), 이것 역시 사회적 타당성 없는 행위의 결과를 복구하려고 꾀하는 사람에게 협력을 거절하려는 법정책적 입법이다. 요컨대, 도덕적 채무나 사회질서를 위반한 행위로 인한 채무에서는 임의로 이행한 경우에 법률이 그 반환청구를 인정하지 않기 때문에, 결과적으로는 마치 유효한 변제가 있는 것처럼 되는 점에서 자연채무에서와 같은 결과가 되나, 그렇다고 해서 그것을 일종의 자연'채무'라고 해도 이는 법적으로는 아무런 의미가 없다. 본래 자연채무는 법적 개념이며, 채권의 본질을 이해하는 데 도움이 되기 때문에 사용하는 법률개념이다. 그렇다면 그것은 마땅히 법적으로 채무로서 다룰 만한 일정한 의미가 있어야 한다. 따라서 자연채무에서 채무는 법적 의미가 있는 것이어야 한다. 바꾸어 말하면, 자연채무로서 인정될 수 있는 최소한의 기준은 급부의 반환청구가 배제된다는 것만으로는 부족하며, 그 밖에 채무가 경개나 준소비대차의 기초가 될 수 있다든가, 또는 담보가 유효하게 성립할 수 있다는 등 법적 의미를 가져야 한다.

    3. 자연채무의 종류   위와 같이 민법에서 자연채무의 관념을 인정한다고 할 때 구체적으로 문제되는 것은 어떠한 것일까? 학자들이 드는 것을 하나하나 검토해 보기로 한다.

    (1) 계약으로 발생하는 자연채무   현행법상 계약으로 자연채무가 발생함을 분명하게 규정하고 있는 경우가 있다. 민법 제803조는 "약혼은 강제이행을 청구하지 못한다."라고 정한다. 이 규정은 약혼(남녀가 장차 혼인하기로 하는 계약)의 당사자가 서로 혼인의무를 부담하나, 이 혼인의무를 불이행하더라도, 그것을 소구하거나 강제집행하지 못한다는 것을 밝히고 있다. 따라서 약혼당사자가 부담하는 혼인체결 의무는 자연채무이다.

      위와 같은 규정을 따로 두고 있지 않는 경우에 계약으로 자연채무를 발생시킬 수 있는가? 계약자유의 원칙이 지배하기 때문에, 자연채무의 효력을 가지는 채권, 즉 임의변제는 유효하나 소구할 수 없는 채권을 발생시키는 계약을 맺을 수 있다.

학설도 계약으로 자연채무가 발생할 수 있다는 데 일치하고 있다(김기선 45면, 김증한·김학동 62면, 최식 56면, 현승종 88면 참조). 예컨대, 금전대차에서 채무자에게 반환의무가 있기는 하지만 그 이행을 채무자의 자유의사에 맡기고 소송상의 수단을 취하지 않는다는 특약을 한 경우가 이에 해당한다. 또한 당사자가 보통의 금전대차계약을 체결한 후 채무자의 궁색한 사정을 동정해서 채권자가 언제 반환하여도 좋으며 소구하지 않는다고 약속하는 경우도 계약으로 자연채무가 발생한다.

　　(2)　소멸시효가 완성된 채무　　　소멸시효완성의 효과에 관해서는 학설이 대립하고 있다(「민법총칙」 [209] 참조). 상대적 소멸설에 따르면, 소멸시효기간이 지난 채무도 원용이 있기 전에는 유효한 채무이므로, 이때에는 자연채무라는 관념을 인정할 수 없다. 그런데 시효소멸을 원용한 채무는 그에 대한 임의의 변제를 비채변제로서 반환을 청구하지 못한다는 이유로 자연채무라고 주장한다(김증한·김학동 63면 참조). 그러나 이 주장은 이론상 옳지 않다. 왜냐하면 시효의 원용으로 이미 채무는 소멸하고 있기 때문이다.

　　한편 절대적 소멸설에 따르면, 시효의 완성으로 채무는 당연히 소멸한다. 따라서 시효완성 후의 채무를 자연'채무'라고 할 수 없다. 그런데 이때에도 자연채무의 관념을 인정하는 견해가 있다(현승종 88면 참조). 그 근거로는 민법 제495조가 "소멸시효가 완성된 채권이 그 완성 전에 상계할 수 있었던 것이면 그 채권자는 상계할 수 있다."라고 정하고 있는 점과 시효가 완성된 채권을 변제하면 비채변제(742조는 시효완성의 사실을 알면서 변제한 경우에 관하여 정하고 있고, 744조는 시효완성의 사실을 알지 못하고 변제한 경우에 관하여 정하고 있다)로서 그 반환을 청구할 수 없다는 것을 든다. 그러나 상계적상에 있는 채권의 당사자는 그들 사이의 채권관계를 모두 지급함으로써 끝맺었다고 생각하는 것이 보통이기 때문에, 당사자의 그러한 신뢰를 보호하고자 제495조를 둔 것이며, 또한 비채변제는 어디까지나 '채무가 없는' 경우의 변제이다. 따라서 절대적 소멸설을 취하면서 자연채무의 관념을 인정하려는 것도 옳지 않다.

　　위에서 보았듯이 소멸시효가 완성된 채무를 자연채무라고 하는 것은 소멸시효의 효력에 관하여 어느 견해를 취하든 타당하지 않다. 자연채무의 존재를 인정하는 위 견해들은 모두 실제의 결과(즉, 자연채무를 인정하는 경우와 같은 결과)만을 본 것이고, 자연채무의 존재에 관한 이론적 근거를 제시하고 있지 않다.

　　(3) **불법원인급여**　　　민법 제746조는 "불법의 원인으로 인하여 재산을 급여하거나 노무를 제공한 때에는 그 이익의 반환을 청구하지 못한다."라고 정한다. 여기서 불법원인에 의한 채무를 자연채무라고 하는 견해가 있다(최식 56면, 현승종 89면 참조).

　　이러한 견해는 타당하지 않다. 불법원인 즉 사회질서 위반의 계약은 무효이다(103조 참조). 이러한 계약에 따라 급여를 한 자는 채무가 없는데도 채무가 있다고 믿고 변제한 것이 되어 비채변제로서 그 반환을 청구할 수 있을 것이다. 그러나 스스로 반사회적 행위를 한 자가 그것을 이유로 행위의 결과를 복구하려고 할 때에는, 민법 제103조의 취지에 비추어, 법이 협력을 거절해야 한다. 제746조는 이러한 입법정책상의 고려에서 둔 것이다. 즉, 이 규정은 자연채무를 인정하는 것이 아니다. 불법원인급여에 관하여 자연채무를 인정할 여지는 없다(김증한·김학동 63면 참조).

　　(4) **사무관리의 보수청구권**　　　민법은 사무관리에서 관리자에게 비용상환청구권을 인정할 뿐이고(739조), 보수청구권을 인정하지 않는다. 따라서 관리자는 보수를 청구하지 못한다. 그러나 만일 본인이 도의상 관리자에게 보수로서 금전을 지급하였다면, 본인은 비채변제로서(742조·744조) 그 반환을 청구하지 못하게 되어, 자연채무가 있게 된다는 견해가 있다(현승종 91면 참조). 그러나 이미 보았듯이 도의상의 의무에 관해서는 자연채무가 성립할 수 없으므로, 위와 같은 보수 지급은 금전의 증여로 볼 수 있을 뿐이다. 즉, 이때에도 자연채무의 성립을 인정할 여지는 없다.

　　(5) **채권자가 승소의 종국판결을 받은 후에 소를 취하한 경우의 채무**　　　이 경우에 재소(再訴)를 제기할 수 없음은 민사소송법에 규정이 있다(동법 267조 2항). 그런데 이때에는 승소판결이 있으므로, 소의 취하로 채권 자체가 소멸한다고 할 수 없다. 이러한 경우가 자연채무의 전형적인 것이라고 할 수 있다(김증한·김학동 62면 참조).

　　(6) **채권은 존재하고 있으면서 채권자의 패소판결이 확정된 경우의 채무**　　　채권이 존재하고 그에 관한 확실한 증거가 있어도, 그 채권을 대상으로 하는 소송에서 채권자의 패소판결이 확정된 경우가 있다. 이러한 경우에 재심의 소(민소 451조 이하 참조)가 허용되지 않는 한, 판결의 기판력으로 재소를 제기하지 못한다. 그런데

이때 판결의 효력으로 채권이 소멸하는 것인지 또는 자연채무로서 존속한다고 볼 것인지 문제된다. 이러한 경우 상계는 허용되지 않는다고 하더라도, 임의변제 · 경개 · 담보의 설정을 인정하는 것은 무방하므로, 자연채무라고 해도 좋다(현승종 91면 참조. 김증한 · 김학동 64면은 반대).

(7) **도산절차에서 면책된 채무**　　　회생절차, 파산절차, 개인회생절차 등 도산절차에서 채무의 면책에 관한 규정을 두고 있다(회생파산 251조, 566조, 624조). 이러한 경우에 면책 또는 일부 면제가 있어도, 채무 자체는 소멸하지 않고 그대로 존속하며, 채무자에 대하여 이행을 강제할 수 없는 상태가 된다. 따라서 이들 채무를 일종의 자연채무로 볼 수 있다(김증한 · 김학동 73면. 회사정리법에 관한 대판 2001. 7. 24, 2001다3122 참조).

4. 자연채무의 효력　　　위에서 살핀 바와 같은 자연채무는 법적 채무이며, 다만 그 이행의 강제가 소권이라는 법제도에 의하여 보장되지 않고 도덕 · 관습 등의 비법률적인 규범에 맡겨져 있다. 그러나 그것은 비법률적 의무가 아니라, 법이 채무로서 인정하는 것이다. 그러므로 자연채무는 소구할 수 없는 채무이지만, 채무자가 임의로 한 급부는 채무의 변제로서 수령자의 부당이득이 되지 않는다는 것이 그 최소한의 효력이다. 이와 같이 임의의 변제는 증여가 아니라 변제이며, 따라서 비채변제가 되지 않는다는 점에는 이견이 없다. 그 밖에 어떤 효력을 줄 것인지 문제이나, 각각의 자연채무에 관하여 결정해야 한다. 일반적으로는 상계의 자동채권으로 하거나, 경개 또는 준소비대차의 기초로 삼을 수 있고, 또한 보증이나 담보도 유효하게 성립한다. 그리고 자연채무가 선의의 제 3 자에게 양도된 경우에도 자연채무성을 잃지 않는다(김증한 · 김학동 64면 참조. 이은영 49면은 원칙적으로 이를 긍정한다. 한편 김형배 126면은 자연채무의 구체적 효과를 개별적으로 판단해야 한다고 한다).

[16]　Ⅲ. 채무와 책임

1. 책임의 의의　　　책임이라는 용어는 민법상 또는 강학상 여러 의미로 사용된다. 예컨대, 법인기관의 책임 · 채무불이행 책임 · 불법행위 책임 등에서 책임은 손해배상의무를 가리키고, 책임능력 · 유책사유 또는 책임 있는 사유 등에서 책임은 고의 · 과실을 뜻한다. 때로는 채무의 뜻으로 책임이라는 말을 쓰기도 한다(35조 · 65

조 · 713조 등 참조).

　　그러나 여기서 문제 삼는 것은 '채무'에 대한 개념으로서의 '책임'이다. 이러한 의미에서 책임은 급부를 강제적으로 실현하기 위하여 행사하는 강제, 즉 급부강제를 말한다. 원래 채무는 채무자가 채권자에 대하여 일정한 급부를 하여야 할 구속이나 의무에 지나지 않고, 그 자체에 강제가 포함되어 있지는 않다. 따라서 채무에 대응하는 채권은 채무자에게 급부를 청구하는 효력이 있을 뿐이고, 채무자가 실제로 이행하지 않는 경우에 그 이행을 강제하는 힘을 가지고 있지 않다. 그러나 이미 밝힌 바와 같이 근대법에서는 채권이 그의 청구력에 의하여 만족을 얻지 못하는 경우(즉, 채무자가 임의로 채무를 이행하지 않는 경우)에 채무 내용을 강제적으로 실현할 수 있는 힘 또는 수단을 채권자에게 주고 있는 것이 원칙이다([4] 3. 참조).

　　이와 같이 채권이 청구력에 의하여 실현되지 못하는 경우에, 다시 이를 강제적으로 실현할 수 있도록 채권자에게 주어진 힘, 즉 강제력을 공취력(攻取力)이나 집행력(執行力)이라고 한다. 공취력은 독일어의 Zugriffsmacht를 번역한 것이다[Zugriffsmacht는 여러 가지로 번역되고 있다. 예컨대, 공격력이라고 번역하기도 한다(김증한 · 안이준 75면 참조). 한편 일본에서는 국취력(摑取力) · 침취력(侵取力)이라고 번역하고 있다]. 그리고 채권자의 공취력이나 집행력에 복종하는 것이 바로 책임이다. 따라서 채무자가 '책임을 부담한다 · 진다'고 할 때에는, 채권자는 그에 대응하는 권능으로서 공취권을 가지며, 이것이 바로 책임관계이다. 이것이 민사집행에서 강제집행으로 나타난다.

　　그런데 근대법에서는 채권의 실현을 강제 · 보장하는 공취력이 채무자의 자유인격과 자유의사를 침해할 때에는 이를 허용하지 않는다(389조 참조). 즉, 채권자의 공취력은 채무자의 일정한 재산(채무자의 모든 재산 또는 특정의 담보물)에 대한 것이다. 그러므로 근대법에서 채무자의 책임은 채무자의 재산이 채권자의 공취력에 복종하는 상태라고 말할 수 있다. 따라서 채권자의 공취력은 채무자의 재산에 대한 지배가능성이나 집행가능성을 뜻한다.

　　한편 근대법은, 이미 밝힌 바와 같이, 채권의 보호 또는 채무의 강제를 위하여 일반적으로 소권과 집행청구권을 인정하고 있다. 그리고 채권의 공취력은 원칙적으로 이들을 통해서 실현되어야 한다. 따라서 채권의 공취력은 결국 소구력(소구가능성)과 집행력(집행가능성)을 뜻한다. 바꾸어 말하면, 채권자의 소구력과 집행력에 복종하는 것이 책임이라고 말할 수 있다. 그러나 소구가능성을 제외한 집행가능성만을 가지고 책임의 관념을 구성하는 견해가 있다. 이 견해에 따르면, 채무자 재산이 채권자의 강제집행에 의한 공취에 복종하는 상태가 책임이라고 한다. 채무자의 재산에 대한 채권자의 공취력, 즉 채무자 재산에 대한 지배가능성 또는 집행가능성이 주로 작용하는 것은 바로 민사집행절차이다. 바꾸어 말하면, 채권자의 공취력은 주로 집행으로 실현된다. 그렇기 때문에 집행력만을 공취력으로 파악하는 견해가 좋다고 생각한다. 이미 본 바와 같이, 자연채무를 소권이 따르지 않는다고 이해하는 우리나라 학설은 책임을 이와 같이 파악하는 것으로 이해된다([14] 1. 참조. 만일 소구력이나 소구가능성도 책임의 내용에 포함시킨다면, 자연채무는 모두 책임 없는 채무가 될 것이다).

2. 채무와 책임의 관계   채무와 책임의 구별이 밝혀진 것은 19세기 말에 게르만법 연구로 이루어진 결과이다. 고대 게르만법에서는 채무와 책임이 제도적으로 분리되어 있었다. 즉, 채무는 급부의무로서 '급부를 해야 한다'라는 법적 당위에 그치며, 그 자체로서는 아무런 법적 강제도 따르지 않았다. 그러므로 채무의 실현을 실질적으로 보장하기 위해서는 채무와는 따로 책임을 부담하는 관계를 정해야만 하였다. 채무불이행의 경우 채권자의 공취의 대상으로서 책임을 인정한 것이다. 이러한 채무와 책임의 분리는 대체로 고대법에서 보편적인 현상이었다고 한다.

그러나 오늘날에는 채무와 책임이 일반적으로 합쳐져 하나가 되어 있다. 본래 책임에는 인격적 책임(채무자가 그의 몸이나 인격 자체를 가지고 채권자의 공취력에 복종하는 책임. 고대에 거슬러 올라갈수록 책임의 원칙적인 모습이다)과 재산적 책임이 있었다. 그러나 법적 거래가 발전하면서 인격적 책임은 차차 없어지고, 재산적 책임 가운데 특별책임은 담보물권 또는 보증과 같은 독립한 제도가 되고, 일반재산에 의한 일반책임은 모든 채무에 당연히 따르게 되어 채무와 일반책임은 원칙적으로 결합하여 하나가 되었다. 현재는 책임은 모두 일반재산에 의한 재산적 책임이며 모든 채무에 따르게 되었으므로, 일반책임은 채권의 효력으로서 채무 속에 완전히 녹아서 하나로 합쳐져 있다. 여기서 책임의 관념을 부정하는 견해도 적지 않다. 그러나 채무와 책임은 관념상 구별할 수 있을 뿐만 아니라, 현행제도상으로도 두 가지가 분리되어 있는 경우가 있다. 여기서 채무와 책임을 구별하는 견해가 또한 유력하게 주장되고 있는 것이다. 우리나라에서는 어떠한가? 학설은, 이미 설명한 자연채무의 관념과 더불어, 책임의 관념도 이를 인정하고 있다(김기선 41면, 김증한·김학동 65면, 김현태 16면, 김형배 126면, 송덕수 30면, 최식 51면, 현승종 93면 참조).

3. 채무와 책임의 분리   실정법상 채무와 책임의 분리는 다음의 경우에 있게 된다.

(1) **책임 없는 채무**   당사자 사이에서 강제집행을 하지 않는다는 특약을 한 경우 그것이 유효함은 물론이다. 이러한 경우에 채권자가 그 특약을 위반하여 강제집행을 하였다면, 채무자는 이 집행에 대하여 집행방법에 관한 이의(민집 16조)를 신청할 수 있다. 강제집행을 하지 않는다는 특약은 채권의 포기가 아님은 물론이며, 그렇다고 해서 공권인 집행청구권의 포기라고 할 수도 없다. 책임의 관념을 인정할 때 이 문제를 쉽게 설명할 수 있다. 그러한 특약은 채권자 측에서 채권의 집행력, 즉 공취력의 포기를 뜻하고, 채무자 측에서 채권자의 공취력에 대응하는 채무자의 책임을 물리쳐서 제거하는 것을 뜻하는 것으로 이해할 수 있다. 즉, 강제집행을 하지 않는다는 특약은 '책임 없는 채무'의 발생에 관한 특약으로서 이해할 수 있고, 또한 그렇게 새기는 것이 간단명료하다. 특히 그러한 특약이 있는 채권이 제3자에게 양도된 경우에는, 그 제3자에 대해서도 이 특약은 효력이 있다고 하는 것이 종래의 통설이다(김기선 42면, 김증한·안이준 77면 참조). 이때 그 이론구성이 문제된다. 만일 그러한 특약으로 책임 없는 채무가 발생한다고 한다면, 그러한 특약이 있는 채권의 양도는 이를 책임 없는 채무의 양도라고 할 수 있으므로, 가장 적절한 이론구성이 가능해진다(책임의 관념을 인정하지 않는다면, 그러한 특약의 효력으로서 집행방법에 관한 이의를 신청할 수 있는 항변권이 성립한다고 하게 될 것이다).

(2) **책임이 한정되는 채무**   채무자가 부담하는 채무를 이행하지 않으면, 채권자는 채무자의 재산 전체에 대한 강제집행으로 불이행에 대한 책임을 지게 할 수 있다. 즉, 채무자는 채무액 전부에 관하여 그의 재산 전부를 가지고 책임을 지는 것이 원칙이다. 이를 무한책임(無限責任) 또는 인적 책임(人的 責任)이라고 한다. 그러나 법률 규정에 의하여, 개별적·예외적으로, 채무에 대한 책임이 채무자의 일정한 재산 또는 일정한 금액에 제한되는 경우가 있다(당사자의 특약으로 책임을 제한할 수도

있음은 물론이다). 이를 유한책임(有限責任)이라고 한다. 이에는 다시 다음과 같은 것이 있다.

⑦　**물적 유한책임**　　책임이 채무자의 일정한 재산에 한정되어 있어서, 채권자는 그 특정된 책임재산에 대해서만 강제집행을 할 수 있는 경우이다. 이 경우에는 그 책임재산으로부터 채권의 만족을 얻지 못하더라도, 다른 재산에 대해서는 강제집행을 하지 못한다. 이 물적 유한책임에는 다시 다음과 같은 두 가지가 있다. 즉, 채무자가 일정범위의 재산을 한도로 하여 책임을 지는 경우와 특정물만으로 책임을 지는 경우가 있다.

①　**상속의 한정승인**　　상속의 한정승인(1028조)은 상속인이 상속으로 얻게 될 재산의 한도에서만 피상속인의 채무와 유증을 변제할 것을 조건으로 하여 상속을 승인하는 것이다. 한정승인의 경우에 책임은 상속재산이라는 일정한 범위의 재산에 한정된다. 이때 상속채무가 상속재산의 한도로 줄어서 적어진다고 볼 수도 있지만, 채무가 아니라 책임이 상속재산의 한도에 한정된다고 새겨야 한다. 따라서 상속채무는 줄어들지 않고 그대로 존속한다. 한정승인이 있더라도, 상속채무에 관하여 보증 또는 중첩적 채무인수를 한 자(이들 보증인이나 채무인수인은 상속이 있기 전에 보증인이나 인수인이 되어 있는 자를 가리킨다)의 채무에는 영향을 미치지 않는다(김기선 42면, 김증한·김학동 66면, 김형배 130면 참조). 그 설명으로는 상속채무에는 아무런 변동이 없고 책임만 한정된다고 이해하는 것이 적당하다.

②　채무자가 특정의 재산, 즉 특정물만으로써 책임을 지는 경우가 있다(1999년에 폐지된 전당포영업법에서는 입질자는 전당물만으로써 책임을 지는 물적 유한책임을 정하고 있었다). 신탁법에서 수탁자는 신탁행위로 수익자에게 부담하는 채무에 대해서는 신탁재산만으로 책임을 진다고 정하고 있다(신탁법 38조).

⑭　**금액 유한책임**　　인적 유한책임이라고도 한다. 책임이 일정금액의 한도에 제한되는 경우이다. 집행의 대상이 되는 재산에는 제한이 없다. 바꾸어 말하면, 채무자가 그의 재산 전체로써 책임을 지지만, 그 책임액에 제한이 있는 경우이다. 예컨대, 합자회사의 유한책임사원의 책임(상법 279조), 주주의 책임(상법 331조), 유한회사의 사원의 책임(상법 553조), 선박소유자의 일정한 채무에 대한 책임(상법 769조, 770조) 등이 이에 속한다(그 밖에 상법 868조·932조 참조). 이러한 경우 책임뿐만 아니

라 채무액이 제한되는 것이라고 해석할 수도 있겠지만, 유한책임의 관념을 인정한다면 금액 유한책임도 유한책임의 한 경우로서 다루어 무방할 것이다(김기선 43면, 김증한·김학동 66면 참조).

    (3) **채무 없는 책임**   예컨대, 물상보증인이나 저당부동산의 제 3 취득자 등은 채무가 없는데도 책임만을 부담한다. 그러나 이때 채무가 전혀 존재하지 않고 오직 책임만을 지는 것은 아니며, 채무의 주체와 책임의 주체가 분리되어 있어서 채무자 이외의 자가 책임만을 지는 것임을 유의해야 한다(김증한·김학동 66면 참조).

[17] Ⅳ. **채권의 대외적 효력**(제 3 자에 의한 채권침해)

    이미 보았듯이 제 3 자에 의한 채권침해 문제가 '채권의 대외적 효력' 문제이다([13] Ⅳ 참조).

    널리 채권침해란 채권의 목적의 실현이 방해되는 것을 말한다. 이 채권침해는 침해자가 누구인지에 따라서 채무자에 의한 채권침해와 제 3 자에 의한 채권침해로 나누어 생각할 수 있다. 채무자에 의한 채권침해는 채무불이행이며, 이에 관해서는 다음 절에서 자세히 설명한다([17] 이하 참조). 제 3 자에 의한 채권침해가 이른바 채권침해로서 일반적으로 다루어진다. 바꾸어 말해서, 채권침해란 보통 제 3 자에 의한 채권침해를 가리킨다.

    위와 같은 제 3 자에 의한 채권침해, 즉 채권의 대외적 효력 문제로서 다루어지는 것에는 두 가지가 있다. 하나는 제 3 자의 불법한 채권침해로 불법행위가 성립하는가의 문제이고, 다른 하나는 제 3 자가 채권자의 권리행사를 방해하는 경우에 채권자는 채권의 효력으로서 그러한 방해의 배제를 청구할 수 있는가의 문제이다. 차례로 살펴보기로 한다.

1. 제 3 자의 채권침해에 의한 불법행위의 성립

    (1) **문제의 소재**   제 3 자의 채권침해는 채권자에 대하여 불법행위가 되는가? 원래 채권은 채권자가 채무자에게 급부를 청구하는 권리이다. 채무자가 채무의 내용에 따른 이행을 하지 않으면 채무불이행이 된다. 이러한 경우 채권자는 채무자에게 그 책임(강제이행이나 손해배상)을 물을 수 있다. 그런데 채무자가 채무의 내용에 따른 이행을 할 수 없는 것이 제 3 자의 침해행위에 기인한 때에는, 물권과 같은 절

대권과 달라서, 상대권인 채권에서는 그 책임을 따질 수 없으며, 불법행위에 의한 손해배상을 청구하지는 못한다고 생각할 수 있다. 그러나 채권 내용의 실현을 채무자 이외의 자에게 요구할 수는 없지만, 이 사실로부터 곧 제 3 자의 어떠한 침해행위에 대해서도 채권자는 책임을 묻지 못한다고 할 수는 없다. 또한 채권의 효력을 확보하기 위해서는 제 3 자에 의한 일정한 침해행위에 대하여 불법행위의 성립을 인정할 필요가 있다. 여기서 제 3 자의 채권침해로 불법행위가 성립하는지 문제된다.

학설은 불법행위의 성립을 인정하는 데 일치하고 있다. 그러나 그 근거를 어디에 둘지에 관해서는 일치하지 않고 있고, 특히 어떠한 경우에 제 3 자에 의한 채권침해를 인정할 것인가에 관해서는 채권의 성질과 관련하여 견해가 대립하고 있다.

(2) **불법행위의 성립 여부**

㈎ 위에서 보았듯이 학설은 모두 불법행위의 성립을 인정하고 있으며, 그 근거로 '권리의 불가침성'을 드는 견해가 다수설이었다. 즉, 모든 권리는 누구든지 이를 침해해서는 안 된다는 일반적 성질, 즉 대세적(對世的) 불가침의 효력이 있으며, 채권도 법률에서 인정하는 권리이므로, 역시 대세적 불가침성이 있다는 것이다(김기선 169면, 김현태 9면, 현승종 97면 참조). 이 논거는 바로 채권의 상대성을 부정하거나 절대권·상대권의 구별을 부정하는 것을 뜻한다.

위와 같은 다수설은 타당한가? 제 3 자에 의한 채권침해에 대하여 불법행위를 인정하는 결론은 타당하다. 그러나 그러한 결론을 이끌어내기 위한 논거로서 '대세적 권리불가침의 효력은 권리의 통유성'이라고 하는 데에는 찬성할 수 없다. 만일 이 논거에 따라서 이론구성을 한다면, 채권도 권리인 이상 당연히 불가침성 또는 절대성을 가지고 있으며, 채무자가 아닌 제 3 자도 이를 침해해서는 안 된다는 의무를 부담한다는 것이 된다. 그렇다면 제 3 자에 의한 채권의 침해행위는 원칙적으로 위법성을 띠게 된다고 볼 것이다. 그러나 그렇게 넓은 범위에 걸쳐서 제 3 자의 불법행위를 인정하는 견해는 없다. 제 3 자에 의한 채권침해의 경우에는 매우 제한적으로 불법행위의 성립을 인정해야 한다((3) 참조). 즉, 제 3 자에 의한 채권의 침해행위는, 절대권에 대한 침해행위와는 달리, 당연히 위법성을 띠게 되는 것이 아니다. 채권에 대한 제 3 자의 침해행위가 있더라도, 그것이 위법하다고 평가되지 않는다면 불법행위의 성립을 인정하지 않음으로써, 일정한 제한된 경우에만 침해행위의 위법성을 인정해야 한다. 따라서 권리의 불가침성으로부터 채권의 불가침성을 직접 이끌어내는 데에는 논리의 비약이 있다(최식 52면 참조). 그러면 제3자의 채권침해는 어떻게 이론구성을 하는 것이 옳을까?

(나) 절대권은 특정의 상대방이 아니라 일반인을 의무자로 하여 모든 사람에게 주장할 수 있는 권리이다. 그 당연한 논리적 결론으로서 절대권은 이 세상의 누구에 의해서도 침해될 수 있는 성질을 갖고 있다. 이에 대하여 상대권은 특정인만을 의무자로 하고 그에게만 주장할 수 있다. 따라서 특정 의무자 이외의 제3자에 의한 불가침성은 절대권의 경우처럼 논리적·필연적인 것은 아니다. 채권을 어느 정도로 보호할 것인지는 채권의 성질을 고려하여 불법행위에 관한 민법 규정의 해석을 통하여 해결해야 한다.

결론적으로 다음과 같이 보아야 한다. 채권은 채무자에게 일정한 청구를 할 수 있는 권리이지만, 제3자에 의하여 채권이 침해될 수도 있다. 이러한 채권침해가 불법행위의 요건을 갖추는지가 중요한 문제이다. 민법 제750조는 위법성(違法性)을 요건으로 하고 있으므로, 채권침해가 위법할 때에 비로소 불법행위가 성립한다.

이상에서 설명한 것을 요약·정리하면 다음과 같다. 종래 다수설은 상대권인 채권에 관해서도 일반적으로 불가침성이 있기 때문에, 이를 위반하는 채권침해를 인정할 수 있고, 따라서 불법행위가 된다고 한다. 그러나 제3자에 의한 채권침해가 가능한지는 불법행위법상 위법성이 있다고 평가된다면, 그 한도에서 제3자의 채권침해는 불법행위가 된다고 보아야 한다(김증한·김학동 68면 참조). 그리고 이와 같이 불법행위의 성립이 인정되는 한도에서, 제3자에 대한 관계에서 채권의 불가침성 또는 제3자의 채권불가침의무가 인정된다. 이렇게 이론구성을 한다면, 제3자의 채권침해가 일정한 경우에 불법행위로 된다고 해도, 채권의 상대성이 크게 깨뜨려지지는 않는다.

(3) **채권침해의 모습**   위에서 설명했듯이 제3자의 채권침해에 의한 불법행위의 성립을 인정하려면, 우선 어떠한 경우에 제3자에 의한 채권침해가 가능한가를 보아야 한다. 아래에서 검토하기로 한다.

(가) **채권의 귀속 자체를 침해한 경우**   제3자가 직접 채권을 처분하거나 행사함으로써 채권자로 하여금 그 채권 자체를 잃게 한 경우가 이에 속한다. 예컨

대, 타인의 무기명 채권증서를 조각내거나 없애버린 경우 또는 횡령하여 선의의 제
3자에게 취득하게 한 경우에 채권자는 그 채권을 잃게 되는데, 이러한 경우에 불
법행위가 성립한다. 채권을 양도하고서 그 대항요건(450조 참조)을 갖추기 전에 이중
으로 양도하여 제2의 양수인에게 대항요건을 갖추게 한 경우, 채권의 준점유자
(470조 참조) 또는 영수증소지자(471조 참조)로서 유효한 변제를 받은 경우, 표현대리
인으로서 채권을 처분한 경우도 마찬가지이다.

　　채권은 채권자의 재산을 구성한다. 채권의 귀속은 절대적 보호를 받고 위와 같
이 제3자가 채권의 귀속 자체를 침해하는 경우에는 제3자에 의한 채권침해를 인
정해야 한다. 물론 이 경우에 채권을 침해한 자(즉, 채권을 소멸시킨 제3자)와 채권자
의 내부관계에 따라서는 채권자가 그 제3자에 대하여, 부당이득이나 채무불이행
을 이유로, 법적 구제를 받을 수 있다. 그러나 그러한 구제수단이 있다고 해서 불법
행위의 성립이 방해되지 않는다.

　　그러나 다음과 같은 경우에는 제3자에 의한 채권침해로서 불법행위가 되지
않는다. ① 제3자가 지명채권의 채권증서를 없애버리거나 또는 채무자에게 이를
반환한 경우(이 경우에는 그것만으로 채권은 소멸하지 않음), ② 채권의 이중양도 그 밖의
이중계약(이에 관해서는 위법성과 관련하여 다시 설명한다).

　　(ᄂ) **급부를 침해한 경우**　　채권은 급부를 현실적으로 청구하여 수령하는 방
식으로 행사한다. 제3자가 이러한 채권의 행사를 전부 또는 일부 불가능하게 하는
방법으로 채권을 침해할 수 있다. 다시 두 경우로 나누어 볼 수 있다.

　　① **급부의 침해로 채권이 소멸한 경우**　　특정물의 인도를 목적으로 하는
채권이 있는데 제3자가 목적물을 멸실시킨 경우에 채무자는 책임 없는 사유로 이
행할 수 없게 되고 제3자의 불법행위가 성립한다. 채무자의 행위를 목적으로 하는
채권에 관하여 제3자가 위법한 수단으로 채무자를 유괴하거나 감금하여 채무를
이행할 수 없게 한 경우에도 마찬가지이다. 이와 같은 경우에 채무자가 불법행위자
인 제3자에 대한 손해배상청구권을 가지는지 아닌지를 묻지 않고, 채권자는 채권
침해를 이유로 자기 고유의 권리를 기초로 직접 제3자에게 불법행위에 의한 손해
배상을 청구할 수 있다(이때 채권자는 채무자가 제3자에 대하여 가지는 손해배상청구액을
이전받는 것이 아니다. 또한 제3자가 한번 채권자에게 배상하면 채무자에게 그 채권에 관하여 다

시 배상할 필요가 없다).

② 급부의 침해로 채권이 소멸하지 않는 경우   제 3 자가 채무자 또는 이행보조자와 공모하여 채권의 목적물을 파괴한 경우에 채무자는 채무불이행책임을 지므로, 채권은 손해배상청구권으로 변하여 존속한다. 제 3 자가 채무자를 교사·방조하거나, 채무자와 공동으로 채권자의 권리행사를 방해한 경우에도 마찬가지이다. 이러한 경우에 채권침해를 인정하고 불법행위의 성립을 인정할 것인지는 문제이다. 학설은 이 경우에도 손해배상청구권은 채권 본래의 내용이 아니므로, 불법행위의 성립을 인정해야 한다는 데 일치하고 있다. 채권자에게 손해배상청구권이 인정되더라도, 그것은 채무자의 자력이 충분하지 못한 때에는 의미가 없다. 또한 그러한 경우가 비교적 많을 것이므로, 불법행위의 성립을 긍정하는 것이 타당하다. 그러나 이 경우에는 ①의 경우와는 달리, 채무자에게 채무불이행책임이 있고, 제 3 자의 행위는 채무불이행에 가담하는 정도에 지나지 않는다. 따라서 그 위법성을 인정하는 데 신중을 기해야 한다.

특히 문제가 되는 것은 채무자의 일반재산을 감소시키는 행위이다. 채무자의 일반재산을 감소시키는 것은 채권의 실행을 곤란하게 하는 점에서는 채권의 침해행위가 되지만, 두 경우로 구분하여 생각해 보아야 한다. 첫째, 채무자의 행위가 정당한 법률행위인 경우이다. 이러한 경우에는 비록 그로 인하여 채권의 변제력이 침해된다는 것을 알고 있더라도, 채권 자체의 존속에는 영향이 없다. 따라서 그 행위는 위법성이 없어 불법행위가 성립하지 않으며, 채권자취소권([53] 이하 참조)으로 해결해야 한다. 둘째, 그와 같은 정당한 거래행위가 아닌 방법으로 채무자의 일반재산을 감소시키는 경우에는 위법성이 있으면 불법행위가 된다. 예컨대, 제 3 자가 채무자와 공모하여 허위의 채권을 만들거나, 채무자의 재산을 가압류하여 채권자의 집행을 불가능하게 한 경우, 또는 제 3 자가 채무자와 같이 짜고 채무자의 유일한 재산을 숨긴 경우에는 불법행위의 성립을 인정할 수 있다.

㈐ **채권의 실현을 방해하는 경우**   제 3 자가 채무자의 재산을 횡령함으로써 채무자의 책임재산이 감소된 경우에 채권자에 대한 불법행위가 성립하지 않는다(대판 1975. 5. 13, 73다1244 참조). 이러한 경우에 채권자는 채무자에게 여전히 채권을 보유하고 있으므로 채권자에게 손해가 발생하지 않기 때문이다. 그러나 제 3 자

가 채무자의 재산을 **빼돌리는** 행위에 가담하여 채권자가 채무자의 책임재산을 확
보하는 것을 방해한 경우에는 불법행위가 성립할 수 있다.

　　또한 제3자가 채무자에게 채권자에 대한 이행을 하지 말라고 요청하거나 그
와 같은 지시를 한 경우에도 원칙적으로 불법행위가 되지는 않지만(대판 1953. 2. 21,
4285민상129 참조), 제3자가 채무자의 채무이행을 강압적으로 방해하였다면 불법행
위가 될 수 있다.

　　(4) 불법행위의 성립요건　　　위와 같은 제3자에 의한 채권침해가 있다고 하
더라도, 그것만으로 당연히 불법행위가 성립하지는 않고, 다시 불법행위의 요건을
충족해야 한다. 특히 주의할 것은 고의·과실과 위법성이다.

　　⑺　**고의·과실**　　　일반적으로 불법행위가 성립하려면, 주관적 요건으로서
가해자의 고의 또는 과실을 필요로 한다(750조 참조). 따라서 채권의 침해가 불법행
위로 되려면, 가해자가 침해되는 채권의 존재를 알거나 알 수 있어야 한다. 그런데
물권과는 달리, 채권의 목적은 채무자의 급부이며, 또한 채권에는 보통 공시방법이
없으므로, 채권의 침해가 있어도 가해자가 채권의 존재를 알지 못한 때에는, 보통
은 과실이 인정되지 않는다. 따라서 채권침해에 의한 불법행위의 성립은 사실상 고
의에 의한 채권침해에 한정된다.

　　⑻　**위 법 성**　　　채권침해가 불법행위로 되려면 침해행위가 위법해야 한다
(750조 참조). 위법성에 관해서는 불법행위를 설명할 때에 자세히 적겠지만, 그것은
결국 법적으로 보호할 가치 있는 이익의 침해, 법규위반, 선량한 풍속 그 밖의 사회
질서의 위반을 가리킨다.

　　제3자에 의한 채권침해행위가 위법성을 가지는지는 개별적·구체적으로 검
토·결정할 문제이다. 일반적으로 채권에 대해서는 배타적 효력이 부인되고 채권자
상호간 및 채권자와 제3자 사이에 자유경쟁이 허용된다. 따라서 제3자에 의하여
채권이 침해되었다는 사실만으로 바로 불법행위로 되지는 않는다. 그러나 자유경
쟁의 원칙은 법질서가 허용하는 범위 내에서 공정하고 건전한 경쟁을 전제로 하므
로, 제3자가 채권자를 해친다는 사정을 알면서도 법규에 위반하거나 선량한 풍속
또는 사회질서를 위반하는 등 위법한 행위를 함으로써 채권자의 이익을 침해하였
다면 이로써 불법행위가 성립한다. 여기에서 채권침해의 위법성은 침해되는 채권

의 내용, 침해행위의 태양, 침해자의 고의나 해의의 유무 등을 참작하여 구체적, 개별적으로 판단하되, 거래자유 보장의 필요성, 경제·사회정책적 요인을 포함한 공공의 이익, 당사자 사이의 이익균형 등을 종합적으로 고려해야 한다(대판 2003. 3. 14, 2000다32437 참조).

　　이중매매 또는 그 밖의 이중계약의 위법성이 문제되는 경우가 많다. 예컨대, 채권의 목적물을 채권자로부터 이중으로 매수하는 경우 또는 타인이 고용·위임하고 있는 동일한 채무자와 같은 내용의 계약을 하는 경우이다. 채권에는 배타성이 없으므로, 제 3 자가 이미 존재하는 채권과 같은 내용의 채권을 취득해도 원칙적으로 채권침해가 되지 않는다. 즉, 이중매매나 그 밖의 이중계약은 원칙적으로 위법성이 없고, 자유경쟁으로 생겨난 것으로서 허용되어 유효하게 성립하는 것이 원칙이다. 그러나 제 3 자의 채권취득행위가 형식적으로는 정당한 행위이더라도, 부정한 경업을 목적으로 한 것이거나, 사기·강박과 같은 부정수단을 써서 이행하도록 한 경우에는, 그 행위는 위법성을 띠게 되어 불법행위가 성립한다(김증한·김학동 69면, 최식 53면·54면 참조). 판례는 부동산 이중양도에 관하여 제 2 매수인이 매도인에게 이중으로 매도할 것을 적극적으로 권유하는 등으로 매도인의 배임행위에 적극 가담하여 이중양도가 이루어진 경우에 사회의 정의관념에 반하는 반사회적 법률행위로서 위법성을 띠게 되어 무효라고 한다(대판 1970. 10. 23, 70다2038; 대판 1975. 11. 25, 75다1311; 대판 1977. 1. 11, 76다2083; 대판 1978. 1. 24, 77다1804 등 참조). 경쟁적 계약관계에서 단순히 제 3 자가 채무자와 채권자간의 계약내용을 알면서 채무자와 채권자 사이에 체결된 계약에 위반되는 내용의 계약을 체결한 것만으로는 불법행위를 인정하기에 부족하다. 그러나 이러한 경우에 제 3 자가 채무자와 적극 공모하였다거나 제 3 자가 기망·협박 등 사회상규에 반하는 수단을 사용하거나 채권자를 해칠 의사로 채무자와 계약을 체결하였다는 등의 특별한 사정이 있으면 불법행위가 성립할 수 있다(대판 2001. 5. 8, 99다38699. 시민단체 대표들인 피고들이 마이클 잭슨의 공연을 보이코트하기 위하여 원고가 은행과 체결한 입장권판매대행계약을 파기하도록 한 것이 제 3 자에 의한 채권침해에 해당하는지 문제된 적이 있었다. 대법원은 피고들이 그들의 주장을 홍보하고 각종 방법에 의한 호소로 설득활동을 벌이는 것은 허용되지만, 은행의 상품에 대한 불매운동을 벌이겠다는 경제적 압박수단을 고지하여 입장권판매대행계약을 파기하도록 하였다면 원고의 채권 등을 침해하는 것으로서 위법하다고 하였다. 대판 2001. 7. 13, 98다51091 참조).

2. 제 3 자에 의한 채권침해에 대한 구제수단

(1) **손해배상책임**   제 3 자에 의한 채권침해로 불법행위가 성립하는 경우 손해배상책임이 생긴다. 이에 관해서는 불법행위로 인한 손해배상책임에 관한 규정이 적용된다.

(2) **방해배제청구권**

㈎ 제 3 자가 채권자의 권리행사를 방해하는 경우 채권자는 채권의 효력으로서 제 3 자에 대하여 방해의 배제를 청구할 수 있는지 문제된다. 대부분의 학설은 채권에 기초한 방해배제에 대하여 원칙적으로 소극적이다(김용한 117면, 김증한·김학동 72면, 김형배 340면, 현승종 103면, 민법주해(IX), 63면 참조).

현행 민법이 시행되기 전에 대법원은 채권에 기한 방해배제가 허용된다고 판단하였다. 정당한 이유 없는 제 3 자의 행위로 채무의 이행이 방해될 우려가 있을 때에는 그 제 3 자에 대하여 방해행위의 배제를 청구할 수 있다고 하였다(대판 1953. 2. 21, 4285민상129 참조). 그러나 현행 민법 시행 이후 법원의 실무에서는 채권이 대세적인 효력이 없다는 이유로 제 3 자에 의한 채권침해에 대하여 방해배제청구권을 부정하고 있다(대판 2001. 5. 8, 99다38699 참조).

㈏ 제 3 자에 의한 채권침해의 경우 방해배제청구를 인정할 것인지라는 문제도 위에서 본 불법행위의 성립 여부와 마찬가지로 정책적 문제이다. 물권에서 불가침성은 논리적·필연적인 것이다. 그렇기 때문에 민법은 이에 관하여 따로 규정을 두고 있다(213조·214조·290조·301조·319조·370조 참조). 그러나 채권에서는 그 불가침성이 논리적·필연적인 것은 아니고, 채권의 일반적 성질로서는 방해배제청구권을 부정하는 것이 타당하다(김증한·김학동 72면, 김형배 337면, 송덕수 41면 참조). 다만 채권을 보호하는 데 필요한 경우에, 정책적·예외적으로, 방해배제를 인정하는 것은 무방하다. 그리고 인정한다고 하더라도 그것은 방해제거와 방해예방에 한정되고, 목적물반환청구는 문제가 되지 않는다(특정물채권에서 목적물을 제 3 자가 불법점유하고 있는 경우 채권자가 직접 제 3 자에 대하여 그 물건의 인도를 청구하는 것은 침해배제의 범위를 넘는 것이 되기 때문이다. 대판 1981. 6. 23, 80다1362 참조).

공시방법을 갖춘 채권에 관하여 방해배제를 인정하는 데에는 학설이 일치하고 있다. 이 문제는 현실적으로는 공시방법을 갖춘 임차권이 침해된 경우에 생기는 문제이다. 부동산임대차에 관하여 등기를 한 경우(621조, 622조), 주택임대차나 상가건물 임대차에서 대항력을 갖춘 경우 제 3 자가 임차권을 방해하는 경우에 그 방해배제를 청구할 수 있다.

제 3 자가 공시방법을 갖추지 않은 채권을 침해하는 경우에도 예외적으로 방해배제 또는 금지청구를 인정할 필요가 있다. 제 3 자가 채권을 침해할 우려가 있는 경우에 방해배제 또는 금지청구를 허용하는 것이 손해배상이라는 사후적인 구제수단보다 효율적이다. 제 3 자의 채권침해로 인하여 회복할 수 없을 정도로 중대한 손해가 발생할 우려가 있는데도 금지청구를 인정하지 않고 손해가 발생한 이후에 그 배상만을 청구할 수 있도록 하는 것은 불합리하다(김재형, 민법론 Ⅲ, 430면 참조).

제 2 절   채무불이행과 채권자지체

제 1 관   서   설

[18] 서   설

1. 채무불이행의 의의

(1) 채무자는 채무의 내용에 따라 채무를 이행(즉 변제)해야 한다(460조 참조). 법률규정, 계약내용, 거래관행, 신의성실의 원칙 등에 비추어 적당하다고 생각되는 이행이 채무의 내용에 따른 이행이다. 채무자가 채무의 내용에 따른 이행을 하고 있지 않은 객관적 상태가 넓은 의미의 채무불이행이다. 이 광의의 채무불이행 가운데서 특히 채무자에게 고의나 과실이 있는 경우를 협의, 즉 좁은 의미의 채무불이행이라고 일컫는다. 통상 채무불이행은 협의의 채무불이행을 가리킨다. 이 경우에 채무불이행의 경우 일반적으로 인정되는 손해배상책임이 생기기 때문이다(390조 참조).

채무불이행을 위와 같이 광의와 협의로 구별하는 실익은 다음과 같다. 채무불이행에 대한 법적 구제방법으로서 법률은, 나중에 자세히 다루는 것처럼, 강제이행(현실적

이행의 강제)과 손해배상을 인정한다. 그런데 채무자의 현실적 이행을 강제하는 데는 광의의 채무불이행이 있으면 되고, 채무자의 유책사유(有責事由), 즉 고의나 과실은 필요하지 않다. 그리고 채무자의 손해배상책임은 협의의 채무불이행에서 인정되나, 무과실책임이 인정되는 경우에는 광의의 채무불이행의 경우에도 채무자의 손해배상책임이 발생하게 된다(397조 2항 참조).

(2) 위와 같은 채무불이행에서 채무에 관해서는 검토해야 할 점이 있다. 채권의 특질을 다루면서 보았듯이([4] 5. 참조), 모든 채권관계에는 그것을 다른 채권관계와 구별케 하는 기본적 채무(급부의무)가 있으나, 그 밖에도 기본적 급부의무의 성립·이행·소멸 등의 과정에서, 채권관계를 안전하게 실현하기 위하여 당사자가 부담하는 신의칙상의 의무가 있을 수 있다. 이러한 의무를 여러 가지로 표현하고 있으나, 기본채무 이외의 용태(容態)의무 또는 부수적 의무라고 부른다.

　　기본채무 이외의 용태의무 또는 부수적 의무에 관한 몇 가지 예를 들어본다. 첫째, 일정한 계약에서 계약당사자는 서로 상대방의 생명·신체나 재산적 이익을 침해하지 않도록 할 주의의무를 부담한다. 이를 보호의무라고 부르기도 한다. 둘째, 계약을 체결할 때 당사자는 서로 상대방의 의사결정에 중요하거나 계약과 직접 관련되는 사항을 설명하거나 통지할 의무가 있다. 이를 설명의무라고 한다. 셋째, 이행과정에서 채권자도 협력할 여러 의무(예컨대, 375조 2항의 동의, 460조의 협력행위 등)를 부담하는 경우가 있다. 이를 협력의무라고 한다. 넷째, 계약관계가 끝난 후의 경업회피의무(競業回避義務)를 지키거나 비밀을 지켜야 할 특약을 한 때에는 그러한 의무를 부담한다.

위와 같이 채권관계에는 기본채무와 그 밖의 부수적 의무가 있으나, 그중 기본채무의 불이행이 전형적인 채무불이행이다(나중에 설명하는 채무불이행의 모습 또는 유형에 관한 통설은 바로 주로 기본채무의 불이행에 관한 이론이다). 그렇다고 채무불이행을 기본적 채무나 급부의무의 불이행에 한정할 것은 아니다. 바꾸어 말해서, 채무불이행에서 말하는 채무에는 기본적 급부의무뿐만 아니라 기본채무 이외의 용태의무나 부수적 의무도 포함된다고 보아야 한다.

채무불이행에서 말하는 채무에 기본채무 외에 부수적 의무도 포함된다고 보아야 하는 이유는 다음과 같다. 잠시 후에 자세히 살펴보는 바와 같이, 채무불이행의 모습을 이행지체·이행불능·불완전이행의 세 가지로 나누는 것이 일찍부터 확립된 통설이었다. 그런데 채무불이행을 그와 같은 세 가지로 나누어 한정한다면, 모든 채무불이행을 망라하지 못한다는 것이 학자들의 연구를 통해서 밝혀졌다. 바꾸어 말해서, 그러한 세 가지 채무불이행의 모습 중 어느 것에도 속하지 않으나, 역시 일종의 채무불이행으로서 처리하는 것이 적절한 경우들이 드러났다. 그러한 경우를 몇 가지 들어 본다. 우선 '하는 채무'에서 작위 또는 부작위 의무를 위반하는 경우이다. 예컨대, 민법 제374조의 보존의무를 위반하여 목적물을 훼손한 경우, 계약 또는 목적물의 성질에 좇아 사용·수익할 의무를 위반한 경우(617조·654조 참조), 민법 제634조의 통지의무 위반으로 임대인에게 손해를 준 경우, 의사의 치료행위 또는 처치가 충분하지 못했기 때문에 질병이 생기거나 악화된 경우(681조의 선관의무 위반), 근로자가 업무상의 비밀을 지켜야 할 의무(부작위의무)나 특약에 따른 경업금지의무(이것 역시 부작위의무)를 위반한 경우 등과 같다(이러한 사례 중 어떤 것은 불완전이행에 해당한다. 그러나 학자에 따라서는 불완전이행을 특수한 의미로 사용하고 있기 때문에 예시에 포함시켰다). 또 하나의 경우를 든다면, 채무자가 이행이 가능한데도 이행기 전에 이행을 강하게 거절하고 거절 의사를 뒤집을 낌새가 전혀 보이지 않는 경우(이를 '이행거절'이라 한다)에는 이를 이행기에 이른 후에 이행지체로서 처리할 수도 있으나, 그러한 처리보다는 이를 특수한 채무불이행으로 다루어 이행기 전에 계약을 해제하고 손해배상을 청구하게 하는 것이 합리적이다.

　　　종래의 통설에 따른 채무불이행의 유형에 포함시키기 어려운 경우들도 이를 특수한 채무불이행으로 인정하려면, 채무불이행에서 말하는 채무에는 기본채무뿐만 아니라, 그 밖의 부수적 의무도 포함된다고 하는 것이 필요하다. 유의할 것은 부수적 의무는 가지가지이며, 그 위반으로 성립하게 될 특수한 채무불이행도 가지가지이다.

(3)　채권이 정상적으로 실현된 때(이른바 채무 내용에 따른 이행이 있는 때)에는 채권은 만족을 얻게 되어 소멸한다. 따라서 채권이 정상적으로 실현되는 경우에 채권은 청구력과 급부보유력을 가지는 것으로 충분하다. 그러나 채권이 정상적으로 실현되지 않는 경우, 즉 채무불이행이 있는 경우에는 채권의 실현을 보장하는 법적 효력 또는 법적 수단이 필요하다. 그러한 채무불이행에 대한 법률적 구제수단으로서, 법률은 강제이행과 손해배상을 인정하고 있다. 그러므로 채권의 효력에서 이행강제권과 손해배상청구권이 매우 중요하다. 그런데 이 두 가지 채권의 효력은 채무

불이행을 원인으로 하여 발생한다. 따라서 이러한 채권의 효력이 발생하는 전제로
서, 우선 채무불이행의 여러 모습과 그 요건을 밝히는 것이 필요하다.

2. 채무불이행의 모습

(1) 민법 제390조 본문은 채무불이행의 모습을 '채무의 내용에 좇은 이행을
하지 아니한 때'라고 포괄적으로 정하고 있다. 민법 제390조 단서는 이행불능에 관
해 규정한 것처럼 보이지만, 채무불이행 일반에 적용되는 것으로 해석되고 있다.
민법은 그 밖에 이행지체에 관한 규정을 몇 개 두고 있으며(387조·392조·395조 참
조), 계약의 해제에 관하여 이행지체(545조)와 이행불능(546조)에 관한 규정을 두고
있다. 이들 여러 규정을 종합한다면, 민법은 채무불이행을 포괄적으로 규정하고 있
다고 하지만, 이행지체와 이행불능을 기본적 모습으로 하고 있다고 말할 수 있다.
그런데 독일에서 20세기 초에 기존의 이행지체와 이행불능 이외에 적극적 채권침
해라는 새로운 유형을 인정할 필요가 있다는 주장이 나와 그것을 또 하나의 채무불
이행으로서 인정하게 되었다. 그 영향으로 적극적 채권침해 또는 불완전이행도 이
를 채무불이행으로서 인정하게 되었다. 그리하여 채무불이행을 이행지체·이행불
능·불완전이행 또는 적극적 채권침해의 세 모습으로 나누는 것이 통설이 되었다.
그 후 이행거절이나 부수적 채무불이행도 새로운 유형의 채무불이행으로 인정되
었다.

이행지체는 이행이 가능한데도 이행기에 아직 이행하지 않고 있는 것이고(예컨
대, 어떤 물건의 매매계약을 하였는데, 약속한 기일에 등기나 인도를 하지 않고 있는 경우), 이행
불능은 채권(채무)의 성립 후에 이행할 수 없게 된 것이다(예컨대, 주인의 요청으로 보관
하고 있는 물건을 실화로 소실케 하여 주인에게 돌려 줄 수 없게 된 경우). 불완전이행은 채무
의 이행으로서 어떤 급부를 하긴 하였으나, 그것이 흠이 있는 불완전한 경우(즉, 채
무의 내용에 좇은 것이 아닌 경우)이다. 불완전이행에는 이행방법이 불완전한 경우라든
가 또는 급부할 때에 필요한 주의를 게을리한 경우 등 여러 가지가 있으나, 특히
중요한 것은 급부에 의하여 오히려 채권자에게 손해를 준 경우이다(예컨대, 주문한 가
구를 주문자의 방에 실어다 줄 때 방에 깔려 있던 융단을 손상한 때). 불완전이행은 이를 적
극적 채권침해라고도 일컫는다. 이행거절은 채무자가 이행을 거절하는 경우를 가
리키고, 부수적 채무불이행은 설명의무 위반 등 다양한 형태로 나타날 수 있다.

이하에서는 편의상 채무불이행의 모습을 이행지체·이행불능·불완전이행·이
행거절로 나누어서 설명하기로 한다. 다만 이러한 분류는 불충분한 것이어서, 모든
채무불이행을 포괄하지 못하며, 세 가지 모습 중의 어느 것에도 해당하지 않는 특
수한 채무불이행이 있다는 것을 잊지 말아야 한다.

(2) 민법은 채권편의 제 1 장 제 2 절 「채권의 효력」에서 채권자지체(수령지체)
에 관해서도 규정하고 있다. 채무를 이행하는 데 급부의 수령 그 밖에 채권자의 어
떤 협력을 필요로 하는 경우에, 채무자가 채무 내용에 좇은 제공을 했는데도 채권
자가 협력하지 않거나 협력할 수 없기 때문에 이행이 늦어지고 있는 상태에 있을
때 이를 채권자지체라고 한다. 채권자지체도 일종의 채무불이행인지는 나중에 자
세히 다루는 바와 같이 문제이지만, 적어도 그것이 채무불이행의 책임을 막는다는
소극적 의미를 가진다는 점은 부인할 수 없다. 민법 규정에 따라서 이 절에서 아울
러 설명하기로 한다.

3. 채무불이행의 요건　　　채무불이행의 요건에 관해서는 개별 유형에 따라
나중에 자세히 검토·설명하겠지만, 공통해서 요구되는 요건에 관하여 간단히 살펴
본 다음 개별 유형에 관하여 상세히 다루고자 한다.

채무불이행으로 이행강제권과 손해배상청구권이 발생하려면, 채무 내용에 좇
은 이행을 하지 않고 있다는 사실 또는 객관적 상태가 있는 것만으로는 안 된다.
그 밖에 주관적·객관적 요건이 필요하다.

(1) 주관적 요건은 채무불이행에 관하여 채무자의 고의나 과실 등 책임이 있
는 사유, 즉 유책사유(有責事由)가 있어야 한다는 것이다. 많은 나라에서 이러한 유
책사유를 채무불이행에 요구하고 있으며, 그 범위도 보통의 과실보다 넓은 것으로
하고 있다(독일 민법 278조·280조·286조). 민법은 이행불능에 관해서만 유책사유가
필요한 것처럼 규정하고 있으나(390조. 그 밖에 544조·546조 참조), 이행지체, 불완전이
행과 이행거절에서도 유책사유가 필요하다는 데 학설·판례는 일치하고 있다. 그리
고 그 내용도 보통의 과실보다 넓은 것으로 되어 있다(391조 참조).

위에서 고의·과실 등을 통틀어서 일컫는 '책임 있는 사유'를 간단히 유책사유(有
責事由)라고 표현하였다. 종래 일반적으로는 '책임 있는 사유'의 줄임말로서 귀책사유
(歸責事由)라는 용어를 쓰고 있다. 본래 귀책사유라는 용어는, 의용민법의 여러 규정

(동법 415조·534조·536조·543조 등)에서 쓰고 있는 '책임에 귀할 사유'라는 표현을 줄인 말이다. 이는 순전히 법률가들만이 편의상 쓰는 용어이고, 본래부터 있는 한문용어는 아니다. 그러나 여러모로 편리하기 때문에, 우리나라에서도 의용민법 시대는 물론이고 현행 민법의 제정 후에도 계속 사용되고 있다. 그런데 현행 민법은 '책임에 귀할 사유'라는 표현을 전혀 사용하고 있지 않으며, 다만 책임이 있는 사유(538조·546조 참조)·책임이 없는 사유(537조 참조)라는 표현을 사용한다. 따라서 귀책사유라는 용어는 우리 민법에서는 이제는 합당하지 않게 되었다. 종래 관용된 귀책사유를 갈음하여 유책사유라는 용어를 쓰는 것이 좋다고 생각한다. 이하에서는 책임 있는 사유의 줄임말로서 유책사유라는 용어를 쓰기로 한다.

(2) 객관적 요건은 채무불이행이 위법해야 한다는 것이다. 민법은 제750조에서 위법성이 불법행위의 요건임을 분명히 하고 있으나, 채무불이행에 관하여는 언급하고 있지 않다. 여기서 위법성은 채무불이행의 요건인지가 문제된다. 종래의 통설은 이를 긍정하나, 채무불이행이나 계약위반이 있으면 위법성을 인정하기 때문에 불법행위에서와 달리 위법성 요건이 중요한 의미는 없다(양창수·김재형, 397면에서는 채무불이행책임의 발생요건으로 위법성에 관한 설명을 따로 하지 않는다).

본래 위법이란 법규범을 기준으로 사람의 행위를 평가할 때 그 가치가 부정되어 허용되지 않는다는 것을 뜻한다. 법의 명령이나 금지를 위반하는 작위나 부작위는 위법성이 있으며, 위법행위가 된다. 채무불이행은 법적으로 당위로서 요구되어 있는 채무내용에 따른 이행을 채무자가 하지 않는 것으로서 위법하다고 볼 수 있다. 간단히 말하자면, 계약위반 또는 계약상 의무위반이라는 객관적 사실이 채무불이행에서 말하는 위법성이다. 다만 채무불이행을 정당화하는 사유(예컨대, 유치권·동시이행의 항변권·변제유예·긴급피난 등)가 있으면 위법성이 없게 된다. 이러한 사유를 위법성 조각사유라고 일컫는다.

(3) 채권자지체의 경우에도 위와 같은 요건이 요구되는가? 이 문제는 채권자지체를 채무불이행의 일종으로 파악하는지에 따라서 좌우된다. 즉, 채권자지체를 채무불이행이라고 하는 견해에서만 위와 같은 요건이 필요하다고 한다.

4. 채무불이행의 효과   이행강제권과 손해배상청구권의 발생이 채무불이행의 효력으로서 가장 중요함은 이미 지적하였다. 그러나 채무불이행의 효과는 이들 두 가지에 한정되지 않으며, 그 밖에 계약의 해제권·해지권이 발생하기도 한

다. 즉, 불이행이 있게 된 채권·채무가 계약으로 발생한 것인 때에는 일정한 요건과 절차에 따라서 계약의 해제나 해지가 인정됨을 기억해야 한다(계약의 해제와 해지에 관해서는 채권각론 강의에서 자세히 다룬다).

제 2 관　　이행지체

[19]　Ⅰ. 이행지체의 요건

　　채무가 이행기에 있고 그 이행이 가능한데도 채무자가 자신에게 책임 있는 사유(유책사유)로 채무의 내용에 좇은 이행을 하지 않는 것이 이행지체(履行遲滯)이다. '채무자 지체'라고도 일컫는다. 채무는 이행기에 이행되어야 하므로, 이행지체는 채무자에 의한 채권 침해라고 할 수 있다(390조 본문 참조). 이행지체가 성립하기 위한 요건은 다음과 같다.

　　1. 이행기에 이르렀을 것　　　이행지체가 생기려면 반드시 이행기에 이르러야 한다. 그러나 기한의 종류에 따라서는 이행기에 이른 것만으로 곧 이행지체가 되지 않을 수도 있다. 또한 채무자가 기한의 이익을 잃게 될 때도 있는데, 이때에는 언제부터 지체가 되는지 문제된다. 문제가 되는 경우를 차례로 보기로 한다.

　　(1) 확정기한부 채무　　　채무의 이행에 관하여 확정기한이 있는 때에는, 그 기한이 도래한 때(바꾸어 말하면, 기한을 헛되이 보낸 때. 따라서 구체적으로는 그 기한의 다음날. 대판 1988. 11. 8, 88다3253 참조)부터 채무자는 지체책임을 진다(387조 1항 전문). 이 경우 채권자가 이행을 최고할 필요는 없다(최고는 일정한 행위를 할 것을 요구하는 통지이다. 채권자가 채무자에게 이행을 청구(요구)하거나 재촉하는 것이 대표적이다). 채권자가 최고를 할 때 '10일 이내에' 또는 '월말까지'라는 것과 같이 일정한 확정기간을 붙인 경우에 그 기간을 헛되이 보내면 곧 지체가 된다(기간을 '헛되이 보내는 것'을 표현하는 한자용어로서, 일본에서는 '도과(渡過)'라는 말을 만들어 쓰고 있으나, 적절한 용어가 아니어서 이하에서는 쓰지 않기로 한다. 한자로는 차라리 '허송(虛送)'이라고 용어가 좋을 것이다).

　　　　예를 들면 다음과 같다. 2000년 1월 20일에 지급한다고 약속한 채무는 그 날이 지남으로써 당연히 지체가 된다. 3월 중에 지급한다고 약속한 채무는 3월 말일까지 이행하면 지체가 되지 않으나, 말일을 그대로 보냄으로써 당연히 지체가 된다. 청구를 한 때부터 1개월 이내에 이행한다는 채무는 그 청구가 있은 때부터 1개월이 지남으로써 당연히 지체가 된다. 그리고 차임을 매월 선급하기로 한 채무는 그 선급할 1개월의 개시일이 확정기한이다.

위의 원칙에 대해서는 예외가 있다.

(개) 지시채권과 무기명채권의 채무자는, 이행에 관하여 기한이 정해져 있더라도, 기한이 된 다음 소지인이 증서를 제시하여 이행을 청구한 때부터 지체책임을 진다(517조·524조, 상법 65조 참조). 면책증권에서도 마찬가지이다(526조).

(내) 추심채무 그 밖에 이행에 관하여 먼저 채권자의 협력이 필요한 채무에서는, 확정기한에 이르렀다는 것만으로 지체가 되지 않으며, 채권자가 먼저 필요한 협력 또는 그 제공을 하여 이행을 최고해야 한다. 이에 관한 특별규정은 없지만, 일반적으로 인정되어 있다(김기선 147면, 김증한·김학동 95면 참조).

(다) 쌍무계약에서 확정기한이 있는 두 채무가 동시에 이행해야 할 관계에 있는 경우에는, 기한이 된 때에 지체의 책임이 생기는 것이 아니라, 상대방으로부터 이행의 제공을 받았으면서도 자기의 채무를 이행하지 않을 때에 비로소 지체책임이 생긴다. 이행기에 당사자 쌍방이 모두 변제제공을 하지 않고서 기일이 지난 때에는, 어느 쪽도 책임을 지지 않으며, 쌍방의 채무는 그 후에는 이행기를 정하지 않은 것으로 된다(대결 1972. 3. 28, 71마155 참조).

(2) **불확정기한부 채무**　　채무의 이행에 관하여 불확정기한이 있는 때(예컨대, 유학 후 귀국한 때에 변제한다는 채무)에는 채무자가 그 기한이 되었음을 안 때부터 지체책임을 진다(387조 1항 후문). 이 경우에도 기한이 됨으로써(즉, 기한의 내용이 되는 불확실한 사실이 발생한 때 또는 그 사실이 발생하지 않기로 확정된 때. 대판 1989. 6. 27, 88다카10579 참조) 채무는 이행기에 있는 것이 된다. 그러나 채무자가 알지 못하는 사이에 지체책임을 묻는 것은 적당하지 않으므로, 채무자가 안 때부터 책임을 진다고 한 것이다. 그러므로 다음의 기한을 정하지 않은 경우에 비추어 보아, 채권자의 최고가 있으면(채권자의 최고는 요건이 아니다. 그러나 이를 할 수 있음은 물론이다), 채무자가 기한이 되었음을 알지 못하더라도, 그 최고가 있는 때부터 지체가 된다고 새겨야 한다(김증한·김학동 96면 참조). 지체책임이 발생하는 시기에 관하여 신의칙상 채무자가 기한이 되었음을 안 때부터 또는 채권자의 최고가 있는 때부터 상당한 유예기간이

지난 다음에야 지체가 된다는 견해가 있다(김기선 148면 참조). 그러나 이러한 견해는 채무자에게 일방적으로 유리할 뿐만 아니라 법적 근거도 없는 것이어서 부당하다. 채무자가 지체에 의한 배상책임을 지는 것은 채무자가 기한이 되었음을 안 날 또는 채권자의 최고를 받은 날의 다음 날부터라고 새기는 것이 공평하다. 즉, 기한이 되었음을 안 날 또는 최고를 받은 날에 이행하면, 지체에 의한 배상책임은 생기지 않는다고 새겨야 한다((3) 참조).

(3) **기한이 없는 채무**   채무의 이행에 관하여 기한을 정하지 않은 경우 채무자는 이행의 청구, 즉 채권자의 최고를 받은 때부터 지체책임이 있다(387조 2항). 기한이 없는 채무는 채무가 발생함과 동시에 이행기에 있는 것이기 때문에 채권자는 언제든지 이행을 청구할 수 있다. 그러나 채권자의 최고가 있어야만 채무자가 이행지체에 빠진다. 채권자의 최고는 해당 채무에 관하여 해야 하지만, 채무의 동일성을 인식할 수 있는 것이면 되고, 수량 또는 금액이 꼭 들어맞지 않아도(바꾸어 말해서, 남음과 모자람이 있더라도) 상관없다. 또한 최고는 채무자에게 도달하면 되고, 그 방법은 묻지 않는다. 예컨대, 이행소송의 소장 송달(대판 1966. 5. 31, 66다663 참조)이나 독촉절차에 의한 지급명령 송달은 최고와 동일한 효력이 있다(그러나 이행의 소의 제기만으로는 지체의 효력이 생기지 않는다). 소장이 송달되면 충분하다. 소의 제기가 소송상 무효이거나 나중에 소가 취하되더라도 최고의 효력에는 영향이 없다. 그리고 최고에 따른 지체는 최고가 도달한 다음날부터 생긴다는 것이 판례이다(대판 1972. 8. 22, 72다1066 참조). 타당한 해석이다. 학설로서는 이행청구, 즉 최고를 받은 때부터 신의칙상 상당한 유예기간이 지나면 지체가 된다는 견해가 있다(김기선 148면 참조). 그러나 아래 ㈎에서 설명하는 경우와 균형상 이러한 해석은 부당하다.

위와 같은 원칙에 대해서는 다음과 같은 예외가 있다.

㈎ 반환시기의 약정이 없는 소비대차에서 반환채무에 관해서는 대주는 상당한 기간을 정하여 반환할 것을 최고해야 한다(603조 2항). 만일 상당한 기간을 정하지 않고 최고를 한 때에는, 최고한 때부터 상당기간이 지난 다음에 지체에 빠진다(대판 1966. 5. 31, 66다663 참조).

㈏ 불법행위에 의한 손해배상채무는 별도의 이행최고가 없더라도 원칙적으로 불법행위가 있은 때부터, 즉 손해배상채무의 성립과 동시에 당연히 지체가 된다고

해석하는 것이 일반적이다(김기선 149면, 김증한·김학동 97면 참조). 판례도 마찬가지이다(대판 1966. 10. 21, 64다1102; 대판 1971. 6. 8, 70다2401 참조). 다만 불법행위 시와 변론종결 시 사이에 장기간의 세월이 지나 위자료를 산정할 때 반드시 참작해야 할 변론종결 시의 통화가치 등에 불법행위 시와 비교하여 상당한 변동이 생긴 때에는, 예외적으로 불법행위로 인한 위자료배상채무의 지연손해금은 위자료 산정의 기준시인 사실심 변론종결 당일부터 발생한다(대판 2011. 1. 13, 2009다103950 참조).

　　　법률 규정에 따라 발생하는 채무는 특별규정이 없는 한 기한을 정하지 않은 채무로서 성립하는 것으로 이해된다. 그러므로 위 ㈏에서 설명한 불법행위에 따른 손해배상채무의 이행기는 이에 대한 예외인 셈이다.

(4)　기한의 이익을 상실한 채무

　㈎　채무자에 관하여 아래와 같은 여러 사실 가운데 하나가 발생한 때에는 채무자는 기한의 이익(153조 참조. 「민법총칙」 [192] 참조)을 잃는다(388조). 원래 기한의 이익을 채무자에게 준 것은 채무자를 신용하여 그에게 이행의 유예(바꾸어 말해서, 이행할 시일을 늦추는 것)를 준 것이다. 그런데 아래의 사실이 있으면 채무자의 경제적 신용이 없어진다. 이러한 경우에 채권자로 하여금 기한이 될 때까지 청구를 유예하도록 하는 것은 부당하기 때문에, 기한의 이익을 주장하지 못하도록 한 것이다.

　①　채무자가 담보를 손상·감소 또는 멸실하게 한 때(388조 1호). 여기서 말하는 담보는 물적 담보(그러나 채무자의 일반재산은 이를 포함하지 않음)는 물론이며, 인적 담보(보증인을 살해하거나 도주시킨 경우 등)도 포함한다. 담보를 손상·감소·멸실시키는 행위는 그것이 법률행위이든 사실행위이든 묻지 않는다. 채무자에게 고의나 과실이 있어야 하는가? 민법은 이 점에 관하여 명백히 하고 있지 않다. 그러나 적어도 채무자의 행위로 인한 것이라면 구태여 고의나 과실이 있어야 한다고 할 필요가 없다(김증한·김학동 98면 참조).

　②　채무자가 담보제공의무를 이행하지 않은 때(388조 2호). 담보제공의무는 특약이나 법률 규정 등으로 생기나, 그 어느 경우임을 묻지 않는다. 또한 인적 담보와 물적 담보를 포함한다. '상당한 담보'를 제공한다는 특약을 한 때에는 채무자가 주관적으로 상당하다고 인정하는 담보를 채권자에게 알려야 하며, 만일 채권자가 최

고를 했는데도 알리지 않으면 기한의 이익을 잃는다.

　③ 채무자가 파산선고를 받은 때(회생파산 425조). 민법은 이 사유를 들고 있지 않으나, 이때에는 채무자의 신용이 전혀 없게 되기 때문에 「채무자 회생 및 파산에 관한 법률」(채무자회생법 또는 도산법이라 한다)이 이를 규정하고 있다.

　④ 민법이 특히 정하고 있지는 않으나, 당사자가 기한의 이익 상실에 관하여 특약을 할 수 있음은 물론이다(대판 1988. 9. 20, 87다카2112; 대판 1997. 8. 29, 97다12990 참조).

　(나) 이상과 같은 사유가 있으면, 채무자는 기한의 이익을 '주장하지 못한다.' 기한에 이른 것으로 보아 버리는 것이 아님을 주의해야 한다. 즉, 채권자는 자신의 선택에 따라 곧 이행을 청구할 수도 있고(즉, 기한 전 이행청구), 또는 채무자의 이행을 거절하여 기한까지 이자를 청구할 수도 있다. 따라서 기한의 이익의 상실로 곧 이행기가 되어 지체에 빠지는 것이 아니다. 채권자의 청구, 즉 최고가 있는 때부터 채무자는 지체책임을 진다.

　2. 채무의 이행이 가능할 것　　채무자가 이행기에 채무를 이행할 수 있는데도 이행하지 않는 경우에 지체가 된다. 이행기에 채무를 이행할 수 없는 경우에는 아래 Ⅲ.에서 다루는 이행불능의 문제가 된다. 가능한지 여부의 표준에 관해서는 이행불능을 설명할 때에 다루기로 한다([21] 1. 참조). 문제가 되는 것은 이행기가 지난 다음에 이행할 수 없게 된 경우에, 이를 그대로 이행지체로서 다룰 것인지, 또는 불가능하게 된 때부터 이행불능으로 다룰 것인지이다. 이행지체 후의 이행불능은 채무자에게 책임 없는 사유에 기인하는 것이더라도 채무자에게 책임이 있는 것이며(392조 참조), 또한 이행불능에 따라 채권자는 이행을 갈음하는 손해배상 ─ 전보배상 ─ 또는 계약해제를 청구할 수 있으므로([22] 참조), 어느 쪽으로 새기더라도 결과적으로는 실제상 차이가 없다. 따라서 이행지체 후의 이행 불가능은 이를 이행불능으로 다루는 것이 좋다. 학설도 위와 같이 새기는 데 일치되어 있다.

　3. 이행이 늦은 데 대하여 채무자에게 책임 있는 사유(유책사유)**가 있을 것** 민법은 이행불능에 관해서는 채무자의 '고의나 과실'(390조 단서) 또는 '책임 있는 사유'(546조)를 요건으로 명시하면서, 이행지체에 관해서는 채무자의 유책사유가 그 요건인지에 관하여 명문의 규정을 두고 있지 않다. 다만 금전채무에 관한 특칙(397

조 2항)으로 미루어, 금전채무 이외의 지체에서는 과실 없음을, 바꾸어 말해서 무과
실을 가지고 항변할 수 있다는 것만은 명백하다. 여기서 이행지체에 관해서는 채무
자의 고의·과실과 같은 유책사유가 없더라도 책임을 져야 하는가에 관하여 해석상
의문이 생길 수 있다. 그러나 민법은 과실책임(過失責任)을 원칙으로 하고, 이행지체
와 이행불능을 구별할 실질적 근거가 없는 데다가, 제391조·제392조 등으로 미루
어, 이행지체에 관해서도 채무자의 유책사유를 요건으로서 인정해야 한다는 데에
학설은 일치하고 있다.

　　그렇다면 채무자에게 책임 있는 사유, 즉 유책사유란 무엇을 뜻하는가? 채무자
의 고의·과실이 그것에 포함된다는 점에 관하여는 의문이 없다. 그러나 채무자의
고의·과실이 바로 채무자의 유책사유라고 할 것은 아니다. 왜냐하면 민법은 채무
자 자신에게 고의·과실이 있는 경우뿐만 아니라, 법정대리인이나 이행보조자의 고
의·과실도 채무자의 고의·과실로 보고 있기 때문에(391조), 유책사유는 채무자의
고의·과실보다는 넓은 개념이다. 이에 관하여 설명하면 다음과 같다.

　　(1)　**채무자의 고의·과실**　　　이행지체라는 결과의 발생을 의욕하거나 인식하
는 것이 고의이고, 채무자의 지위·직업 등에 있는 자에게 신의칙상 또는 거래상
일반적으로 요구되는 정도의 주의(선관주의)를 게을리하였기 때문에 이행지체라는
결과의 발생을 인식하지 못하는 것이 과실이다. 여기서 과실은 추상적 경과실을 뜻
한다. 고의나 과실로 이행을 지체하면, 채무자에게 책임이 있음은 과실책임의 원칙
상 당연하다.

　　(2)　**법정대리인·이행보조자의 고의·과실**　　　채무자의 법정대리인이 채무자
를 위하여 이행하거나 또는 채무자가 타인을 사용하여 이행하는 경우에 법정대리
인(法定代理人)이나 이행보조자(履行補助者)의 고의·과실은 채무자 자신의 고의·과실
로 본다(391조).

　　(개)　**적용범위**　　　제391조가 적용되는 것은 '채무의 이행'에 한정되며(여기서
말하는 '이행'은 채무를 완전히 소멸시키는 행위뿐만 아니라, 채무자가 그의 채무에 따라 부담하는
모든 의무행위를 포함한다), 그 밖의 관계에서는 법정대리인이나 이행보조자의 유책에
대하여 본인이 책임을 지지 않는다. 다만 제756조에 따른 사용자책임을 지는 경우
가 있을 뿐이다(예컨대, 실내장식을 하는 경우에 이행보조자가 불량품으로 장식하거나 잘못 부

착하여 생기는 손해에 대해서는 채무자가 채무불이행책임을 지게 되나, 이행보조자가 실내의 물건을 절취한 데 대해서는 채무자로서의 책임을 지지 않는다. 다만 사용자책임이 문제될 뿐이다).

　　(나) **법정대리인**　　　법정대리인의 고의·과실을 채무자의 고의·과실로 보는 까닭은 무엇인가? 원래 채무자인 본인은 법정대리인의 활동을 통하여 이익을 얻으므로, 불이익도 부담하는 것이 신의칙에 부합하고, 또한 그렇게 함으로써 채권자를 보호할 수 있기 때문이다.

　　법정대리인은 그 대리권이 법률 규정에 따라 주어지는 대리인이며, 친권자·후견인·법원에 의하여 선임되는 재산관리인 등을 가리킨다. 그러나 제391조에서 말하는 법정대리인은 그러한 본래 의미의 법정대리인뿐만 아니라, 좀 더 넓게 보아 파산관재인(회생파산 384조 이하), 가사대리권을 가지는 부부(827조), 유언집행자(1093조·1103조) 등 특별임무를 가지는 대리인도 포함한다(김증한·김학동 84면 참조).

　　(다) **이행보조자**

　　① 채무자가 채무의 이행을 위하여 사용하는 자를 이행보조자라고 한다. 이행보조자는 다시 협의의 이행보조자와 이행대행자로 나누는 것이 보통이다(김형배 160면, 송덕수 131면 참조). 그러나 최근에는 양자를 구별하지 않는 견해도 있다(김증한·김학동, 84면, 양창수·김재형, 449면, 민법주해(Ⅸ) 419면 참조). 판례는 이행보조자는 채무자의 의사 관여 아래 채무의 이행행위에 속하는 활동을 하는 사람이면 충분하고 반드시 채무자의 지시 또는 감독을 받는 관계에 있어야 하는 것은 아니므로, 그가 채무자에 대하여 종속적인 지위에 있는지, 독립적인 지위에 있는지는 상관없다(대판 1999. 4. 13, 98다51077, 51084; 2020. 6. 11. 선고 2020다201156. 다만 채무자의 채권자에 대한 채무 이행행위에 속한다고 볼 수 없는 활동을 하는 사람은 이행보조자에 해당하지 않는다. 대판 2013. 8. 23, 2011다2142 참조)고 하여 이행보조자를 세분하지 않고 판단하고 있다. 여기서는 종래의 설명방식에 따라 이행보조자를 편의상 협의의 이행보조자와 이행대행자로 구분하여 살펴보기로 한다.

　　(ㄱ) **협의의 이행보조자**　　　채무자가 스스로 채무를 이행하면서 마치 자신의 손·발과 같이 사용하는 자를 말한다(수급인이 건축공사에 사용하는 목공·인부, 의사가 환자를 치료할 때 보조하는 조수·간호사 등이 그 예이다). 이행보조자가 이행을 보조하는 관계는 사실상의 관계로서 충분하며(채무자의 가족이 사실상 이행을 보조하는 경우 또는

채무자의 친구가 호의적으로 이행을 보조하는 경우 등), 고용과 같은 채권계약이 있어야 하는 것은 아니다. 그러나 이행보조자가 되려면 그의 행위에 채무자가 간섭할 가능성, 즉 그 보조자에 관하여 선임·지휘·감독 등을 할 가능성이 있어야 한다(따라서 우편·철도 등을 이용하는 자에 대한 관계에서 우체국원·역무원 등의 종업원은 이행보조자가 아니다).

(ㄴ)　이행대행자　　　이행대행자(履行代行者)는 단순히 채무자의 행위에 협력하는 데에 그치지 않고 오히려 독립하여 채무의 전부 또는 일부를 채무자를 갈음하여 이행하는 자를 가리킨다. 이행대용자라고도 한다. 예컨대, 수치인(受置人)을 갈음하여 임치물을 보관하는 제3수치인은 채무자가 부담하는 목적물보관의무라는 점에서 본다면 이행대행자이다.

이행대행자는 채권자와 계약관계에 있는 것이 아니고, 또한 채무자의 채무를 벗어나게 하지도 않으므로, 채무인수와는 다르다. 대행자는 채무자에게 채무를 지고, 채권자에 대한 관계에서는 보통의 보조자와 다르지 않다.

②　위와 같은 이행보조자의 고의·과실에 대하여 채무자가 책임을 지는 근거는 무엇인가? 개인주의적 책임이론에 따른다면, 채무자는 자기의 고의·과실에 대해서는 책임을 지지만, 타인의 고의·과실에 대하여 책임을 질 까닭이 없다. 그러나 현대 자본주의 경제사회에서 채무를 이행하는 데 타인을 사용하는 것이 보통이다. 만일 이들 타인의 행위로 채무불이행이 생긴 경우에 위와 같은 개인주의적 책임이론을 그대로 지킨다면, 도저히 채권자를 보호할 수 없게 된다. 따라서 '고의·과실'에 관한 개인주의적 제한을 깨뜨리고 이를 확대할 필요가 있다. 그 근거는 타인을 사용하여 이익을 얻는 채무자가 위험 — 즉 이행보조자가 채권자의 이익을 침해하는 위험— 도 부담해야 한다는 점에 있다. 바꾸어 말하면, 자본주의사회의 복잡한 대량거래에서는 채무자가 채무를 부담할 때 채무를 이행하면서 채무자가 사용하는 사람들의 행위로 인한 위험을 인수한다는 것이 포함된다고 할 수 있다. 따라서 이행보조자의 고의·과실을 채무자의 고의·과실과 같은 것으로 보는 것은 채무자 개인이 채권관계의 주체로서 채무불이행의 책임을 부담한다는 것과 모순되지 않는다.

③　책임의 구성　　　원래 급부의 목적은 급부가 가지는 객관적 가치에 있는 것이 보통이며, 채무자의 개인성과는 반드시 관계가 있는 것은 아니다. 따라서

급부가 가지는 가치가 실현될 수 있다면, 채무자가 그 이행을 위하여 협의의 이행보조자를 사용하든 이행대행자를 사용하든 아무런 상관이 없다. 그러나 채무의 성질상 또는 당사자의 특약으로 채무자의 개성을 중요하게 보는 경우에는 보조자 또는 대행자를 사용할 수 없다.

　　㈀　채무자의 손·발 구실을 하는 협의의 이행보조자의 경우에는 그의 고의·과실을 채무자 자신의 고의·과실로 보고 채무자의 유책사유가 된다.

　　㈁　이른바 이행대행자의 경우에는 다음과 같이 구분해볼 수 있다. (ⅰ) 대행자의 사용이 허용되지 않는 경우(120조·657조 2항·682조·701조·1103조 2항 등 참조)에 대행자를 사용하면, 그것만으로(즉, 대행자를 사용했다는 것이 바로 불이행이 되므로, 그 밖에 대행자의 고의·과실을 묻지 않고서) 곧 채무자의 책임이 생긴다. (ⅱ) 법률규정에 따라 적극적으로 대행자의 사용이 허용되는 경우(122조 참조) 또는 채권자의 승낙을 받은 경우에는 원칙적으로 대행자의 선임·감독에 관하여 과실이 있는 때에만 책임을 진다(121조·682조 2항·701조·1103조 2항 등 참조). (ⅲ) 법률규정 또는 채권자와의 특약으로 대행자의 사용이 금지되어 있지도 않고 또한 허용되어 있지도 않아 급부의 성질상 대행자를 사용해도 상관없다고 해석되는 경우에는, 그 대행자의 고의·과실은 마치 채무자 자신의 고의·과실과 같이 다루어진다. 즉, 제391조는 바로 이 경우를 규정한 것이다.

　　(3)　**책임능력**　　　이행지체에 관하여 유책사유를 그 요건으로 한다는 것은 채무자가 행위의 결과를 인식할 만한 정신능력(753조 참조), 즉 책임능력을 가진다는 것이 전제가 된다. 따라서 채무자에게 유책사유가 있다고 하려면 채무자에게 책임능력이 있어야 한다고 새겨야 한다. 그러나 과실의 유무를 묻지 않고 불이행책임이 발생하는 무과실책임에서는 책임능력은 요건이 아니다.

　　채무의 성립과정에서는 행위능력제도에 의하여 처리되므로, 채무불이행에서 책임능력이 문제되는 것은 채무가 발생한 후의 심신상실 등에서이다. 그러한 경우에도 책임무능력자에게 법정대리인이 있는 때에는 그의 고의·과실은 본인의 고의·과실로 보게 됨은 이미 본 바와 같다.

　　(4)　**면책약관의 효력**　　　민법은 면책약관(과실이 있어도 책임을 지지 않는다는 특약)의 효력에 관하여 규정하고 있지 않지만, 법률이 특히 금지하고 있지 않으면 계

약자유의 원칙상 유효하다고 해석해야 한다. 그러나 채무자가 자기의 고의에 대하여 책임을 지지 않는다는 특약은 사회질서에 반하는 것으로서 무효라고 해야 한다. 다만 이행보조자의 고의에 관한 면책특약은 신의칙에 위반된다고 할 수 없으므로, 유효하다고 해석해도 좋을 것이다.

위에서 설명한 것은 계약에서 당사자가 자신의 채무불이행에 기초한 손해배상책임을 부담하지 않는 것으로 합의하고 있는 경우 그 특약의 효력에 관한 것이다. 그러나 약관에 있는 면책조항에 관해서는 「약관의 규제에 관한 법률」에 특별규정이 있다. 즉, 약관에 당사자의 면책에 관한 조항을 두고 있는 경우에 그중 일정한 내용의 것은 무효임을 선언하고 있다(동법 7조 참조).

(5) **이행지체 후 급부 불가능**　이행기 이후에 이행할 수 없게 된 경우에 이를 이행지체로 볼 것인지 이행불능으로 볼 것인지에 관해서는 이미 설명하였다(위 2. 참조). 지체 후 급부 불가능은, 그것이 채무자에게 책임 없는 사유로 인한 것이더라도, 채무자가 책임을 진다(392조 참조). 만일 이행지체가 없었더라면 급부 불가능은 생기지 않았을 것이기 때문이다. 따라서 지체가 없었더라도 급부 불가능이 생겼을 경우에는 그 손해는 채무자가 책임을 지지 않는다(392조 단서).

(6) **증명책임**　채무불이행책임에서 채무불이행이 채무자의 유책사유로 인한 것임을 채권자가 주장·증명하여야 하는가, 아니면 채무자가 채무불이행에 자신의 유책사유가 없었음을 주장·증명하여야 하는가?

민법 제390조 단서는 '채무자의 고의나 과실 없이 이행할 수 없게 된 때'에 손해배상책임이 없다고 정하고 있으므로, 이행불능에 한하여 채무자에게 고의 또는 과실이 없다는 점에 대한 증명책임이 있고, 그 밖의 경우에는 채권자가 채무자의 고의 또는 과실을 증명하여야 하는 것처럼 보인다. 그러나 채무불이행의 모든 유형에서 그 불이행이 채무자의 유책사유에 의한 것인지에 관한 증명책임은 채무자에게 있다고 새기는 것이 통설·판례이다(대판 1964. 4. 28, 63다617 참조). 바꾸어 말하면, 채권자의 이행청구에 대하여 이행을 하고 있지 않은 채무자는 그 불이행이 자기에게 책임이 없는 사유로 발생하였음을 증명하지 않는 한 책임을 벗어나지 못한다. 요컨대, 채무자는 자기의 유책사유가 있지 않음을 증명할 책임이 있다는 것이 통설이다.

통설·판례에 따라 이행지체에서 증명책임을 설명하면 다음과 같다. 채권자가 채무자의 이행지체의 책임을 주장하려면, 채무자가 이행을 지연하고 있는 사실을 증명하는 것으로 충분하며, 그 밖에 그 지체가 채무자의 유책사유에 의한 것임을 증명할 필요는 없다. 오히려 채무자가 책임을 벗어나려면 이행지연이 자기의 유책사유에 의한 것이 아니라는 것을 증명해야 한다.

　　4.　이행하지 않는 것이 위법일 것　　위법성을 채무불이행의 객관적 요건으로 새기는 것이 종래의 통설이라는 점에 관해서는 이미 설명하였다. 또한 위법성은 채무불이행의 요건이 충족되는 경우에 인정되므로, 각종의 채무불이행에서 위법론은 해당 채무불이행을 정당한 것으로 하는 위법성 조각사유를 검토하는 소극적인 것이 된다는 것도 이미 지적하였다([18] 3.(2) 참조). 이행지체의 위법성은 위에서 설명한 1·2의 요건을 충족한 경우에 인정되며, 위법성 조각사유로서는 유치권·동시이행의 항변권을 일반적으로 든다. 그러나 그 밖에도 변제유예의 항변권도 위법성 조각사유가 된다. 항변권에 관해서는 다음의 점을 주의해야 한다. 즉, 채무자가 그의 항변권을 소송상 행사하는 때에 비로소 처음에 소급하여 지체하지 않은 것으로 되는 게 아니라(바꾸어 말하면 항변권이 존재해도 이를 행사하지 않고 있으면 지체로 되는 게 아니라), 항변권이 존재하는 것만으로 지체가 되지 않는다.

[20]　Ⅱ.　이행지체의 효과

　　1.　이행의 강제　　이행지체의 경우에는 이행은 원칙적으로 가능하므로, 채권자는 채무자에 대하여 본래의 채무이행을 청구할 수 있다. 채권자가 이행을 청구했는데도 채무자가 이행하지 않는 때에는, 채권자는 채권의 강제력(소구력·집행력)을 행사하여 급부를 강제적으로 실현할 수 있다(389조. [32] 이하 참조). 그리고 채권을 위하여 담보가 설정되어 있으면, 이행지체의 효과로서 채권자는 그 담보권을 행사할 수 있다. 또한 위약금의 특약이 있으면, 그 효력이 발생한다(398조. [43] 3. 참조).

　　2.　지연배상　　민법 제390조 본문은 "채무자가 채무의 내용에 좇은 이행을 하지 아니한 때에는 채권자는 손해배상을 청구할 수 있다."라고 정하고 있으므로, 채권자는 이행지체의 효과로서 지체로 생긴 손해의 배상, 즉 지연배상을 청구할 수 있다. 금전채무의 경우 지연이자가 그 전형적인 것이다(397조 1항 참조). 이행

지체의 경우에는 이행이 가능하고 본래의 채무가 소멸하지도 않으므로, 채권자가 본래 채무의 이행을 청구할 수 있음은 위에서 보았다(위 1. 참조). 따라서 이 경우에 채권자는 지연배상과 더불어 본래 급부의 이행을 청구할 수 있다. 바꾸어 말해서, 이 경우에는 채권의 내용은 본래 급부에 지연배상을 더한 것으로 확대된다. 채무자는 본래 급부와 함께 지연배상도 아울러 제공해야만, 채무의 내용에 좇은 이행을 제공한 것으로 된다(460조 참조).

　　3. 전보배상　　　아래에서 설명하는 것처럼, 채권자는 이행지체의 효과로서 계약을 해제할 수 있다. 그리고 계약을 해제한 때에는 이행을 갈음하는 손해의 배상, 즉 전보배상(塡補賠償)을 청구할 수 있다(548조 참조).

　　이행지체의 경우에 채권자는 계약을 해제하지 않고 곧바로 본래 급부의 수령을 거절하고 전보배상을 청구할 수 있는지 문제된다. 민법은 이에 관한 규정을 두고 있다. 즉, 지체 후의 이행이 채권자에게 이익이 없게 되는 특별한 사정이 있거나, 채권자가 상당한 기간을 정하여 이행을 최고하였는데도 그 기간 내에 이행이 없으면, 채권자는 계약을 해제하지 않고 곧 늦어진 이행의 수령을 거절하고 전보배상을 청구할 수 있다(395조).

　　4. 책임가중　　　채무자는 그의 유책사유에 의한 손해에 대하여 책임을 지는 것이 원칙이지만, 지체 후에는 그에게 책임이 없는 사유에 의한 손해에 대해서도 책임을 진다(392조 본문). 다만 이행기에 이행을 하였더라도 생겼을 손해에 대해서는 손해와 지체 사이에 인과관계가 없으므로, 채무자는 책임을 지지 않는다(392조 단서). 이 경우 그 증명책임이 채무자에게 있음은 물론이다(대판 1962. 5. 24, 62다175 참조). 요컨대, 채무자는 지체 후에는 불가항력을 가지고 항변하지 못한다. 채무자가 특히 고의 또는 중과실에 관해서만 책임을 지는 경우라도, 지체 후에는 경과실에 대해서도 책임을 져야 한다. 지체 후에 생긴 손해는 모두 지체의 결과에 지나지 않기 때문이다. 그리고 이행지체 후에 생긴 손해로서 가장 중요한 것은, 지체 후에 급부가 불가능으로 되는 경우이나, 이에 관해서는 이미 설명하였다([19] 3. (5) 참조).

　　5. 계약해제권　　　계약에서 생긴 채무에 관해서는 채무자가 이행지체에 빠진 때에 채권자를 위하여 계약해제권이 발생한다. 즉, 채권자는 상당한 기간을 정하여 이행을 최고하고, 채무자가 그 기간 내에 이행하지 않으면 계약을 해제할 수

있다(544조 본문). 또한 채무자가 미리 불이행의 의사를 표시한 경우에는 최고를 할
필요가 없이 곧 계약을 해제할 수 있다(544조 단서). 정기행위의 경우에도 마찬가지
이다(545조). 그리고 계약의 해제는 손해배상에 영향을 미치지 않는다(551조). 따라
서 해제를 할 수 있을 뿐만 아니라, 그 밖에 손해가 있으면 그 배상도 청구할 수
있다.

[21]　Ⅲ.　이행지체의 종료
　　1.　채권의 소멸　　채권이 소멸하면 그 원인을 묻지 않고 이행지체도 종료
한다.
　　2.　채권자의 지체 면제　　채권자가 지체책임을 면제하면, 이행지체는 소
멸한다. 채권자가 이행을 유예한 경우에는, 유예기간 중에는 지체책임이 생기지 않
음은 명백하나, 이미 생긴 지체책임까지 소멸하는지 문제된다. 이것은 결국 이행을
유예한다는 의사표시의 해석문제이다.
　　3.　이행의 제공　　채무자가 지연배상과 함께 채무의 내용에 따른 이행을
제공한 때에는, 지체는 종료한다. 그러나 채권자가 해제권을 행사하기 전에 이행을
제공해야 하고(544조), 또한 지체 후의 이행으로 채권의 목적을 달성할 수 있는 것
이어야 한다.
　　4.　지체 후의 이행불능　　지체 후의 이행불능에 대해 불능책임을 진다고
본다면, 이행불능으로 이행지체는 끝나는 것이 된다.

제 3 관　이행불능

[22]　Ⅰ.　이행불능의 요건
　　채권이 성립한 후에 채무자에게 책임 있는 사유로 이행이 불가능하게 되는 것
이 이행불능이다. 예컨대, 특정물을 인도할 채무를 부담하고 있는 사람이 그 물건
을 파괴하였기 때문에 인도할 수 없게 된 경우에는, 이행지체의 경우와는 달리, 이
제는 본래 급부를 청구하는 것은 아무 의미가 없다. 이행불능은 채권에 대한 침해
가 된다(390조 단서 참조). 이행불능의 요건은 다음과 같다.

1. 채권의 성립 후에 이행이 불가능으로 되었을 것

　(1) **이행의 불가능**　　　불가능인지 아닌지를 결정하는 표준에 관하여, 학자들의 견해는 대체로 합치되어 있다. 이행의 불가능은 사회관념이나 거래관념에 따라서 결정해야 한다는 것이 판례이고(대판 1974. 5. 28, 73다1133; 대판 1995. 2. 28, 94다42020 등 참조), 또한 통설이다(김증한·김학동 101면, 김형배 190면, 양창수·김재형 401면, 이은영 227면 참조). 이러한 견지에서 이행의 불가능을 설명하면, 다음과 같다.

　이행의 불가능은 다음 두 가지로 나눌 수 있다. 첫째, 자연법칙상 실현하는 것이 불가능한 경우(물리적·사실적 불가능 또는 객관적 불가능)는 물론이고, 그 밖에 법률상 발생이 허용되지 않는 경우(법률적 불가능)도 불가능이다. 둘째, 일정한 사정에서 이행을 요구하는 것이 거래관념상 허용되지 않는 경우도 모두 불가능이다. 그러므로 채무자의 주관적 사정에 의한 주관적 불가능도 불가능에 포함된다고 해야 한다. 이와 같이 주관적 불가능을 객관적 불가능과 구별하지 않는 것은 그러한 구별의 실익이 없기 때문이다. 일신전속적 급부에서는 주관적 불가능과 객관적 불가능은 일치하므로, 구별은 문제가 되지 않는다. 한편 금전채권과 종류채권의 경우에는 주관적 불가능에 대해서도 채무자는 언제나 책임을 지므로(397조 2항 참조), 역시 구별의 의미가 없다. 문제가 되는 것은 특정물채권에서이나, 이행의 불가능을 사회생활상 경험법칙 또는 거래관념에 따라 결정한다면, 채권자가 채무자에게 이행의 실현을 기대할 수 없는 것도 불가능이라고 해야 한다. 따라서 물리적으로 불가능한 경우는 모두 이행 불가능이 되나, 물리적으로 가능하더라도 사회관념상 채무자의 급부를 기대할 수 없는 경우에는 역시 이행 불가능으로 평가해야 한다. 예컨대, 매도인이 목적물을 2중으로 양도하여 제 3 자에게 등기 또는 인도를 한 때에는 매도인이 제 3 자로부터 목적물을 도로 사서(즉, 환매해서) 첫 번째의 매수인에게 이행하는 것을 기대할 수 있는지를 사회관념에 따라 판정하면 될 것이며, 주관적 불가능을 불가능에서 제외할 필요는 없다. 또한 이행에 너무 많은 비용이나 노력 등의 희생이 따르는 경우에도 마찬가지로 보아야 한다. 예컨대, 깊은 바다나 호수에 빠져 잠겨 있어서, 그것이 있는 곳을 알 수 없거나 또는 끌어올리는 데 너무 많은 비용이 드는 경우에는 이행이 불가능하다고 판단해야 한다. 반대로, 타인이 소유하는 물건의 급부 또는 장래에 생길 물건이나 권리의 급부와 같이, 현재 곧 이행하는 것이 불가능하더라도, 이행기까지 채무자가 이러한 물건이나 권리를 취득할 수 있으면, 이들 급부를 목적으로 하는 것은 불가능을 목적으로 한다고 할 수 없다. 또한 채무자 이외의 일반인에게는 가능하더라도, 채무자에게는 이행의 실현을 기대할 수 없는 때(예컨대, 기술이 없거나, 빈곤으로 이행할 수 없을 때)에는 이행이 불가능하다고 하는 수밖에 없다. 이때 불가능의 원인이 채무자의 일신상 사유에 있는지 또는 그 밖의 사유에 있는지는 묻지 않는다(즉, 주관적 불가능인지 객관적 불가능인지는 상관없다).

(2) **후발적 불가능**   객관적으로 불가능한 급부를 목적으로 하는 채권은 성립할 수 없다. 따라서 채권이 성립하기 전에 급부가 객관적으로 불가능한 때(즉, 원시적 개관적 불가능)에는 그것은 채권 불성립의 문제가 된다. 그러므로 이행불능의 요건인 불가능은 채권이 성립한 때에는 객관적으로 이행할 수 있었으나 나중에 불가능하게 된 경우, 즉 후발적 불가능에 한정된다.

> 원시적 불가능인지 아닌지를 결정하는 시기에 관하여 주의할 점이 있다. 보통 채권은 그 발생을 목적으로 하는 법률행위 또는 계약이 성립한 때에 발생한다. 그러나 정지조건부 또는 시기부 법률행위에서는 채권의 성립시기와 법률행위의 성립시기가 일치하지 않는다. 여기서 원시적 불가능을 결정하는 표준에 관하여 채권이 성립한 때로 할지 또는 법률행위가 성립한 때로 할지 문제된다. 법률행위 성립을 표준으로 해야 한다(김기선 156면 참조). 따라서 정지조건부 또는 시기부 법률행위에서는 법률행위 성립 후 채권의 발생 전에 그 이행이 불가능으로 되는 것은 원시적 불가능이 아니라, 후발적 불가능으로 다루어야 한다.

(3) **이행불능과 이행기**   이행이 가능한지 불가능한지는 이행기를 표준으로 판단해야 하나, 그것은 이행불능이 이행기 이후에만 생긴다는 뜻은 아니다. 이행이 불가능하게 되고 또한 이행기에도 불가능하다는 것이 확실한 때에는 이행기를 기다리지 않고 곧 이행불능이 생긴다(예컨대, 도급공사의 기한 전에 수급인이 도산한 경우). 그러나 이행기 전에 일시적으로 불가능하더라도, 이행기에는 가능하다는 것이 확실하면 이행불능은 생기지 않는다. 이행지체 후에 생긴 이행의 불가능을 이행지체에 포함시킬지 또는 이행불능으로 볼지에 관해서는 이미 설명하였다([19] 2. 참조).

2. **채무자에게 책임 있는 사유로 이행이 불가능할 것**   민법은 이 요건을

분명하게 규정하고 있다(390조 단서). 이 유책사유의 내용은 이행지체에 관하여 설명한 것과 같다([19] 3. 참조). 따라서 법정대리인이나 이행보조자의 고의·과실에 의한 이행불능이 채무자의 유책사유에 포함된다는 점도 이행지체에 관하여 설명한 것과 같다(391조. [19] 3. (2) 참조). 채무자에게 책임 있는 사유로 이행불능이 생긴 것이 아니라는 증명책임은 채무자에게 있다(대판 1964. 4. 28, 63다617; 대판 1972. 11. 28, 72다982; 대판 1980. 11. 25, 80다508 등 참조). 이행지체 후에 이행불능이 생긴 때에, 채무자는 자기에게 과실이 없었음을 항변하지 못한다(392조 본문). 다만 이행지체가 없었다고 하더라도 역시 이행불능이 생겼으리라는 것을 증명한 경우에만 책임에서 벗어난다(392조 단서). 예컨대, 甲이 乙에게 자신이 소유하는 가옥을 매도하여 5월 말일에 인도하기로 하였으나, 甲의 사정으로 인도를 1개월 지연하고 있었는데, 마침 부근의 큰불로 가옥이 타 버렸다면, 비록 5월 말일에 약속대로 甲이 가옥을 인도하여 乙이 거기에 입주하고 있었더라도, 소실이라는 결과는 마찬가지이다. 이러한 경우에는 乙은 甲에 대하여 이행지체의 책임을 물을 수 있을 뿐이고 이행불능의 책임은 묻지 못한다. 또 하나의 예를 든다면, 8월 1일에 출항하는 甲 선박에 실어야 할 화물을 게을리하여 8월 5일에 출항하는 乙 선박에 실었는데, 乙 선박이 폭풍우로 침몰하여 화물이 전부 파손된 때에는 책임을 지게 되나(392조 본문), 만일 甲 선박도 침몰하여 화물이 전부 파손되었다면 책임은 생기지 않는다(392조 단서). 이행지체 후의 이행불능을 이행지체로 다룰지 또는 이행불능으로 다룰지에 관해서는 이행불능으로 다루어야 한다는 데에 학설이 일치하고 있음은 이미 설명하였다(1. (3) 참조).

　　3.　이행불능이 위법할 것　　　　이행불능도 채권에 대한 침해이므로, 이론상 역시 위법성을 요건으로 한다([18] 3. (2), [18] 4. 참조). 그러나 실제로 채무자가 긴급피난으로서 채무의 목적물을 멸실·훼손하는 경우(예컨대, 타인의 동물의 보관자가 긴급피난으로서 이를 죽인 경우) 외에는 이 요건은 문제가 되지 않는다.

[23]　Ⅱ.　이행불능의 효과

　　이행불능의 경우에는 본래 급부를 청구할 여지는 없다. 따라서 이행의 강제는 문제가 되지를 않고, 다음과 같은 효과만이 발생한다.

　　1.　전보배상　　　　이행불능이 채무자의 유책사유에 의한 경우 채권자는 손

해배상을 청구할 수 있고(390조), 이때 손해배상은 성질상 전보배상이다. 즉, 이행의 전부가 불가능하게 된 때에는 본래 급부를 목적으로 하는 청구권은 소멸하고, 이를 갈음하여 전보배상청구권이 성립한다. 이것은 채무의 내용의 변경이며, 채무는 그 동일성을 유지한다. 만일 이행의 일부만이 불가능으로 된 경우에는 채권자는 가능한 부분에 대한 이행청구와 함께 불가능한 부분의 전보배상을 청구할 수 있다. 그러나 가능한 나머지의 이행이 채권자에게 아무런 이익이 없고, 또한 그 나머지를 제공하는 것이 신의칙에 반하는 때에는 채권자는 가능한 부분의 이행을 거절하고, 전부의 이행을 갈음하는 전보배상을 청구할 수 있다고 새기는 것이 타당하다.

　　채무자의 유책사유에 의한 일시적 불가능으로 이행이 지체된 때에는 이행불능이 아니라 이행지체의 문제가 될 뿐이다. 그리고 이행불능이 채무자에게 책임 없는 사유로 발생한 경우에는 채무자는 채무를 벗어나고 아무런 책임도 부담하지 않는다(390조 단서). 이 경우 그 채무가 쌍무계약에 따른 채무이면, 상대방의 채무도 소멸하는가의 문제, 즉 위험부담의 문제가 생기게 된다.

　　2. 계약해제권　　채무자의 책임 있는 사유로 이행이 불가능하게 된 경우에는 채권자는 계약을 해제할 수 있다(546조). 해제권의 행사는 손해배상의 청구를 방해하지 않는다(551조).

　　3. 대상청구권　　이행불능을 발생시킨 것과 동일한 원인으로 채무자가 이행 목적물의 대상이 되는 이익을 취득하는 경우가 있다. 예컨대, 채무의 목적물을 제3자가 파괴하였기 때문에, 이행불능이 생기는 동시에 채무자가 손해배상청구권을 취득하거나 보험금청구권을 취득하는 경우가 있다. 이러한 경우에 채권자는 채무자에게 그러한 이익의 상환을 청구하는 권리를 가지는데, 이를 대상청구권(代償請求權)이라고 한다. 민법은 이에 관한 특별규정을 두고 있지 않으나, 해석상 이를 인정하고 있다(김기선 158면, 김증한·김학동 170면, 김현태 111면, 최식 76면, 현승종 126면 참조). 대법원도 그에 관한 규정은 없지만, 해석상 인정하는 것이 타당하다고 한다(대판 1992. 5. 12, 92다4581; 대판 1995. 12. 22, 95다38080 참조). 이를 인정하는 것이 공평에 맞기 때문이다. 대상청구권이 인정되려면 급부가 후발적으로 불가능하게 되어야 하고, 급부를 불능하게 하는 사정의 결과로 채무자가 채권의 목적물에 관하여 '대신하는 이익'을 취득하여야 한다(대판 2003. 11. 14, 2003다35482 참조). 따라서 매매의

목적물이 화재로 소실됨으로써 채무자인 매도인의 매매목적물에 대한 인도의무가 이행불능이 되었다면, 채권자인 매수인은 화재사고로 매도인이 지급받게 되는 화재보험금, 화재공제금에 대하여 대상청구권을 행사할 수 있다(대판 2016. 10. 27, 2013다7769 참조).

　　대상청구권을 인정하는 실익은 특히 채무자에게 책임 없는 사유로 이행불능이 생긴 경우에 관해서이다. 그러나 이행불능이 채무자의 유책사유로 생긴 경우에도 역시 채권자는 손해배상청구권과 함께 대상청구권을 취득한다. 다만 이 경우에 채권자가 대상청구권을 행사하여 이익을 얻은 때에는 그 한도에서 그만큼 손해배상청구권에서 공제될 뿐이다. 한편 쌍무계약의 당사자 일방이 상대방의 급부가 이행불능이 된 사정의 결과로 상대방이 취득한 대상에 대하여 급부청구권을 행사할 수 있다고 하더라도, 그 당사자 일방이 대상청구권을 행사하려면 상대방에 대하여 반대급부를 이행할 의무가 있다. 이 경우 당사자 일방의 반대급부도 그 전부가 이행불능이 되거나 그 일부가 이행불능이 되고 나머지 부분의 이행만으로는 상대방의 계약목적을 달성할 수 없는 등 상대방에게 아무런 이익이 되지 않는다고 인정되는 때에는 당사자 일방은 상대방에 대하여 대상청구권을 행사할 수 없다(대판 1996. 6. 25, 95다6601 참조).

4. 채무불이행책임과 불법행위책임의 관계, 그리고 청구권 경합의 문제

예컨대, 타인의 물건을 맡고 있는 자가 부주의로 그것을 잃었다든가, 임차인이 실화로 임차가옥을 태워 버린 경우에 수치인이나 임차인은 임치계약이나 임대차계약에서 부담하는 목적물반환채무를 자기의 과실로 이행할 수 없게 되었으므로, 임치인이나 임대인은 채무불이행으로 인한 손해배상청구권을 가지게 된다. 한편 관점을 바꾸어서 생각하면, 수치인이나 임차인은 과실로 타인의 소유권을 침해한 것이 되므로, 민법 제750조의 요건을 충족하고 있어서 임치인이나 임대인은 불법행위로 인한 손해배상청구권도 갖게 된다. 이때 채무불이행 책임과 불법행위 책임은 각각 별개로 그 성립요건과 법률효과의 인정 여부를 판단해야 한다. 즉, 동일한 사실관계에서 발생한 손해의 배상을 목적으로 하는 경우에도 채무불이행을 원인으로 하는 배상청구와 불법행위를 원인으로 한 배상청구는 청구원인을 달리하는 별개의 소송물이므로, 법원은 원고가 행사하는 청구권에 관하여 다른 청구권과는 별개로 그 성립요건과 법률효과의 인정 여부를 판단하여야 한다. 계약 위반으로 인한 채무불이행이 성립한다고 해서 그것만으로 바로 불법행위가 성립하는 것은 아니다(대판 2021. 6. 24, 2016다210474 참조).

이러한 경우에 임치인이나 임대인은 어느 쪽의 청구권을 행사해도 상관없는지(물론 이중으로 청구하지는 못한다), 또는 이는 계약이라는 특별관계에 있는 자 사이에서 생긴 것이므로 오로지 채무불이행을 이유로 하는 청구를 해야 하는지 다투어지고 있다. 경합을 인정하는 견해가 지배적이나(판례도 마찬가지이다. 대판 1967. 12. 15, 67다2251; 대판(전) 1983. 3. 22, 82다카1533 참조), 경합을 부정하는 견해도 있다. 자세한 것은 불법행위에서 다룬다.

제 4 관 불완전이행

[24] Ⅰ. 불완전이행의 의의

채무자가 이행행위를 하였으나, 그것이 채무 내용에 따른 완전한 이행이 아니라 흠 있는 불완전한 이행이었기 때문에 채권자에게 손해가 생긴 경우를 불완전이행(不完全履行)이라고 한다. 이를 '적극적 채권침해'라고도 한다. 예컨대, 기와장이에게 지붕의 기와를 갈아 잇는 일을 맡겼는데, 일을 불완전하게 하였기 때문에, 대여섯 날 후에 내린 큰 비로 빗물이 새어 상당한 손해를 입었다고 하자. 나중에 지붕을 수선해주더라도, 그것만으로는 기와장이의 책임을 다한 것이 아니다. 처음에 흠 있는 불완전한 이행행위로 발생한 빗물에 따른 피해나 손해는 없어지지 않고 그대로 남아 있기 때문이다. 이때 기와에 해당하는 이익을 넘어서 채권자의 다른 재산에 입힌 손해를 확대손해(擴大損害) 또는 부가적(附加的) 손해라고 부른다. 위의 예에서 확대손해 또는 부가적 손해는 이행불능에 따른 손해가 아닐 뿐만 아니라(기와 잇는 일은 결코 불가능이 아니라 가능하므로 채무는 존속하고 또한 보완될 수 있다), 그렇다고 이행지체에 따른 손해도 아니다. 그것은 채무자가 채무 내용에 따라 이행해야 할 의무를 자신에게 책임 있는 사유로 위반하였기 때문에 생긴 손해이다. 바꾸어 말하면, 채무자는 이행을 지체하지 않았고, 또한 이행이 불가능하게 하지도 않았다. 적극적으로 채무를 이행하였으면서 채권자에게 부가적 손해를 입힌 것이므로, 채권자는 이행지체나 이행불능에 따른 배상책임을 묻지 못한다. 이때 채무자에게 채권자가 받은 손해를 배상할 책임을 지게 하려면, 이행지체나 이행불능 이외에 채무불이행의 새로운 모습을 생각해야만 한다. 이것이 곧 불완전이행 또는 적극적 채권침해이다. 이행지체와 이행불능 이외에 제3의 채무불이행으로서 불완전이행 또는 적극적 채권침해의 개념을 구성하고 그 본질을 밝힌 것은 20세기 초의 독일법학이다. 그 영향으로 우리나라에서도 일찍이 의용민법 시대부터 불완전이행이라는 채무불이행의 유형을 인정하고 있다. 불완전이행 또는 적극적 채권침해의 의의와 본질에 관하여 설명하면 다음과 같다.

　　불완전이행을 널리 흠이 있는 이행을 의미하는 개념으로 사용하고, 그러한 불완전이행 중 확대손해의 경우를 특히 적극적 채권침해라고 하는 견해도 있다. 그러나 불완전이행이나 적극적 채권침해라는 용어는 모두 독일법학에서 사용하는 것이고, 또한 아래에서 보듯이 독일학자들은 이를 구별해서 사용하지 않는다. 독일 이론을 계수한 것이라면, 그 용어도 독일의 그것에 따르는 것이 바람직하다. 이런 생각에서 독일에서와 마찬가지로 불완전이행과 적극적 채권침해를 동의어로서 사용하기로 한다. 불완전이행이나 적극적 채권침해에는 이행이 있었으나 그것이 흠 있는 불완전한 것이어서 본래의 이행이 되지 못하는 것과 그러한 흠 있는 불완전한 이행으로 채권자의 다른 재산에 손해를 입히는 것, 즉 확대손해의 경우가 있는데, 두 번째에 있는 확대손해의 경우가 불완전이행이나 적극적 채권침해의 중심과제이다.

　　종래 불완전이행(적극적 채권침해)의 사례로서 학자들이 드는 것에는 여러 가지가 있다. 이해를 돕기 위하여, 그러한 사례를 들어 보면 다음과 같다.

　　마차의 매매에서 흠 있는 것을 인도하였기 때문에 마차 매수인의 말(馬)이나 사람이 다친 경우, 우유에 전염성 세균이 들어 있었기 때문에 매수인에게 감염된 경우, 병든 가축이나 동물의 공급으로 매수인의 다른 가축이나 동물이 감염된 경우, 상한 사과를 공급해서 매수인의 다른 사과에 피해를 입힌 경우, 폭발성분이 있는 발화물을 구매하였는데 그 폭발로 다른 상품에도 피해가 생긴 경우, 유리수리공이 수리할 때 옆의 유리를 깬 경우, 피아노를 운반하여 들여올 때 매수인의 양탄자를 상하게 한 경우, 위험한 술병 때문에 매수인이 다친 경우, 광산을 매수하기 위하여 그에 관한 조사를 의뢰하였는데 의뢰받은 자의 잘못된 조사보고로 광산의 매수인이 손실을 입은 경우, 썩은 재목으로 집을 지었기 때문에 피해가 생긴 경우, 상품운송의 포장이 잘못되어 도착하니까 그 안에 있는 상품 일부가 부서진 경우, 의사의 치료로 환부는 완전히 나았으나 환자의 다른 신체가 나빠진 경우, 채무자가 지급한 가축사료에 유독물이 섞여 있어 채권자의 가축이 죽은 경우, 책을 샀는데 일부가 빠져 있는 경우 등.

1. 원래 채무 내용에 따르지 않은 이행으로 다음과 같은 여러 가지 모습을 생각할 수 있다.

① 급부의 불가능으로 이행하지 못하게 된 경우

② 이행을 하기는 하였으나, 이행기를 지나 늦은 경우

③ 이행이 있었으나, 그것이 흠 있는 불완전한 경우

④ 이행을 거절하는 경우

⑤ 채무의 주요 내용에 따른 이행을 하였으나, 부수적 채무를 이행하지 않는 경우

그런데 독일 민법은 제정 당시 이들 가운데 이행불능(동법 280조 이하 참조)과 이행지체(동법 284조 이하 참조)만을 규정하였을 뿐이고, 이행이 불완전한 경우나 이행을 거절하는 경우 등에 관해서는 규정을 두지 않았다. 그러나 이에 관한 규율을 전적으로 단념하고 있지는 않으며, 중요한 개별 채권관계에서 하자담보책임이라는 별개의 제도로서 규율하고 있었다[개정 전 독일민법 459조 이하(매매)·523조 이하(증여)·537조 이하(사용임대차)·599조 이하(사용대차)·633조 이하(도급) 등]. 그러나 하자담보책임은 무과실책임을 인정하는 것이어서, 채무자에게 책임(바꾸어 말해서 고의 또는 과실) 있는 불완전급부로 생기는 특별한 결과에 대해서는 전혀 고려하고 있지 않았다. 그렇다고 해서 이를 불법행위책임이라고 하는 것도 적당하지 않다. 계약의 이행으로 생긴 손해이므로, 계약책임으로서 처리하는 것이 바람직하기 때문이다. 요컨대 독일 민법전의 기초자는 채무자에 의한 채권침해에는 이행불능과 이행지체의 두 가지가 있을 뿐이고, 그 밖에 급부가 불완전한 경우는 하자담보책임으로 규율하면 된다고 생각하였다. 그러나 이 가정은 옳지 않았다는 것이 독일 민법 시행 직후 드러났다. 즉, 이행불능이나 이행지체 가운데 어느 것에도 속하지 않는 때가 있으며, 특히 불완전한 급부로 채권자에게 이행가치를 넘는 손해를 입혔으나 그 손해를 하자담보책임 규정으로는 배상할 수 없는 때가 있다는 것이 드러났다. 이 문제를 처음으로 제기한 사람은 슈타우프(Hermann Staub)이다. 1902년에 그는 이행지체나 이행불능과 같이 이행이 이루어지지 않음으로써 생기는 소극적 손해뿐만 아니라, 채무

자의 적극적 행위에 따른 계약위반에 대해서도 책임을 인정해야 한다고 하면서, 이를 적극적 계약침해(positive Vertragsverletzung)라고 불렀다.

　슈타우프의 견해는 학설·판례의 지지를 얻었으나, 다만 그의 적극적 '계약'침해라는 용어는 적절하지 않다고 하여 적극적 '채권'침해(positive Forderungsverletzung)라는 이름으로 제3의 채무불이행으로서 일반적으로 승인되었다. 적극적 계약침해가 적당하지 않다는 것은 그것이 마치 계약상 채권에 관해서만 문제가 되는 것처럼 생각하기 쉬우나, 실제로는 계약상 채권 이외에도 흠 있는 이행 문제가 생기기 때문이다(사무관리·부당이득·불법행위 등 법정채권발생원인에 따른 채권에서도 물건의 반환이나 원상회복이 채무 내용이라면, 흠 있는 이행 문제가 생긴다). 그 후 다시 찌텔만(Zittelmann)은 적극적 채권침해보다는 불완전이행(Schlechterfüllung)이 더 적당하다고 주장하였다. 결국 적극적 계약침해·적극적 채권침해·불완전이행이라는 용어는 독일에서 거의 같은 의미로 사용되고 있으며, 학자에 따라서 그중 어느 하나를 택해서 쓰고 있다. 우리나라에서는 적극적 채권침해와 불완전이행이라는 용어가 많이 사용되고 있으며, 그중에서도 불완전이행이라는 용어가 일반적으로 사용되고 있다. 따라서 이하에서는 불완전이행이라는 용어를 사용하기로 한다.

　2.　위와 같은 불완전이행에 관한 독일의 이론은 의용민법 시대부터 수입되었으며, 현행 민법의 해석론으로서도 이를 인정하는 데 학설은 일치하고 있다.

　현행법상 불완전이행 또는 적극적 채권침해를 인정하는 근거는 어디에 있는가? 민법은 채권총칙 부분에서 채무불이행의 여러 모습 가운데 이행지체와 이행불능의 두 유형에 관하여 개별 조문을 두고 있다. 그리고 전형계약 부분에 담보책임에 관한 개별 규정(증여에 관한 559조·매매에 관한 567조·580조·581조·소비대차에 관한 602조·도급에 관한 667조 이하·697조 참조)이 있다. 그런데 민법 제390조는, 개정 전 독일 민법과 달리, 채무불이행으로 인한 손해배상청구권의 성립요건으로서 '채무자가 채무의 내용에 좇은 이행을 하지 아니한 때'라는 포괄적인 규정을 두고 있을 뿐이고, 채무불이행을 이행지체와 이행불능에 한정하고 있지 않다. 여기서 '채무의 내용에 좇은 이행을 하지 아니한 때'는 채권관계에서 발생하는 여러 의무를 당사자가 충실하게 이행하지 아니한 때를 뜻하는 것으로서, 이행불능과 이행지체가 포함됨은 물론 그 밖에 불완전이행, 나아가 이행거절이나 부수적 채무불이행도 포함하는 포괄적인 개념이다. 결국 이 규정은 채무불이행의 어느 한 유형을 규정한 것이 아니라 채무불이행의 모든 유형을 포함하는 일반조항의 성격을 갖고 있다(양창수·김재형 401면 참조).

　　이행지체와 이행불능은 채무불이행의 일반적인 모습이다. 그러나 당사자는 기본채무 또는 주된 의무 이외에도 여러 부수적인 의무를 부담한다([4] 5. 참조). 그러므로 기본채무 또는 주된 의무를 불이행한 경우는 물론이고, 그 밖의 부수적인 의무를 위반하여 채무 내용에 따른 이행을 하지 않고 그로 말미암아 채권자에게 손해를 입힌 때에도, 채무자는 언제나 그 손해를 제390조에 따라 배상해야 한다고 새겨야 한다([18] 1. (2) 참조).

　　판례도 민법 제390조가 적용되는 것은 이행지체·이행불능·불완전이행의 세 경우에 한정되지 않고 이행거절이나 부수적 채무불이행을 포괄한다고 보고 있다(대판 1997. 5. 7, 96다39455; 대판 1997. 10. 10, 96다47302; 대판 1998. 11. 28, 98다25061; 대판 1999. 2. 23, 97다12082 참조). 다만 판례는 채무불이행을 이유로 계약을 해제하려면, 그 채무가 계약의 목적 달성에 필요불가결하고 이를 이행하지 않으면 계약의 목적이 달성되지 않아 채권자가 계약을 체결하지 않았을 것이라고 여겨질 정도의 주된 채무이어야 하고 그렇지 않은 부수적 채무를 불이행한 데에 지나지 않은 경우에는 계약을 해제할 수 없다(대결 1997. 4. 7, 97마575; 대판 2005. 11. 25, 2005다53705, 53712; 대판 2022. 6. 16, 2022다203804 참조).

[25]　Ⅱ. 불완전이행의 요건

　　1. 이행행위가 있었을 것　　　이행행위가 전혀 없으면 이행지체나 이행불능으로 되며, 불완전이행 또는 적극적 채권침해의 문제는 생기지 않는다. 무엇인가 이행을 하였어야 한다는 데에 불완전이행의 특색이 있다.

　　2. 이행이 불완전할 것　　　이행이 불완전하다는 것은 채무 내용에 따른 것이 아니라는 것을 뜻한다. 급부행위의 내용뿐만 아니라, 그 방법·시기·장소 등 어느 점에서든지 채무 내용에 반하는 경우는 모두 포함된다. 불완전한 이행을 다음과 같이 나누어볼 수 있다. ① 이행을 한 목적물 또는 이행행위의 내용에 흠이 있는 경우(병이 있는 가축을 인도한 경우, 약정의 품질보다 나쁜 품질의 물건을 인도한 경우 등), ②

이행의 방법이 불완전한 경우(포장이 나쁘거나 운송방법이 거친 경우 등), ③ 이행할 때 필요한 주의를 게을리한 경우(유리를 갈아 끼울 때 부주의로 다른 창의 유리를 깬 경우 등) 이다. 그러나 이 세 가지 중 어느 것인지를 딱 잘라 결정하기 어려운 때도 있다. 불완전한 이행과 관련하여 문제가 되는 여러 경우를 검토해 보면 다음과 같다.

(1) **일부 지체 또는 일부 불가능**　　채무 일부에 관하여 이행지체나 이행불능이 있는 때에는, 그것도 채무 내용에 따른 이행은 아니므로, 불완전이행이라고 할 수도 있다. 그러나 일부 지체나 일부 불가능에 관해서는 각각 이행지체나 이행불능에 속하는 것으로 다루어 그 법리를 적용할 수 있으므로, 이를 불완전이행이라고 할 필요는 없다. 바꾸어 말하면, 일부 지체나 일부 불가능의 문제를 해결하기 위하여 불완전이행을 인정할 필요는 없다.

(2) **이행을 하였으나 그 이행이 불완전한 경우**　　불완전이행이 인정되는 것은 원칙적으로 이행을 하였으나 그 이행이 불완전하여 확대손해 또는 부가적 손해가 발생한 경우이다.

㈎ **특정물의 인도를 목적으로 하는 경우**　　이 경우에 채무자는 이행기의 현상대로 인도하면 되므로(462조 참조), 비록 그 특정물에 당사자가 예상하지 못한 흠이 있었다고 하더라도, 그 현상대로 인도하면 채무 내용에 따른 이행이 된다. 이 경우에는 물건의 하자담보책임(580조 참조)이 성립하는데(하자담보책임은 원칙적으로 유상계약에서만 인정되므로, 무상계약에서는 하자담보책임 문제는 생기지 않는다), 여기에서 나아가 불완전이행책임도 성립하는지 문제된다. 계약 당시에는 흠이 없었는데, 채무자의 보관(374조 참조)이나 운송방법이 나빴기 때문에 흠이 생긴 경우에는, 역시 불완전이행이 된다고 해석해야 한다. 또한 특정물의 인도를 목적으로 하는 경우에도 확대손해가 발생할 수 있다. 이때에는 채무자는 하자담보책임뿐만 아니라, 그 확대손해에 대한 배상책임도 부담하게 된다. 판례는 매매의 목적물에 하자가 있는 경우 매도인의 하자담보책임과 채무불이행책임은 별개의 권원에 의하여 경합적으로 인정된다고 한다(대판 2004. 7. 22, 2002다51586; 대판 2021. 4. 8, 2017다202050 참조).

　　예컨대, 특정한 소 한 마리를 산다는 것은 특정물매매이다. 그런데 그 소가 병에 걸려 있다는 하자가 있어서 채권자의 다른 소까지 감염되어 손해가 확대되었다면, 매도인은 그 확대된 손해에 대해서는 매도인으로서의 주의의무를 위반하였기 때문에 일종의 채무불이행으로서 책임을 져야 한다.

(나) **불특정물의 인도를 목적으로 하는 경우**   불특정물의 인도를 목적으로 하는 채무에서는 채무자는 예정된 일정한 성질을 가지는 물건을 인도할 채무를 부담한다. 현실적으로 인도된 물건이 그러한 성질을 갖추지 못하고 있으면, 그것은 채무 내용에 따른 이행이라고 할 수 없어서 불완전이행의 문제가 일어난다. 한편 목적물에 흠이 있었다고 할 수도 있으므로, 하자담보책임도 문제가 된다. 그렇다면 불완전이행책임과 하자담보책임이 경합하는가? 민법 제581조에서 불특정물에 관한 하자담보책임을 정하고 있다. 따라서 불특정물인도채무에서 목적물에 흠이 있으면 민법 제581조에 따라 하자담보책임이 성립한다(위에서 보았듯이 무상계약에서는 불완전이행만이 문제된다). 그러나 목적물의 흠으로 채권자에게 확대손해를 입힌 경우에는 채무자에게 유책사유가 있으면 불완전이행책임을 진다.

(다) **하는 채무의 경우**   이는 다시 두 경우로 나눌 수 있다. 하나는, 하는 채무(즉 급부의무)의 내용이 일정한 결과를 실현하여야 하는 경우이다. 예컨대, 임차인의 목적물보존의무, 수치인의 목적물보관의무, 물건이나 여객 운송의 경우 운송인의 운송의무, 수급인이 일을 완성할 의무 등이 이에 속한다. 이러한 종류의 채무에서 채무자의 결과 실현이 불완전한 경우에는 언제나 불완전이행이 성립하게 된다. 예컨대, 임차인이 임차물을 손상한 경우, 수치인이 목적물을 훼손한 경우, 운송방법이 거칠었기 때문에 화물이나 여객에게 손상을 입힌 경우, 수급인이 한 일에 흠이 있는 경우 등이 이에 속한다. 이러한 경우에 불완전한 이행으로 채권자에게 확대손해를 입혔으면 당연히 이를 배상해야 한다. '하는 채무' 가운데 또 하나의 모습은 채무 내용이 어떤 결과를 실현하는 것이 아니라 그 결과를 향해서 최선의 조치를 해야 하는 것이다. 병원이나 의사의 진료계약상 채무가 그 좋은 예이다. 이러한 종류의 '하는 채무'에서는 채무불이행은 대부분 불완전이행으로 나타난다. 뿐만 아니라 확대손해를 발생시키는 경우가 많다.

판례에서 나타난 불완전이행에 관한 사례를 소개하면 다음과 같다. 의료행위에서 주의의무 위반으로 불법행위 또는 채무불이행으로 인한 손해배상책임을 지는데(대판 1995. 2. 10, 93다52402 참조), 이때 채무불이행은 불완전이행에 해당한다. 숙박업자는 투숙객과 체결하는 숙박계약을 통하여 고객의 안전을 배려해야 할 보호의무를 부담하며 이러한 의무는 숙박계약의 특수성을 고려하여 신의칙상 인정되는 부수적인 의무로서 숙박업자가 이를 위반하여 고객의 생명이나 신체를 침해하여 손해를 입힌 경우 불완전이행으로 인한 채무불이행책임을 진다(대판 1994. 1. 28, 93다43590; 대판 2000. 11. 24, 2000다38718, 38725 참조). 그러나 통상의 임대차관계에는 임대인의 임차인에 대한 의무는 임차인에게 임대목적물을 제공하여 임차인으로 하여금 이를 사용 수익하게 함에 그치고, 더 나아가 임차인의 안전을 배려하여 주거나 도난을 방지하는 등의 보호의무까지 진다고 볼 수 없다고 한다(대판 1999. 7. 9, 99다10004 참조). 기획여행업자는 여행자의 생명·신체·재산 등의 안전을 확보하기 위하여 여행목적지·여행일정·여행행정·여행서비스기관의 선택 등에 관하여 미리 충분히 조사·검토하여 여행계약 내용의 실시 도중에 여행자가 부딪칠지 모르는 위험을 미리 제거할 수단을 강구하거나, 여행자에게 그 뜻을 고지함으로써 여행자 스스로 위험을 수용할지에 관하여 선택할 기회를 주는 등 합리적 조치를 취할 신의칙상 안전배려의무를 진다(대판 2011. 5. 26, 2011다1330; 대판 2017. 12. 13, 2016다6293 참조). 사용자는 근로계약에 수반되는 신의칙상의 부수적 의무로서 근로자가 노무를 제공하는 과정에서 생명, 신체, 건강을 해치는 일이 없도록 인적·물적 환경을 정비하는 등 필요한 조치를 강구하여야 하는 보호의무를 부담하고, 이러한 보호의무를 위반하여 근로자가 손해를 입었다면 이를 배상할 책임을 진다(대판 1999. 2. 23, 97다12082; 대판 2006. 9. 28, 2004다44506; 대판 2021. 8. 19, 2018다270876 참조). 학교법인은 학생의 생명, 신체, 건강 등의 안전을 확보하기 위하여 교육장소의 물적 환경을 정비하고 학생이 교육받는 과정에서 위험 발생의 우려가 있을 때에는 미리 그 위험을 제거할 수단을 마련하는 등 합리적 조치를 해야 하며, 이러한 안전배려의무를 위반하여 학생의 생명, 신체, 건강 등을 침해하여 손해를 입힌 때에는 불완전이행으로서 채무불이행으로 인한 손해배상책임을 진다(대판 2018. 12. 28, 2016다33196 참조). 건강보조식품 판매자는 건강보조식품의 치료 효과나 부작용 등 의학적 사항에 관하여 잘못된 정보를 제공하여 고객이 이를 바탕으로 긴급한 진료를 중단하는 것과 같이 비합리적인 판단에 이르지 않도록 고객을 보호할 주의의무가 있고, 특히 난치병이나 만성 지병을 앓고 있는 고객에게 건강보조식품의 치료 효과를 맹신하여 진료를 중단하는 행위의 위험성에 관한 올바른 인식형성을 적극적으로 방해하거나 고객의 상황에 비추어 위험한 결과를 초래하는 의학적 조언을 지속함으로써 고객에 대한 보호의무를 위반한 경우, 건강보조식품 판매자는 채무불이행 또는 불법행위로 인한 손해배상책임을 진다(대판 2022. 5. 26, 2022다211089 참조).

(3) 이행기와 관련하여 다음과 같은 점을 주의해야 한다.

⑺　채무자는 원칙적으로 기한의 이익을 포기할 수 있으므로(153조 참조), 이행기 전의 이행은 원칙적으로 불완전이행이 아니다.

⑻　이행기가 되기 전에 불완전한 이행을 한 경우에는 당연히 불완전이행이 성립하나, 채무자가 이행기가 될 때까지 그 흠을 추완하는 경우에는 지체책임을 지지 않는다. 그러나 추완을 위하여 이행기를 헛되이 보내면, 지체책임을 진다.

⑼　이행기에 불완전한 이행이 있었던 경우에는 그 이행 자체에 관해서는 지체가 아니지만, 추완을 위하여 이행기를 헛되이 보낸 때에는 결국 이행지체와 불완전이행의 경합이 있게 된다.

⑽　이행기를 지난 후에 불완전한 이행을 한 때에는 이행지체와 불완전이행의 경합이 생긴다.

3. 채무자의 유책사유　　불완전이행 또는 적극적 채권침해는 채무불이행의 일종이므로, 불완전한 이행이 채무자에게 책임 있는 사유로 인한 것이어야 함은 다른 모습의 채무불이행, 즉 이행지체·이행불능의 경우와 같다. 또한 여기서 말하는 유책사유가 무엇을 의미하는지도 다른 모습의 채무불이행에 관하여 설명한 것과 마찬가지이다([19] 3·[22] 2. 참조).

4. 위법할 것　　채무자의 불완전한 이행이 위법해야 한다는 것도 이행지체·이행불능의 경우와 같고, 특별히 적을 것이 없다([18] 3. ⑵ 참조).

[26] Ⅲ. 불완전이행의 효과

1. 완전이행이 가능한 경우　　불완전이행은 채무 내용에 따른 이행이 아니다. 비록 채권자가 그것을 수령하였더라도, 채권은 소멸하지 않고 채권자는 완전이행청구권(完全履行請求權)을 가진다. 따라서 불완전한 이행의 제공이 있으면, 채권자는 그 수령을 거절할 수 있으나, 수령한 후에도 완전한 이행을 청구할 수 있다.

그러나 다시 완전한 이행을 하지 않더라도 불완전이행을 완전하게 하는 추완방법이 있는 경우에는 신의칙상 완전하게 하는 추완청구권(追完請求權)만 가진다고 해야 한다. 이와 같은 완전이행 또는 추완청구권 이외에 그로 인한 이행지체에 대한 손해배상도 청구할 수 있다. 또한 확대손해가 발생한 경우에는 그 배상을 청구할 수 있음은 물론이다. 이때 확대손해에 대한 배상에 관해서도 손해배상의 범위에 관한 제393조가 적용된다.

　　2. 완전이행이 불가능한 경우　　　이행방법의 잘못으로(의사가 치료·수술 등을 잘못하여) 채권자에게 확대손해(환자에게 장애가 생긴 때)를 입힘과 동시에 이행 목적물도 멸실케 하거나, 완전이행이 가능하더라도 새로운 이행이 채권자에게 아무런 이익을 주지 않는 때에는 이행불능이 된다. 이때에는 확대손해의 배상과 이행불능으로 인한 전보배상을 청구할 수 있을 뿐이다.

　　3. 계약해제권　　　완전이행이 가능한 경우에, 채권자가 상당한 기간을 정하여 이행을 촉구해도 채무자가 이행하지 않으면 채권자는 계약을 해제할 수 있다. 또한 완전이행이 불가능한 경우에는 채권자는 곧 계약을 해제할 수 있다.

　　4. 불완전이행으로 인한 채무불이행책임과 하자담보책임의 관계　　　불완전이행의 경우 매도인의 하자담보책임(580조, 581조)이나 수급인의 담보책임(667조)이 성립할 수 있다. 먼저 매매의 목적물에 하자가 있는 경우 매도인의 하자담보책임과 채무불이행책임은 별개의 권원에 의하여 경합적으로 인정된다. 이 경우에 발생하는 손해에 대해서는 채무불이행으로 인한 손해배상을 청구할 수도 있고, 매도인의 하자담보책임으로 인한 손해배상을 청구할 수도 있다(대판 2004. 7. 22, 2002다51586; 대판 2021. 4. 8, 2017다202050 참조). 수급인의 담보책임도 마찬가지이다(대판 2020. 6. 11, 2020다201156 참조).

제 5 관　　이 행 거 절

[27]　Ⅰ. 이행거절의 의의와 요건

　　1. 의　　　의　　　이행거절(履行拒絕)은 채무자가 채무의 이행이 가능한데도 이행하지 않겠다는 의사를 채권자에게 표시하는 것을 말한다. 특히 이행기가 되기

전이라도 채무자가 이행거절을 한 때에는 채무불이행책임을 진다. 이행기가 되기 전이라도 채무자가 이행할 수 없다는 것이 분명한 때나 이행할 의사가 없음을 분명히 한 경우는 널리 '이행기 전의 불이행'으로 이해할 수 있다.

　　민법 제544조 단서에 따르면 이행지체의 경우에 채무자가 미리 이행하지 않을 의사를 표시하였으면 최고 없이 해제할 수 있다. 그러나 이행기 전에 채무자가 이행을 거절하는 데도 채권자가 이행기의 도래를 기다려 민법 제544조에 따라서만 계약을 해제할 수 있도록 하는 것은 부당하다. 민법은 이행거절에 관하여 명문의 규정이 없지만, 이행거절을 독자적인 채무불이행의 한 유형으로 인정할 수 있다(양창수, 민법연구 제4권, 133면. 송덕수 112면은 반대). 이행거절은 이행이 가능한 경우이기 때문에 이행불능과는 다르다. 이행을 지체한 것도 아니기 때문에 이행지체로 해결할 수 없다. 불완전하게 이행한 것도 아니기 때문에 불완전이행도 아니다. 민법 제390조는 채무의 내용에 좇은 이행이 아니면 채무불이행을 진다고 포괄적으로 규정하고 있으므로, 이행거절을 채무불이행의 유형으로 구성하는 데 별다른 문제가 없다. 판례도 마찬가지이다(대판 1991. 11. 26, 91다23103; 대판 2021. 7. 15, 2018다214210 참조).

　　2. 요　　건　　　이행거절은 채무자가 계약을 이행하지 않을 의사를 명백히 표시한 경우에 인정된다. 이행거절의 의사는 진지하고 종국적으로 표시하여 객관적으로 보아 채권자로 하여금 채무자의 임의의 이행을 더 이상 기대할 수 없어야 한다. '종국적'이란 채무이행으로 나아갈 가능성이 객관적으로 인정되지 않는다는 뜻이다(양창수, 민법연구 제4권, 147면 참조). 이행거절의 의사가 있는지는 계약이행에 관한 당사자의 행동과 계약 전후의 구체적인 사정 등을 종합적으로 살펴서 판단해야 한다(대판 1997. 11. 28, 97다30257 참조).

　　위와 같은 이행거절로 인한 계약해제의 경우에는 채권자의 최고도 필요하지 않고 동시이행관계에 있는 자기 채무의 이행제공도 필요하지 않아(대법원 1992. 9. 14. 선고 92다9463 판결 참조), 이행지체를 이유로 한 계약해제와 비교할 때 계약해제의 요건이 완화되어 있으므로, 이행거절의사가 명백하고 종국적인 것으로 볼 수 있어야 한다(대법원 2006. 11. 9. 선고 2004다22971 판결 참조). 명시적으로 이행거절의사를 표시한 경우는 물론 계약 당시 또는 그 후의 여러 사정을 종합하여 묵시적 이행거절의사가 인정될 수 있다. 묵시적 이행거절은 정황상 분명하게 인정되어야 한다(대판

2011. 2. 10, 2010다77385 참조). 판례는 부동산 매도인이 중도금의 수령을 거절하였을
뿐만 아니라 계약을 이행하지 않을 의사를 명백히 표시한 경우 매수인은 신의성실
의 원칙상 소유권이전등기의무 이행기일까지 기다릴 필요 없이 이를 이유로 매매
계약을 해제할 수 있다고 한다(대판 1993. 6. 25, 93다11821 참조).

[28] Ⅱ. 이행거절의 효과

채무자가 이행기 전에 이행거절을 한 경우 채권자는 이행기가 된 다음에 이행
청구를 할 수도 있고 이행기 전에 계약을 해제하거나 손해배상을 청구할 수 있다.
판례는 이행거절의 경우에 채권자는 이행기 전이라도 이행의 최고 없이 채무자의
이행거절을 이유로 계약을 해제하거나 채무자를 상대로 손해배상을 청구할 수 있
다고 한다(대판 2005. 8. 19, 2004다53173 참조). 이행기 전이라도 이행거절의 경우에 최
고 없이 계약을 해제할 수 있고 동시이행관계에 있는 자기 채무의 이행제공도 필요
하지 않다(대판 1992. 9. 14, 92다9463; 대판 2021. 7. 15, 2018다214210 참조). 이행거절의 경
우 손해배상으로 전보배상을 청구할 수 있는데, 그 기준은 이행거절시를 기준으로
그 손해액을 산정해야 한다(대판 2007. 9. 20, 2005다63337 참조).

제 6 관 채 권 자 지 체

[29] Ⅰ. 채권자지체의 의의와 성질

1. 의   의   채무자가 채무 내용을 실현하려면 채권자의 협력이 필요
한 때가 많다. 부작위채무에서는 채무의 이행에 채권자의 협력이 필요하지 않지만,
그 밖의 채무에서는 채권자의 협력이 필요하다. 이를테면 채권자가 공급하는 재료
에 가공하는 채무에서는 채권자가 가공할 재료를 공급한다는 협력이 필요하다. 고
용이나 근로계약에 의한 노무공급채무(노무자나 근로자가 제공하는 노동력을 사용자가 적
절한 지시를 통해서 사용할 협력이 필요하다), 위임계약에 의한 의사의 진찰이나 치료채
무(환자가 신체를 의사에게 맡기거나 의사의 지시에 따라 행동하는 협력이 필요하다), 각종의
계약에서 생기는 특정물 또는 불특정물의 인도채무(발생원인에 관해서는 [7] 1 · [8] 1 참
조. 이 경우에는 목적물을 채권자가 수령하는 협력이 필요하다)에서도 그러하다. 뿐만 아니

라 금전을 지급하는 채무(발생원인에 관해서는 [9] 1 (1)·(2) 참조)에서조차 다소의 협력 (지급되는 금전의 수령이라는 협력)이 필요하다.

채무자가 자신이 부담하는 채무를 이행하기 위하여 채무 내용에 따른 이행의 제공을 하였는데도, 채권자가 협력하지 않아 이행을 마치지 못하고 채무자가 여전히 채무에 구속되며 이행이 늦어짐으로써 발생하는 부담·불이익 등을 모두 채무자가 부담한다면, 불공평하게 된다. 이를테면 甲·乙 사이에 제주산 감귤 100kg의 매매계약이 성립하여 매도인 甲이 이행기에 이행장소에서 이를 제공하였는데, 매수인 乙의 사정(乙의 실화로 乙의 점포가 불에 타는 등)으로 수령을 거부당하였다고 하자. 甲의 채무는 여전히 존속하므로 甲은 감귤을 보관할 필요가 있으나, 그렇게 되면 보관비용(창고의 임차료 등)은 나날이 쌓이고, 또한 감귤은 썩기 쉬운 것이라서 그 보관도 보통일이 아니다. 이들 비용·불이익이 모두 甲에게 돌아간다면, 공평하지 못함은 극히 명백하다. 여기서 신의칙에 따라 채권자·채무자 사이의 이해관계를 조절해서 공평하게 처리하기 위하여 민법이 두고 있는 제도가 채권자지체(債權者遲滯)이다. 수령지체(受領遲滯)라고도 일컫는다. 즉, 채무의 이행에서 급부의 수령 그 밖에 채권자의 협력이 필요한 때에 채무자가 채무 내용에 따른 제공을 하였는데도, 채권자가 그것을 수령하지 않거나 그 밖의 협력을 하지 않기 때문에 혹은 협력을 할 수 없기 때문에, 이행이 지연되고 있는 상태에 있는 것이 채권자지체이다.

2. 성 질   채권자지체의 법적 성질 또는 본질이 무엇인지는 다툼이 있다. 즉, 채권자지체를 채무불이행의 일종으로 보는 견해와 신의칙에 바탕을 둔 법정책임으로 이해하는 견해가 대립한다. 이러한 견해의 차이는 근본적으로는 어디에서 유래하는가?

민법 제400조는 채권자지체가 있으면 채권자는 "… 이행의 제공 있는 때로부터 지체책임이 있다."라고 규정하고, 다시 제401조부터 제403조까지 일정한 채권자의 책임을 규정하고 있다. 그러나 그 밖에 채권자지체로 '채무불이행'의 책임도 발생하는지는 아무런 언급이 없다. 여기서 채권자지체의 효과는 제401조부터 제403조까지 정한 것에 그치는지, 아니면 그 밖에 채무불이행 책임도 지는지가 문제된다. 만일 채권자에게 수령의무나 협력의무가 있다고 한다면 채권자지체는 채무불이행이 될 것이다. 반대로 그러한 의무를 부담하지 않는다면 민법이 특별히 정한

책임만을 진다는 결과가 된다. 채권자지체의 본질론에서 쟁점은 채권자에게는 채무자의 이행에 협력할 의무 또는 수령의무가 있는지이다.

　채권자지체의 본질에 관하여 대립하는 학설을 보기로 한다. 법정책임설은 권리 절대의 사상에 서 있는 민법 체계에서는 관습이나 특약에서 도출되는 경우 이외에는 채권자의 수령의무가 없으며, 민법이 규정하는 채권자의 지체책임은 신의칙에 따른 법정책임이라고 한다(김증한·김학동 174면, 송덕수 215면, 양창수·김재형 452면, 이은영 402면, 최식 209면, 민법주해(IX) 236면 참조). 한편 채무불이행책임설은 채권관계에서 채권자와 채무자가 공동의 목적을 향하여 서로 협력해야 할 일종의 협동체를 이루는 것이므로, 채권자에게도 신의칙이 요구하는 정도의 법률상 협력의무를 인정해야 한다는 전제에서, 채권자지체는 채권자의 협력의무의 불이행책임이라고 본다(김용한 170면, 김현태 148면, 현승종 138면 참조). 절충설은 채권자에게 일반적인 수령의무를 인정하지 않지만, 매매·도급·임치 등과 같은 계약유형에서 부수적 의무 또는 신의칙을 기초로 수취의무를 인정하여 부분적으로 채무불이행책임설과 유사한 점도 있다(김형배 304면 참조).

　판례는 채권자지체의 경우 원칙적으로 민법에 규정된 일정한 책임이 인정되는 것 외에 일반적인 채무불이행책임을 지지는 않는다고 한다. 다만 계약 당사자 사이에 채권자의 수령의무나 협력의무를 명시적 또는 묵시적으로 약정하는 것은 가능하고 그렇지 않은 경우에도 신의칙상 채권자에게 수령의무나 협력의무가 예외적으로 인정될 수 있다고 한다(대판 2021. 10. 28, 2019다293036 참조). 이와 같이 채권자의 수령의무나 협력의무가 인정되는 예외적인 경우에는 채무불이행책임을 지지만, 원칙적으로 법정책임설에 따르고 있다는 것이 판례라고 할 수 있다. 채권의 행사는 권리이지 의무가 아니다. 민법은 권리와 의무, 채권과 채무를 대립적으로 파악하고 있다. 채권자와 채무자 사이의 채권관계가 공동목적의 달성에 협력할 유기적 관계로 구성하고 채권자는 채권을 보유함과 아울러 수령의무도 진다고 보기는 어렵다. 따라서 법정책임설이 타당하고 개별 약정이나 신의칙에 비추어 협력의무를 인정할 수 있는 경우에는 그러한 의무를 위반한 때에 채무불이행책임이 성립할 수 있다고 보아야 한다.

[30] II. 채권자지체의 요건

채권자지체의 요건은 그 본질에 관한 견해 차이에 따라 달라진다. 법정책임설
에 따르면, 아래에서 설명하는 주관적 · 객관적 요건은 채권자지체의 요건이 아니라
고 하게 된다. 그러나 채무불이행설에 따른다면 그것도 요건이 된다. 요건을 설명
하면 다음과 같다.

1. 채권의 성질이나 약정에 비추어 이행에서 채권자의 협력이 필요할 것
채무자의 이행행위만으로 이행이 완료되고 채권자의 협력이 필요하지 않는 경우(부
작위채무 · 의사표시를 하는 채무 등)에는 채권자지체가 생길 여지가 없다.

2. 채무 내용에 따른 이행의 제공이 있을 것   이행(변제)의 제공이 없거나
이행의 제공이 채무 내용에 따른 것이 아니라면 채권자지체가 생기지 않는다. 어떠
한 이행의 제공이 채무 내용에 따른 것인지는 변제의 제공에서 설명한다([105] 참조).

3. 채권자의 수령거절 또는 수령불능   채권자가 이행의 제공을 수령할
수 없거나 수령하기를 거절해야 한다(400조). 채권자의 수령거절 또는 수령불능의
이유는 상관없다. 그러나 이행불능이 원인이 되어서 수령불능의 상태를 초래하고
있는 경우에는 여기서 말하는 수령불능이 아니다.

실제로 이행이 가능한지(가능한 때에만 수령불능의 문제가 생긴다) 불가능한지를 구
별하는 것이 곤란한 경우가 많다. 예컨대, 사용자가 정당한 이유 없이 근로자의 취
업을 거절하는 경우, 의사가 치료를 해야 할 채무(왕진의 채무를 포함)에서 환자가 고
의로 집을 비워 부재가 된 경우에는 근로자의 취업이나 의사의 치료는 본래 이행할
수 있고 사용자나 환자의 수령불능이 되어 채권자지체가 됨은 의문이 없다. 그러나
취업하려는 공장이 불에 탔거나 왕진을 의뢰한 환자가 의사의 도착 전에 이미 사망
한 때에는 이행불능인지 수령불능인지를 판단하기가 곤란하다.

이에 관하여 통설은 영역설(領域說)에 따라 급부를 불가능하게 한 장애가 채권
자와 채무자 가운데 어느 쪽의 영향범위 내에서 생겼는지를 표준으로 판단하고 있
다. 그것이 채무자 쪽에 있으면 이행불능, 채권자 쪽에 있으면 수령불능이 된다(김
기선 166면, 김증한 · 김학동 177면, 김현태 150면, 최식 210면, 현승종 140면 참조). 고용계약에
서 질병 또는 교통기관의 파업으로 인한 불이행에 대해서는 근로자가 책임을 진다
(채무자에게 책임 있는 이행불능). 반면에 사용자는 원료 · 석탄 · 전기 등의 공급불능, 공

장의 화재, 기계의 파괴로 인한 취업불가능에 대하여 책임을 진다(수령불능). 그러나 채권자지체와 이행불능의 관계를 위와 같은 영역설에 따라 해결할 필요는 없다. 채무를 이행할 수 없는 경우에는 이행불능으로 해결하면 충분하고 채권자지체가 되지는 않는다(김형배, 306면, 양창수·김재형 454면, 이은영 408면 참조).

한편 채무불이행설에서는 채권자의 수령불능이나 수령거절에 그의 유책사유가 있어야 한다고 한다. 그러나 법정책임설에 따라 이것은 채권자지체의 요건이 아니라고 보아야 한다(송덕수 216면, 양창수·김재형 402면, 최식 211면 참조). 또한 채권자의 수령불능 또는 수령거절이 위법일 것이라는 요건도 채권자지체를 채무불이행으로 파악하는 때 비로소 요구될 뿐이고, 법정책임설에서는 이것도 채권자지체의 요건이 아니라고 한다.

[31] Ⅲ. 채권자지체의 효과

채권자지체의 효과는 다음과 같다.

1. 주의의무 경감   채권자지체 중에는 채무자의 주의의무가 가벼워지고, 고의 또는 중대한 과실에 대해서만 책임을 진다(401조).

2. 이자의 정지   채권자지체 중에는 채권이 이자 있는 것이더라도 채무자가 이자를 지급할 의무가 없다(402조).

3. 증가 비용의 부담   채권자지체로 목적물의 보관 또는 변제의 비용이 증가된 때에는 채무자는 그 증가액을 채권자에게 청구할 수 있다(403조).

4. 쌍무계약에서 위험이전   쌍무계약에서는 위험부담이 채권자에게 이전한다(538조 1항 후단 참조). 민법은 위험부담에 관하여 채무자부담주의를 원칙으로 하고, 다만 채권자에게 책임 있는 사유로 이행불능으로 된 때에는 채권자가 위험을 부담하는 것으로 하고 있다(538조 1항 전단). 그리고 채권자지체가 생긴 후에 이행불능으로 된 때에는, 비록 그것이 당사자 쌍방의 책임 없는 사유로 생긴 것일지라도, 채권자가 위험을 부담하게 된다(538조 1항 후단).

5. 손해배상청구권과 계약해제권 문제   이 문제에 대해서는 채무불이행책임설과 법정책임설 사이에 견해가 대립한다. 채무불이행책임설은 민법 제390조에 따라 채무자가 채권자지체로 생긴 손해의 배상을 청구할 수 있고, 민법 제544조

부터 제546조까지의 규정에 따라 계약을 해제할 수 있다고 한다. 그러나 법정책임
설에 따라 이러한 손해배상청구권이나 계약해제권이 인정되지 않는다고 보아야 한
다(송덕수 219면, 양창수 · 김재형 456면, 최식 213면 참조). 다만 당사자 사이의 계약이나
채권의 성질에 비추어 협력의무 또는 수령의무를 인정할 수 있는 경우에 한하여 예
외적으로 그러한 의무 위반을 이유로 각각의 요건을 충족하는 것을 전제로 손해배
상을 청구하거나 계약을 해제할 수 있다.

[32] Ⅳ. 채권자지체의 종료
    1. 채권의 소멸   채무의 면제, 변제의 수령, 공탁, 이행불능(채권자 · 채무
자의 쌍방에 책임이 없는 사유에 의한) 등으로 채권이 소멸하면, 채권자지체도 소멸한다.
    2. 채권자지체의 면제   채무자가 채권자에 대하여 지체를 면제한 때에는
채권자지체는 종료한다. 이 지체의 면제는 채무의 면제를 채권자가 일방적 의사표
시로 하는 것과 마찬가지로(506조 참조), 채무자의 일방적 의사표시로 할 수 있다.
    3. 채무불이행의 발생   채권자지체 후에 채무자의 유책사유로 이행이 불
가능하게 되면 지체는 종료된다. 수령지체 후에는 채무자의 주의의무가 경감되나,
이때에도 채무자의 유책사유(고의 또는 중대한 과실)로 이행 불가능은 발생할 수 있다.
    4. 수령의 최고   채권자가 수령에 필요한 준비를 하고 또한 지체 중의
모든 효과를 승인하여 수령의 의사표시를 한 때에도 채권자지체는 종료된다.

제 3 절 채무불이행에 대한 구제

제 1 관 서   설

[33] 서   설
    채무의 이행을 법률적으로 확보하는 것이 책임(責任)이다. 따라서 채무불이행
에 대한 구제는 책임의 종류와 책임을 실현하는 방법의 문제이다.
    1. 채무자의 인격책임(人格責任)이 인정되었던 고대에는 채무불이행의 효과는

대단히 가혹하였다. 게르만법에서는 채무불이행은 채권자의 복수를 초래하는 원인이 되었다. 채권자는 채무자를 살해하거나 그의 신체를 절단할 수도 있었고, 그를 노예로 삼거나 그의 재산을 파괴할 수도 있었다. 로마법에서도 채무자는 채권자에게 인도되어 채권자의 자유 처분(살해·노예)에 맡겨지고, 채무자의 재산은 채권자에게 귀속하였다. 이와 같은 가혹한 효과가 나중에 완화되어 채권자는 채무자를 구금해서 그의 친족 등이 변제하기를 기대하거나 채무자의 노동으로 변제에 충당하게 되었다. 다시 문화가 발달해 가면서 인격책임을 갈음하여 재산책임(財産責任) 제도가 들어서게 되었다. 재산책임도 초기에는 형사책임(벌금)의 성격이 강하였으나, 차츰 형사책임과 민사책임, 그리고 불법행위책임과 채무불이행책임으로 갈라지고 발전하였다.

2. 근대법은 인격책임을 인정하지 않고 재산책임을 확립하였고 채무불이행에 대한 구제방법으로서는 강제이행과 손해배상의 두 방법을 인정한다. 로마법에서는 채권자는 원칙적으로 손해배상으로 만족해야만 하였으나, 근대법에서는 채권자가 채권 본래의 내용을 강제적으로 실현하는 것이 인정된다. 강제이행은 채권 본래의 내용을 실현하는 것이므로, 채권자를 위해서 가장 적합할 뿐만 아니라 법이 채권을 인정한 목적에도 부합한다. 그러나 강제이행은 채무의 성질상 허용되지 않으면 인정될 수 없다. 또한 그것은 채권자의 권리이지 의무가 아니다. 그러므로 채권자는 강제이행을 요구하지 않고 불이행으로 인한 손해배상을 청구해도 상관없다.

제 2 관　강제이행(현실적 이행의 강제)

[34] Ⅰ. 강제이행의 의의와 방법

1. **강제이행의 의의**　　채무자가 채무의 이행이 가능한데도 자발적으로 이행하지 않으면 채권자는 국가권력, 바꾸어 말하면 국가의 재판기관(법원)을 통하여 강제적으로 채권 내용인 급부를 실현시킬 수 있다. 이를 임의이행에 대하여 강제이행(强制履行) 또는 현실적(現實的) 이행의 강제라고 일컫는다. 위에서 보았듯이 근대국가는 채무불이행에 대한 구제로서 손해배상을 인정하는 것만으로 만족하지 않고, 나아가 강제이행도 허용하는 것이 원칙이다. 그것은 채권자가 그의 실력으로써

자력구제를 하는 것을 원칙적으로 금지하는 반면에, 채권을 권리로서 충분히 보호하기 위하여 인정되어 있는 제도이다. 그러나 영미법에서는 계약 위반의 경우에 손해배상이 원칙이고 채무 내용 그 자체를 강제적으로 실현하는 것을 내용으로 하는 특정이행(specific performance)은 예외적으로 인정될 뿐이다. 이는 대륙법계와 영미법계의 중요한 차이점이다.

민법 제389조에서 말하는 '강제이행'의 의미에 관하여 논란이 있다. 이것은 직접강제를 뜻한다는 견해가 많다. 이에 따르면 제389조 2항의 첫머리에서 '전항의 채무'라고 하는 것은 1항 단서에서 말하는 '채무의 성질이 강제이행을 하지 못할 것인 때'를 가리킨다. 1항 단서의 '강제이행'은 직접강제로 보게 되면, 2항에서 말하는 '전항의 채무'는 '직접강제를 허용하지 않는 채무'라는 뜻으로 해석하게 된다. 그러나 민법 제389조는 채무불이행에 대하여 강제이행청구가 원칙적으로 허용된다는 선언을 한 것으로 보아야 한다(양창수·김재형 460면 참조). 민법 제389조는 본문에서 채권 그 자체의 이행을 강제할 수 있다고 선언하고, 단서에서 채무의 성질에 따른 예외를 정하고 있다. 이를테면 부부간의 동거의무(민법 제826조 본문 전단)와 같이 채무의 강제이행이 채무자의 인격에 대한 과도한 침해가 되는 경우, 예술가의 창작의무와 같이 채무자가 자발적으로 이행하지 않으면 채무 내용에 따른 이행으로 볼 수 없는 경우에는 강제이행이 허용되지 않는다(양창수·김재형, 461면 참조).

2. 강제이행의 절차   위와 같은 현실적 이행을 강제하려면, 구체적으로 이행판결(이행해야 한다는 명령을 포함하는 판결), 그 밖의 집행권원(執行權原)에 기초하여 민사집행법 규정에 따라 강제집행을 신청하게 된다(집행권원에 관해서는 물권법강의에서 설명하였다. 「물권법」 [213] 참조).

3. 강제이행의 방법과 순서   우리나라는 채무불이행에 대한 구제수단으로 현실적 이행의 강제를 인정하고 있다. 그 규제는 민법과 민사집행법의 양쪽에 있다. 민법은 제389조에서 직접강제와 대체집행을 인정하고, 그 밖에도 법률행위와 부작위채권의 특수한 강제이행방법을 정하고 있다. 간접강제에 관해서는 민법에 규정이 없고 민사집행법 제261조 1항에서 규정하고 있다. 그리고 강제이행방법의 구체적인 집행절차는 민사집행법 제 2 편에서 자세히 규정하고 있다. 따라서 현행법에서 인정하는 강제이행방법을 사용하는 순서는 직접강제·대체집행·간접강제

의 차례라는 데 학설은 일치되어 있다(김기선 123면, 김증한·김학동 119면, 김현태 89면, 최식 91면, 현승종 150면 참조).

현행법이 인정하는 강제이행방법에 관하여 차례로 설명한다.

[35]　Ⅱ.　직접강제

1.　직접강제(直接强制)는 국가기관이 유형적 실력을 행사해서 채무자의 의사를 묻지 않고 채권의 내용을 실현하는 방법이다. 예컨대, 물건의 인도채무에서 목적물의 점유를 채무자로부터 빼앗아 채권자에게 교부하는 것 또는 금전채무에서 채무자의 재산을 매각하여 금전으로 바꾸어 채권자에게 배당하는 것을 들 수 있다.

2.　'채무의 성질이 직접강제를 하지 못할 것인 때'를 제외하고는 채무자가 자발적으로 채무를 이행하지 않으면, 채권자는 직접강제를 법원에 청구할 수 있다(389조 1항). 직접강제는 채무자의 적극적 협력이 필요하지 않아 채무자의 신체나 의사에 대하여 직접 압박하는 일이 없으므로 매우 효과적이고 인격존중의 사상에도 적합하다. 그러나 이 강제수단이 효과적이고 인권을 손상하지 않는다는 것은 '주는 채무'에서이다. '하는 채무'에서는 직접강제를 실시해도 채권의 목적을 달성할 수 없을 뿐만 아니라 인권을 부당히 손상하게 되어 채무의 성질이 직접강제를 하지 못할 것(제389조 1항 단서)에 해당한다.

'주는 채무'는 일반적으로 직접강제를 할 수 있다. 친권자의 유아인도청구권에 관해서는 논란이 있으나, 직접강제를 인정할 수 있다고 보아야 한다(대판 1986. 3. 11, 86므2 참조). 가사소송법 제42조 1항도 이를 전제로 하고 있다.

3.　직접강제를 허용하는 채무에 관해서는 대체집행 또는 간접강제가 허용되지 않는다. 바꾸어 말하면, 직접강제를 할 수 있는 경우에는 다른 강제방법을 허용해서는 안 된다(직접강제를 할 수 있는 경우에, 대체집행으로 목적을 달성할 수 있는 경우는 드물지만, 간접강제로도 목적을 달성할 수 있는 것이 보통이다). 왜냐하면 직접강제는 채무자 인격존중의 사상에 맞고 원칙적이며 효과적인 강제이행방법이므로, 이를 허용하는 경우에 다른 강제이행을 인정하는 것은 소송경제상 부당하기 때문이다.

4.　직접강제의 절차와 방법에 관해서는 민사집행법에 자세한 규정이 있다(금전채권에 관하여는 동법 제61조부터 제256조까지, 그리고 금전채권 이외의 채권에 관해서는 제

257조부터 제259조까지 규정하고 있다).

[36] Ⅲ. 대체집행

1. 대체집행(代替執行)은 채무자로부터 비용을 추심해서(정확하게는 비용을 채무자로부터 강제적으로 징수해서), 이 비용으로 채권자 또는 제3자로 하여금 채무자를 갈음하여 채권의 내용을 실현하는 방법이다. 예컨대, 건물 그 밖의 공작물을 철거할 채무나 담을 쌓을 채무 등에서 채무자가 자발적으로 이행하지 않는 때 채무자로부터 추심한 비용으로 인부를 고용해서 채권의 내용을 실현하는 것과 같다. 채권은 채무자의 행위를 요구하는 권리라는 것을 엄격하게 새긴다면, 이 방법은 채권 내용 자체의 강제적 실현이라고는 하기 어렵다. 그러나 원래 채권은 채무자의 행위 그 자체보다도 그 결과의 실현이 궁극적 목적이라는 점을 강조한다면, 이 방법으로 이행이 이루어진 것과 같은 결과를 실현하는 것도 역시 채권 내용의 강제적 실현이라고 말할 수 있다.

이 강제수단은 물건의 인도 이외에 채무자의 행위를 목적으로 하는 채권 가운데 제3자가 채무자를 갈음하여 행위를 하더라도 채권의 목적을 달성할 수 있는 경우, 즉 대체적 급부의무에 관해서는 적당한 집행방법이다. 그러나 채무자 자신의 행위에 의하지 않고서는 채권 내용을 실현할 수 없는 채무(특정인의 강연·음악가의 연주 등), 즉 부대체적 급부의무에 관해서는 이 방법을 쓸 수가 없다.

2. 위에서 보았듯이 직접강제가 가능한 '주는 채무'에서는 대체집행이 허용되지 않는다. 따라서 대체집행이 허용되는 것은 '하는 채무', 즉 작위채무(作爲債務)이다. 그러나 모든 작위채무에 대체집행이 인정되지는 않는다. 그 가운데 '채무자의 일신에 전속하지 아니한 작위를 목적으로' 하는 것, 즉 제3자가 갈음해서 해도 채권자에게 주는 경제적·법률적 효과가 같은 '대체적 작위채무'에 한한다(389조 2항 후단). 예컨대, 채무자의 소유물을 제거하는 채무는 좋은 예이다.

3. 대체적 작위채무에 관하여 직접강제의 방법을 쓸 수 없음은 명백하다. 그러나 간접강제로는 같은 목적을 달성할 수 있다. 여기서 대체집행 외에 간접강제도 할 수 있는지가 문제된다. 가급적 인격적 강제를 피하려는 근대법의 이상에 비추어, 대체집행을 할 수 있으면 간접강제는 허용되지 않는다고 새겨야 한다.

4. 대체집행의 절차와 방법은 민사집행법 규정에 따른다(260조·262조).

[37] Ⅳ. 간접강제

1. 간접강제(間接强制)는 채무의 이행을 확보하는 데 상당하다고 인정되는 일정 금액의 금전지급을 명하고 벌금을 부과하거나 채무자를 구금하는 등의 수단을 써서 채무자를 심리적으로 압박해서 채권 내용을 실현하는 방법이다. 예컨대, 어떤 물건을 만드는 채무에 관하여, 일정한 기간 내에 이행하지 않으면, 지연 기간에 따라 지연배상금을 지급할 것을 명하는 것과 같다.

이 강제수단은 채권 내용의 실현에 대해서는 간접적이나, 채무자의 자유의사를 구속하고 채무자로 하여금 이행하지 않을 수 없게 하는 점에서는 오히려 직접강제보다도 더 강력하다. 따라서 이 방법은 꼭 채무자 자신이 하지 않으면 목적을 달성할 수 없는 부대체적 급부의무에 관하여 적당하고 또한 효과적이다. 반면, 채무자의 인격을 부당히 압박하고 인격존중 사상에 반하게 될 염려가 있다.

2. 간접강제에 관해서는 위에서 보았듯이 민법에는 규정이 없고 민사집행법 제261조에서 규정하고 있다. 근대법의 인격존중 사상에 비추어 간접강제는 다른 강제수단이 없는 경우 인정되는 최후의 수단이라고 보아야 한다. 뿐만 아니라 다른 강제방법이 허용되는데도 다시 간접강제를 인정하는 것은 소송경제상 부당하다. 따라서 간접강제가 허용되는 것은 부작위채무(아래 [39] 참조), 그리고 '하는 채무' 가운데 대체집행이 허용되지 않는 채무, 즉 '부대체적 작위채무'에 한정된다(389조 2항 후단 참조). 감정·계산보고·재산목록작성에 관한 채무, 증권에 서명할 채무 등이 그 예이다.

그러나 다음과 같은 것은 간접강제도 허용되지 않는다(김기선 142면, 최식 90면, 현승종 152면 참조).

(1) 채무자 본인의 의사만으로는 실현될 수 없는 채무(제3자의 협력이 필요한 채무, 채무자에게 특수한 설비·기능 또는 부당한 비용이 필요한 채무 등).

(2) 채무자의 자유의사에 반하여 강제한다면, 채무의 내용에 따른 이행을 실현할 수 없는 채무(예술가의 작품제작의무 등).

(3) 강제하는 것이 채무자의 인격존중에 반하는 채무(부부 사이의 동거의무는 좋

은 예이다).

이러한 채무에 대해서는 결국 모든 강제이행방법을 쓸 수 없으므로, 손해배상이나 이혼과 같은 다른 구제방법을 사용할 수밖에 없다.

3. 간접강제와 다른 강제이행의 관계에 관해서는 위에서 살펴보았으므로 다시 적지 않는다.

4. 간접강제의 방법에 관해서도 민사집행법이 정하고 있다(261조 · 262조). 즉, 지연배상 또는 즉시의 손해배상을 명하는 방법을 쓸 뿐이다. 한편 소송절차와 집행절차가 분리되어 있으나, 소송에서 판결을 할 당시 채무자가 부작위채무나 부대체적 작위채무를 이행하지 않을 위험이 크다고 판단되면 판결절차에서도 간접강제를 명할 수 있다(대판(전) 2021. 7. 22, 2020다248124 참조).

[38] Ⅴ. 법률행위(의사표시)를 목적으로 하는 채무의 강제이행

1. 법률행위를 목적으로 하는 채무에 관해서는 재판으로 채무자의 의사표시를 갈음할 수 있다(389조 2항 전단). 법률행위를 목적으로 하는 채무는 작위채무의 일종이지만, 채무자의 행위나 행위의 사실적 결과가 아니라 관념적인 법률효과의 발생을 목적으로 한다. 따라서 이에 관해서는 대체집행이나 간접강제를 쓰지 않고서, 의사표시를 명하는 판결의 확정으로 곧 채무자의 의사를 갈음하기로 하고, 다른 특별한 집행을 생략하고 있다. 이와 같은 판결에 의한 대용(代用)은 법률행위(의사표시)에 관해서뿐만 아니라, 준법률행위(의사통지 · 관념의 통지)에 관해서도 적용된다. 즉, 민법의 규정을 받아서 민사집행법 제263조 1항은 "채무자가 권리관계의 성립을 인낙한 때에는 그 조서로, 의사의 진술을 명한 판결이 확정한 때에는 그 판결로 권리관계의 성립을 인낙이나 의사를 진술한 것으로 본다."라고 규정하고 있다. 여기서 말하는 인낙(認諾)은 법률행위가 효력을 발생하는 데 필요한 동의 또는 승낙, 준법률행위로서 의사의 통지 또는 관념의 통지를 가리킨다. 또한 '의사의 진술'은 채무자가 채권자에 대하여 해야 할 의사표시뿐만 아니라, 그 밖에도 제3자 또는 관청에 대하여 해야 할 의사표시도 포함한다. 따라서 관청에 대한 출원, 등기의 신청, 전화사용권명의의 변경신청 등에 관해서도 적용된다.

2. 이와 같은 강제이행이 인정되는 채무에 관해서는 다른 강제방법을 쓸 수

있더라도(간접강제는 이 경우에 가능하다), 그것을 인정해서는 안 된다(김증한·김학동 122면 참조). 왜냐하면 위와 같은 강제이행이 가장 간편한 방법이기 때문이다.

[39]　Ⅵ.　부작위채무의 강제이행

부작위(不作爲)를 목적으로 하는 채무에 관해서는 '채무자의 비용으로써 그 위반한 것을 제각(除却)하고 장래에 대한 적당한 처분을 해달라고 법원에 청구할 수 있다'(389조 3항). 부작위채무는 모두 이 강제이행이 허용된다. 일정한 행위를 하지 않는 의무(예컨대, 공작물을 만들지 않을 의무)든 또는 일정한 행위를 인용하는 의무(예컨대, 일정한 토지에 들어가는 것을 방해하지 않을 의무)든 상관없다. 다만 불이행의 결과로서 유형적인 상태가 생겼어야 한다(예컨대, 공작물을 축조하거나 담을 쌓아서 들어갈 수 없는 때). 이것은 부작위채무의 불이행으로 생긴 결과의 대체적 제거의무에 대한 강제이행방법에 지나지 않는다. 대체집행의 일종이다. 이 조항에서는 장래를 위한 적당한 처분을 해달라고 청구할 수 있다는 것이 덧붙여져 있다. 장래에 대한 적당한 처분으로는 장래의 손해에 대한 담보를 제공하게 하는 것이 보통이다. 이 강제이행의 절차에 관해서는 민사집행법 제260조·제262조가 있다.

위와 같은 강제이행을 할 수 있는 경우에는 다른 강제이행은 할 수 없다(동지 김증한·김학동 122면 참조). 그리고 이 부작위채무의 강제이행은 부작위채무 그 자체에 대한 것이 아니라, 불이행의 결과에 관한 대체적 작위의무에 대한 강제이행이다. 따라서 부작위채무의 불이행이 있더라도, 그 불이행의 결과로서 아무런 유형적 상태를 남기지 않고 다만 무형의 위반상태가 계속되는 때(예, 소음을 내지 않을 의무 또는 경업을 하지 않을 의무가 있는 때)에는, 위 강제이행방법을 쓰지 못하며, 간접강제로 하는 수밖에 없다. 그것은 일종의 부대체적 급부이기 때문이다.

[40]　Ⅶ.　강제이행의 청구와 손해배상의 청구

강제이행의 청구는 "손해배상의 청구에 영향을 미치지 아니한다"(389조 4항). 이행의 강제와 손해배상은 별개의 효력이다. 둘이 함께 맞설 수 있으므로, 한쪽 청구가 다른 쪽 청구를 방해하지 않음은 당연하다. 따라서 강제이행이 있더라도, 채무불이행에 의한 손해(이행지체에 의한 손해 등)가 있으면 그 배상을 청구할 수 있다.

제 3 관   손해배상

[41] Ⅰ. 손해배상의 의의

1. 채무자의 유책사유에 의한 채무불이행이 생기면, 채권자는 채무자에 대하여 그 불이행으로 발생한 손해의 배상을 청구할 수 있다는 점(390조 참조)은 이미 제 2 절에서 설명하였다. 그리하여 채무자의 채무불이행으로 모든 채권은 그 내용이 손해배상채권으로 바뀌고 이에 대하여 채무자의 일반재산이 책임을 지게 된다.

손해배상은 손해를 배상하는 것이다. 손해배상의 의의를 명백히 하려면, '손해'와 '배상'이 각각 무엇을 뜻하는지를 살펴보아야 한다.

(1) 손   해   손해(損害)를 엄밀하게 정의하기는 어렵지만, 일반적으로 다음과 같이 설명할 수 있다. 법적으로 보호되는 생활이익, 즉 법익(法益)에 관하여 받은 불이익이 손해이다. 이것은 만일 가해원인이 없었다면 있었어야 할 이익상태와 가해가 이미 발생하고 있는 현재 이익상태의 차이이다. 따라서 채무불이행으로 인한 손해는 채무 내용에 따른 이행이 있었더라면 채권자가 받았을 이익과 불이행으로 채권자가 받고 있는 이익의 차액으로 계산된다. 이를 차액설(差額說)이라 한다.

손해의 의의에 관해서는 오래전부터 차액설과 현실적 손해설(구체적 손해설)이 대립하고 있다. 차액설에 따르면, 한데 묶어진 두 개의 재산상태(채무가 정상적으로 이행되었더라면 있었을 재산상태와 불이행으로 손해를 받고 있는 현실의 재산상태)의 차액이 손해이므로, 그것은 추상적 계산액 또는 계산상의 숫자로서 나타나고 파악된다. 현실적 손해설은 피해자가 그의 법익에 대한 침해로 입게 된 불이익이 손해라고 정의한다. 말하자면, 피해자가 입게 되는 구체적 불이익 그 자체가 손해라고 한다. 현실적 손해설은 차액설이 재산적 손해에 관해서는 적당하나, 비재산적 손해에는 적당하지 않다는 데서 주장되었다(김기선 98면 참조). 본래 손해는 현실적·구체적 불이익임은 현실적 손해설이 주장하는 바와 같으나, 재산적 손해에 관해서는 차액설에 따르는 수밖에 없으며, 차액설이 타당하다.

이해를 돕기 위하여 구체적 사례를 가지고 차액설을 설명하면, 다음과 같다. 乙이 그가 소유하는 자동차를 甲에게 매도하였으나, 인도가 1개월 늦어졌다고 하자. 甲의 총 재산을 V, 매매목적물인 자동차를 A, 매매대금을 P, 자동차의 인도가 늦어짐으로써 甲이 1개월 동안 이용하지 못한 금액을 S라고 할 때, 乙이 제대로 이행하였더라면 있었을

甲의 재산상태는 $(V-P+A)$이고, 甲의 현재 재산상태는 $(V-P+A-S)$이다. 따라서
손해 $X=(V-P+A)-(V-P+A-S)=S$
즉, S가 배상해야 할 손해액이 된다.

손해는 보통 다음과 같이 나누어진다.

(가) **재산적 손해와 비재산적 손해** 재산에 관하여 생긴 손해가 재산적 손해이고, 생명·신체·자유·명예 등의 비재산적 법익에 관하여 생긴 손해가 비재산적 손해이다. 비재산적 손해는 정신적 타격·고통·슬픔과 설움을 평가하는 것이라는 뜻에서 정신적 손해라고도 한다. 그 손해에 대한 배상을 보통 위자료(慰藉料)라고 한다. 채무불이행에 의한 손해에는 재산적 손해뿐만 아니라 정신적 손해도 포함되는지에 관해서는 따로 규정이 없다(불법행위에 관해서는 규정이 있다. 751조·752조 참조). 정신적 손해도 손해 개념에 포함되고 그 필요성도 있으므로 이를 손해로 인정해야 한다(김기선 99면, 김증한·김학동 128면 참조). 이때 채무불이행으로 인한 정신적 손해는 나중에 설명하는 이른바 '특별한 사정으로 인한 손해'(특별손해)로 되는 경우가 많다(393조 2항 참조). 판례는 '재산적 손해의 배상만으로는 회복될 수 없는 정신적 고통을 입었다는 특별한 사정이 있고, 채무의 불이행자가 그러한 사정을 알았거나 알 수 있었을 경우에 한하여 정신적 고통에 대한 위자료를 인정할 수 있다'고 한다(대판 1991. 12. 10, 91다25628; 대판 1993. 11. 9, 93다19115; 대판 1994. 12. 13, 93다59779; 대판 1996. 6. 11, 95다12798 등 참조).

(나) **적극적 손해와 소극적 손해** 기존 이익의 멸실 또는 감소가 적극적 손해이고, 장래의 이익을 얻는 것이 방해됨으로써 받는 손실이 소극적 손해이다. 채무불이행에서는 불이행에 의한 채권침해가 적극적 손해이고, 채무가 이행되었더라면 채권자가 목적물을 전매해서 얻었을 이익을 잃는 것이 소극적 손해이다. 이 구별의 실익은 적극적 손해가 통상손해(393조 1항 참조)이지만, 소극적 손해는 특별한 사정으로 인한 손해(393조 2항 참조)인 경우가 많다는 데에 있다(그러나 소극적 손해가 언제나 특별한 사정으로 인한 손해인 것은 아니다).

(다) **이행이익의 손해와 신뢰이익의 손해** 손해배상에서 이행이익(履行利益)이나 신뢰이익(信賴利益)에 해당하는 손해를 배상하는 것이 문제가 된다. 이행이익의 배상은 채권이 유효한 경우에 그것이 완전히 이행됨으로써 얻는 이익에 관한

손해배상이고, 신뢰이익의 배상은 채권이 무효인 경우에 그것이 유효라고 믿었기 때문에 받은 손해의 배상이다(이행이익을 적극적 이익, 신뢰이익을 소극적 이익이라고도 하지만, 항상 일치하는 것은 아니다). 따라서 이 구별은 손해배상의 대상이 되는 법익에 관한 구별이지, 손해의 종류나 구별은 아니라고 할 수 있다. 또한 신뢰이익은 주로 법률행위가 무효로 된 경우에 인정될 수 있는데(예컨대, 계약체결상의 과실), 신뢰이익의 배상은 계약체결 비용 그 밖에 계약의 성립과 관련하여 생긴 손해를 배상할 것인지 문제된다.

채무불이행책임에서 손해배상의 목적은 채무가 제대로 이행되었더라면 채권자가 있었을 상태를 회복시키는 것이므로, 계약을 위반한 채무자는 계약이 완전히 이행된 것과 같은 경제적 이익을 배상해야 한다. 따라서 채무불이행으로 인한 손해배상은 이행이익을 배상하는 것이다. 한편 채무불이행을 이유로 계약해제와 아울러 손해배상을 청구하는 경우 계약이행으로 인하여 채권자가 얻을 이익, 즉 이행이익의 배상을 구하는 것이 원칙이지만, 이를 갈음하여 계약이 이행되리라고 믿고 채권자가 지출한 비용, 즉 신뢰이익의 배상을 구할 수도 있는데, 다만 그 신뢰이익은 과잉배상금지의 원칙에 비추어 이행이익의 범위를 초과할 수 없다고 한다(대판 2002. 6. 11, 2002다2539; 대판 2017. 2. 15, 2015다235766. 이에 관해서는 김재형, 민법론 Ⅱ, 106면 참조).

(2) 배   상   위법한 원인으로 발생한 손해를 피해자 이외의 자가 전보(塡補. 메워서 채우는 것)하는 것이 손해의 배상(賠償)이다. 따라서 손해배상은 발생한 손해를 제거한다는 것이 아니다. 일단 생긴 손해를 제거하는 것은 불가능하다. 손해는 오직 전보만 가능하다[법률은 적법한 원인으로 생긴 손실이나 손해의 전보를 배상이 아니라 보상(報償)이라고 한다. 216조 2항·218조 1항·219조 2항·220조 2항·226조 2항·228조·230조 2항·261조 등 참조].

2. **손해배상청구권의 성질**   채무불이행에 의한 손해배상청구권은 본래 채권의 확장(지연배상의 경우) 또는 내용의 변경(전보배상의 경우)이므로, 본래 채권과 동일성을 가진다. 이것은 다음과 같은 의미이다.

(1) 본래 채권의 담보는 그 손해배상청구권에도 미친다(334조·360조·429조 참조).

(2) 손해배상청구권의 소멸시효기간은 본래 채권의 성질에 따라 정해지고(예컨대, 상사매매에서 채무불이행에 의한 손해배상청구권의 소멸시효기간은 5년이다. 상법 64조 참

조), 본래 채권을 행사할 수 있는 때부터 그 소멸시효기간의 진행이 개시된다.

(3) 본래 채권이 양도되면, 이미 발생하고 있는 지연배상청구권도 원칙적으로 이전된다(이 점은 변제기가 이미 지난 약정이자의 경우와는 다르다. [10] 2. 참조).

[42] Ⅱ. 손해배상의 방법

1. 손해배상의 방법에는 두 가지가 있다. 금전배상(金錢賠償)은 손해를 금전으로 어림잡아 계산해서 채무자에게 그 금액을 지급하게 하는 방법이다. 여기서는 모든 손해는 금전으로 평가된다. 한편 원상회복(原狀回復)은 손해를 발생시킨 원인이 된 사건(여기서는 채무불이행)이 일어나지 않았더라면 존재하고 있었을 상태를 회복, 즉 돌이키는 것이다. 손해가 물건의 훼손인 경우 물건의 수선이나 동종의 대체물 지급이라든가, 또는 채권자의 신체를 상해한 경우 그 치료와 같은 것이 그 예이다.

원상회복은 손해가 없는 원래의 상태로 회복하는 것이므로 손해배상의 목적에 정확하게 부합한다. 그러나 회복되어야 할 원래의 상태를 명확히 하기가 어려울 수 있고, 설령 그것을 명확히 해서 청구한다고 해도 채무자가 이행하지 않으면 강제집행이 쉽지 않을 수 있다. 이에 반하여 금전배상은 손해를 일정 금액으로 평가해서 받은 금전으로 채권자가 스스로 원상을 회복하는 것이므로 쉽고 빠르게 손해배상을 할 수 있다. 그러나 원래의 상태로 정확하게 회복하는 것은 아니다. 원상회복주의와 금전배상주의는 장단점이 있다. 어느 주의를 취할지는 입법정책의 문제이고 나라마다 다르다.

2. 민법 제394조는 "다른 의사표시가 없으면 손해는 금전으로 배상한다."라고 정함으로써, 금전배상이 원칙임을 선언하고, 예외적으로 일정한 경우에 원상회복에 의한 손해배상을 인정한다.

(1) 채권자가 손해배상을 청구하는 경우 당연히 금전배상의 원칙이 적용된다. 따라서 채권자는 손해를 금전으로 평가한 일정 금액을 청구해야 한다.

(2) '다른 의사표시'가 있는 경우에는 원상회복에 의한 손해배상도 인정된다. 민법 제394조는 '다른 의사표시가 없으면'이라고 규정하고 있어서, 마치 당사자 한쪽의 의사표시, 특히 채권자의 의사표시만으로 원상회복을 청구할 수도 있을 것 같지만, 그것은 채권자와 채무자의 합의가 있는 때에만 원상회복을 청구할 수 있다는

뜻으로 새기는 것이 합리적이다. 당사자의 합의가 없더라도 채권자의 의사표시만
으로 원상회복을 청구할 수 있다고 새길 것은 아니다.

　　3. 금전배상의 경우 그 손해배상금의 지급방법에 관해서는 한 번의 지급으로
끝내는 '일시금 배상'과 정기적·회귀적으로 지급하는 '정기금배상'이 있다. 둘을 비
교할 때 장·단점이 있다. 일시금 배상은 매우 간단하나, 배상권리자가 배상금을 모
두 소비함으로써 곤란하게 될 염려가 있고, 배상받은 다음 '사정변경'이 있어도 배
상금액을 변경할 수 없다(특히 배상받을 때 충분하다고 생각한 것이 물가나 화폐가치의 변동
으로 불충분하게 될 염려가 있다). 또한 자력이 약한 배상의무자에게는 지급이 곤란하다
는 단점이 있다. 한편 정기금배상은 정기적으로 지급하는 것이어서, 의무자에게는
번거롭고 권리자에게도 여러 불이익이 따른다. 즉, 지급의 불확실(의무자의 재산상태
변화·지급 지체·도망 등으로) 또는 추심하는 번거로움(특히 권리자나 의무자가의 주소를 옮
긴 경우) 등이 그것이다. 이러한 장·단점 때문에 어느 하나만을 가지고 관철하기보
다는 둘을 적당히 섞어서 쓰는 것이 바람직하다.

　　민법은 손해배상금의 지급방법에 관하여 규정하고 있지 않으나, 당사자는 어
느 쪽을 청구해도 상관없다고 새겨야 한다. 실무에서는 대부분 일시금 배상으로 손
해배상을 하고 있으나, 적절한 때에는 정기금배상을 활용할 필요가 있다.

　　정기금배상에 관해서는 특수한 문제가 생긴다. 즉, 정기금의 지급을 명하는 판
결이 확정된 다음에 정기금의 액수 산정의 기초로 된 사정(물가·차임·보수·임금·수
입·생활비·건강상태 등)의 변경이 생겨 정기금의 액수가 적당하지 않게 된 경우에,
당사자는 장차 지급할 정기금의 액수 변경(증액·감액)을 청구할 수 있는지가 문제된
다. 원칙론으로서는 확정판결에는 기판력이 있으므로 그러한 변경은 허용되지 않
는다. 그러나 정기금액이 형평을 잃어 적당하지 않게 된 경우에는 실질적 손해의
배상이라는 손해배상제도의 이상에 비추어, 그 변경을 인정하는 것이 바람직하다.
여기서 민사소송법 제252조 1항은 '정기금판결의 변경의 소'를 인정하고 있다. 타
당한 입법이다. 이 소를 제기하려면, '정기금판결이 확정된 후에 정기금 액수 산정
의 기초가 된 사정이 현저하게 바뀜으로써 당사자 사이의 형평을 크게 침해할 특별
한 사정'이 생겼어야 하고, 이러한 사정변경은 당연히 소를 제기하는 당사자, 즉 원
고가 증명해야 한다. 이 변경의 소는 제 1 심 판결법원의 전속관할이다(민소 252조 2

항 참조).

[43] Ⅲ. 손해배상의 범위

　채무불이행이 있다는 사실만으로 곧 손해배상을 청구할 수 있는 것은 아니다. 채무불이행의 사실이 있어도 손해가 발생하지 않으면 손해배상을 청구하지 못한다. 뿐만 아니라, 채권자가 손해의 발생을 증명하지 못하면, 역시 그 배상을 청구하지 못한다. 그러나 일단 손해가 생긴 때에는 그 종류를 묻지 않고(재산적 손해·비재산적 손해이든 또는 적극적 손해·소극적 손해이든) 배상받을 수 있다. 문제는 배상되는 손해의 범위를 어떻게 정할 것인지이다. 바꾸어 말하면, 어떤 기준으로 배상범위를 결정할 것인지가 문제이다.

　손해의 범위가 결정되면 배상액을 산정하게 된다. 민법은 금전배상주의를 원칙으로 하고 있기 때문에, 손해배상을 청구하는 사람은 발생한 손해를 금전으로 평가해서, 즉 배상액을 산정해서 주장·증명해야 한다. 그와 같은 배상액을 산정할 때에도 그 기준이 문제된다.

　여기에서 배상범위의 결정기준에 관한 이론과 손해를 금전으로 평가하는 산정기준에 관하여 차례로 보기로 한다.

　1. 손해배상의 범위에 관한 결정기준　　손해배상의 대표적인 발생원인은 채무불이행과 불법행위이다. 손해배상의 범위에 속하려면 채무불이행이나 불법행위와 손해 사이에 인과관계(因果關係), 즉 원인과 결과의 관계에 있어야 한다. 손해배상책임에서 말하는 인과관계는 사실적 인과관계, 즉 의학적·자연과학적 인과관계가 아니라 사회적·법적 인과관계이다. 자연적 또는 사실적 인과관계가 있다고 해서 법적 인과관계가 있다고 볼 수 없고, 반드시 의학적·자연과학적으로 명백히 증명되어야만 법적 인과관계가 있는 것도 아니다. 판례는 이와 같은 법적 인과관계를 아래에서 설명하는 상당인과관계로 보고 있다(대판 2010. 9. 30, 2010다12241, 12258; 대판 2010. 6. 10, 2010다15363, 15370; 대판 2023. 4. 27, 2022다303216 참조).

　민법은 채무불이행에 의한 손해배상의 범위를 결정하는 기준으로서 제393조를 두고 있고 이를 불법행위에 준용하고 있다(763조). 이 규정의 해석을 통해서 배상범위가 결정되는데, 기존의 통설과 판례는 이 규정이 이른바 상당인과관계(相當因

果關係)를 규정하는 것으로 보고 있다. 이에 대하여 제393조는 예견가능성론(豫見可能性論)에 따라 입법을 한 것이므로 이에 따라 설명해야 한다는 견해가 많아지고 있다. 먼저 상당인과관계설과 예견가능성론을 살펴보고, 이어서 민법 제393조의 해석론을 설명하기로 한다.

상당인과관계의 이론은 원래 독일에서 형성·주장된 것이며, 그것이 일본에 수입됨으로써 의용민법의 해석론이 되었고, 다시 우리의 현행법의 해석에 응용되고 있다. 이 이론에 대한 이해를 돕기 위하여, 독일과 일본에서 이 이론이 어떻게 형성·발달되었는지 그 과정을 잠시 살펴보기로 한다.

① 독일   채무불이행으로 인한 손해배상은 채무불이행과 인과관계(因果關係)가 있는 손해를 배상하는 것이다. 그런데 인과관계에 관해서는 여러 이론이 있으나, 법률생활과 관련해서 주장된 것은 두 견해로 나뉘었다. 이러한 견해의 내용과 변화는 다음과 같다.

인과관계는 선행(先行)사실과 후행(後行)사실 사이에 앞의 것이 없었더라면 뒤의 것도 없었으리라는 관계가 있는 경우에 성립하는 관계이며, 본래 그것은 자연적인 사실관계이다. 조건설은 모든 조건을 결과발생의 원인으로 보는 것, 즉 결과발생의 원인이 된 모든 조건에 관하여 인과관계를 인정하려는 것이다. 바꾸어 말해서, 결과발생의 원인이 된 여러 조건 가운데 어느 것이든 모두 결과발생의 필수조건이라고 함으로써, 모든 조건을 같은 가치가 있는 것으로 인정하는 것이 조건설(條件說)이다[이 설은 동치설(同値說) 또는 동가설(同價說)이라고도 한다]. 이 견해는 말하자면 자연법칙상 인과관계가 인정되는 손해를 모두 배상하도록 하려는 것이다. 그 결과 채무불이행으로 생기는 손해가 무한히 확대하는 것을 막지 못한다. 그런데 법률상 인과관계, 즉 법적 인과관계는 자연적 인과관계와는 다르다. 법률은 손해분담의 공평이라는 견지에서 자연적 사실관계로서의 인과관계에 적당한 제한을 하려고 하며, 그러한 제한된 인과관계가 바로 법적 인과관계이다. 조건설로는 배상의 범위를 적당한 범위에 한정할 수 없다. 여기서 원인이 되는 조건에 어떤 제한을 하려고 노력하여 조건설은 다시 여러 견해로 나누어진다. 최후조건설(결과에 가장 근접한 조건만을 인과관계에 있다는 견해)과 최유력조건설(결과의 발생에 가장 유력한 조건만이 인과관계에 있다는 견해) 등이 그것이다. 그러나 그 어느 것도 손해의 범위를 한정하는 데 충분하지 못하다. 피해자의 보호와 발생한 손해의 전보를 목적으로 하는 민사책임에서는 책임요건으로서 고의와 과실을 구별하지 않을 뿐만 아니라, 일정한 경우에는 무과실의 행위에 대해서도 책임을 인정한다. 여기서 배상의무자의 책임을 합리적으로 제한하여 형평을 꾀하는 것이 요구된다. 이러한 요구는 인과관계의 범위를 법률적으로 객관화·일반화하는 때에 충족된다. 바꾸어 말해서, 손해배상의 범위에 관한 요건인 인과관계는 무한연쇄, 즉 끝없이 연결되는 사슬과 같은 자연적 인과관계가 아니라, 그러한 연쇄, 즉 연결되는 사슬을 가장 합리적인 곳에서 끊어 제한하는 특수한 법적 인과관계여야 한다. 그런데 조건설은 그러한 제한에 실패하고 있다.

　여기서 법적 인과관계를 문제 삼는 학설이 등장하였는데, 상당인과관계설이 그것이다. 이 견해는 '일반적으로' 또는 '통상' 일정한 결과를 일어나게 하는 것으로 기대되는 조건을 결과의 원인으로 본다. 구체적 사건에만 관심을 두고 그 사건에서 원인을 찾으려는 조건설과는 달리, 상당인과관계설은 일반적인 경우를 고려하여 원인인 조건에 보편적인 요소를 주려고 한다. 바꾸어 말해서, 동일한 조건이 있는 때에 동일한 결과를 일어나게 하는 것이 일반적인 경우에 인과관계가 있다고 한다. 상당인과관계설은 여러 형식으로 전개되어 왔으나, 특히 상당성의 판정에서 그 대상으로 하게 될 사정의 범위를 어떻게 해석할 것인지에 관하여 견해가 나뉘고 있다. 즉, 행위자가 행위 당시에 인식하는 사정에 한정하는 주관설, 행위 당시에 존재한 모든 사정이 포함된다고 하는 객관설, 이 둘의 절충적 견지를 취하는 견해 등이 있다. 그중 절충설이 통설적 지위를 차지하여 현재에 이르고 있다.

　② 일본　　　초기의 학설은 일본민법 제416조(표현은 좀 다르나, 우리 민법 제393조와 대체로 같은 내용이다)를 다음과 같이 이해하였다. 즉, 채권자가 채무불이행에 의한 손해배상을 청구하려면, 그 불이행과 손해 사이에 인과관계가 있어야 하고 인과관계 있는 모든 손해를 채무자는 배상해야 한다. 그러나 그렇게 한다면 채무자에게 너무 가혹하기 때문에, 제416조를 두어 배상범위를 제한하였다. 즉, 이 조문은 불이행으로 통상 발생하는 손해의 배상을 인정하고, 특별한 사정으로 생긴 손해에 관해서는 당사자의 예견가능성 유무에 따라 그 배상 여부를 결정한다는 내용으로 이해하였다. 그 후 일본민법학은 독일의 민법이론을 끌어들임으로써, 이 이론을 바탕으로 하는 해석론을 전개·체계화한다. 이 과정에서 당시 독일의 통설로 되어 있었던 상당인과관계론도 들어왔다. 그리하여 제416조를 상당인과관계의 범위를 정한 규정으로 이해하는 학설이 등장하여 점차 그 세력을 확대해 갔다. 이어서 상당인과관계를 제416조에 절묘하게 이어붙인 학설이 1930년대에 확립되었다. 즉, 제416조의 1항은 상당인과관계의 원칙을 규정한 것이고, 2항은 상당인과관계의 존부를 판단하는 기초가 될 특별한 사정을 정한 것으로 이해하는 학설이 통설로 되었고, 판례도 이에 따르게 되었다.

　그러나 위 규정은 프랑스 민법(제1150조)을 기초로 한 것으로서 예견가능성에 따라 손해배상의 범위를 정해야 한다는 학설이 유력하게 등장하였다. 위 규정은 통상손

해와 특별한 사정으로 인한 손해를 구분하고 특별한 사정으로 인한 손해에 관하여 예
견가능성론을 채택하고 있다고 하면서 예견가능성론에 따라 손해배상의 범위를 판단해
야 한다고 한다.

(1) **상당인과관계와 예견가능성**   원인·결과의 관계에 있는 무한히 많은
사실이 있다. 그중 객관적으로 보아 어떤 선행사실로부터 보통 일반적으로 초래되
는 후행사실이 있는 경우에 두 사실은 상당인과관계에 있다고 한다. 즉, 원인인 조
건이 일반적인 경우에 보통 그 결과를 발생시키는 것이 요구되며, 이로써 채무불이
행으로 발생하는 손해의 범위는 명확하게 한정된다. 바꾸어 말하면, 상당인과관계
설은 단순히 개개의 경우에 구체적으로 원인·결과의 관계를 고찰하는 데 그치지
않고, 다시 이를 일반적으로 고찰하여 동일한 조건이 존재하면 동일한 결과를 발생
시키는 것이 보통인 경우에만 인과관계를 인정한다. 이 견해에 따른다면, '우연한
사정' 또는 해당 채무불이행에 따르는 '특수한 사정'은 행위의 결과에 대한 인과관
계에서 제외된다. 종래 통설은 손해배상이 손해의 공평한 분담을 이상으로 하는 것
으로서 상당인과관계설을 따른다(김상용 169면, 김용한 202면, 김증한·김학동 134면, 김현
태 128면, 이은영 290면, 최식 98면, 현승종 60면 참조). 그러나 상당인과관계설을 비판하
는 견해에서는 민법 제393조는 통상손해와 특별한 사정으로 인한 손해를 구분하고
특별한 사정으로 인한 손해에 관하여 예견가능성을 기준으로 배상 여부를 결정하
도록 하였으므로, 기본적으로 예견가능성론에 따라 손해배상의 범위를 판단한다(양
창수·김재형 480면; 김재형, 민법론 V, 159면, 민법주해(Ⅸ) 530면. 김형배, 259면은 1차손해와
후속손해로 구분하여 1차손해는 제390조에 따른 손해배상의 성립요건 문제로 보고 후속손해에 관
해서만 손해배상의 범위에 관한 제393조가 적용된다고 한다).

판례는 주로 상당인과관계에 따라 판단하고 있었으나, 최근에는 손해배상의
범위를 예견가능성론에 따라 판단하는 판결이 늘어나고 있다(대판 1985. 9. 10, 84다카
1532; 대판 1994. 11. 11, 94다22446; 대판 2008. 12. 24, 2006다25745; 대판 2009. 7. 9, 2009다
24842; 대판 2014. 2. 27, 2013다66904 참조).

한편 상당인과관계설에 따르더라도, 채무불이행은 언제나 일정한 사정에서 성
립하므로, 채무불이행이라는 행위와 더불어 그 사정도 고찰의 대상으로 해야 한다.
여기서 어느 정도의 사정을 고찰의 대상으로 할 것인지에 따라 고찰 대상에서 제외

되는 '우연한 사정' 또는 '특수한 사정'의 범위가 달라진다. 이 점에 관하여 다시 다음과 같은 세 가지 학설이 있다.

(개) **주관적 상당인과관계설**　　　이것은 고찰해야 할 사정을 채무자의 주관에 따라 결정해야 한다는 견해이다. 즉, 채무자가 채무불이행 당시에 인식한 사정만을 기초로 하고, 그러한 사정에서 보통 일반적으로 발생할 결과만이 행위의 결과라고 한다. 그러나 이 견해는 고찰하게 되는 사정의 범위가 너무 좁고 결국 고의의 책임만을 인정하는 결과가 되어 타당하지 않다(이 견해를 따르는 학자는 없다).

(내) **객관적 상당인과관계설**　　　이것은 사후의 심사에 의하여 제 3 자(법관)가 객관적으로 결정해야 한다는 견해이다. 즉, 당사자가 인식 여부를 묻지 않고 제 3 자가 일반적 지식으로 알 수 있는 모든 사정을 기초로 하여 고찰해야 한다는 것이다. 여기서 일반적 지식으로 알 수 있는 사정이란 행위(채무불이행) 당시에 있었던 사정만을 뜻하는지(일반적 타당조건설) 또는 행위 후의 사정도 고찰의 기초로 삼을지(객관적 사후징표설)에 관해서는 다시 견해가 나누어진다. 어떻든 이 견해는 고찰해야 할 사정의 범위가 너무나 넓게 되어 채무자에게는 완전히 우연한 사정에 지나지 않는 것도 고려하므로, 상당인과관계설의 본래 취지에서 멀어지는 결과가 되어 부당하다(이 견해를 따르는 학자도 없다).

(다) **절 충 설**　　　이것은 채무불이행 당시에 보통인, 즉 평균인이 알 수 있었던 사정과 채무자가 특히 알고 있었던 사정(따라서 평균인이 알 수 없는 사정도 이때에는 포함된다)을 함께 고찰 대상으로 해야 한다는 견해이다. 결국 이 견해는 채무자가 알고 있었던 사정과 과실로 알지 못한 사정을 기초로 한다(김증한·김학동 134면, 최식 98면 참조).

　　이해를 돕기 위하여, 위에서 설명한 상당인과관계설, 그중에서도 절충설을 구체적인 예를 가지고 알기 쉽게 설명해 본다.

　　수급인에게 가옥의 건축을 부탁하였는데, 집의 완성이 6개월 늦어졌다면, 그 손해는 어느 정도가 되는가? 만일 채권자(도급인)가 주문한 가옥에 거주하려던 것이어서 집이 완성될 때까지 6개월 동안 호텔에서 살았다면, 호텔숙박료가 기준이 된다. 이와 달리 그 집에서 장사를 하려고 하였다면, 늦어진 6개월 동안 얻었을 영업상 수익이 기준이 된다.

그러나 특별한 경우로서 효심이 두터운 봉급생활자가 장기간 저축해서 마련한 돈으로 집을 지으려는 것이었다고 하자. 부모는 매우 연로하고, 특히 부친은 불치병에 걸려 아들이 지은 집에서 하루만이라도 살게 되는 기쁨을 바라고 기다리고 있었는데, 집의 완성이 늦어지는 바람에 아버지는 그때까지 견디지 못하고 사망하였다. 뿐만 아니라, 어머니도 그 영향으로 건강이 나빠져서 사망하였다. 마지막 효도를 하려던 아들(채권자)은 끝없는 정신적 고통을 받게 되었다.

어떤 사실이 없었더라면 그러한 결과는 일어나지 않았다는 관계가 있으면, 그 사실과 결과 사이에는 인과관계가 있다고 보아야 한다. 집의 완성이 6개월 늦지 않았다면, 아버지는 신축 가옥에 이전할 수 있었고, 그렇다면 한을 품고 죽지는 않았을 것이며, 어머니도 비탄 속에서 일찍 죽는 일은 없었을 것이다. 뿐만 아니라, 아들의 정신적 고통도 없었을 것이다. 따라서 이 모든 일이 6개월 늦어졌다는 채무불이행으로 생긴 손해가 된다.

그러나 위와 같은 손해를 전부 배상하라는 것은 공평하지 않다. 채무불이행과 인과관계가 없는 손해의 배상을 인정할 수는 없다. 여기서 적당한 범위로 제한할 필요가 있다. 그러한 방법으로서 상당인과관계설이 통설로 되었다. 이 견해는 현실적으로 생긴 손해 가운데 우선 '통상 생기게 될 손해'를 배상하도록 한다. 즉, 어떤 사실이 발생한 경우 인과의 연쇄가 보통의 상태로 진전해 갔다면 어떤 결과가 생길 것인가를 생각하고, 배상의 범위를 그 범위에 제한한다.

구체적으로 설명한다면, 위의 예에서 수급인에 의한 집의 완성이 6개월 늦어졌다는 사실이 생긴 때에 그 사실이 통상의 경우에 어떤 결과로 진전해 갈 것인지를 생각해서 그 범위 안에 들어 있는 결과(손해)에 관하여 배상할 의무를 인정하자는 것이다. 세상에 존재하는 현실의 관계는 천차만별이다. 6개월 가옥의 완성이 늦어진다는 경우라도 주문자(도급인)의 사정은 가지가지이다. 6개월의 지연이 주는 영향도 경우에 따라 다르다. 상당인과관계설은 그러한 사정 가운데 특별한 것은 버리고 '보통의 경우라면'이라는 전제에서 인과의 진전을 추상적으로 생각하기 때문에, 인과관계의 발전을 정형화하게 된다. 가옥의 도급에서 6개월 늦어지면 도급인의 부모가 사망하고 도급인이 중대한 정신적 고통을 받는다는 것은 이 정형화된 것에는 들어가지 않는다. 다만 6개월 동안 거주하지 못했다든가 장사를 못했기 때문에 생긴 손해에 한하게 된다. 문제의 가옥이 거주용인지 영업용인지도 문제가 되겠지만, 그것은 계약에 정해져 있을 수도 있고 설계를 통해서 알 수 있는 것이 보통이다.

그런데 이른바 절충설에 따르면, 평균인이 알 수 있었던 사정과 채무자가 특히 알고 있었던 사정을 함께 고찰의 대상으로 해야 한다.

위의 예에서 가옥의 도급에서 그 완성이 6개월 늦어져도 부모가 죽는다는 결과는 보통 생기는 일이 아니라고 하였다. 그러나 효심이 두터운 아들이 부친을 위하여 집을 짓는다는 것을 수급인이 알고 있었다면, 어떻게 되는가? 이때에는 부친의 사망과 모친의 정신적 충격 그리고 아들의 정신적 손해를 반드시 '통상 생기는 손해는 아니다'라고 단정할 수 없다. 즉, '어떤 사실이 생긴 때에' 그것에서 보통 생기는 결과를 정형화해서 생각하더라도, 그 '어떤 사실'을 어떻게 설정하는지에 따라 정형화되는 내용이 달라진다. 건물의 용도가 주택인지 점포인지, 건물에 들어갈 사람의 사정, 도급인과의 관계 등 특별한 사정을 더하면 더할수록, 이를 정형화한다고 해도 그 내용은 풍부해진다. 말하자면, 정형화하는 사실의 폭이 넓어지면 넓어질수록, 발전의 깊이도 더 커진다. 여기서 절충설은 특별한 사정이 더해짐으로써 생기는 손해도 채무자가 알았거나 알 수 있었던 사정이 더해짐으로써 생긴 것이면, 배상책임에 포함시키자는 것이다.

여기서 문제 삼는 것은 특별한 '사정'에 관한 인식이나 예견이지, 특별한 '손해'에 관한 인식이나 예견을 문제 삼는 것은 아니다. 요컨대, 위의 예에서 아들이 부친을 위하여 집을 짓는다는 것을 수급인이 알고 있었던 경우에는 집이 완성되기 전에 부친이 돌아감으로써 아들(도급인)이 받게 된 정신적 고통이나 손해에 대해서도 이른바 특별한 사정으로 인한 손해로서 수급인은 배상해야 한다는 결과가 된다.

(2) 민법 제393조의 해석과 판례

⑺ **이 규정과 학설의 관계**　　민법 제393조는 채무불이행의 경우 손해배상의 범위를 통상손해와 특별한 사정으로 인한 손해로 구분하고 특별한 사정으로 인한 손해는 채무자가 그 사정을 알았거나 알 수 있었을 때에 한하여 배상하도록 정하고 있다. 이것은 채무불이행과 인과관계에 있는 모든 손해를 배상하는 완전배상주의가 아니라, 손해배상의 범위를 제한하는 제한배상주의를 채택한 것이다. 종래의 통설은 불이행과 손해 사이의 인과관계를 규정한 것으로 파악한다. 그리고 이 규정은 위에서 설명한 상당인과관계설, 그 가운데에서도 절충설에 따른 것이라고 한다. 즉, 1항은 상당인과관계의 원칙을 선언한 것이며, 2항은 절충설의 견지에서 고찰의 대상으로 삼는 사정의 범위를 규정한 것이라고 한다. 이와 달리 이 조항은 예견가능성론에 따른 것으로서 통상손해와 특별한 사정으로 인한 손해로 구분하여 설명하는 것으로 충분하다고 할 수도 있다.

⑷ **통상손해**　　"채무불이행으로 인한 손해배상은 통상의 손해를 그 한도로 한다"(393조 1항). 통상의 손해란 특별한 사정이 없는 한 그러한 종류의 채무불이

행이 있으면, 사회일반의 관념에 따라 통상(보통) 발생하는 것으로 생각되는 범위의 손해이다. 좀 더 알기 쉽게 설명한다면, 甲이라는 채무불이행으로 乙이라는 손해가 발생하는 경우에, 甲·乙 사이에 인과관계가 있다고 하려면 다음 두 요건을 충족해야 한다. 첫째, 해당 사건에서 만일 甲이라는 채무불이행이 없었다고 가정한다면 乙이라는 손해는 발생하지 않았으리라는 구체적 관계를 필요로 한다. 둘째, 해당 구체적 사건을 떠나 생각하더라도, 일반적인 경우에 甲이라는 채무불이행이 있으면 乙이라는 손해가 발생하는 것이 통상이라는 일반적 관계를 필요로 한다. 이러한 통상손해에 관해서는 채권자가 당연히 그 배상을 청구할 수 있다.

통상손해에 관한 예를 들어 본다. 甲이 乙로부터 시가 1억 원의 가옥을 매수하였는데, 매도인 乙이 과실로 가옥을 불태워 甲에게 이행할 수 없게 되었다고 하자. 이때 甲이 입은 통상손해는 가옥의 소유권을 잃은 손해이며, 결국 가옥의 시가인 1억 원이 손해액이다. 매도인의 불이행으로 매수인이 타인으로부터 같은 물건을 매수한 때에는 그 대금의 차액과 비용이 통상손해이다. 임차인이 임차물을 멸실한 때에는 임차물의 시가, 임차물의 반환의무불이행의 경우에는 차임에 상당하는 금액, 이자부 채무 그 밖의 금전채무 불이행이 있는 때에는 이자에 해당하는 금액이 각각 통상손해이다. 그리고 물건의 인도가 늦어져 생긴 손해는 늦어진 기간 동안 사용하지 못한 것이 통상손해이고, 채권자의 영업용 물건인 때에는 그동안 영업에 지장이 생겨 수익을 올리지 못한 것 또는 다른 곳에서 구입한 대금 등이 통상손해가 된다.

위와 같은 통상손해에 관해서는 채무자가 예견(알았거나 알 수 있었을 것)했는지 여부를 묻지 않는다. 채권자는 채무불이행과 통상의 손해액을 증명하면 된다. 소송비용과 강제집행비용에 관해서는 민사소송법과 민사집행법 등에 자세하게 규정하고 있다(민소 98조 이하, 민집 53조, 민사소송비용법 등 참조).

㈐ **특별한 사정으로 인한 손해**   "특별한 사정으로 인한 손해는 채무자가 그 사정을 알았거나 알 수 있었을 때에 한하여 배상의 책임이 있다"(393조 2항). 당사자 사이에 개별적·구체적 사정에 의한 손해가 특별한 사정으로 인한 손해이며, 특별한 사정에 관해서는 채무자가 알았거나 알 수 있었어야 한다. 여기서 알았거나 알 수 있었어야 한다는 것은 오직 손해의 원인이 된 특별한 사정에 관한 것이고, 그 결과인 손해까지 알았거나 알 수 있었을 필요는 없다. 특별한 사정을 원인으로 하는 손해의 범위에 관해서는 제393조가 아무런 언급을 하고 있지 않으나, 그 종류

의 특별한 사정으로부터 통상 생기는 손해에 대해서만 배상책임이 있다고 해석해야 한다. 채무자가 알았거나 알 수 있었는지를 결정하는 시기는 채권이 성립한 시기가 아니라, 채무의 이행기를 기준으로 해야 한다(김기선 115면, 김증한·김학동 143면, 민법주해(Ⅸ) 548면, 양창수, 민법연구 제2권, 117면 참조. 그러나 김형배 264면은 계약체결시를 기준으로 해야 한다고 한다). 판례는 제393조 2항의 특별한 사정으로 인한 손해배상에서 채무자가 그 사정을 알았거나 알 수 있었는지를 가리는 시기는 채무의 이행기까지를 기준으로 판단하고 있다(대판 1985. 9. 10, 84다카1532 참조). 그리고 채무자가 알았거나 알 수 있었음은 채권자가 증명해야 한다.

　　특별한 사정으로 인한 손해를 예를 들어 알기 쉽게 설명하고자 한다. 甲이라는 채무불이행이 있고 그로부터 乙이라는 손해가 발생하였다고 하자. 乙이라는 손해는 같은 종류의 사건에서 반드시 발생한다고 할 수는 없지만, 그 사건에서 채무불이행이라는 사실 이외에 특별한 사정(원인)이 끼어 있었기 때문에 채무불이행과 특별한 사정이 경합해서 결과에 대한 원인을 이루었다면 그 손해가 특별한 사정으로 인한 손해에 해당한다(바꾸어 말하면, 이미 설명한 '통상손해'의 두 요건 가운데 두 번째 요건이 빠져 있는 경우이다). 예컨대, 甲이 乙로부터 시가 1억 원의 가옥을 샀으나, 乙의 과실로 불에 타 이행불능이 된 경우에, 甲이 가옥을 丙에게 1억 2천만 원으로 전매할 계약을 하고 있었다고 하자. 이 경우에 1억 원을 통상손해로서 청구할 수 있음은 물론이나, 그것을 넘는 2천만 원은 전매로 얻을 수 있었던 이익이며, 이 얻을 수 있었던 이익 2천만 원을 잃은 것은 특별한 사정으로 생긴 손해이다. 따라서 이 2천만 원에 관해서는 乙이 甲·丙 사이에 그러한 매매계약이 성립하고 있었음을 알고 있었던 경우 또는 알지 못했더라도 그것이 乙의 과실에 의한 경우에는 甲은 乙에게 그 손해배상을 청구할 수 있다.

한편 임차건물이 원인불명의 화재로 불에 타서 임차인이 임차물을 반환할 수 없게 된 경우 손해배상의 범위를 어떻게 볼 것인지 문제된다. 위와 같이 임차인의 임차물반환채무가 이행불능이 된 경우 임차인이 이행불능으로 인한 손해배상책임을 면하려면 민법 제390조 단서에 따라 이행불능이 임차인의 유책사유로 말미암은 것이 아님을 증명할 책임이 있다. 종래 판례는 임차건물이 그 건물로부터 발생한 화재로 소실된 경우에 그 화재의 발생원인이 불명인 때에도 임차인이 그 책임을 면하려면 그 임차건물의 보존에 관하여 선량한 관리자의 주의의무를 다하였음을 증명해야 한다고 하였다(대판 1994. 10. 14, 94다38182 참조). 그런데 임차인이 임대인 소유 건물의 일부를 임차하여 사용·수익하던 중 임차 건물 부분에서 화재가 발생하여 임차 건물 부분이 아닌 건물 부분(이른바 '임차 외 건물 부분')까지 불에 타 그로 인해 임대인에게 재산상 손해가 발생한 경우에는 다음과 같이 판례가 바뀌었다. 판례는 이러한 경우에는 임차인이 보존·관리의무를 위반하여 화재가 발생한 원인을 제공하는 등 화재 발생과 관련된 임차인의 계약상 의무 위반이 있었음이 증명되고, 그러한 의무 위반과 임차 외 건물 부분의 손해 사이에 상당인과관계가 있으며, 임차 외 건물 부분의 손해가 그러한 의무 위반에 따른 통상의 손해에 해당하거나, 임차인이 그 사정을 알았거나 알 수 있었을 특별한 사정으로 인한 손해에 해당한다고 볼 수 있는 경우라면, 임차인은 임차 외 건물 부분의 손해에 대해서도 임대인에게 손해배상책임을 부담하게 된다고 한다(대판(전) 2017. 5. 18, 2012다86895, 86901 참조). 그러나 임차건물과 임차 외 건물을 구분하여 법리를 다르게 하는 근거를 찾기 어렵다. 위 판결의 반대의견에 있는 것처럼 임차인의 채무불이행책임이 성립한다면 임차건물과 임차 외 건물 부분을 구분할 필요 없이 민법 제393조에 따라 손해배상의 범위를 정하는 것으로 충분하다.

  2. 손해배상액의 산정기준   앞에서는 채무불이행의 경우에 채무자는 어떠한 범위의 손해를 배상해야 하는가를 보았다. 여기서 설명하려는 것은 그러한 법리를 적용해서 배상범위에 들어간 손해를 구체적으로 금전으로 평가하는 기준, 즉 배상액을 산정하는 기준에 관한 문제이다. 그것은 계수상 기술 문제이다.

  (1) 손해배상액 산정의 가격   재산적 손해의 배상액은 재산적 가치의 금전적 평가액이다. 재산가격에는 통상가격·특별가격·감정(感情)가격이 있다. 상당인과관계의 이론에 비추어 본다면, 재산적 손해에 관해서는 통상가격이나 통상 교환가격을 표준으로 하고, 특별가격과 감정가격은 그것이 생기게 된 특별한 사정에 관하여 채무자가 알았거나 알 수 있었을 때 배상책임을 지게 된다.

  비재산적 손해는 직접 금전으로 평가할 수 없다. 결국 그것은 정신적 타격이나 고통을 낫게 할 만한 방법이나 물자를 금전으로 평가하는 수밖에 없다. 그러므로 위자료에 관해서는 배상권리자가 정당하다고 생각하는 금액을 청구하도록 하고, 그 범위 안에서 법원이 자유재량으로 금액을 판정한다. 법원은 재량으로 정신적 타격이나 고통의 정도를 고려함은 물론이고, 피해자의 인격이나 사회적 지위, 쌍방

당사자의 자산상태, 가해의 사전·사후의 모든 사정 등을 널리 고려하여 타당한 결정을 해야 한다.

(2) 손해배상액의 증명   채권자가 손해배상을 청구하는 경우 그 손해액을 증명해야 한다. 그러나 손해배상책임이 인정되면 법원은 손해액에 관한 당사자의 주장과 증명이 미흡하더라도 적극적으로 석명권을 행사하여 증명을 촉구하여야 하고, 필요하다면 직권으로 손해액을 심리·판단해야 한다(대판 1986. 8. 19, 84다카503, 504; 대판 2016. 11. 10, 2013다71098 참조). 나아가 판례는 채무불이행이나 불법행위로 인한 손해배상청구소송에서 재산적 손해의 발생사실이 인정되나 구체적인 손해의 액수를 증명하는 것이 사안의 성질상 곤란한 경우, 법원은 증거조사의 결과와 변론 전체의 취지에 의하여 밝혀진 당사자들 사이의 관계, 채무불이행이나 불법행위와 그로 인한 재산적 손해가 발생하게 된 경위, 손해의 성격, 손해가 발생한 이후의 정황 등 관련된 모든 간접사실을 종합하여 적당하다고 인정되는 금액을 손해의 액수로 정할 수 있다고 한다(대판 2004. 6. 24, 2002다6951, 6968; 대판 2009. 8. 20, 2008다51120, 51137, 51144, 51151; 대판 2020. 3. 26, 2018다301336 참조). 이러한 판례는 타당하다(김재형, 민법론 Ⅲ, 396면 참조). 민사소송법 제202조의2는 위와 같은 판례를 반영하여 손해배상 액수의 산정에 관한 명시적인 규정을 두었다.

(3) 배상액 산정의 시기   이행지체를 이유로 본래의 목적물을 갈음하는 손해의 배상, 즉 전보배상을 청구하는 경우 또는 이행불능을 이유로 전보배상을 청구하는 경우 그 목적물의 값을 어느 시점을 기준으로 해서 정할지는 배상액 산정의 시기 문제로서 매우 어려운 문제이다. 예컨대, 매도인의 상품 인도가 늦어지고 있어서 매수인이 계약을 해제하고 목적물의 가격과 계약상 대금의 차액을 얻는 것으로 만족하려고 한다고 하자. 이 경우 이행기부터 최고, 해제, 소의 제기를 거쳐 판결에 이르기까지 목적물의 가격이 변동한다면, 어느 시점을 기준으로 배상액을 산정할 것인지 문제가 된다.

이 문제에 관하여 학설·판례가 대립하고 있다. 판결 시, 즉 사실심 변론종결 시의 시가에 따라 산정해야 한다는 것이 다수설이다(김기선 116면, 김현태 132면, 현승종 165면. 민법주해(Ⅸ) 579면? 참조). 이것은 손해배상의 이상을 채권자로 하여금 피해가 없었던 상태로 돌리려는 데 있다고 보고, 채권자를 두텁게 보호하려는 견해이다.

판례는 이행불능에 의한 전보배상의 경우(이행지체 중 불가능으로 된 경우를 포함한다)와 이행지체 중의 전보배상의 경우를 구분하여 각각 다르게 다루고 있다. 즉, 이행불능에 의한 전보배상의 경우에는 이행불능이 발생한 때를 기준으로 하고(대판 1967. 7. 4, 67다836; 대판 1968. 7. 23, 68다1104; 대판 1969. 3. 25, 66다340; 대판 1971. 6. 29, 71다1017 등 참조), 이행지체에 의한 전보배상의 경우에는 최고 후 상당한 기간이 경과한 당시의 시가에 의한다고 하거나(대판 1967. 6. 13, 66다1842 참조), 혹은 사실심 변론종결 시의 시가가 표준이 된다고 하고 있어서(대판 1969. 5. 13, 68다1726 참조) 일정하지 않다.

손해배상책임이 발생한 때를 기준으로 하여 그 배상액을 산정하고 그 후의 손해는 특별한 사정으로 인한 손해로서 채무자가 알았거나 알 수 있었을 경우에 배상하도록 하는 해석이 타당하다. 왜냐하면 손해배상책임은 원칙적으로 금전채권이며, 그 내용은 원칙적으로 채권이 발생한 때, 즉 손해가 발생한 때에 정해져야 하기 때문이다. 손해배상채권은 채권의 성립과 동시에 이행기에 있어 이행지체가 생기게 되는데, 채무불이행 이후에 생긴 손해에 관해서도 그것이 민법 제393조에 따라 배상해야 한다. 따라서 책임이 생긴 후에 물가의 변동이 있으면, 그로 인한 손해는 특별한 사정에 의한 손해로 보아 채무자가 알았거나 알 수 있었던 경우에 한하여 배상액에 포함시켜야 한다(물가의 하락은 고려할 필요가 없다. 다만 그것으로 채권자가 현실적으로 이익을 얻은 때에는 손익상계의 문제가 생긴다). 그리고 특별사정의 유무나 채무자가 알았거나 알 수 있었는지를 판단할 때 당사자가 보통인인지 상인인지, 민사거래인지 상사거래인지, 목적물이 증권·상품인지 부동산인지, 목적물이 멸실하고 있는지 여부, 인플레이션이 진행 중인지 여부 등 여러 사정을 충분히 고려해야 한다.

이와 같이 본다면, 사실심 변론종결 시를 기준으로 하는 다수설과 차이는 손해배상책임이 발생한 후 변론종결 시까지 있게 되는 가격변동을 통상손해로 할지 특별한 사정으로 인한 손해로 할지에 있다. 다수설이 통상손해라고 하여 채권자를 보다 두텁게 보호하게 되는 장점은 인정되나, 실손해의 전보와 아울러 손해분담의 공평이라는 손해배상제도의 이상에 비추어, 그것은 특별한 사정으로 인한 손해라고 새기는 것이 타당하다.

판례도 마찬가지이다. 즉, 이행불능에 의한 전보배상을 청구하는 경우에는 이행불능이 발생하는 때, 바꾸어 말하면 이행불능으로 손해배상채권이 발생한 때를 기준으로 배상액을 산정하고 있다(대판 1967. 11. 28, 67다2178; 대판 1975. 5. 27, 74다1872; 대판 1987. 6. 23, 86다카2549 등 참조). 이행불능 당시 매매목적물의 시가 상당액이 통상손해이고, 그 후 시가의 등귀는 채무자가 알거나 알 수 있었을 경우에 한하여 특별사정으로 인한 손해로 보아 그 배상을 청구할 수 있다(대판 1993. 5. 27, 92다20163 참조).

　　이행지체 중 전보배상청구의 경우에 원칙적으로 이행을 최고한 '상당한 기간'이 경과한 당시의 시가로 배상액을 산정해야 한다는 판례(대판 1967. 6. 13, 66다1842 참조)도 타당하다. 왜냐하면, 이 경우에는 최고 후 상당한 기간이 지남으로써 배상청구권이 발생하기 때문이다(그 후의 물가상승으로 증대된 손해는 특별사정에 의한 손해이므로 이를 채무자가 알았거나 알 수 있었을 때에 한하여 채무자에게 배상의무가 있다). 최고 후 계약을 해제한 경우에는 최고의 효력이 생긴 때가 아니라, 해제권의 행사로 전보배상청구권이 발생한 때의 시가를 기준으로 해야 한다고 새겨야 한다.

　　한편 이행지체 중의 전보배상청구에 관한 또 하나의 판례(대판 1969. 5. 13, 68다1726 참조)는 사실심 구술변론 종결 시의 시가에 따라 배상액을 산정해야 한다고 하였으나, 찬성하기 어렵다. 물건의 인도를 청구할 수 있는 채권자가 인도 청구와 아울러 이행불능을 대비하여 그 이행을 갈음하는 손해배상을 예비적으로 청구하는 등의 특별한 사정이 없으면, 배상액 산정시기를 최종변론기일로 볼 것은 아니다.

　　(4)　**손해배상액 산정의 장소**　　채무불이행에 대하여 통상가격을 배상해야 할 때 특약 또는 특별한 규정(상법 137조)이 없으면, 채무 이행지에서의 가격을 표준으로 가격을 정한다. 특별가격에 관해서는 구체적인 사안에 따라 개별적으로 결정할 수밖에 없다.

[44]　Ⅳ.　손해배상의 범위에 관한 특수문제

　　위에서 설명한 손해배상의 범위에 관해서는 다음과 같은 보충적인 기준이 있다.

　　1.　손익상계　　채무불이행으로 손해를 받은 자가 같은 원인으로 이익을 얻고 있으면 그의 손해배상청구는 손해에서 이 이익을 뺀 것에 대하여 해야 한다. 이는 민법에 규정이 없지만 당연히 인정된다. 이를 손익상계(損益相計)라고 한다. 예컨대, 지방의 흥행업자가 서울에 있는 극단에 출장공연을 의뢰하고 그 보수를 정한 외에 출장기간 중의 식비·숙박비를 흥행업자가 부담하기로 약속하였다고 하자. 이

경우에 극단이 예정대로 지방에 내려오지 않았다면, 그 손해액을 계산할 때 흥행업자는 극단의 채무불이행으로 받은 손해액에서 지급하지 않게 된 식비·숙박비 등의 이득액을 빼야 한다.

손익상계는 손해산정에서 손해액을 계산하는 것에 지나지 않으며, 본래의 상계와 같이 서로 대립하는 두 개의 채권을 대등액에서 소멸시키는 것이 아니다([115] 참조). 그러므로 손익'상계'라는 표현은 타당하지 않으며, 오히려 이득공제(利得控除)라고 일컫는 것이 옳을 것이다.

손익상계에서 주의할 것은 공제, 즉 빼내는 이득도 배상원인과 상당인과관계를 가지는 것에 한한다는 점이다(대판 1969. 11. 25, 69다887 참조). 빼야 할 이익의 범위는 채무자가 배상하여야 할 손해의 범위에 대응하는 것이어야 하기 때문이다. 예컨대, 앞의 예에서와 같이 채무자의 불이행으로 채권자도 자기의 채무 또는 이행비용을 지급하지 않게 된 경우에 그 이익이 손해액에서 빼야 하는 통상의 이익이 된다. 따라서 채무불이행 이외의 계약원인에 의한 이익, 예컨대 보험계약상의 이익, 채무를 이행하지 않게 되었기 때문에 다른 계약으로 받은 임금이나 보수 등은 공제이익, 즉 빼야 할 이익이 아니다.

2. 과실상계

(1) 의　　의　　　채무불이행 또는 손해의 발생·확대에 관하여 채권자에게도 과실이 있었던 경우에 법원은 손해배상의 책임과 그 금액을 정할 때 채권자의 과실을 참작해야 한다(396조). 이것이 과실상계(過失相計)이다. 배상의무자는 원칙적으로 자기의 과실 또는 자기의 유책사유로 생긴 결과 이상의 손해에 대하여 책임을 져야 할 이유가 없다. 배상권리자도 자기의 행위로 생긴 결과를 타인에게 넘겨씌울 수 없다. 따라서 손해배상의 책임원인 또는 그 결과인 손해의 발생에 관하여 배상권리자의 행위가 개입된 때에는 손해배상의 책임과 배상액 산정에서 이를 참작, 즉 참고로 하여 알맞게 헤아려야 한다.

(2) 요　　건

㈎ 채무불이행에 의한 손해배상청구권이 성립하는 데 필요한 여러 요건, 즉 채무불이행·손해·인과관계가 갖추어져 있어야 한다.

㈏ 채무불이행 또는 손해의 발생이나 확대에 채권자의 과실이 있어야 한다.

① 채무불이행 자체에 관하여 채권자에게도 과실이 있는 경우에 적용됨은 물론이다. 예컨대, 이행기 이전에 채권자가 이사하면서 채무자에게 이를 통지하지 않았고, 채무자도 해야 할 조사를 게을리하였기 때문에 지체가 생긴 경우, 또는 채권자의 과실과 채무자의 과실이 경합해서 목적물이 멸실하여 이행불능으로 된 경우 등이 그 예이다.

② 채무자만의 유책사유로 채무불이행이 생긴 후에, 손해의 발생 또는 손해의 확대에 관하여 채권자에게 과실이 있는 경우(예컨대, 이행지체가 생긴 후에 채권자가 이사하였으나 이를 채무자에게 통지하지 않았기 때문에 지연기간이 늘어난 경우)에도 적용된다.

③ '채권자에게 과실이 있는 때'에서 '과실'의 의미가 문제된다. 원래 과실은 법률상 의무에 따르는 관념이다. 법률상 주의의무와 같은 법적 의무를 위반하면 과실이 인정된다. 그런데 과실상계의 경우에는 채권자가 자기 자신에게 손해를 입혀서는 안 된다는 법률상 의무가 있는 것은 아니다. 바꾸어 말하면, 채권자에게는 의무 위반이 없다는 것이 된다. 여기서 채권자의 '과실'은 보통의 과실과는 다른 것인지 의문이 생긴다.

종래 과실은 위법한 부주의를 뜻하는데 그 위법성은 법률상 의무 위반에 한정되지 않고 오히려 사회생활에서 요구되는 협동정신을 해치거나 채권관계에서 요구되는 신의칙을 위반하는 것도 포함된다는 견해가 많았다. 이와 같이 새긴다면, 과실상계에서 말하는 과실을 특이한 관념으로 생각할 필요는 없다고 한다(김기선 125면, 김용한 219면 참조). 그러나 과실상계에서 말하는 과실은 채무불이행이나 불법행위의 성립요건에서 말하는 과실과는 달리 단순한 부주의로서 보통의 과실에서보다 낮은 정도의 주의의무 위반이라고 할 수 있다(김상용 178면, 김증한·김학동 154면, 김형배 275면, 양창수·김재형 517면 참조). 판례는 사회통념상 혹은 신의성실의 원칙상 혹은 공동생활상 요구되는 약한 부주의로 말미암아 손해가 발생하거나 확대된 원인을 이루었다면 채권자에게 과실이 있는 것으로 보아 과실상계를 할 수 있다고 한다(대판 2000. 6. 13, 98다35389 참조).

④ 과실은 채권자의 과실뿐만 아니라, 그의 수령보조자(채무자의 경우 이행보조자에 해당한)의 과실도 포함된다.

(3) **효　　과**　　법원은 채무자의 과실과 채권자의 과실을 비교하고 헤아

려 채무자의 배상액을 줄여서 가볍게 할 수 있다. 채권자의 과실이 너무 큰 때에는 채무자에게 책임이 없는 것으로 할 수도 있다. 법원이 어느 정도로 채권자의 과실을 참작할지는 사실심법원의 자유재량에 맡겨져 있다(대판 1972. 12. 26, 72다1037; 대판 1984. 7. 10, 84다카440 참조). 그러나 채권자의 과실을 인정한 때에는 반드시 이를 참작해야 하고, 참작하지 않으면 위법한 판결로서 상고이유가 된다(대판 1966. 7. 26, 66다937을 비롯하여 이에 관한 판결이 많다). 또한 과실상계는 단순히 채무자에게 항변권을 주는 것이 아니므로, 법원은 직권으로 채권자의 과실 유무를 조사해야 한다(대판 1969. 12. 9, 89다1673; 대판 1967. 12. 5, 67다2367 참조).

　　(4) 적용범위　　과실상계는 채무불이행이나 불법행위로 인한 손해배상책임에 적용되는 것으로 본래의 이행청구를 하는 경우에는 적용되지 않는다. 표현대리가 성립하는 경우 본인은 표현대리에 의하여 전적인 책임을 져야 하고, 상대방에게 과실이 있다고 하더라도 과실상계의 법리를 유추 적용하여 본인의 책임을 경감할 수 없다(대판 1996. 7. 12, 95다49554 참조). 채권자가 보증채무의 이행을 청구한 경우에도 과실상계가 적용되지 않는다(대판 1996. 2. 23, 95다49141 참조). 또한 계약해제로 인한 원상회복의무를 청구하는 경우에도 과실상계가 적용되지 않는다(대판 2014. 3. 13, 2013다34143 참조). 한편 매도인의 하자담보책임은 법률이 특별히 인정한 무과실책임으로서 여기에 과실상계 규정이 준용될 수 없지만, 하자 발생과 확대에 가공한 매수인의 잘못을 참작하여 손해배상의 범위를 정해야 한다고 한다(대판 1995. 6. 30, 94다23920 참조).

　　3. 현재 가액의 측정과 중간이익의 공제　　장래의 일정한 시기에 일정한 가액을 취득할 관계가 침해된 경우에, 현재의 손해액은 장래의 가액 자체가 아니다. 장래의 가액으로부터 중간이익(中間利益)을 뺀 것이 현재의 손해액이다. 예컨대, 1년 후에 인도해야 할 물건을 멸실하였기 때문에 현재 배상해야 할 손해액은(바꾸어 말하면, 장래 채무의 불이행에 대한 현재의 손해액), 장래의 급부액에서 중간이자를 공제해야만 한다. 이에 관해서는 호프만식 또는 라이브니쯔식 계산법이 일반적으로 사용되고 있다. 판례는 위 두 방식 중 어느 것을 사용하더라도 위법하지 않다고 한다(대판 1966. 11. 29, 66다1871; 대판 1983. 6. 28, 83다191; 대판 1985. 10. 22, 85다카819 참조). 이들 계산법에 관한 자세한 설명은 불법행위에서 다루기로 한다.

　　중간이자의 공제방법에는 Hoffmann식, Leibniz식과 Garpzow식이 있다. 현재의
배상액을 X, 연수를 n, 연이율을 r, 장래의 손해액을 A라고 한다면, 각각 다음과 같은
계산식으로 표현된다.

　　Hoffmann식은 $X = \dfrac{A}{1+nr}$ ······ (단리계산)

　　Leibniz식은 $X = \dfrac{A}{(1+r)^n}$ ······ (복리계산)

　　Garpzow식은 $X = A(1-nr)$ ······ (장래의 가격으로부터 그것을 원본으로 하는 중
　　　　　　　　　　　　　　　　　　　간이자를 공제하는 것)

　4. 금전채권에 관한 특칙　　　금전채권은 오늘날 자본주의사회에서 대동맥
과 같은 역할을 한다([9] 1. (3) 참조). 민법은 금전채권의 불이행으로 인한 손해배상
청구권을 확보하기 위하여 그 요건과 효과에 관하여 특칙을 두고 있다(397조). 즉,
금전채권의 불이행은 언제나 이행지체가 되고, 이행불능을 인정하지 않는다. 또한
이행지체가 있으면, 당연히 법정이자에 해당하는 손해가 발생하는 것으로 하고 있다.

　(1)　금전채무불이행의 손해배상액은 법정이율에 의한다. 그러나 법정이율보다
높은 약정이율이 있으면, 법령의 제한에 위반하지 않는 한, 그 약정이율에 의한다
(397조 1항). 약정이율이 법정이율 이상인 경우에만 약정이율로 지연손해금을 정하
고, 약정이율이 법정이율보다 낮은 경우에는 법정이율로 지연손해금을 정해야 한
다(대판 2009. 12. 24, 2009다85342 참조).

　　채권자는 이행지체가 있으면, 실제 손해가 생겼는지를 묻지 않고 지연이자, 즉
지연손해금을 청구할 수 있다. 그러나 채권자는 지연이자 이상의 손해가 생겼음을
증명해도 그 배상을 청구하지 못한다. 다만 법률에 특별한 규정이 있는 경우(685
조·705조·958조 2항 등), 당사자가 지연이자에 의하지 않고 실제 손해를 배상할 것을
특약한 경우, 손해배상액의 예정 또는 위약금의 특약이 있는 경우(398조)에는 그에
따른다. 지연이자는 이자가 아니라, 손해배상의 성질을 가진다. 따라서 지연이자의
지급을 지연하면, 지연이자에 대하여 다시 지연이자가 생기게 된다([10] 3. (2) 참조).

　(2)　지연이자에 관해서는 채권자는 손해를 증명할 필요가 없으며, 또한 채무
자는 과실 없음을 항변하지 못한다(397조 2항). 금전은 그 사용방법이 매우 다양하

며, 금전채권의 이행지체에 의한 손해와 그 금액을 증명한다는 것은 곤란할 뿐만 아니라, 금전은 이자나 이익을 얻어서 불어날 수 있다. 민법은 당연히 손해가 생기는 것으로 하고, 또한 그 금액을 일정하게 한 것이다. 그리고 금전채무의 이행지체가 있는 경우에, 채무자는 과실 없음을 항변으로 하지 못하므로 무과실책임을 지게 된다. 그러나 이행지체가 불가항력에 의한 것임을 증명하면 책임을 벗어난다고 새기는 것이 타당하다([9] 3. ⑴ ⒩ 참조).

[45] Ⅴ. 손해배상액의 예정과 위약벌

  1. 위 약 금   위약금(違約金)은 채무불이행의 경우에 채무자가 채권자에게 지급할 것을 약속한 금전이다. 금전 이외의 것을 급부할 것을 약속한 때에는 위약금은 아니지만, 역시 위약금에 관한 규정이 준용된다(398조 5항). 위약금을 약속하는 목적에는 여러 가지가 있으나, 위약금은 손해배상액의 예정과 위약벌로 구분된다. 민법에서는 손해배상액의 예정만 규율하고 있으나, 위약벌 약정을 하는 계약도 많다. 차례로 설명한다.

  2. 손해배상액 예정

  (1) 의   의   손해배상액의 예정은 채무불이행의 경우에 채무자가 지급해야 할 손해배상액을 당사자 사이의 계약으로 미리 정해 두는 것이다(398조 1항). 일정액의 금전을 예정하는 경우가 많겠지만, 반드시 그래야 하는 것은 아니며, 채무액에 대한 일정 비율로 정하는 것도 상관없다.

  채권자가 채무불이행으로 인한 손해배상을 청구하려면 손해의 발생과 그 금액을 증명해야 한다. 그러나 그 증명이 곤란하고 이로 말미암아 당사자 사이에 다툼이 생길 염려가 있다. 그러한 증명의 곤란을 배제하고, 다툼을 예방하여 손해배상의 법률관계를 간단하고 쉽게 하며, 그러함으로써 채무의 이행을 확보하려는 데 손해배상액을 예정하는 목적이 있다.

  당사자는 법률의 규정(근로기준법 20조 참조)이나 선량한 풍속 그 밖의 사회질서를 위반하지 않는 한, 얼마든지 자유로이 손해배상액 예정 계약을 맺을 수 있다(398조 1항). 다만 「약관의 규제에 관한 법률」 제 8 조는 부당하게 무거운 지연손해금 등의 손해배상의무를 부담시키는 약관조항을 무효로 하고 있다.

손해배상액 예정 계약은 채무불이행이 발생하기 전에 체결해야 한다. 채무불이행이 발생한 후에 배상액을 정하는 계약도 물론 계약으로서 유효하지만, 그것은 '예정' 계약은 아니다. 예정 계약은 채무불이행을 정지조건으로 하는 조건부 계약이며, 원채권관계에 종된 계약이다. 따라서 기본적 채권관계와 법률적 운명을 같이하며, 기본채권의 담보는 배상예정액도 담보하는 것이 된다. 그리고 배상액의 예정은 일정액의 금전으로써 하는 것이 보통이지만, 금전 이외의 것으로써 한 경우에도 제398조의 규정이 준용된다(398조 5항).

(2) **배상액 예정의 효과**

⑺ 채권자는 채무불이행 사실을 증명하면, 손해의 발생과 그 금액을 증명하지 않고 예정배상액을 청구할 수 있다(대판 1975. 3. 25, 74다296; 대판 1991. 1. 11, 90다8053; 대판 2000. 12. 8, 2000다50350 참조). 민법 제398조는 '손해배상액'만을 규정하고 있으나, 그것은 '손해의 발생'도 예정한 것이라고 해석해야 한다. 바꾸어 말해서, 예정배상액의 지급의무가 발생하는 요건으로서, 실제로 어떤 손해가 발생하고 있어야 하는 것은 아니다. 본래 배상액 예정은 당사자 사이에서 모든 증명 문제를 피할 목적으로 체결되는 것이기 때문이다.

채무자에게 유책사유가 없는 경우에도 예정배상액을 청구할 수 있는지 문제된다. 종전에는 긍정설이 많았으나, 현재의 학설은 대부분 부정설을 취하고 있다(김상용 189면, 김증한·김학동 158면, 김형배 285면, 양창수·김재형, 527면, 이은영 365면, 민법주해 (Ⅸ) 668면 참조). 판례는 손해배상액을 예정한 경우에도 채무자가 유책사유가 없다는 것을 증명하면 반대의 약정이 없는 한 예정배상액을 청구할 수 없다고 한다(대판 2007. 12. 27, 2006다9408 참조). 손해배상액의 예정을 하는 이유는 채무불이행책임이 발생한 때에 그 손해액 산정의 곤란을 피하기 위한 것으로서 채무자에게 유책사유가 있는 경우를 전제로 손해배상을 예정한 것으로 볼 수 있다. 따라서 채무자에게 유책사유가 없는 경우에는 원칙적으로 예정 배상액을 청구할 수 없다고 해야 한다.

한편 채무자가 손해가 전혀 없고 실제 손해액이 예정액보다 적다는 것을 증명하더라도, 책임을 벗어나거나 감액을 청구하지는 못한다. 이와 마찬가지로 채권자는 실제 손해액이 예정액보다도 크다는 것을 증명해도 증액을 청구하지 못한다. 그러나 당사자가 불가항력, 손해 불발생의 항변권, 특별한 사정으로 인한 손해의 배상 등에 관하여 특약을 한 때에는 그것에 따라야 함은 물론이다.

　(내)　손해배상의 예정액이 부당히 과다한 경우에는 법원은 적당히 감액(減額)할 수 있다(398조 2항). 계약자유의 원칙에 따른다면, 오히려 법원이 예정액을 증감할 수 없다고 해야 할 것이다. 그러나 계약자유의 이름으로 배상액 예정 계약을 절대적인 것으로 본다면, 이 제도는 채무자를 부당히 압박할 염려가 있게 된다. 여기서 민법은 부당하게 너무 많은 경우에는 법원이 적당히 감액할 수 있도록 한 것이다. 판례에 따르면 '부당히 과다한 경우'란 채권자와 채무자의 지위, 계약의 목적과 내용, 손해배상액을 예정한 동기, 채무액에 대한 예정액의 비율, 예상 손해액의 크기, 그 당시의 거래관행 등 모든 사정을 참작하여 일반 사회관념에 비추어 예정액의 지급이 경제적 약자의 지위에 있는 채무자에게 부당한 압박을 가하여 공정성을 잃는 결과를 초래한다고 인정되는 경우를 뜻한다(대판 2002. 1. 25, 99다57126; 대판 2008. 11. 13, 2008다46906 참조).

　　민법은 배상의 예정액이 부당히 '과다'한 경우에 '감액'할 수 있다고 한 것일 뿐이고, 부당히 '과소'하다고 해서 '증액'할 수 있도록 하지는 않고 있다. 그리고 배상액 예정 계약은 민법 제103조와 제104조의 제한을 받는다. 즉, 배상액의 예정이 사회질서에 반하거나 불공정한 법률행위의 요건을 충족하면 무효가 된다(김형배 289면, 송덕수 202면, 이은영 368면, 최식 102면 참조).

　　배상액을 예정한 경우 채무불이행 또는 손해의 발생에 관하여 채권자의 과실이 개입되었으면 과실상계로 예정배상액을 감액할 수 있는가? 이 점에 관하여 민법은 규정을 두고 있지 않다. 판례는 이를 부정한다(대판 1972. 3. 31, 72다108 참조). 그러나 채권자가 자기의 책임을 채무자에게 넘겨씌울 수 없고 예정액이 부당히 과다한 경우 감액을 인정하는 취지에 비추어 보아도, 과실상계로 예정배상액을 감액할 수 있다고 새겨야 한다(김증한·김학동 160면, 김형배 287면, 송덕수 203면, 양창수·김재형 532면, 이은영 366면, 현승종 174면 참조).

　(대)　손해배상액의 예정은 이행의 청구나 계약의 해제에 영향을 미치지 않는다 (398조 3항). 원래 배상액의 예정은 이행청구권이나 계약해제권의 포기를 포함하는 것은 아니므로, 이는 당연한 규정이다. 다만 배상액의 예정에는 여러 가지 다른 성질을 가지고 있기 때문에, 배상액의 청구와 이들 권리의 관계가 반드시 같지는 않다.

① 지연배상액이 예정된 경우에는 이행지체가 있으면 본래 급부의 이행청구와 함께 예정 배상액을 청구할 수 있다. 그러나 이행불능 또는 그로 인한 해제 시의 손해배상액에 관해서는 지연배상의 예정액은 표준이 되지 않는다.

② 전보배상액이 예정된 경우 지연배상에 관해서는 예정액은 표준이 되지 않는다. 그러나 이행불능이 생기면 곧 예정액을 청구할 수 있다. 해제 시의 손해배상에 관해서는 이행이익의 배상인지 신뢰이익의 배상인지 논란이 있었으나 이행이익의 배상이라고 보아야 한다(김재형, 민법론 Ⅱ, 108면 참조). 따라서 예정액으로부터 해제로 채권자가 벗어나게 될 반대급부의 금액을 공제한 것을 청구할 수 있다.

③ 계약관계를 청산하기 위한 배상액이 예정된 경우에는 채무불이행이 있으면 채권자는 계약을 해제하지 않고 바로 예정액을 청구할 수 있다. 그리고 예정액의 청구로 당사자 사이의 본래의 채무는 소멸한다. 예컨대, 매도인이 이행하지 않으면 청산배상금 1천만 원을 지급한다는 특약을 하고 있는 경우가 그것이다. 이 경우에 계약을 해제해도 역시 예정배상액을 청구할 수 있다.

동시이행관계에 있는 쌍무계약에서 배상액을 예정한 경우에 주의할 점이 있다.
지연배상액이 예정된 경우에는 한쪽 당사자가 자기 채무를 제공하여 상대방에게 채무이행을 청구했는데도 이에 응하지 않은 때에 비로소 상대방의 지체책임이 생기고, 따라서 예정배상액도 청구할 수 있게 된다. 즉, 이행기에 당사자 쌍방이 이행을 제공하지 않고 있으면, 지체책임은 아직 발생하지 않고 예정 배상액을 청구하지도 못한다(대판 1960. 9. 8, 4292민상858 참조).
그러나 계약관계를 청산하기 위한 배상액이 예정된 경우에는, 비록 이행기에 쌍방이 각각 이행하지 못하고 있더라도, 한쪽 당사자가 목적물을 제3자에게 처분하는 등으로 이제는 본래의 이행을 할 수 없게 되었으면, 상대방은 곧 예정 배상액을 청구할 수 있다(대판 1970. 2. 24, 69다1317 참조). 해제를 할 필요는 없다. 그리고 이 배상액의 청구로 상대방의 반대급부의무도 소멸한다.

3. 위 약 벌　　위약벌(違約罰)은 이행을 강제하기 위하여 채무불이행, 특히 계약 위반의 경우에 채무자가 채권자에게 지급할 것을 약속한 금전이다. 위약벌 약정을 한 경우에는 채권자가 자신에게 실제로 발생한 손해의 배상을 추가로 청구할 수 있다. 반면 손해배상액의 예정을 한 경우에는 배상예정액을 지급하면 별도로 손

해배상청구권이 발생하지 않는다.

　　위약금 약정이 손해배상액의 예정인지 위약벌인지는 구체적인 사건에서 개별적으로 판단해야 할 의사해석의 문제이다(대판 2020. 11. 12, 2017다275270 참조). 민법은 당사자의 다툼을 피하기 위하여 위약금은 배상액의 예정을 위하여 한 것으로 추정하고 있다(398조 4항). 따라서 위약벌의 목적으로 약정한 경우 당사자는 반증을 들어 이 추정을 깨뜨릴 수 있다. 이 경우에는 배상액의 예정에 관한 규정이 적용되지 않고 법원이 감액을 하지 못한다(대판 1968. 6. 4, 68다491 참조). 다만 손해배상액의 예정과 위약벌의 성격을 함께 가지는 위약금에 대해서는 위약금 전체 금액을 기준으로 감액할 수 있다는 것이 판례이다(대판 2018. 10. 12, 2016다257978; 대판 2020. 11. 12, 2017다275270 참조).

　　한편 위약벌에 관하여 손해배상액의 예정에 관한 민법 제398조 제 2 항을 유추적용하여 감액할 수 있는지 논란이 있다. 판례는 위약벌의 약정은 채무의 이행을 확보하기 위하여 정하는 것으로서 손해배상액의 예정과 그 내용이 다르다는 이유로 유추적용을 부정한다. 그 대신 그 의무의 강제에 의하여 얻어지는 채권자의 이익에 비하여 약정된 벌이 과도하게 무거울 때에는 그 일부 또는 전부가 공서양속에 반하여 무효로 될 수 있다고 한다(대판 2010. 12. 23, 2010다56654; 대판(전) 2022. 7. 21, 2018다248855, 248862 참조). 그러나 이러한 판례는 타당하지 않다. 손해배상액의 예정과 위약벌은 그 기능이 유사하다. 위약벌의 감액을 부정하는 대신 민법 제103조를 적용하여 위약벌 감액과 유사한 결론에 이르려고 하는 것은 불필요한 우회로이다. 위약벌에 관해서도 손해배상액의 예정 규정을 유추 적용하여 감액을 할 수 있도록 하는 것이 공평의 관념에 부합한다(김재형, 민법론 V, 269면 참조).

　　4. 계약금과 손해배상액의 예정　　　　계약을 맺을 때에, 당사자의 한쪽이 상대방에게 금전 그 밖의 유가물을 교부하는 경우가 많다. 이를 의용민법은 수부(手附)라고 하였으나, 현행 민법은 이에 해당하는 일정한 용어를 쓰고 있지 않다. 이를 '계약금(契約金)'이라고 부른다('체약금'이라는 용어를 사용하기도 하였다). 계약금에 관하여 민법은 당사자 사이에 다른 약정이 없는 한 해제권을 보류하기 위하여 주고받는 것, 즉 해약금(解約金)으로 추정하고, 그에 관한 규정을 두고 있다(565조. 자세한 것은 매매를 설명할 때 보기로 한다). 그런데 우리나라에서는 계약금을 주고받으면서, 채무불

이행의 경우에는 계약금을 교부한 자는 그것을 몰수당하고 계약금을 교부받은 자는 그 배액을 상환할 것을 약정하는 경우가 많다. 이러한 계약금은 어떤 성질을 갖는가? 판례는 그것은 한편으로는 민법 제565조가 정하는 것처럼 해약금의 성질을 갖고 있으나, 다른 한편으로는 손해배상액의 예정 또는 위약금의 성질도 가지고 있다고 해석하고 있다(대판 1967. 3. 28, 67다122; 대판 1971. 5. 24, 71다473 참조). 매우 타당한 해석이다. 그러나 계약금의 경우에는, 이미 상대방에게 교부되어 있는 점에서 단순한 배상액의 예정 또는 위약금의 약속과는 다르다. 또한 단순히 계약금의 수수가 있다고 해서 언제나 그것이 배상액의 예정으로서 해석되는 것은 아니며, 위약한 때에 교부자는 그것을 몰수당하고 교부받은 자는 그 배액을 상환한다는 특약을 반드시 하고 있어야 한다(대판 1971. 3. 31, 70다1972; 대판 1981. 7. 28, 80다2499; 대판 1987. 2. 24, 86누438 참조). 그리고 그러한 계약금의 특약을 하고 있으면, 이를 교부받은 자는 실제로 발생한 손해액이 계약금액을 초과하고 있더라도, 그 초과액을 청구하지 못하며, 한편 교부한 자도 계약금의 배액으로 만족해야 한다(대판 1965. 6. 22, 65다737 참조).

[46] Ⅵ. 손해배상자의 대위

1. 의   의   채권자가 채권의 목적인 물건 또는 권리의 가액 전부를 손해배상으로 받은 때에는, 채무자는 물건 또는 권리에 관하여 당연히 채권자를 대위한다(399조). 이것을 손해배상자의 대위(代位) 또는 배상자의 대위라고 한다. 예컨대, 수치인(受置人)이 임치물을 도난당한 경우에, 그 물건의 값을 임치인에게 변상하면 수치인은 그 물건의 소유권을 취득하는 것과 같다.

채권자가 전보배상을 받고도 여전히 채권의 목적인 물건이나 권리를 가진다면, 채무불이행으로 채권자는 부당히 이익을 얻는 것이 된다. 이는 실손해를 배상하게 한다는 손해배상제도의 목적에 반한다. 이것이 손해배상자의 대위를 인정한 이유이다.

2. 배상자대위의 요건   채권자가 채권의 목적인 물건 또는 권리의 가액 전부를 받았어야 한다. 바꾸어 말하면, 물건 또는 권리의 인도를 목적으로 하는 채권에 관하여 전보배상을 전부 받아야 한다. '전부'를 받아야 하므로, 일부의 배상이

있는 데 지나지 않으면 배상자의 대위도 일어나지 않는다. 이때에는 일부 대위도 생기지 않는다(상법 682조 참조).

  3. 배상자대위의 효과   채권의 목적인 물건 또는 권리가 법률상 당연히 채권자로부터 배상자에게 이전한다. 따라서 물건이나 권리의 이전에 필요한 양도행위 그 밖의 요건(등기·인도 또는 채권양도의 통지·승낙 등)을 갖출 필요가 없다(대판 1977. 9. 13, 76다1699 참조).

  채무자의 과실과 함께 제3자의 고의·과실이 가담하여 이행불능이 된 경우에, 채권자가 제3자에 대하여 가지게 되는 권리에 관해서도 배상자대위가 생기는가? 민법은 이에 관한 규정을 두고 있지 않으나, 긍정해야 한다(김기선 130면, 김증한·김학동 167면, 김형배 293면, 민법주해(IX) 692면, 양창수·김재형 535면 참조). 채무자가 제3자에 대하여 가지는 권리는 결국 거래상 채권의 목적이었던 물건·권리를 갈음하는 것이기 때문이다(예컨대, 수치물을 제3자가 파괴한 경우에 수치인이 전보배상을 하면 수치인은 임치인이 그 제3자에 대하여 가지는 손해배상청구권을 법률상 당연히 취득하게 된다). 그러나 보험금청구권에 관해서는 예컨대 건물임차인이 건물이 불에 타서 배상을 해도, 가옥소유자의 보험금청구권에는 대위하지 않고, 오히려 보험회사가 가옥소유자의 손해배상청구권에 대위하게 됨을 유의해야 한다(상법 682조).

제 4 절   책임재산의 보전

제 1 관   서   설

[47] 책임재산 보전제도

  채무불이행에 대한 구제로서는 이미 살펴보았듯이 강제이행을 청구할 수 있고, 그것이 불가능하거나 채권자가 이를 원하지 않는 경우에는 금전에 의한 손해배상을 청구하게 된다. 모든 채권은 궁극적으로 금전채권으로 바뀌어 그 목적을 달성하게 된다. 그런데 금전채권에 대해서는 채무자의 일반재산을 현금화(환가)해서, 즉 금전으로 바꾸어 그 변제에 충당하므로, 채권의 실질적 가치는 채무자의 일반재산이 많은지 적은지에 따라 결정된다. 이러한 의미에서 채무자의 재산은 모든 채권이 마지막으로 의지할 수 있는 것이라고 말할 수 있다. 한편 채권자 상호간에는 누가 낫고 못하다는 우열이 없는 것이 원칙이다. 즉, 채권은 그 발생원인이 무엇인지, 발생시기의 먼저인지 나중인지, 금액이 많은지 적은지 등을 묻지 않고 모두 평등하게 다루어진다. 특히 어떤 채권자가 다른 채권자에 앞서서 먼저 변제받을 수 없는 것이 원칙이다(채권자 평등의 원칙). 그러므로 채무자의 재산은 개개의 채권에 관하여 그 이행을 담보할 뿐만 아니라, 모든 채권자를 위한 공동담보로 되어 있다. 채권의 가치는 채무자의 책임재산 상태가 어떠한지에 따라 직접 큰 영향을 받는다. 채권자가 확실하게 지급을 받으려면, 담보물권제도를 이용함으로써 채권자 평등의 원칙을 깨뜨려 다른 채권자에 앞서서 먼저 지급받는 방법이 있으나, 또 다른 방법은 채무자의 재산이 줄어서 적어지는 것을 막는 것이다. 그러나 본래 채권은 채무자의 재산을 직접 지배하는 권리가 아니므로, 채무자가 그의 재산에 대하여 어떠한 태도를 취하든 그것은 채무자의 자유이며, 채권자의 간섭을 허용하지 않는 것이 원칙이다. 민법은 채무자가 그의 권리 실행을 게을리함으로써 재산이 줄어들게 하거나, 또는 제3자와 공모하여 고의로 재산이 줄어들게 하는 경우에만, 채권자가 끼어들어 간섭하는 것을 인정한다. 채권자대위권과 채권자취소권이 바로 그러한 제도이다. 즉, 민법은 채무자의 책임재산을 보전하기, 즉 안전하게 지키기 위하여 채권자에게 채권자대위권과 채권자취소권을 주고 있다. 채권자대위권은 채무자가 소극적으로 책임재산의 현재 상태를 그대로 지탱하여 나가려고 하지 않는 경우에, 채권자가 채무자를 갈음하여 책임재산의 유지를 꾀하는 권리이다. 채권자취소권은 채무자가 적극적으로 책임재산을 줄어들게 하는 행위를 하는 경우에, 채권자가 채무자의 그러한 행위(즉 사해행위)를 부인해서 책임재산을 회복하는 권리이다.

제 2 관　채권자대위권

[48]　Ⅰ. 채권자대위권의 의의와 성질

　　1. **채권자대위권의 의의**　　　채권자가 자기의 채권을 보전하기 위하여 채무자에게 속하는 권리를 행사할 수 있는 권리가 채권자대위권(債權者代位權)이다(404조

1항 본문). 예컨대, 자력이 없는 채무자가, 제3자(즉 제3채무자)에 대하여 채권을 가지고 있는데도 이를 행사하지 않고 있는 경우에, 채무자의 금전채권자가 채무자의 채권을 행사함으로써, 채무자를 갈음하여 제3자로부터 채권을 추심해서 채무자의 일반재산에 보태는 것이 채권자대위권을 행사하는 전형적인 예이다. 이처럼 총채권자의 공동담보로서 의미가 있는 채무자의 일반재산을 유지하고 충실하게 하는 것, 바꾸어 말하면, 채무자의 책임재산(責任財産)을 보전하는 것이 채권자대위권의 본래 목적이다.

　　나아가 이 제도는 위에서 본 바와 같은 작용 외에도 특별한 효능을 가지는 제도로서 널리 이용된다. 그러한 효능으로서 두 가지를 들 수 있다. 첫째, 강제집행을 하려면 집행권원이 있어야 하고 그 절차도 번잡하기 때문에, 사정이 몹시 급한 경우에는 우선 채권자대위권을 행사해서(집행권원이 필요하지 않고 요건·절차가 비교적 간단하다) 채무자의 재산을 보전하고, 그 후에 강제집행을 하는 것이 편리하다. 강제집행은 채무자의 청구권에 대해서만 할 수 있는 데 반하여, 채권자대위권으로 행사할 수 있는 채무자의 권리는 청구권에 한정되지 않고, 예컨대 취소권·해제권·환매권 등의 권리도 포함된다. 또한 채무자의 권리에 대한 보존행위에 관해서는 강제집행으로 할 수 없으므로, 채권자대위권에 의하지 않으면 그 목적을 달성할 수 없다(예컨대, 채무자의 권리가 소멸시효가 완성되려고 할 때 채권자대위권은 크게 그 효능을 발휘할 수 있다). 요컨대, 채권자대위권은 한편으로는 강제집행을 준비하는 데 필요한 작용을 하고, 다른 한편으로는 채무자의 책임재산을 보전하는 작용을 한다. 둘째, 이 제도는 그 본래의 기능과는 관련이 없는 특정채권(特定債權)의 보전이라는 목적으로 이용되고 있다. 이 기능은 본래 의용민법 시대의 판례를 통하여 인정된 것이나, 이것이야말로 이 제도의 가장 중요한 기능이라고 말할 수 있다.

　2. 채권자대위권의 성질　　채권자대위권은 소송법상 권리가 아니라 실체법상 권리이다. 실체법상 어떤 권리인가? 채권자대위권은 채권 자체와는 별개의 권리이며, 채권의 효력으로 인정된다. 바꾸어 말해서, 그것은 채권의 보전을 위하여 채권자에게 주어지는 것이어서, 채권의 존재를 전제로 하며, 채권에 종된 특별한 권리라고 말할 수 있다. 이처럼 채권자대위권은 채권자 고유의 권리이나, 이른바 대리권은 아니고 일종의 관리권이라고 말할 수 있다. 왜냐하면 채무자가 자기 재산

을 관리하는 자유에 대하여 채권자가 간섭할 수 있는 권한이고, 또한 채권자가 자기의 명의로 채무자의 권리를 행사하는 권리이기 때문이다. 따라서 이것은 일종의 법정재산관리권이라고 할 수 있다(이러한 통설에 대하여 채권자대위권을 포괄적 담보권이라고 하는 견해가 있다. 김형배 352면 참조).

[49] Ⅱ. 채권자대위권의 요건

1. 채권보전의 필요성　　　민법 제404조 1항 본문은 채권자가 "자기의 채권을 보전하기 위하여" 채무자의 권리를 대위행사할 수 있다고 정함으로써, 채권보전(債權保全)의 필요성 요건을 분명하게 밝히고 있다. 채권보전의 필요성이 무엇을 뜻하고, 채권자의 어떤 채권이 대위권으로 보전될 수 있는지를 살펴볼 필요가 있다.

(1) 채권보전의 필요성　　　채권보전의 필요성이 무엇을 뜻하는지, 어떤 경우에 채권보전의 필요성이 있다고 인정할 것인지에 관하여 일찍부터 확립된 판례이론이 있으며, 또한 그러한 판례이론을 지지하는 것이 다수설이다. 판례이론은 다음과 같다.

채권보전의 필요성은 두 가지 의미가 있다. 하나는, 채무자의 책임재산이 피보전채권을 만족시키는 데 부족하게 되는 상태, 즉 채무자의 무자력(無資力)을 뜻하는 것으로 새기고 있다. 다른 하나는, 피보전채권의 현실적 이행을 확보하기 위하여, 채무자의 자력과 상관없이, 채무자의 권리를 행사할 필요가 있는 것으로 사용하고 있다.

최근 판례에서는 이 둘을 통합하여 채권자가 보전하려는 권리의 내용, 채권자가 보전하려는 권리가 금전채권인 경우 채무자의 자력 유무, 채권자가 보전하려는 채권과 대위하여 행사하려는 권리의 관련성 등을 종합적으로 고려하여 보전의 필요성을 판단해야 한다고 하였다. 좀 더 구체적으로는 채권자가 채무자의 권리를 대위하여 행사하지 않으면 자기 채권의 완전한 만족을 얻을 수 없게 될 위험이 있어 채무자의 권리를 대위하여 행사하는 것이 자기 채권의 현실적 이행을 유효·적절하게 확보하는 데 필요한지를 판단기준으로 제시한다. 다만 채권자대위권의 행사가 채무자의 자유로운 재산관리행위에 대한 부당한 간섭이 되는 등 특별한 사정이 있는 경우에는 보전의 필요성을 부정한다(대판(전) 2020. 5. 21, 2018다879; 대판(전) 2022. 8.

25, 2019다229202 참조).

피보전채권이 금전채권인지 아닌지에 따라 구분하여 살펴볼 필요가 있다.

(개) 보전하려고 하는 채권이, 금전채권이거나, 또는 금전채권이 아니더라도 그 불이행으로 손해배상채권으로 변하여 금전채권으로 된 경우에는, 채무자의 자력이 피보전채권을 변제하기에 충분하지 않은 경우에 한해서 채권자대위권의 행사가 인정된다는 것이 원칙이다(대판 1963. 2. 14, 62다884; 대판 1963. 4. 25, 63다122; 대판 1969. 11. 25, 69다1665; 대판 1972. 4. 28, 72다187·188 등 참조). 즉, 금전채권을 보전하려고 할 경우에는 채무자의 무자력으로 채권의 만족을 얻지 못하게 될 염려가 있으면 채권자가 자기 채권을 보전할 필요가 있는 것이 된다(대판(전) 2020. 5. 21, 2018다879는 채무자가 무자력인데도 채권자가 자신의 금전채권을 보전하기 위하여 채무자를 대위하여 부동산에 관한 공유물분할청구권을 행사하는 것은 보전의 필요성이 없다고 하였다. 이는 기존 판례에 반하는 것으로서 부당하다). 이때 채무자가 무자력인지를 결정하는 시기는 사실심 변론종결 당시를 표준으로 하여 판단하고(대판 1972. 11. 28, 72다1466 참조), 또한 채무자의 무자력에 의한 채권보전의 필요성은 채권자가 이를 주장·증명해야 한다(대판 1966. 6. 21, 66다587 참조).

(내) 그러나 채권자가 채무자의 제3자(제3채무자)에 대한 특정채권을 행사함으로써, 자기의 '특정'채권(즉, 금전채권 이외의 특정채권)을 보전할 수 있는 경우에는 채무자의 무자력은 그 요건이 아니다. 따라서 이 경우 채권보전의 필요성은 피보전채권의 현실적 이행을 확보하기 위하여 채무자의 권리를 행사할 필요가 있는 것을 가리킨다. 이러한 판례이론이 적용되는 주요한 경우는 다음과 같다.

① 등기청구권의 대위행사　　채무자가 해야 할 등기절차를 채권자가 대위해서 행사하는 것이다. 예컨대, 甲으로부터 乙에게, 다시 乙로부터 丙에게 부동산이 매도되었는데, 등기부에 부동산이 甲 명의로 되어 있다고 하자. 이 경우에 乙은 甲에게, 그리고 丙은 乙에게, 각각 매매계약에 따라 등기청구권을 가진다. 그러나 丙이 乙에 대한 등기청구권을 행사하려면, 먼저 乙의 甲에 대한 등기청구권을 행사하는 것이 전제가 된다. 그런데 乙이 甲에 대한 등기청구권을 스스로 행사하지 않는다면, 丙은 乙에 대한 등기청구권을 행사할 수 없게 된다. 이러한 상황에서 丙은 乙을 대위하여 甲에 대하여 甲으로부터 乙에게 이전등기를 할 것을 청구하여 확

정판결을 얻어 등기를 할 수 있다(대판 1966. 1. 18, 65다1313; 대판 1969. 10. 28, 69다1351
참조). 이것이 등기청구권의 대위행사이다. 이 유형에 해당하는 것으로서, 甲이 乙
에게 부동산소유권을 양도하고 등기까지 이전하였으나 그 등기가 원인무효인 경
우, 甲으로부터 부동산을 매수한 丙은 甲을 대위하여, 甲으로부터 乙에게 원인무효
등기의 말소등기를 청구할 수 있다(대판 1965. 2. 16, 64다1630; 대판 1966. 9. 27, 66다1150
참조). 같은 취지에서, 채권담보의 목적으로 채권자에게 소유권이전등기를 해 준 채
무자는, 채권자로부터 다시 제3자에게 경유된 무효인 소유권이전등기의 말소를
청구할 수 있다(대판 1970. 7. 24, 70다805; 대판 1988. 1. 19, 85다카1792 참조). 또한 민법
제366조에 따라 법정지상권을 취득한 자가 법정지상권을 등기하지 않고 처분한 경
우 법정지상권부 건물의 양수인은 그 양도인이 토지소유자에 대하여 가지고 있던
지상권설정등기청구권을 대위행사할 수 있다는 것이 판례이다(대판 1981. 9. 8, 80다
2873. 「물권법」 [217] 4. ⑵ 참조).

〈그 밖의 주의할 판결〉

　㈎ 부동산 점유취득시효가 완성된 경우 점유자가 그 등기를 하기 전에 먼저 소유
권이전등기를 해서 부동산소유권을 취득한 제3자에 대해서는 취득시효를 주장할 수
없다. 이는 어디까지나 제3자 명의의 등기가 유효함을 전제로 한다. 만일 제3자 명의
의 등기가 원인무효라면, 취득시효 완성으로 인한 소유권이전등기청구권을 가진 자는
취득시효 완성 당시의 소유자에 대하여 가지는 소유권이전등기청구권으로써 위 소유자
를 대위하여 제3자 앞으로 경료된 원인무효 등기의 말소를 청구할 수 있다(대판
1990. 11. 27, 90다6651 참조).

　㈏ 甲이 소유 부동산을 乙에게 매도한 후 이전등기를 하기 전에, 丙에 대한 채권
담보의 목적으로 丙 앞으로 이전등기를 하였다고 하자. 乙은 甲에 대한 등기청구권자
로서 甲의 채무를 변제할 정당한 이해관계 있는 제3자이다. 따라서 특별한 사정이 없
는 한 乙은 丙에게 甲의 채무를 변제한 후, 甲을 대위하여 丙 앞으로 되어 있는 소유권
이전등기의 말소청구를 할 수 있다(대판 1971. 10. 22, 71다1888·1889 참조).

　② 임차인의 방해배제청구권의 대위행사　　　부동산 임차인이 임대인을 대
위하여 불법점유자에게 방해배제를 청구하는 것이다. 예컨대, 甲이 토지임대인(토지
소유자)이고 乙이 임차인인 토지 임대차관계에서, 제3자 丙이 그 토지를 불법으로
점유하고 있다고 하자. 임차인 乙은 임대인 甲에게 임차권에 기초하여 토지의 이용

을 청구하는 채권이 있고, 甲은 丙에게 소유권에 기초하여 토지인도 및 방해배제청
구권을 가진다. 이 경우에 乙은 甲에 대한 임대차에 따른 채권에 기초하여, 甲의 丙
에 대한 토지인도 및 방해배제청구권을 대위행사할 수 있다(대판 1962. 1. 25, 4294민상
607; 대판 1973. 7. 24, 73다114 참조). 이때 임차인이 임대인의 권리를 대위행사하려면,
임차인의 임차권은 임대인에게 대항할 수 있어야 한다. 그러므로 임대인의 동의 없
이 임차권을 양도한 경우에 그 양수인은 임대인의 권리를 대위행사하지 못한다(대
판 1985. 2. 8, 84다카188 참조).

　③ 금전채권을 보전하기 위한 채권자대위권의 행사는 위에서 보았듯이 원칙
적으로 채무자가 무자력인 경우에 인정된다. 그러나 이 원칙에 대한 예외를 판례는
인정한다. 즉, 사안에 따라서는 보전하려는 채권이 금전채권이더라도, 채무자의 자
력의 유무를 묻지 않고, 바꾸어 말해서 채무자가 무자력이 아니더라도, 대위권의
행사가 허용된다.

　이 경우 '채권보전의 필요성'은 위 ②의 경우와 같다. 유실물을 실제로 습득한
자는 법률상 습득자를 대위하여 보상금의 반액을 청구할 수 있다(대판 1968. 6. 18, 68
다663 참조). 채권자에 의한 상속등기의 대위도 가능하다(대결 1964. 4. 3, 63마54 참조).
의료법상 의료인(동법 2조 참조)은 그의 치료비청구권을 보전하기 위하여 채무자인
환자가 국가에 대하여 갖는 국가배상청구권(치료비청구권)을 대위행사할 수 있다(대
판 1981. 6. 23, 80다1351 참조).

　그러나 대법원은 피보험자가 임의 비급여 진료행위에 따라 요양기관에 진료비
를 지급한 다음 실손의료보험계약상의 보험자에게 청구하여 진료비와 관련한 보험
금을 지급받은 사건에서는 채권자대위권을 행사할 수 없다고 판단하였다. 이 사건
에서 진료행위가 위법한 임의 비급여 진료행위로서 무효인 동시에 보험자와 피보
험자가 체결한 실손의료보험계약상 진료행위가 보험금 지급사유에 해당하지 않아
보험자가 피보험자에 대하여 보험금 상당의 부당이득반환채권을 갖게 되었다. 채
권자인 보험자는 금전채권인 부당이득반환채권을 보전하기 위하여 채무자인 피보
험자를 대위하여 제 3 채무자인 요양기관을 상대로 진료비 상당의 부당이득반환채
권을 행사하는 채권자대위의 소를 제기하였으나, 채무자가 자력이 있는 때에는 보
전의 필요성이 없다고 하였다(대판(전) 2022. 8. 25, 2019다229202 참조). 그러나 이 판례

의 사안에서 이른바 밀접관련성을 긍정할 수 있고, 이 판례는 기존 판례와 실질상 배치되는 것이어서 찬성하기 어렵다.

④ 판례가 제시하고 있는 기준은 타당한가? 판례이론을 두 가지 측면에서 검토할 필요가 있다. 우선 판례는 특정채권의 보전을 위한 채권자대위권의 행사를 허용하며, 이때에는 채무자의 무자력은 그 요건이 아니라고 한다. 판례이론을 지지하는 것이 통설이다(김기선 177면, 김증한·김학동 185면, 송덕수 233면, 최식 61면, 민법주해 (IX) 756면 참조). 이를 채권자대위권제도를 전용(轉用), 즉 다른 데에 돌려서 쓰고 있는 것이라고 하는데, 다음과 같이 이해할 수 있다. 판례가 제도의 본래 목적을 벗어나 다른 목적을 위하여 채권자대위권제도를 돌려서 쓰고 있는 여러 경우는 각각 그들 영역에서 해결할 수도 있다. 그러나 채권자대위권제도의 전용은 사회적 요청을 충족해 주는 중요한 기능을 하고 있다. 특히, 등기청구권 또는 등기절차의 대위행사를 인정함으로써, 등기부의 기재를 가급적 실체적 권리관계와 일치시키는 작용을 하게 된다. 또한 부동산임차권에 기초한 방해배제청구권을 인정할 것인지 논란이 있지만([16] 2. 참조), 채권자대위권으로 방해배제를 청구할 수 있을 뿐이라고 새겨야 할 경우도 있다(예컨대, 임차물을 점유하고 있지 않은 임차인). 이러한 점에 비추어 판례이론은 긍정되어야 한다. 이처럼 이 제도를 전용해도 제3자에게 부당한 손해를 줄 염려가 없고 민법상 합리적인 효과를 거둘 수 있는 점에서, 판례에 찬성하는 것이 옳다. 이것이 채권자대위권에 관한 문언에 어긋나는 것도 아니다.

판례가 안고 있는 또 하나의 문제는 보전하려는 채권이 금전채권이라도, 채무자의 자력 유무를 묻지 않고 채권자대위권 행사를 허용하는 예외를 인정하고 있는 점이다. 이를 통하여 민법상의 직접청구권(630조 참조)을 인정하는 것과 같은 결과를 가져오는데, 이것이 어떻게 정당화되는가? 민법은 채권자대위권 행사의 요건으로 보전의 필요성을 요구할 뿐이고 채무자의 무자력이 필요하다고 정하고 있지는 않다. 따라서 보전의 필요성에 관한 해석을 통하여 채권자대위권을 탄력적으로 운영할 수 있는 기초가 민법 규정에 있다. 또한 판례가 그러한 예외를 인정하는 경우는 대위채권과 피대위채권 사이에 특별히 밀접한 관련이 있거나, 피대위채권이 대위채권을 실질적으로는 담보하고 있는 것과 같은 관계가 인정되는 경우이다. 이러한 사정을 감안하여 판례가 예외를 인정한 특수한 경우로 이해할 수 있다. 다만 예외를 인정하는 범위가 일관성이 없다는 문제가 있다. 대위채권과 피대위채권 사이에 특별히 밀접한 관련성이 있으면 보전의 필요성을 인정해야 한다. 채권자대위권의 행사가 채무자의 자유로운 재산관리행위에 대한 부당한 간섭이 되는 등 특별한 사정이 있다는 이유로 보전의 필요성을 부정하는 것은 극히 신중해야 한다.

  (2) **피보전권리**   보전되는 권리는 널리 청구권을 뜻하며, 물권적 청구권도 포함된다(대판 1966. 9. 27, 66다1334 참조). 그리고 채권의 종류가 무엇인지는 상관없다. 다만 대위에 의하여 보전하는 데 적합한 것이어야 할 뿐이다. 그러므로 금전채권뿐만 아니라, 부작위채권·노무공급채권도 불이행으로 손해배상채권으로 변하여 일반재산에 의하여 공동으로 담보되는 채권이면, 모두 보전될 수 있다. 대위의 목적인 권리보다 먼저 성립하고 있을 필요도 없다. 채권이 저당권 등의 특별담보로 보전되어 있는 때, 또는 대위가 유일한 방법이 아니고 다른 구제방법이 있는 때(직접 강제집행이 가능할 때)라도 채권자대위권을 행사할 수 있다.

  2. 채무자가 스스로 그의 권리를 행사하지 않을 것   민법 규정은 이 요건을 밝히고 있지 않으나, 제도의 목적에 비추어 당연한 요건이다. 왜냐하면 채무자가 스스로 그의 권리를 행사하고 있는데도 채권자의 대위를 허용하는 것은 채무자에 대한 부당한 간섭이나 참견이 되기 때문이다. 채무자가 그의 권리를 스스로 행사하지 않는 이유나 고의·과실의 유무는 상관없다. 채무자가 이행지체에 빠져 있어야 하는 것도 아니고, 대위권의 행사에 앞서서 채무자에게 그의 권리를 스스로 행사할 것을 최고할 필요도 없다. 대위권행사의 요건으로서는 위와 같이 채무자가 그의 권리를 스스로 행사하지 않고 있는 것으로 충분하므로, 대위권행사에 대한 채무자의 동의가 필요하지 않음은 물론이고(대판 1971. 10. 25, 71다1931 참조), 비록 채무자가 반대하더라도 채권자는 대위권을 행사할 수 있다(대판 1963. 11. 21, 63다634 참조).

  한편 채무자가 스스로 권리를 행사하고 있으면, 그 행사의 방법이나 결과가 좋든 나쁘든, 이제는 채권자는 대위하지 못한다. 예컨대, 채무자가 불리한 대물변제([108] 참조)를 하였거나, 소를 이미 제기하고 있는 경우(대판 1970. 4. 28, 69다1311; 대판 1981. 7. 7, 80다2751; 대판 1992. 11. 10, 92다30016 참조. 세 판결 중 첫째의 것은 소를 제기한 경우이고, 나머지는 판결까지 받은 경우이다), 또는 부적당한 소송방법으로 패소한 경우(대판 1969. 2. 25, 68다2352·2353; 대판 1993. 3. 26, 92다32876 참조)에도 채권자는 대위하지 못한다[채무자의 소송방법이 부적당한 경우에는 채권자는 보조참가(민소 71조)를 하거나 당사자 참가(민소 79조)를 하여 자기의 권리보전을 꾀할 수밖에 없다]. 다만 채무자가 채권자를 해칠 목적으로 불리한 권리행사를 하는 때에는, 채권자는 다음 관에서 설명하는 채권자취소권([53] 참조)으로 권리를 보전할 수 있다.

　　3.　**채권자의 채권이 이행기에 있을 것**　　　민법 제404조 2항은 원칙적으로 채권이 이행기에 있어야 함을 요구하면서, 한편으로는 채권보전의 긴급성이라는 관점에서, 다음과 같이 두 가지 예외를 인정하고 있다.

　　(1)　**재판상의 대위**　　　채권의 기한 전이라도 법원이 허가하면 대위권을 행사할 수 있다(404조 2항 본문). 재판상 대위의 절차에 관해서는 비송사건절차법에서 정하고 있다(45조부터 52조까지). 이 법 제45조에 따르면, 채권자는 자기 채권의 기한 전에 채무자의 권리를 행사하지 않으면 채권을 보전할 수 없거나 보전하는 데 곤란이 생길 우려가 있을 때에는 재판상의 대위를 신청할 수 있다.

　　(2)　**보존행위**　　　보존행위(채무자의 재산의 감소를 방지하는 행위)는, 예컨대 시효중단(채무자의 권리에 관한 소멸시효가 완성되려고 할 때), 보존등기, 제 3 채무자가 파산한 경우 채무자의 채권 신고와 같이, 채무자에게 이익이 될 뿐만 아니라, 급히 대처할 필요가 있는 것이 보통이므로, 채권자는 채권의 이행기 전이더라도, 법원의 허가 없이, 채무자의 권리를 대위행사할 수 있도록 하였다(404조 2항 단서).

[50]　Ⅲ.　**채권자대위권의 객체**

　　채권자대위권은 채권의 보전을 목적으로 하고 원칙적으로 채권의 공동담보를 보전하는 권리이다. 따라서 채권의 공동담보를 보전하는 데 적합한 채무자의 권리는 모두 대위권의 객체가 된다. 반면에 채권의 공동담보에 적당하지 않은 채무자의 권리는 그 객체가 될 수 없다. 즉, 채무자의 일신에 전속하는 권리와 압류가 금지되는 권리는 대위의 객체에서 제외된다. 이에 관하여 설명하면 다음과 같다.

　　1.　**채무자의 일신전속권**　　　채무자의 일신에 전속한 권리는 대위의 목적이 되지 않는다(404조 1항 단서). 일신전속권(一身專屬權)에는 귀속상 일신전속권(양도와 상속이 되지 않는다)과 행사상 일신전속권(법정대리와 채권자대위가 되지 않는다)이 있다. 채권자대위권 제도의 목적에 비추어 대위의 목적이 되지 않는 것은 '행사상 일신전속

권'이다. 따라서 순수한 비재산적 권리(가족권·인격권 등)는 모두 제외된다(친권·이혼청구권 등). 재산적 의의가 있는 권리라도, 주로 인격적 이익을 위하여 인정되는 권리는 제외된다. 이를테면 부부간의 계약취소권(828조)이나 인격권 침해에 대한 위자료청구권은 채권자대위권의 대상이 아니다. 판례는 유류분반환청구권(대판 2010. 5. 27, 2009다93992 참조) 또는 이혼으로 인한 재산분할청구권(대결 2022. 7. 28, 2022스613 참조)에 대해 행사상의 일신전속성을 가지므로 채권자대위권의 목적이 될 수 없다고 한다.

한편 종신정기금(725조) 그 밖에 당사자의 사망을 종기 또는 해제조건으로 하는 채권, 당사자 사이의 특별한 신뢰관계를 기초로 하는 채권[예컨대, 사용대차(614조)·고용(657조)·위임(690조)·조합(717조) 등]은 일신전속권으로서 상속의 목적이 되지 않는다(1005조). 또한 당사자 사이의 특별한 신뢰관계를 바탕으로 하는 채권[사용대차(610조 2항)·임대차(629조)·고용(657조 1항)·양도금지의 특약(449조 2항) 등]은 상대적으로 양도성이 제한되어 있다. 그러나 이들 채권은 재산권으로서 채무자의 재산을 이루고 있으므로, 채권의 공동담보 보전을 위하여 필요한 때에는 채권자대위권의 목적이 될 수 있다.

2. 압류가 금지되는 채권　압류하지 못하는 권리는 채권의 공동담보가 될 수 없으므로, 당연히 채권자대위권의 목적이 되지 못한다(민집 246조, 근로기준법 86조, 공무원연금법 39조 등 참조).

3. 재 산 권　위에서 든 것 이외의 권리, 즉 채무자의 일반재산을 이루는 재산권은 그 종류를 묻지 않고 모두 채권자대위권의 목적이 된다(대판 1965. 5. 25, 65다265·266 참조). 청구권에 한정되지 않고, 형성권(취소권·추인권·선택권·해제권·환매권·상계권·대금감액청구권·공유물분할청구권 등이 그 예)·채권자대위권(대판 1968. 1. 23, 67다2440 참조)·채권자취소권도 대위의 목적이 될 수 있다(다만 대판(전) 2020. 5. 21, 2018다879는 공유물분할청구권도 채권자대위권의 목적이 될 수 있지만, 극히 예외적인 경우가 아니라면 금전채권자는 부동산에 관한 공유물분할청구권을 대위행사할 수 없다고 판단하였다). 대위권의 목적이 되는지는 청구권인지 형성권인지, 또는 명확한 권리인지에 따라 정해지는 것은 아니며, 채권보전의 목적에 적합한지, 바꾸어 말하면 채권의 공동담보 보전을 위하여 대위행사가 필요하고 또한 부득이한지에 따라 결정해야 한다. 또한

대위권의 목적이 되는 재산권의 행사를 위하여 소송 그 밖에 공법상의 행위가 필요한 때에는 채무자가 가지는 공법상의 권리에 관해서도 대위할 수 있다. 등기신청권(공권이다)에 관해서는 따로 규정이 있다(부등법 28조).

　　소송상의 행위를 대위할 수 있는지는 문제이나, 실체법상의 권리를 주장하는 형식으로서 소송상 행위(소의 제기, 강제집행의 신청, 청구이의의 소, 제 3 자이의의 소, 가처분명령의 취소신청 등)를 대위할 수 있음은 당연하며 의문이 없다. 그러나 채무자와 제 3 자 사이에 소송이 계속한 후에, 그 소송을 수행하기 위한 소송상 개개의 행위(예컨대, 공격방어방법의 제출, 상소의 제기, 집행방법에 관한 이의, 가압류결정에 대한 이의의 신청 등)는 채권자가 대위하지 못한다(대결 1961. 10. 26, 4294민재항559 참조). 소송수행상 개개의 행위는 소송당사자만이 할 수 있기 때문이다.

[51] Ⅳ. 채권자대위권의 행사

1. 행사의 방법

　(1) 채권자대위권의 요건을 갖추면 채권자는 채무자의 권리를 행사할 수 있다. 채권자대위권은 채무자의 이름으로, 즉 채무자를 대리하여 행사하는 것이 아니라, 채권자가 '자기의 이름으로' 행사하는 것이다.

　(2) 채권자대위권은, 채권자취소권과 달리, 반드시 재판상 행사할 필요는 없다. 다만 채권자의 채권이 이행기 전이라면 법원의 대위허가가 필요할 뿐이다(404조 2항). 위와 같이 재판 밖에서 행사할 수 있을 뿐만 아니라, 재판상 행사할 수도 있음은 물론이다.

　　채권자가 채무자를 대위하여 소를 제기하는 경우 채무자가 아니라 채권자가 소송당사자로 된다. 그 판결의 기판력이 채무자에게도 미치는지 문제인데, 이에 관해서는 나중에 따로 다룬다([52] 3. 참조).

　(3) 채권자가 채무자를 대위하여 채무자의 권리를 행사한 효과는 직접 채무자에게 발생한다(대판 1971. 4. 30, 71다411·412 참조). 바꾸어 말하면, 채무자의 권리를 대위 행사한 효과가 직접 채권자에게 발생하지는 않는다. 따라서 채권 행사의 효과, 환매권 행사의 효과, 등기청구권 행사의 효과 등은 모두 채무자에게 발생하며, 채권자가 직접 변제받거나 환매·등기를 받지는 못한다. 다만 금전이나 물건의 급

부를 목적으로 하는 채권과 같이 변제의 수령이 필요한 경우에, 변제의 효과가 채무자에게 발생한다는 것과 변제의 수령을 채권자가 채무자를 갈음해서 할 수 있다는 것은 구별해야 한다. 즉, 채권자는 채무자에게 인도할 것을 청구할 수 있음은 물론이지만, 직접 자기에게 인도할 것을 청구할 수도 있다(대판 1962. 1. 11, 4294민상195; 대판 1966. 9. 27, 66다1149; 대판 1980. 7. 8, 79다1928 참조). 만일 이것을 인정하지 않는다면, 채무자가 수령하지 않는 경우 대위권은 그 목적을 달성할 수 없고, 또한 채권을 행사하는 권한에는 당연히 변제수령 권한도 포함된다고 해석해야 하기 때문이다.

　(4) 채권자가 채무자를 대위하여 채무자의 권리를 행사하는 것은 타인의 권리를 행사하는 것이므로, 법정위임관계가 있는 것으로 보아서, 선량한 관리자의 주의의무(681조)가 있다고 해석해야 한다.

　2. 행사의 범위　　　채권자대위권은 채권을 보전하기 위하여 채무자의 권리를 행사하는 것이므로, 그 행사는 당연히 채권보전에 필요한 범위에 한정된다. 따라서 채무자의 재산을 관리하는 행위는 허용되나, 그것을 처분하는 행위는 허용되지 않는다. 그러나 관리행위인지 처분행위인지는 개개의 권리행사에 따라 정하는 것이 아니라, 채무자의 재산 전체와 관련하여 상대적으로 정하는 것이다. 예컨대, 단순한 채무의 면제, 권리의 포기, 기한의 유예 등은 처분행위로서 허용되지 않으나, 채권자취소권·해제권·환매권 등의 행사나 매매·상계·경개 등의 이익교환행위는 전체 재산에 대한 관계에서 재산을 보전하는 데 필요한 때에는 일종의 관리행위로서 허용된다. 또한 채권의 공동담보를 보전하기 위하여 대위채권자의 채권액을 넘어 채무자의 권리를 행사할 수 있으나, 하나의 권리를 행사하여 그 목적을 달성할 수 있는 경우에, 그 이상으로 다른 권리를 행사할 수는 없다. 특정채권을 보전하는 경우에는, 채무자의 자력과는 관계없이, 그 채권의 보전에 필요한 권리에 관해서만 행사가 허용된다.

　3. 행사의 효력

　(1) **채무자의 처분권 제한**

　㈎ 재판상의 대위신청을 허가한 경우에는 법원은 직권으로 이를 채무자에게 고지해야 한다(비송법 49조 1항). 이 고지를 받은 다음에는 채무자가 그 권리를 처분할 수 없다(비송법 49조 2항).

(나)　재판 밖에서 대위권을 행사하는 것에 관해서는 따로 규정이 있다. 즉, 채권자가 채권의 이행기가 된 다음에 채무자의 보존행위 이외에 권리를 행사한 때에는, 채무자에게 대위의 통지를 해야 한다(405조 1항). 이 통지를 받은 후에는 채무자는 그 권리에 관하여 처분행위를 하지 못한다(405조 2항). 이는 채무자가 채권자대위권 행사사실을 통지받은 후 그 권리를 처분함으로써 대위권행사를 방해하는 것을 막기 위한 것이다(대판 1990. 4. 27, 88다카25274 · 25281 참조). 보존행위를 대위행사하는 때에는 통지할 필요가 없는데, 보존행위는 일반적으로 급히 대처할 필요가 있고 그것은 언제나 채무자에게 이익이 되기 때문이다(대판 1989. 4. 11, 87다카3155; 대판 1990. 4. 27, 88다카25274 · 25281 참조). 제405조는 채권자에 의한 통지에 관해서만 규정할 뿐이고, 채무자가 그의 권리에 대한 채권자의 대위권 행사 사실을 알게 된 때에 어떻게 되는지에 관해서는 언급이 없다. 비록 채권자가 통지하지 않았더라도, 채무자가 대위권 행사 사실을 알게 된 때에는, 통지가 있었던 경우와 마찬가지로 다루어야 한다(대결 1962. 12. 27, 62사17; 대판 1977. 3. 22, 77다118; 대판 1988. 1. 19, 85다카1792; 대판 1993. 4. 27, 92다44350 참조). 한편 제405조 2항은 채무자의 처분권을 제한하고 있을 뿐이나, 권리의 행사도 마찬가지라고 해석해야 한다. 따라서 채권자의 통지가 있은 후 또는 채무자가 대위권 행사 사실을 안 후에는 채무자가 권리행사를 위한 소의 제기를 하지 못한다고 새겨야 한다(대판 1962. 5. 24, 4294민상251 · 252 참조). 채권자대위권의 행사로 인한 처분금지효가 계약의 해제 또는 합의 해제에도 미치는지 문제된다. 판례는 합의 해제에 관해서는 처분행위로 보지만(대판 1996. 4. 12, 95다54167; 대판 2007. 6. 28, 2006다85921 참조), 채무자가 자신의 채무불이행을 이유로 매매계약이 해제되도록 한 것까지 채무자의 처분이라고 볼 수 없다고 한다(대판(전) 2012. 5. 17, 2011다87235 참조. 다만 형식적으로는 채무자의 채무불이행을 이유로 한 계약해제인 것처럼 보이지만 실질적으로는 채무자와 제 3 채무자 사이의 합의에 따라 계약을 해제한 것으로 볼 수 있거나, 채무자와 제 3 채무자가 단지 대위채권자에게 대항할 수 있도록 채무자의 채무불이행을 이유로 하는 계약해제인 것처럼 외관을 갖춘 것이라는 등의 특별한 사정이 있는 경우에는 처분에 해당한다고 한다). 위와 같은 판례가 원칙적으로 타당하다(양창수, 민법연구 제 7 권, 365면 참조).

(2)　**제 3 자의 항변권**　　　채권자는 채무자를 대위하여 채무자의 권리를 행사하는 것이므로, 상대방인 제 3 자는 채무자 자신이 권리를 행사하는 경우보다 불리

한 지위에 놓여서는 안 된다. 따라서 제 3 자는 채무자에 대한 모든 항변(권리소멸의 항변, 상계의 항변, 동시이행의 항변, 무효의 항변 등)으로써 채권자에게 대항할 수 있다. 그러나 대위권 행사의 통지(재판 밖에서 대위하는 경우)나 대위신청을 허가한 법원의 고지(재판상 대위의 경우)가 있은 후 채무자의 처분행위로 제 3 자가 채무자에 대하여 할 수 있게 된 항변으로써 채권자에게 대항하지 못한다. 그러나 그러한 통지나 고지가 있은 후 채무자의 처분행위에 의하지 않고 제 3 자가 할 수 있게 된 항변은 당연히 이를 가지고 채권자에게 대항할 수 있다(예컨대, 채무자에게 변제하거나, 통지나 고지 후에 취득한 반대채권으로 상계하고, 이로써 대위권을 행사하는 채권자에게 대항할 수 있다).

[52] V. 채권자대위권 행사의 효과

1. 효과의 귀속   채권자대위권의 행사는 채무자의 권리를 행사하는 것이므로, 그 행사의 효과는 직접 채무자에게 생기고, 채권자 전체를 위한 공동담보가 된다. 즉, 대위채권자라고 해서 대위에 의하여 우선변제권을 취득하지는 않으며, 다른 채권자와 평등하게 변제받을 수 있을 뿐이다. 따라서 채권자가 스스로 채무의 목적물을 인도받았더라도, 그것이 직접 대위채권자의 채권을 변제받은 것은 아니다. 만일 대위채권자가 자기채권의 변제를 받으려면, 다시 채무자로부터 변제를 받거나 강제집행절차를 취해야 한다. 이때 다른 채권자가 배당요구를 하면, 평등한 비율로 변제를 받을 수 있을 뿐이다. 다만 대위권을 행사하여 받은 목적물이 채권자가 가진 채권의 목적물과 같은 종류이고 상계적상에 있으면([116] 참조), 상계함으로써 우선변제를 받은 것과 같은 결과가 된다.

2. 비용상환청구권   채권자대위는 채무자의 권리를 행사하는 것이며, 그 한도에서 일종의 법정위임관계라고 할 수 있다. 그러므로 대위를 위하여 채권자가 비용을 지출한 때에는, 그 비용의 상환청구권을 가지게 된다(650조 참조). 만일 채권자가 물건을 대신 수령하여 보관비용을 지출한 때에는 이 비용은 그 물건에 관하여 생긴 채권이므로, 그 물건에 유치권을 취득한다(320조 참조).

3. 대위소송 판결의 효력

(1) 채권자가 스스로 소송당사자가 되어 대위소송을 제기한 경우 채무자도 스스로 당사자로서 소송에 참가하였거나(민소 79조) 채무자에게 소송고지가 있었던 때

(민소 84조~86조)에는 그 판결의 효력이 채무자에게도 미치게 된다(민소 77조).

(2)　채무자가 소송참가(민소 79조)를 하지 않았고 소송고지(민소 84조~86조)를 받지도 않은 경우에, 그 판결의 효력은 채무자에게 미치는가?

판례·학설은 대립하고 있다. 판례는 소가 제기된 사실을 어떤 사유로든지 간에 채무자가 알았으면, 대위소송 판결의 기판력은 채무자에게도 미친다고 새기고 있다(대판(전) 1975. 5. 13, 74다1664; 대판 1988. 2. 23, 87다카1108; 대판 1991. 12. 27, 91다23486 참조). 그러나 다수설은 채권자에 의한 대위소송을 채무자가 알든 모르든 이를 묻지 않고 기판력은 언제나 채무자에게 미친다고 새기는 것이 옳다고 한다(김증한·김학동 192면, 김형배 374면, 송덕수 244면, 최식 63면, 현승종 197면, 민법주해(IX) 784면 참조. 위 대법원 전원합의체 판결의 반대의견도 참조).

채무자가 소송이 계속(係屬) 중인 사실을 알았는지는 주관적인 사정이다. 그 증명이 곤란한데도 이에 따라 기판력이 미치는지를 결정한다면 법적 안정성을 내세우는 기판력의 정신에 어긋난다. 그러므로 채무자가 소송 계속 사실을 알았는지를 묻지 말고, 일률적으로 기판력이 채무자에게 미친다고 보아야 한다. 대위소송은 채무자의 권리를 행사하는 권한, 즉 관리권한에 바탕을 두고 있다. 민사소송법 제218조 3항은 "다른 사람을 위하여 원고나 피고가 된 사람에 대한 확정판결은 그 다른 사람에 대하여도 효력이 미친다."라고 정하고 있는데, 대위소송 판결도 여기에 해당한다고 보아야 한다. 다수설이 타당하다.

위와 같이 대립하는 견해에 따라 어떤 차이가 있는지 살펴보면 다음과 같다. 예컨대, 부동산이 A → B → C에게 순차로 전매되었으나, 등기부상 여전히 A가 소유자로 되어 있다. 이 경우에 C가 B를 대위하여 A를 상대로 B에게 이전등기를 하라는 소를 제기하여 승소판결을 얻었다고 하자. 다수설에 따르면, 소송당사자가 아닌 B도 그 판결에 따라 A에게 직접 이전등기를 하도록 할 수 있다. 이와 달리 판례에 따르면, B가 그러한 대위소송이 있었음을 알고 있었던 때에만 A에 대하여 직접 이전등기를 하도록 할 수 있다.

제 3 관 채권자취소권

[53] I. 채권자취소권의 의의와 성질

1. 채권자취소권의 의의　　채권자취소권(債權者取消權)은 채권자가 채무자
의 사해행위를 취소하여 사해행위(詐害行爲)로 빠져나간 채무자의 재산을 회복하는
것을 목적으로 하는 권리이다(406조 1항). 사해행위는 "채권자를 해함을 알고 재산권
을 목적으로 한 법률행위"를 줄인 말로 채권자취소권의 요건에 해당한다.

예컨대, 甲에게 1억원을 빌려 쓰고 있는 乙이 그의 유일한 재산인 부동산을 친
구 丙에게 증여하여 재산이 없게 되었다고 하자. 甲의 1억원 채권이 갖는 경제적
가치는 0이 되어 버린다. 이러한 경우에 채권자 甲이 위 증여를 채권자를 해치는
행위, 즉 사해행위로서 취소하고 부동산을 원상회복할 수 있는 권리가 채권자취소
권이다. 이 제도로 甲은 乙의 책임재산을 보전, 즉 안전하게 지킬 수 있게 된다. 원
래 채무자의 재산은 채권자 전체를 위한 공동담보이다. 그런데 채무자가 채권의 공
동담보가 부족해진다는 것을 알면서도 자기 재산을 함부로 줄어들게 하는 행위를
한다면 채권자의 공동담보를 위태롭게 한다. 이때 채권자를 보호하기 위하여 채무
자의 재산감소행위에 대한 효력을 부인하고 빠져나간 재산을 도로 찾아와서 채권
의 공동담보를 보전·유지할 필요가 있다. 채권자취소권은 바로 그러한 제도이다.

이러한 목적을 가진 제도로는 채권자취소권 이외에도 도산법상 부인권(否認權)
제도가 있다(회생파산 100조 이하, 391조 이하 참조). 채권자취소권과 도산법상 부인권은
같은 성질을 가지지만, 채무자가 사해의사로 재산감소행위를 하는 경우 도산절차
밖에서 신속히 채권의 공동담보를 보전할 수 있는 제도를 필요로 한다. 도산법상
부인권과는 따로 채권자취소권을 인정하는 이유는 여기에 있다. 바꾸어 말하면, 도
산절차, 즉 회생절차와 파산절차를 개시하지 않고서 부인권과 같은 목적을 달성할
수 있다는 데 채권자취소권의 독자적인 존재의의가 있다. 채무자는 재산상태가 나
빠지면, 재산을 숨기는 행위를 하는 경우가 많으므로, 채권자취소권은 도산절차 밖
에서 채무자의 공동담보를 보전하는 데 중요한 작용을 한다.

채권자취소권은 채권자대위권과 더불어 채권의 공동담보를 보전하는 것을 목
적으로 하나, 다음과 같은 차이가 있다. 채권자대위권은 채무자의 권리를 대위행사

하는 것이어서, 그것은 본래 있어야 할 상태를 만들어내는 데 지나지 않으며, 채무자 또는 제3자에게 미치는 영향이 매우 적다. 이에 반하여 채권자취소권은 일단 유효하게 성립한 행위의 효력을 부인해서 제3자로부터 담보재산을 회수해 오는 것이다. 이는 채권의 공동담보 보전이라는 목적을 위하여 새로운 상태를 만들어내는 것이어서 채무자와 제3자에게 미치는 영향이 매우 크다. 따라서 그 성립요건은 공동담보 보전의 필요성, 채무자와 제3자의 이해관계 등을 비교·교량하여 엄격하게 정해야 한다.

2. 채권자취소권의 성질

(1) 채권자취소권은 소송법상의 권리가 아니라 실체법상의 권리이다. 민법 제406조 1항은 "… 법원에 청구할 수 있다."라고 정하고 있으나, 이것은 단순히 권리를 행사하는 방법을 정한 것에 지나지 않는다. 채권자취소권은 채권의 효력으로서 채권자에게 인정되는 권리이므로, 채권이 양도되면 그에 따라 채권자취소권도 이전한다.

(2) 채권자취소권의 본질적 내용은 무엇인가? 민법 제406조 1항은 "… 그 취소 및 원상회복을 법원에 청구할 수 있다."라고 정하고 있다. 다수설과 판례에 따르면, 채권자취소권은 사해행위를 취소하고 사해행위의 결과 채무자로부터 빠져나간 재산의 반환을 청구하는 권리라고 하면서 다음과 같이 설명한다. 채권자취소권은 취소권(형성권)과 채권적 청구권이 하나로 합쳐져 있다. 따라서 소의 성질은 형성의 소와 이행의 소 가운데 어느 하나가 아니라 2개의 소가 결합한 것이며, 판결 주문에서 취소와 재산 반환을 모두 명해야 한다. 그런데 사해행위를 취소만 하면 충분하고 재산을 반환케 할 필요가 없는 경우가 있다. 예컨대, 채무면제가 사해행위에 해당하면 채무면제를 취소하기만 하면 된다. 또한 사해행위가 되는 증여계약·매매계약 또는 보증계약 등이 체결되어 있으나, 이들 계약이 아직 이행되지 않고 있어서, 채무자의 재산이 현실적으로 떨어져 나가고 있지 않은 경우에는 위와 같은 사해행위의 취소만이 문제된다. 이러한 경우에도 채권자는 채권자취소권을 행사해서 사해행위 취소만 할 수 있는가? 바꾸어 말해서, 채권자취소권은 취소권과 청구권이 하나로 합쳐져 있는 것이나, 단순히 사해행위 취소로 충분한 때에 사해행위 취소가 목적이 될 수 있는지 문제된다. 재산회복의 전제로서 단순히 사해행위 취소만 청구해도 상관없다는 것이 판례·다수설이다.

본래 민법총칙에서 취소한 법률행위는 처음부터 무효인 것으로 본다(141조 본문). 즉, 그것은 절대적 무효인 것이 원칙이다. 다만 착오·사기·강박에 의한 의사표시 취소의 효과는 상대적이다(109조 2항, 110조 3항). 제109조 2항·제110조 3항과 같은 규정을 따로 두고 있지 않은 채권자취소권에서 그 취소의 효과는 절대적인가? 종래 판례는 채권자취소권을 행사한 효과는 상대적(相對的) 무효라고 하고 있으며, 다수설도 마찬가지이다. 여기서 말하는 상대적 무효는 사해행위가 채권자에 대한 관계에서만 무효이고 사해행위의 당사자 사이에서는 유효한 법률행위가 된다는 뜻이다. 요컨대, 사해행위의 취소는 채권자가 수익자 또는 전득자로부터 재산의 반환을 청구하는 데 필요한 범위에서 이들에 대한 관계에서만, 즉 상대적으로 그 효력이 없게 될 뿐이라고 한다(그러므로 사해행위의 당사자를 모두 피고로 할 필요가 없다). 이에 반하여 채권자취소권에서 말하는 취소를 상대적 무효로 볼 수 있는 법률 근거가 없다고 하면서 일반적인 취소와 마찬가지로 절대적(絶對的) 무효라고 하면서 취소의 소급효를 인정하는 견해가 있다(이은영 481면 참조). 이 견해에 따르면 언제나 사해행위의 당사자를 모두 피고로 해야 하고, 또한 전득자가 있어서 그로부터 재산의 반환을 청구하려면 채무자·수익자 사이의 법률행위와 수익자·전득자 사이의 법률행위를 모두 취소해야 한다. 한편 채권자취소권은 그 행사로 책임재산이 채무자에게 복귀하지 않고 취소채권자의 채권에 대한 책임재산이 된다는 의미에서 책임법적(責任法的) 무효라는 견해도 있다(김형배 389면 참조). 또한 채권자취소권은 수익자나 전득자 앞으로 이전된 재산에 대하여 강제집행을 할 수 있는 상태로 회복하기 위한 전제로서 그 취소와 원상회복을 청구할 수 있는 권리로서 그 행사에 따라 사해행위가 무효 —상대적 무효든, 절대적 무효든, 책임법적 무효든— 로 되는 것은 아니고 채권자와 수익자 또는 전득자 사이에 법정채권관계가 성립한다는 채권설(債權說)이 있다(김재형, 민법론 Ⅱ, 17면 참조). 이 견해는 채권자취소권에 따른 원상회복 청구권은 법률이 규정한 채권적 청구권이라고 한다.

채권자취소권의 성질과 그 효과에 관하여 위와 같이 견해가 복잡하게 대립하고 있으나, 먼저 다수설과 판례에 따라 구체적인 소송형태를 설명하면 다음과 같다. 채권자는 사해행위의 취소를 청구하는 동시에 빠져나간 재산의 반환을 청구할 수 있다. 이 경우에는 판결주문에서 취소와 반환을 명하지만, 재산의 반환을 청구

하지 않고 단순히 사해행위의 취소만을 청구할 수도 있다. 그리고 사해행위의 취소
는, 채권자가 수익자 또는 전득자로부터 재산의 반환을 청구하는 데 필요한 범위에
서, 즉 그들 수익자 또는 전득자에 대한 관계에서만 상대적으로 효력(상대적 무효)이
생길 뿐이다(대판 1961. 11. 9, 4293민상263; 대판 1962. 2. 15, 4294민상378; 대판 1963. 8. 22,
63다299; 대판 1967. 12. 26, 67다1839 등 참조). 다수설은 이러한 판례에 따르고 있다(김기
선 184면, 김증한·김학동 206면, 김현태 165면, 최식 64면, 현승종 201면 참조).

　　채권자가 수익자나 전득자에 대해 가지는 원상회복청구권은 채권적 청구권임
이 분명하다. 채권자가 사해행위를 취소한다고 해서 채권자가 수익자나 전득자에
대하여 물권적인 권리를 취득한다고 볼 수 없다. 따라서 이를 물권적 청구권이라고
볼 수 없다. 그렇다고 형성권이라고 볼 수도 없다. 채권자취소권은 수익자나 전득
자 앞으로 이전된 재산에 대하여 강제집행을 할 수 있는 상태로 회복하기 위한 것
으로서 이러한 한도에서 사해행위 취소의 효력이 생긴다고 보아야 한다. 통설과 판
례는 상대적 '무효'라고 하나, 굳이 이를 무효라고 할 필요가 없다. 채권자와 수익
자 또는 전득자는 채권적 관계에 있을 뿐이다. 수익자나 전득자는 자신 앞으로 이
전된 재산에 대해 채권자가 강제집행을 하는 것을 수인해야 할 의무가 있다고 보면
충분하다. 다만 민법 제406조는 원상회복을 청구할 수 있다고 하였으므로, 그 회복
의 방법이 원상회복이라고 보아야 한다. 채권자가 사해행위의 목적물에 대해 강제
집행을 할 수 있도록 수익자나 전득자는 채권자에게 원상회복의무를 진다는 것이
채권자취소권에서 말하는 채권의 내용이다. 또한 채권자취소권을 행사한 결과 책
임법적 무효라고 설명할 필요도 없고 수익자나 전득자가 책임만을 질 뿐이고 채무
를 지지는 않는다고 설명할 필요도 없다(채권자취소권에 관한 판결 주문에서 '사해행위에
해당하는 계약 등을 취소한다'고 기재하고 있으나, 이는 마치 그 계약의 효력을 부정하는 것과 같
은 표현이기 때문에 매우 부적절하고, 사해행위 취소의 결과를 판결 주문에 기재하는 방식으로 전
환하는 것이 바람직하다).

　　다만 이하의 내용은 통설과 판례에 따라 설명한다.

[54]　Ⅱ. 채권자취소권의 요건

　　객관적 요건으로서 채무자가 채권자를 해치는 법률행위, 즉 사해행위를 하였

을 것, 그리고 주관적 요건으로서 채무자와 수익자 또는 전득자가 사해 사실을 알고 있었을 것, 즉 악의가 필요하다.

1. 객관적 요건: 사해행위

(1) 채무자가 법률행위를 하였을 것

(카) 취소의 목적이 되는 것은 채무자가 한 법률행위이다. 따라서 채무자 이외의 자가 한 행위(예컨대, 채무자에게 자기의 부동산에 저당권을 설정할 것을 약정한 사람이 부동산을 다른 사람에게 양도하는 행위, 수익자가 한 양도행위, 전득자의 저당권설정행위 등)는, 채권자를 해치는 결과를 초래하더라도, 취소하지 못한다. 채무자의 대리인이 한 법률행위는 채무자에 대하여 직접 그 효력이 생기므로 당연히 취소의 목적이 된다.

(나) 채무자가 한 법률행위이면 되고, 그 종류는 상관없다. 계약이 보통이겠지만, 권리의 포기, 채무의 면제나 승인 등 단독행위라도 좋다. 회사설립행위 등 단체법적 행위도 취소할 수 있다. 또한 채권행위·물권행위·준물권행위 중 어느 것이든 상관없다. 채무자의 단순한 부작위나 사실행위(그러나 358조 단서 참조) 또는 순수한 소송행위는 취소할 수 없다. 그러나 재판상의 법률행위(소송상 상계 등. 재판상의 화해·청구의 포기·인낙 등에 관해서는 학설이 대립하고 있으나, 소송행위로 보는 것이 다수설이다)는 취소할 수 있다.

위와 같이 취소의 목적은 법률행위이나, 엄격하게 법률행위에 한정되는가? 민법 제406조 1항은 '법률행위'라고만 하고 있어서 문제이다. 그런데 이 제도는 본래 채권의 공동담보를 보전하는 것이 목적이므로, 재산감소의 법률효과를 가져오는 채무자의 행위이면 되는 것이고, 법률행위에 한하지 않으며, 그 밖에 준법률행위(최고, 채권양도의 통지, 시효중단을 위한 채무승인 등)라도 취소권을 행사할 수 있다고 보아야 한다. 또한 법률행위를 하지는 않았지만, 법률상 이를 한 것과 동일한 효과가 주어지는 경우[취소나 추인을 하지는 않았으나 법률상 추인(15조) 또는 추인거절(131조)이 있다고 보는 경우, 법정추인(145조)의 경우, 또는 제389조 2항 전단에 따라 재판으로 채무자의 의사표시를 갈음하는 경우 등]에도 취소권을 행사할 수 있다.

(다) 채무자의 법률행위는 유효하게 성립한 것이어야 하는가? 존재하지도 않는 법률행위는 채권자취소권의 목적이 될 수 없다. 그러나 취소권의 목적이 될 수 있는 법률행위는 단순히 성립하고 있을 뿐만 아니라, 동시에 그것이 유효한 것이어야

하는지에 관해서는 판례·학설이 대립하고 있다. 이것은 주로 허위표시(虛位表示)가 사해행위 취소의 대상이 되는지라는 문제로서 다루어지고 있다. 채무자가 가장매매와 같이 통정 허위표시로 그의 재산을 감추기 때문이다. 판례는 채무자의 법률행위가 통정 허위표시인 경우에도 사해행위 취소의 대상이 된다고 한다(대판 1961. 11. 9, 4293민상263; 대판 1963. 11. 28, 63다493; 대판 1964. 4. 14, 63다827; 대판 1975. 2. 25, 74다2114; 대판 1998. 2. 27, 97다50985 참조). 그 이유로 민법 제406조는 단순히 법률행위라고 할 뿐 유효한 법률행위이어야 함을 요건으로 요구하고 있지 않다는 점을 들고 있다.

　한편 학설은 허위표시의 취소를 원칙적으로 부정한다. 무효인 법률행위는 이론적으로 취소할 수 없을 뿐만 아니라, 채권자의 공동담보에 아무런 불이익한 효과를 발생하지 않으므로 취소할 필요가 없다고 한다(다만 가장행위의 무효로 채무자가 가지는 등기의 말소, 점유의 반환, 배서의 말소 등을 청구하는 권리를 채권자가 대위행사함으로써 채권의 보전을 꾀할 수 있을 뿐이라고 한다). 그러나 허위표시의 무효는 선의의 제 3 자에게 대항하지 못하므로(108조 2항), 채무자와 수익자 사이의 법률행위가 허위표시이더라도, 전득자가 선의이긴 하지만(즉 허위표시임을 알지 못하였으나) 사해사실을 알고 있었던 경우에는, 허위표시에 관하여 선의를 주장하는 한, 채권자는 전득자에 대한 관계에서 허위표시를 요소로 하는 행위를 사해행위로서 취소할 수 있고, 이 경우에 피고(즉 전득자)는 허위표시임을 주장하여 취소를 막지 못한다고 한다(김증한·김학동 195면, 현승종 203면 참조). 요컨대, 허위표시는 원칙적으로 무효이나, 그것이 예외적으로 유효하게 다루어지는 경우에 한하여 취소권의 목적이 된다고 해석하고 있다.

　채무자가 그의 재산을 숨길 목적으로 통정한 허위표시를 한 경우 허위표시를 무효로 하는 민법의 제도는, 채권자취소권 제도와 마찬가지로, 책임재산을 확보·보전한다는 기능을 한다. 공동담보를 보전하는 데 쓸모가 있는 때에는, 채권자의 편의를 꾀하는 것이 타당하다. 그러므로 두 제도가 같은 기능을 하는 경우에는, 위의 학설과 같이 한정적 해석을 할 필요는 없다(김용한 260면, 송덕수 256면 참조). 이런 견지에서 판례를 지지한다. 여기서 다음과 같이 새기고자 한다. 즉, 채권자취소권을 행사하는 채권자가 허위표시라는 이유로 취소를 소구하는 것은 허용될 수 없으나, 그 채권자가 사해행위로서의 여러 요건을 증명해서 그 행위의 취소를 소구하는 것은 상관없다. 이때 피고(수익자 또는 전득자)는 그 행위가 허위표시임을 이유로 이를 막지 못한다.

  (2) **채무자의 법률행위는 재산권을 목적으로 할 것**   제406조 1항이 분명하게 규정하고 있다. 채권자취소권은 채무자의 일반재산을 보전할 목적으로 하므로, 취소의 객체인 법률행위는 직접 채무자의 일반재산을 구성하는 권리에 관한 것이어야 한다(매매·증여·대물변제·질권 또는 저당권 설정 등). 그렇지 않으면, 채무자의 자유를 부당히 해칠 염려가 있게 된다. 따라서 간접적으로는 재산상 이익에 영향을 미치는 재산행위라도, 채무자의 자유에 맡겨야 하는 것(증여 또는 유증의 거절, 채무자의 고용계약 등)은 취소의 목적이 될 수 없다. 같은 이유로, 직접 재산권 자체를 목적으로 하지 않는 혼인, 상속의 승인이나 포기 등은 사해행위가 되지 않는다. 판례는 상속의 포기(대판 2011. 6. 9, 2011다29307 참조)나 유증의 포기(대판 2019. 1. 17, 2018다260855 참조)는 사해행위가 되지 않지만, 상속재산의 분할협의는 사해행위가 될 수 있다고 한다(대판 2001. 2. 9, 2000다51797 참조). 한편 이혼에 따른 재산분할은 상당하다고 할 수 없을 정도로 과대하고 재산분할을 구실로 이루어진 재산처분이라고 인정할 만한 특별한 사정이 없는 한 사해행위가 되지 않고, 위와 같은 특별한 사정이 있는 경우에는 상당한 부분을 초과하는 부분만이 사해행위가 된다(대판 2001. 5. 8, 2000다58804 참조). 또한 압류가 금지된 재산권은 채권의 공동담보가 되지 않으므로, 사해행위가 되지 않는다.

  (3) **채권자를 해치는 법률행위일 것**   채권자를 해친다는 것은 채무자의 재산행위로 그의 일반재산이 감소하여 채권의 공동담보가 부족해지고 채권자에게 완전한 변제를 할 수 없게 되는 것을 말한다(대판 1962. 1. 15, 62다634 참조). 채무자의 일반재산은 적극재산과 소극재산으로 구성되므로, 재산감소행위는 적극재산을 감소시키는 처분행위뿐만 아니라, 소극재산을 증가시키는 채무부담행위를 포함한다. 그리고 소극재산의 총액이 적극재산의 총액을 넘는 것, 즉 채무초과 또는 무자력으로 되는 것이 채권자를 해치는 것이다(대판 1982. 5. 25, 80다1403 참조). 그리하여 채무자의 재산감소행위로 채무자가 채무초과 또는 무자력으로 되면, 그 행위는 사해행위로서 취소의 목적이 된다. 판례는 채무자가 책임재산을 감소시키는 행위를 함으로써 일반채권자들을 위한 공동담보의 부족상태를 유발하거나 심화시킨 경우에 그

행위가 사해행위에 해당하는지를 판단할 때 다음과 같은 여러 사정을 종합적으로 고려하여 판단하고 있다. 즉, 목적물이 채무자의 전체 책임재산 가운데에서 차지하는 비중, 무자력의 정도, 법률행위의 경제적 목적이 갖는 정당성과 그 실현수단인 행위의 상당성, 행위의 의무성 또는 상황의 불가피성, 채무자와 수익자 간 통모의 유무와 같은 공동담보의 부족 위험에 대한 당사자의 인식 정도 등 그 행위에 나타난 여러 사정을 종합적으로 고려하여, 그 행위를 궁극적으로 일반채권자를 해하는 행위로 볼 수 있는지에 따라 판단한다(대판 2010. 9. 30, 2007다2718 참조).

　　그러나 현실적으로 채무자의 어떠한 재산감소행위가 사해행위가 되는지, 채권자의 어떠한 채권이 사해행위로 침해되는 것인지에 관해서는 많은 문제가 있다.

　⑺　**채무자의 무자력에 관한 문제**

　①　**채무자 자력의 산정**　　채무자의 적극재산은 채무자의 신용 등도 평가·포함해서 산정해야 한다. 조건부·기한부 채권도 평가·가산해야 한다. 그리고 채권자가 채무자의 재산에 물적 담보를 가지는 경우 그 행사로 우선변제가 확보되는 한도에서 그 채무를 소극재산에서 공제하고, 동시에 그 한도에서 해당 담보재산도 적극재산에서 공제해서, 채무자의 자력 유무를 산정해야 한다.

　②　**자력 산정의 시기**　　채무자가 여러 개의 재산감소행위를 한 때에는 각각의 행위를 할 당시에 그 행위로 무자력이 생겼는지를 판정해야 한다. 채무자의 무자력은 각각의 사해행위 당시에 그 행위로 무자력이 되어야 하나, 그 밖에도 채권자가 취소권을 행사하는 때, 정확하게는 사실심(제2심) 변론종결 시에도 무자력이어야 한다. 왜냐하면 채무자가 사해행위로 무자력이 되었더라도 그 후 자력이 회복되면 취소권을 행사할 필요가 없기 때문이다(예컨대, 사해행위인 계약이 나중에 해제되거나, 채무가 감소하여 자력을 회복한 때에는 취소하지 못한다).

　③　**변제와 대물변제**　　일부의 채권자에게 변제하는 것이 사해행위가 되느냐에 관하여, 변제는 원칙적으로 사해행위가 되지 않는 것으로 새기는 것이 판례·다수설이다(대판 1967. 4. 25, 67다75; 대판 1981. 2. 24, 80다1963 참조). 채무의 변제로 적극재산이 줄어들지만, 동시에 소극재산도 줄어들어서 전체로서는 채무자의 자력이 늘지도 줄지도 않을 뿐만 아니라, 채무자는 비록 다른 채권자가 있더라도 변제를 거절하지 못하기 때문이다. 따라서 채무의 이행으로서 하는 등기나(대판 1962. 11.

15, 62다634 참조), 채무의 변제방법으로서 제 3 자에게 채권을 양도해도, 사해행위가
되지 않는다(대판 1967. 7. 11, 67다847 참조). 그러나 일부 채무자와 통정하여 다른 채
권자를 해할 의사를 가지고 변제하는 것은 사해행위가 된다. 이를 편파행위(偏頗行
爲)라고 한다.

　　대물변제는 변제와 같은 이유로 상당한 가격 또는 채권액으로 행하여진 때에
는 사해행위가 되지 않는다는 대법원 판결도 있었으나(대판 1962. 11. 15, 62다634 참
조), 그 후에는 대물변제는 변제를 하는 경우와는 달리 원칙적으로 다른 채권자들
에 대한 관계에서 사해행위가 될 수 있고 사해성의 일반적인 판단기준에 비추어 그
행위가 궁극적으로 일반채권자를 해치는 행위로 볼 수 없으면 사해행위가 아니라
고 한다(대판 2010. 9. 30, 2007다2718 참조). 채권액 이상의 가치 있는 것으로서 하는 대
물변제는 사해행위가 됨은 물론이고, 또한 특정채권자와 서로 짜고 대물변제를 함
으로써 채권자의 일반담보를 줄어들게 하는 것도 사해행위가 된다(대판 1966. 10. 18,
66다1447; 대판 1990. 11. 23, 90다카27198 등 참조).

　　④　물적 담보의 제공　　　일부 채권자를 위하여 저당권 설정 그 밖의 물적
담보를 제공하면 담보채권자가 우선변제권을 확보하게 된다. 이는 다른 채권자의
공동담보를 감소시키는 것이 되어 사해행위가 된다고 생각할 수 있다. 그러나 위에
서 보았듯이 변제 · 대물변제에 관하여 사해행위의 성립을 부정하는 견지에서는 담
보의 제공을 특히 구별할 이유가 없으며, 사해행위가 되지 않는다고 한다(김증한 · 김
학동 199면, 현승종 206면 참조). 그러나 판례는 물적 담보의 제공이 사해행위가 될 수
있다고 한다(대판 1986. 9. 23, 86다카83; 대판 2006. 4. 14, 2006다5710 참조). 위에서 본 대
물변제와 같게 다루어야 할 것이다.

　　⑤　인적 담보의 부담　　　채무자가 보증채무 · 연대채무를 부담하는 것은
소극재산이 늘어나므로 취소의 목적이 된다. 다만 보증인은 검색의 항변권(437조 참
조)을 가지므로, 보증한 채무자가 주채무자에게 충분한 자력이 있고 채권자가 보증
인에게 청구할 필요가 없음을 주장한 때에는, 취소권자는 취소하지 못한다. 이에
대하여 연대채무는 보증채무와는 달리 다른 연대채무자에게 자산이 있어도 채권자
의 이행청구를 거부하지 못하므로, 연대채무액 전부를 소극재산에 넣어야 한다. 따
라서 채권자의 취소를 물리치지 못한다.

⑥ 부동산 그 밖의 재산 매각　　　무상 또는 부당히 싼 값으로 처분하여 적극재산을 감소시키는 것이 사해행위가 됨은 물론이다. 그러나 상당한 대가로 부동산 그 밖의 재산을 매각하는 것이 사해행위가 되는지는 문제이다. 판례는 부동산을 매각하여 소비하거나, 감추거나 흩어지기 쉬운 금전으로 바꾸면 공동담보의 효력이 줄어든다고 하면서 다음과 같이 경우를 나누어 판단한다. 만일 채무자가 대금을 쓸모 있게 소비한 사실이 있으면(이행기가 도래한 채무의 변제 또는 세금 납부 등), 그 대가가 상당한 것이라면, 사해행위로서 취소를 청구할 수 없다. 이와 달리 쓸모 있게 소비하지 않은 때에는 사해행위로서 취소를 청구할 수 있다(대판 1966. 10. 4, 66다1535; 대판 1991. 2. 12, 90다16276; 대판 1997. 5. 9, 96다2606; 대판 1998. 4. 14, 97다54420 참조). 그러나 매매 상대방이 알지 못하는 대금의 사용용도에 따라 사해행위의 성립 여부를 결정하는 것은 거래의 안전을 해치고 또한 채무자의 활동(현금화해서 잘 이용하여 경제적 갱생을 꾀하는 등)을 지나치게 구속하여 부당하다. 그러므로 상당한 대가에 의한 부동산의 매각은 원칙적으로 사해행위가 되지 않는다고 해야 한다. 이것이 다수설이다(김기선 188면, 김증한·김학동 200면, 현승종 208면 참조).

그러나 상당한 대가로 재산을 매각하였다고 해도 다음과 같이 편파행위에 해당한다면 사해행위가 될 수도 있다. 예컨대, 채무초과 상태에 있는 채무자가 채권자 중 한 사람과 공모하여 그 채권자가 채권의 만족을 얻도록 할 목적으로 그가 소유하는 부동산을 그 채권자에게 매각하였다면, 설령 매매가격이 상당한 것이더라도, 채무자의 매각행위는 다른 채권자를 해치는 사해행위로 인정된다(대판 1994. 6. 14, 94다2961·2978 참조).

(내) **취소채권자의 채권에 관한 문제**

① 특정채권의 보전　　　채권자취소권은 어떤 특정의 급부를 목적으로 하는 채권, 특히 등기청구권 또는 부동산임차권을 보전하기 위하여 행사하는 것이 허용되는가? 민법은 채권자취소권에 관해서는, 채권자대위권과 달리, 이를 허용하지 않고 있다. 민법 제407조에서 취소의 효과는 "모든 채권자의 이익을 위하여 그 효력이 있다."라고 정하고 있다. 따라서 채권자취소권은 채권의 공동담보를 해치는 경우, 즉 채무자가 무자력으로 된 경우에만 허용되며, 특정채권의 보전을 위하여서 행사하는 것은 허용되지 않는다(대판 1965. 1. 26, 64다848; 대판 1967. 11. 14, 67다2007; 대

판 1998. 2. 23, 87다카1586; 대판 1991. 7. 23, 91다6757 참조).

    ② 금전채권 이외의 채권   취소채권자의 채권은 금전채권이어야 하는
가? 민법은 그러한 요건을 요구하지 않는다. 금전채권은 물론이고 채무의 불이행으
로 손해배상채권으로 변할 수 있는 것이면 무엇이든지 좋다고 해야 한다(대판 1965.
6. 29, 65다477 참조). 왜냐하면 채권자취소권은 공동담보의 보전을 목적으로 하고,
채무자의 일반재산에 의하여 담보되는 것은 금전채권에 한정되지 않고 궁극적으로
손해배상채권으로 변하는 모든 채권이기 때문이다.

    ③ 물적 담보를 수반하는 채권   질권·저당권과 같은 물적 담보로 담보
되는 채권에 관해서는, 채무자의 자력을 산정할 때 이미 설명했듯이 우선변제를 받
는 한도에서 적극재산·소극재산에서 공제되어야 하므로((3) ㈎ ① 참조), 담보물의
가액이 부족되는 한도에서만 채권자는 취소권을 행사할 수 있다.

    ④ 인적 담보를 수반하는 채권   보증·연대채무와 같은 인적 담보를 수
반하는 채권은 인적 담보 제공자에게 변제자력이 있더라도 우선변제가 보장되지
않으므로, 채권자는 채권액 전부에 관하여 취소권을 행사할 수 있다.

    ⑤ 채권의 성립시기   취소채권자의 채권은 원칙적으로 사해행위 이전에
발생한 것이어야 한다(대판 1962. 2. 15, 4294민상378; 대판 1995. 2. 10, 94다2534 참조). 원
래 채권자는 채권이 발생한 당시에 채무자의 자력을 신용의 기초로 하고, 사해행위
당시에 아직 존재하지 않는 채권은 사해행위로 침해될 수 없기 때문이다. 채권이
사해행위 이전에 발생한 것이면, 사해행위 후에 그 채권이 양도되어도, 양수채권자
는 취소권을 잃지 않는다. 따라서 채권양도의 대항요건을 갖춘 시기가 사해행위 이
전인지 이후인지는 상관없다.

    위와 같이 취소채권자의 채권은 원칙적으로 사해행위 이전에 성립하고 있어야
하지만, 판례는 중대한 예외를 인정하고 있다. 채권 성립의 기초가 되는 법률관계
가 이미 발생되어 있고, 가까운 장래에 그 법률관계에 기초하여 채권이 성립한다는
고도의 개연성이 있으며, 실제로 그 개연성이 현실화되어 채권이 성립하면, 그 채
권도 채권자취소권의 피보전채권이 될 수 있다(대판 1996. 2. 9, 95다14503; 대판 1997. 5.
23, 96다38612; 대판 1997. 10. 10, 97다8687; 대판 1997. 10. 28, 97다34334 참조).

    ⑥ 조건부·기한부 채권   취소채권자의 채권이 이행기에 있어야 하는

것은 아니다. 조건부·기한부 채권에 관해서도 취소권을 긍정하는 것이 옳다(조건부
권리를 보호하는 148조·149조 참조).

2. 주관적 요건

(1) **채무자의 악의**   채무자가 사해행위 당시에 그 행위로 채권자를 해친
다는 것을 알고 있어야 한다(406조 1항 본문). 이것을 일반적으로 사해의사(詐害意思)
라고 일컫는다. 사해의사는 특정 채권자를 해치려고 하는 적극적인 의사가 아니라,
변제능력이 부족하게 된다는 소극적인 인식으로 충분하다. 바꾸어 말하면, 사해의
인식은 일반적으로 채권자를 해친다는 것, 즉 공동담보에 부족이 생긴다는 것에 관
하여 있으면 되고, 특정 채권자를 해친다는 것을 인식할 필요는 없다. 또한 사해행
위 당시, 즉 사해행위가 성립한 때에 인식하고 있어야 하며(대판 1960. 8. 18, 4293민상
86 참조), 그 당시에 현실적으로 인식하고 있지 않으면, 비록 그것이 과실에 의한 경
우에도, 채권자취소권은 성립하지 않는다. 따라서 사해행위가 있은 후에 채무자가
인식하게 되어도 취소하지 못한다. 위와 같은 채무자의 악의에 대한 증명책임은 채
권자에게 있다. 채무자의 자산상태, 처분행위의 대가, 처분상대방 등에 비추어 채
무자의 악의를 인정할 수 있다.

(2) **수익자 또는 전득자의 악의**   채무자의 사해행위에 의하여 직접 이익을
얻은 자(수익자) 또는 이 수익자를 거쳐서 그 이익을 얻은 자(전득자)는, 사해행위 또
는 전득행위 당시에, 채권자를 해치게 됨(바꾸어 말해서, 변제자력이 부족하게 됨)을 알
고 있어야 한다(406조 1항 단서). 수익자 또는 전득자의 사해의사도 사해의 사실에
관한 인식이 있으면 된다. 인식하지 못한 데 과실이 있었는지는 상관없다.

선의에 관한 증명책임은 수익자 또는 전득자에게 있다. 채권자가 수익자나 전
득자의 악의를 증명할 필요는 없다. 판례도 일찍부터 수익자 또는 전득자의 악의가
추정된다고 하여 이들이 선의였음을 증명할 책임이 있다고 한다(대판 1960. 7. 7, 4292
민상786; 대판 1962. 2. 8, 4294민상722; 대판 1969. 1. 28, 68다2022; 대판 1991. 2. 12, 90다16276
참조). 다만 일정한 경우에는 수익자의 악의가 추정될 수 있다. 예컨대, 채무자의 제
3자에 대한 담보제공행위가 객관적으로 사해행위에 해당하는 경우 수익자의 악의
는 추정되므로 수익자가 그 행위 당시 선의였다는 증명을 하지 못하면 사해행위를
취소해야 한다고 한다(대판 2006. 4. 14, 2006다5710 참조).

[55] Ⅲ. 채권자취소권의 행사

1. 행사의 방법

(1) **채권자의 이름으로 행사**   채권자취소권은 채권자가 채권자라는 자격에서, 바꾸어 말하면 자기의 이름으로 재판상 행사해야 하며, 채권자대위권과 같이 채무자를 갈음해서 행사할 수 없다. 원래 채무자에게 취소권이 있는 게 아니라, 채권자만이 공동담보를 보전하기 위하여 취소권을 갖기 때문이다. 또한 취소권의 행사로 재산의 반환을 청구하게 되는데, 이때 취소로 채무자는 아무런 권리도 취득하지 못한다.

(2) **재판상의 행사**   채권자취소권은 반드시 재판상 행사해야 한다(406조 1항 본문). 그 이유는 채권자취소권이 제 3 자의 이해와 중대한 관계가 있으므로, 법원이 취소권의 요건을 판단하고 이를 다른 채권자에게 공시하기 위해서이다. 소의 성질은 취소만을 청구하는 경우에는 형성의 소이고, 취소와 함께 재산의 반환도 청구하는 때에는 형성의 소와 이행의 소를 합한 것이다. 그리고 어느 경우든 판결주문에서 사해행위의 취소를 명하고 있다. 판례는 채권자가 사해행위 취소만을 먼저 청구한 다음 원상회복을 나중에 청구할 수 있으나(대판 2001. 9. 4, 2001다14108 참조), 사해행위 취소를 구함이 없이 원상회복만을 구할 수 없고(대판 1962. 2. 8, 61다722; 대판 2008. 12. 11, 2007다69162 참조), 사해행위 취소를 항변만으로 주장하지도 못한다고 한다(대판 1978. 6. 13, 78다404 참조). 그러나 이러한 판례의 태도는 의문이다. 청구취지에 원상회복만을 구하고 사해행위를 취소해 달라는 기재를 하지 않았다고 하더라도 청구원인에서 사해행위의 취소를 구하는 취지가 명백하다면 원상회복청구에 대한 실체적 판단을 해야 한다(김재형, 민법론 Ⅱ, 21면 참조).

(3) **취소소송의 상대방**   채권자취소권 행사의 상대방, 즉 취소소송의 피고는 언제나 이득반환청구의 상대방, 즉 수익자 또는 전득자이며(대판 1965. 9. 7, 65다1481 참조), 채무자를 피고에 포함시켜서는 안 된다(대판 1961. 11. 9, 4293민상263; 대판 1962. 1. 25, 4294민상529; 대판 1965. 2. 24, 64다1541; 대판 1967. 12. 26, 67다1839 참조). 따라서 채무면제와 같은 단독행위를 취소하는 때에도, 채무면제로 이익을 받는 수익자만을 상대방으로 한다.

수익자·전득자 모두 악의라면 채권자는 그의 선택으로 전득자를 피고로 하여 이에 대한 관계에서 사해행위를 취소하고 그로부터 재산의 반환을 청구할 수도 있고, 또는 수익자를 피고로 하여 그에 대한 관계에서 사해행위를 취소하고 그로부터 재산의 반환을 갈음하여 손해배상을 청구할 수도 있다. 그리고 수익자가 악의이고 전득자가 선의라면, 채권자는 수익자를 피고로 하여 그로부터 손해배상을 청구하거나, 전득자에게 영향을 미치지 않는 한도에서 재산의 반환을 청구할 수 있다. 이와 달리 수익자가 선의이고 전득자가 악의라면, 악의의 전득자를 피고로 하여 재산의 반환을 청구할 수 있다.

　(4)　**취소소송과 채무자의 파산**　　사해행위 취소소송이 계속하고 있는 경우에 채무자가 파산선고가 된 때에는, 그 소송절차는 수계 또는 파산절차의 종료에 이르기까지 중단되고(회생파산 406조), 파산관재인이 그 소송절차를 수계할 수 있다(회생파산 347조. 회생절차가 개시된 경우에도 이와 유사하다. 회생파산 113조, 59조). 따라서 사해행위가 있은 후에 채무자가 파산선고를 받거나 회생절차가 개시된 경우에 파산채권자 또는 회생채권자는 채권자취소권을 행사하지 못한다.

　2. 행사의 범위　　채권자취소권은 사해행위로 생긴 채무자의 일반재산 감소를 막고, 채권의 만족을 얻는 것을 목적으로 하므로, 그 취소 범위도 그러한 목적에 필요한 한도를 넘지 못한다.

　(1)　취소의 범위는 취소권을 행사하는 채권자의 채권액을 표준으로 한다. 그러나 그 채권액은 사해행위 당시를 표준으로 하고, 사해행위 이후 판결이 있을 때까지 발생한 채권액은 이를 가산해서는 안 된다. 이와 같이 취소의 범위는 채권액을 표준으로 하므로, 다른 채권자가 많이 있더라도 취소채권자의 채권액을 넘어서 취소하지는 못한다. 따라서 사해행위가 분할될 수 있으면, 원칙적으로 채권보전에 필요한 범위에서 일부취소를 해야 한다(다만 사해행위가 분할될 수 있더라도 일부취소를 명하는 것이 경제적 실정에 적합하지 않은 때에는, 채권총액을 넘어서 취소하는 것이 인정된다. 대판 1975. 6. 24, 75다625 참조). 그러나 사해행위의 목적물이 불가분이거나 다른 채권자가 배당참가를 신청하는 것이 명백하여 채권자가 자기의 손실을 구제하기 위하여 필요한 때에는, 그의 채권액을 넘어서도 취소권을 행사할 수 있다. 그리고 다른 채권자가 있는 경우에도 자기의 채권액 전액을 표준으로 하여 취소권을 행사할 수 있으며, 다른 채권자와 안분비례로 취득할 수 있는 금액에 제한되지 않는다.

(2) 반환의 목적물에 관해서는 상대방으로부터 사해행위 목적물 자체의 반환을 청구할 수 있는 경우에는 원칙적으로 그 목적물을 청구해야 하며, 특별한 사정이 없는 한 목적물 평가액의 반환을 청구하지 못한다. 일부취소의 경우에도, 사해행위의 목적물이 분할될 수 있는 때에는, 분할된 부분의 반환을 청구해야 하며, 분할될 수 없는 경우에만 목적물의 반환을 갈음하여 가액의 반환을 청구해야 한다.

(3) 채무자가 양도한 목적물에 저당권이 설정되어 있으면 그 목적물 중에서 일반채권자들의 공동담보에 제공되는 책임재산은 피담보채권액을 공제한 나머지 부분이다. 저당권자가 피담보채권액의 범위에서 우선변제를 받기 때문이다. 따라서 저당권의 피담보채권액이 목적물의 가격을 초과하고 있는 때에는 일반채권자의 공동담보에 제공되는 책임재산이 없으므로 그 목적물의 양도는 사해행위에 해당하지 않는다(대판 1997. 9. 9, 97다10864 참조). 그런데 여러 부동산에 공동저당권이 설정되어 있으면 책임재산을 산정할 때 각각의 부동산이 부담하는 피담보채권액을 어떻게 계산할 것인지 문제된다. 공동저당에 관한 민법 제368조에 따르면 공동저당권자는 저당목적물에 대하여 자유롭게 경매를 실행할 수 있지만, 배당 단계에서는 공동저당권자가 공동저당의 피담보채권액에 대한 각 공동저당물의 책임분담액이 그 담보 가치에 비례하여 배당받는다. 따라서 여러 부동산에 공동저당권이 설정되어 있으면 책임재산을 산정할 때 각각의 부동산이 부담하는 피담보채권액은 원칙적으로 공동저당권의 목적으로 된 부동산의 가액에 비례하여 공동저당권의 피담보채권액을 안분한 금액이다(대판 2003. 11. 13, 2003다39989 참조). 그러나 채무자와 물상보증인의 공유인 부동산에 관하여 저당권이 설정된 후 채무자가 자신의 지분을 양도한 경우, 그 양도가 사해행위에 해당하는지를 판단할 때 채무자 소유의 지분이 부담하는 피담보채권액을 채무자의 지분에 해당하는 부동산의 가액으로 안분하지 않고 피담보채권 전액으로 보고 있다(대판(전) 2013. 7. 18, 2012다5643 참조). 공동저당권이 설정되어 있는 여러 부동산 중 일부는 채무자 소유이고 일부는 물상보증인의 소유인 경우 부동산의 경매대가를 동시에 배당하는 때에는 제368조 제 1 항이 적용되지 않는다(대판 2010. 4. 15, 2008다41475). 채무자는 채무를 종국적으로 부담하는 주체인 반면, 물상보증인은 채무자에게 구상권과 변제자대위권을 행사할 수 있다. 따라서 물상보증인 소유의 부동산이 채무자 소유의 부동산과 함께 공동저당으로 제공된 경우

에는 채무자 소유의 부동산만을 공동저당으로 제공한 경우와 다른 결론에 도달하
게 된다(김재형, 민법판례분석, 201면 참조).

(4) 부동산을 매도한 행위가 사해행위에 해당하면 부동산뿐만 아니라 그 사
용이익도 반환해야 하는지 문제된다. 판례는 이 경우 수익자나 전득자가 사해행위
이후 부동산을 직접 사용하거나 제3자에게 임대하였더라도 매매계약을 취소하고
부동산을 원상회복하는 것으로 충분하다고 한다(대판 2008. 12. 11, 2007다69162 참조).
그 이유는 당초 채권자의 공동담보를 이루는 채무자의 책임재산은 당해 부동산이
었을 뿐 수익자 또는 전득자가 그 부동산을 사용함으로써 얻은 사용이익이나 임차
인으로부터 받은 임료상당액까지 채무자의 책임재산이 아니라는 점을 든다. 그러
나 사해행위가 없었더라면 채무자가 부동산을 계속 보유하면서 그 부동산을 사용
함으로써 사용이익을 얻었거나 임차인으로부터 차임을 받았을 것이다. 이러한 사
용이익이나 차임상당액도 반환범위에 포함된다고 보아야 한다(김재형, 민법론 IV, 503
면 참조).

[56] Ⅳ. 채권자취소권 행사의 효과

1. 채권자취소권 행사의 효과는 "모든 채권자의 이익을 위하여 그 효력이 있
다"(407조). 수익자 또는 전득자로부터 찾아온 재산 또는 재산을 갈음하는 손해배상
은 채무자의 일반재산으로서 회복되고, 총채권자를 위하여 공동담보가 되는 것이
며, 취소채권자가 그것으로부터 우선변제를 받는 권리를 취득하지 않는다. 채권자
가 직접 자기에게 재산을 인도하거나 손해배상을 지급하라고 청구한 때에도 마찬
가지이다. 따라서 취소채권자가 도로 찾은 재산으로부터 채권 변제를 받으려면, 다
시 집행권원에 기초하여 그 재산에 대한 강제집행의 절차를 밟아야 한다. 이때 다
른 채권자가 배당에 가입할 수 있음은 물론이다. 다만 도로 찾은 재산의 반환채무
와 취소권자의 채권이 상계적상에 있는 때에는, 취소채권자는 상계함으로써 사실
상 우선변제를 받는 결과가 된다. 이러한 결과는 407조의 문언에 맞지 않아 입법적
으로 해결할 필요가 있다.

2. 위에서 보았듯이 취소는 그 효력이 채무자에게 미치지 않는다. 취소판결
의 기판력은 소송에 참가하지 않은 채무자에게는 미치지 않고, 또한 채무자와 수익

자, 수익자와 전득자 사이의 법률관계에도 아무런 영향이 없다(대결 1984. 11. 24, 84마
610; 대판 1988. 2. 23, 87다카1989 참조). 따라서 취소의 효과로서 원상회복도 채권자와
수익자 또는 전득자 사이에서만 발생할 뿐이고, 채무자가 직접 권리를 취득하지는
않는다. 채권자가 변제받고 남은 부분은 수익자 또는 전득자의 자산으로 되돌아
간다.

　　위와 같이 채권자취소권 행사에 의하여, 채무자와 수익자, 수익자와 전득자 사
이의 법률행위에는 그 효력이 미치지 않는다. 따라서 취소로 재산을 반환하였거나
이를 갈음하는 손해배상을 지급한 수익자 또는 전득자(바꾸어 말하면, 취소소송의 피고)
가 취소에 의한 손실을 부담하게 된다. 다만 채무자는 수익자 또는 전득자의 손실
로 부당이득을 한 것이 되므로, 그 한도에서 손실자는 채무자에게 부당이득의 반환
을 청구할 수 있다. 그러나 종전 소유자와 한 법률행위가 유효하게 존속하므로, 종
전 소유자에 대하여 그 법률행위에 의하여 급부한 물건 또는 대상의 반환은 청구하
지 못한다(취소의 효력을 절대적이라고 할 때에만 가능하다). 주의할 것은, 손실자의 채무
자에 대한 부당이득반환청구도 사해행위 당시의 채권자에게는 대항하지 못한다는
점이다. 따라서 취소소송의 피고가 된 수익자 또는 전득자가 손실을 보게 된다.

[57]　Ⅴ. 채권자취소권의 소멸

　　채권자취소권은 "채권자가 취소원인을 안 날부터 1년, 법률행위가 있은 날부
터 5년 내에" 행사해야 한다(406조 2항). 채권자취소권은 보통의 취소권과는 달라서
법률행위의 성립요건에 흠이 있는 것이 아니라, 일단 유효하게 성립한 법률행위를
공동담보를 보전하기 위하여 취소하는 것이다. 따라서 제 3 자에게 미치는 영향이
크기 때문에, 단기소멸기간을 두어 법률관계를 빨리 확정하려는 것이다. 1년 · 5년
의 기간은 시효기간이 아니라, 이른바 제척기간, 그중에서도 제소기간이다(대판
1975. 4. 8, 74다1700; 대판 1980. 7. 22, 80다795 참조). 따라서 채권자취소권은 위 기간 내
에 소를 제기하여 행사해야 한다. 그 기산점이 되는 '채권자가 취소원인을 안 날'은
채무자가 채권자를 해치게 됨을 알면서 법률행위를 한 사실을 채권자가 알게 된 때
라는 뜻이다(대판 1989. 9. 12, 88다카26475 참조).

제 5 장 수인의 채권자와 채무자
(다수당사자의 채권관계)

제 1 절 총 설

[58] Ⅰ. 의의와 기능

1. 채권관계는 1개의 급부에 관하여 한 사람의 채권자와 한 사람의 채무자가 있는 것이 보통이다. 그러나 채권자 또는 채무자가 복수인 경우도 있다. 예컨대, 어떤 가옥을 여러 명이 공동으로 매수하는 경우에 가옥의 소유권이전에 관해서는 그들이 공동으로 채권자가 되고 대금 지급에 관해서는 공동으로 채무자가 된다. 이와 같이 하나의 급부에 관하여 복수의 채권자 또는 복수의 채무자가 있게 되는 경우를 통틀어 종래 다수당사자(多數當事者)의 채권관계라고 일컫는다. 민법은 '수인(數人)의 채권자 및 채무자'라는 제목(제 3 편 제 1 장 제 3 절 참조)으로, 제408조 이하에서 위와 같은 주체가 여럿 있는 채권관계를 규율하고 있다. 그러나 여전히 종래의 '다수당사자의 채권관계'(의용민법 제 3 편 제 1 장 제 3 절은 그 제목을 '다수당사자의 채권'이라고 하고 있다)라는 용어가 주로 사용되고 있다(김기선 195면, 김증한·김학동 211면, 김현태 176면, 최식 107면, 현승종 220면 참조). 민법의 용어대로라면, 일일이 '수인의 채권자 및 채무자가 있는 채권관계'라고 하여야 하나, 이는 너무 길어 불편하므로, 이곳에서도 위 용어를 쓰기로 한다.

위와 같이 본래 다수당사자의 채권관계는 채권관계의 당사자인 채권자와 채무자 혹은 그 쌍방이 2인 이상 있는 채권관계를 가리킨다. 그런데 다수당사자의 채권관계는 그 문자의 뜻이 동일한 채권 또는 채무에 관하여 귀속주체가 여럿인 경우, 바꾸어 말하면 채권·채무의 준공유·준합유·준총유를 가리킨다고 말할 수 있으나, 민법이 규율하고 있는 것은 분할채권관계·불가분채권관계·연대채무·보증채무 네 가지이다. 이들은 같은 채권 또는 채무에 관하여 귀속주체가 복수인 경우가 아니라, '같은 내용의 급부를 목적으로 하는 채권자 또는 채무자의 수만큼 다수의 채권관계가 성립하는 경우'임을 주의해야 한다. 바꾸어 말하면, 채권·채무가 주체의 수만큼 있게 되는 채권관계가 다수당사자의 채권관계이다.

　　2.　민법이 다수당사자의 채권관계로서 규정하는 것은, 앞에서 보았듯이, 분할채권관계(분할채권과 분할채무가 있다)·불가분채권관계(불가분채권과 불가분채무가 있다)·연대채무 및 보증채무의 네 가지(잘게 나누면 여섯 가지)이다. 학설은 여기에서 나아가 연대채무에 대응하는 연대채권과 연대채무와 비슷한 부진정 연대채무도 인정하고 있다. 이러한 여러 채권관계의 의의와 작용을 간단히 적어 보면, 다음과 같다.

　　(1)　분할채권관계(分割債權關係)는 원래 1개의 가분급부를 목적으로 하는 채권·채무가 다수인에게 분할, 즉 나누어 쪼개져서 귀속하는 관계이다. 바꾸어 말하면, 다수인이 하나의 가분급부를 각자의 지분에 따라 나누어서 그 분할된 급부부분에 관하여 독립한 채권을 갖거나 채무를 부담하는 관계이다. 예컨대, 甲·乙·丙이 공유하는 자동차를 3천만원에 매각한 경우에, 甲·乙·丙이 각각 1천만원의 대금채권(지분이 같을 때)을 취득하는 것이 분할채권이고, 반대로 甲·乙·丙이 3천만원의 대금으로 자동차를 공동으로 사들였다면, 각자가 1천만원의 대금채무를 부담한다고 할 때 성립하는 것이 분할채무이다. 이러한 분할채권관계는 민법상 다수당사자의 채권관계에서 원칙적인 모습으로 되어 있다는 점에서 의의가 있을 뿐이고, 특수한 제도로서 작용하는 것은 아니다.

　　(2)　불가분채권관계·연대채무관계·보증채무는 모두 다수인이 각각 하나의 급부 전부에 관하여 채권을 가지거나 채무를 부담하지만, 그중 한 사람이 채권을 실현하거나 채무를 변제하면, 다른 사람의 채권이나 채무도 소멸한다는 점에서 동일하다. 다만 다수인 상호간의 결합관계에서 양적·질적인 차이가 있으며, 이에 따라 법률관계의 구체적 내용을 달리한다. 이들 가운데서 불가분채권(不可分債權)은 급부가 그 성질상 불가분인 때에 채권자 각자에게 채권 전부를 행사하는 것을 용이하게 한다는 효과를 가지나, 실제에서는 그 예가 별로 없다(의사표시에 의한 불가분채권은 거의 그 예가 없다). 또한 연대채권(連帶債權)도 실제상 의의가 없다. 중요한 것은 불가분채무·연대채무·보증채무이다.

　　보증채무(保證債務)는 오로지 채권담보를 위한 제도이다. 보증채무의 특질은 다수의 채무 사이에 주종의 구별이 있으며, 종된 채무(보증채무)가 주된 채무에 대한 관계에서 부종성을 가지는 데 있다. 다수의 채무 사이에 주종의 구별이 없는 연대채무(連帶債務)에서는 채권자가 여러 채무자 중에서 자력 있는 자를 마음대로 골라서 채무액 전부의 변제를 받을 수 있기 때문에, 채권의 효력이 매우 강하다. 따라서 공동행위자의 책임가중, 특히 채권담보의 작용을 하는 것으로서 중요한 의의를 가진다. 부진정(不眞正) 연대채무가 연대채무와 다른 점은 여러 채무자 사이의 관계가 연대채무처럼 긴밀하지 않다는 데 있으나, 오히려 그렇기 때문에 채권자에게는 더욱 유리하다. 불가분채무(不可分債務)는 급부가 원래 불가분이기 때문에 생기는 것이나, 당사자의 의사표시로 불가분채무로 하는 경우는 물론이고, '성질상의 불가분급부'를 확장해석하여 불가분채무로 되는 경우에는, 연대채무와 마찬가지로 채권의 효력을 강하게 하는 작용 또는 담보적 기능을 하게 된다. 다수당사자의 채권관계가 채권담보의 기능을 하는 것으로 파악되는 것은 위와 같은 사정으로 인한 것이다.

　　(3)　다수당사자의 채권관계는 모두 1개의 동일한 급부를 목적으로 하는 채권 또는 채무가 다수인에게 귀속하는 관계이므로, 마치 1개의 물건이 다수인의 공동소유에 속하는 경우와 같다. 학설은 물건의 공동소유의 세 모습, 즉 공유·합유·총유에 대응하여, 채권·채무의 공유적·합유적·총유적 귀속이라는 모습을 인정한다. 그리고 민법이 규정하는 다수당사자의 채권관계에 관한 여러 모습은 채권·채무의 공유적 귀속의 여러 모습이라고 설명하는 것이 일반이다(바꾸어 말하면 제408조 이하는 채권의 준공유에 대한 특칙을 이룬다). 이들 채권의 공유적·합유적·총유적 귀속에 관해서는 항을 바꾸어 따로 설명하기로 한다.

[59]　Ⅱ. 채권·채무의 공동귀속

　　채권·채무가 수인에게 공동으로 귀속한다는 것은 이론적으로 가능할 뿐만 아니라, 민법도 제278조에서 "본절의 규정은 소유권 이외의 재산권에 준용한다. 그러나 다른 법률에 특별한 규정이 있으면 그에 의한다."라고 정하여, 준공동소유를 인정하고 있다. 또한 조합재산 또는 공동상속재산에 관하여, 각각 조합원의 합유 또는 공동상속인의 공유에 속함을 규정하고 있다(704조·1006조). 그런데 민법은 공동소유의 모습으로 공유·합유·총유 세 가지를 인정하고 있으므로, 이에 대응하여 채권·채무의 공동귀속에도 공유적 귀속·합유적 귀속·총유적 귀속의 세 모습이 있게 된다.

1. 채권·채무의 공유적 귀속　　채권에 관하여 준공유(準共有)가 인정되는
데는 의심이 없으나, 이에 관해서는 '수인의 채권자 및 채무자'에 관한 규정(408조~
410조)이 특칙을 이루고 있으므로, 공유 규정의 적용에 앞서 우선 이 특칙이 적용된
다(278조 단서 참조. 김기선 198면, 현승종 221면 참조). 그러나 당사자 사이의 특약으로
공유적 귀속을 발생시킬 수 있음은 물론이다. 한편 채무의 공유적 귀속도 이론상
가능하며(제278조는 단순히 '권리'에 관하여 공유 기타의 공동소유에 관한 규정을 준용함을 규정
하고 있으나, 민법의 해석상 '의무'에 관해서도 공유관계가 생길 수 있으며, 이때에도 공유 규정이
표준이 된다), 또한 특약으로 공유적 귀속을 발생시킬 수도 있으나, 실제에서는 불가
분채무를 생기게 하는 것과 큰 차이가 없다.

2. 채권·채무의 합유적 귀속　　법률의 규정 또는 계약에 의하여 수인이
조합체로서 채권을 가지거나 채무를 부담하는 때에는, 채권·채무의 준합유(準合有)
가 있게 된다(271조 1항 참조). 즉, 조합재산에 채권 또는 채무가 포함되어 있으면,
채권·채무의 준합유가 있게 된다.

(1) 채권의 준합유에서는 채권이 합유자, 즉 조합원 전원에게 공동으로 귀속
하고, 분할하지 못한다(273조 2항 참조). 채권의 추심 또는 처분은 전원이 공동으로만
(즉 합수적으로) 할 수 있고(272조 참조), 추심한 것은 합유재산이 된다. 합유자 각자는
채권 위의 지분을 처분하지 못한다(273조 1항 참조). 한편 채무자가 채권자의 한 사
람에게 채무의 전부 또는 일부를 이행해도 채무는 소멸하지 않으며, 합유자 전원에
게 전부 이행한 때에 소멸한다. 조합체가 해산하거나 채권의 양도가 있으면, 준합
유는 끝난다(274조 참조).

(2) 채무의 준합유에서는 각 채무자가 급부 전부를 이행해야 하나, 모든 채무
자가 공동으로 할 필요는 없다. 그러나 채권자는 임의의 채무자를 선택하여 청구하
지 못하고, 채무자 전원에게 공동으로 청구해야 한다. 채무자는 급부 전부를 부담
하나, 공동으로만 부담하기 때문이다. 그리고 합유채무, 즉 조합채무에 대해서는
합유재산, 즉 조합재산이 책임을 질 뿐만 아니라, 합유자 각자도 자기의 고유재산
으로써 책임을 진다.

3. 채권·채무의 총유적 귀속　　법인이 아닌 사단의 사원이 집합체로서
채권·채무를 가지는 때에는 채권·채무의 준총유(準總有)가 있게 된다(275조 1항 참

조). 즉, 권리능력 없는 사단이 채권을 취득하거나 채무를 부담하면, 채권·채무는 권리능력 없는 사단이 준총유한다.

(1) 채권의 준총유에서는 채권추심 그 밖의 처분권은 권리능력 없는 사단에 귀속하고, 추심한 것은 그의 총유에 속한다(276조 참조). 각 사원(社員)은 개인으로서는 채권에 관하여 직접 아무런 권리도 가지지 않는다.

(2) 채무의 준총유에서도 채무는 권리능력 없는 사단에 속하고, 사단이 그의 총유재산으로써 변제 책임을 진다. 총유재산에 의한 권리능력 없는 사단의 책임 외에, 사단의 구성원인 각 사원도 채무나 책임을 부담하는지 문제이나, 원칙적으로 각 사원은 개인적 채무나 책임을 부담하지 않는다.

〈다수당사자의 채권관계에 관한 규제 개관〉

다수당사자의 채권관계에 관해서는 특히 유의할 문제가 세 가지 있다. 그에 관한 민법 규정을 자세히 연구하기 전에, 이해를 돕기 위하여 우선 그 대략의 줄거리를 간단히 비교·설명한다.

① 대외적 효력　　　복수 주체와 상대방의 관계, 바꾸어 말하면 각 채권자와 채무자 사이에서 또는 채권자와 각 채무자 사이에서, 이행청구나 변제가 어떠한 효력을 가지는지의 문제가 대외적 효력 문제이다(좀 더 구체적으로 적어 본다면, 복수 주체와 상대방 사이에서 이행청구를 어떻게 하고, 변제를 어떻게 하는지). 분할채권관계에서는 분할된 채권이나 채무에 관하여 다른 사람과 상관없이 개별적으로 청구하고 변제한다. 그 밖의 채권관계에서는 한 사람의 채권자에게 변제하거나 한 사람의 채무자가 변제하면, 다른 사람의 채권·채무도 모두 소멸한다. 그러나 청구의 요건·효력 등에 관해서는 각각 차이가 있다.

② 한 사람의 채권자 또는 한 사람의 채무자에 관하여 생긴 사유　　　예컨대, 여러 채권자 가운데 한 사람이 이행을 청구하거나 채권을 포기한 경우, 또는 여러 채무자 가운데 한 사람에게 이행을 청구하거나 채권를 면제한 경우, 이들 이행청구·채권 포기·채무면제 등의 사유가 다른 채권자 또는 채무자에게 어떠한 영향을 미치는지 문제가 생긴다. 분할채권관계에서는 당연히 아무런 영향을 미치지 않는다. 불가분채권관계에서도 각 채권자나 채무자의 채권·채무는 실질적으로는 별개·독립의 채권·채무이므로, 마찬가지로 다른 당사자에게 아무런 영향을 미치지 않는다. 그러나 연대채무에서는 일정한 범위에서 영향을 미친다. 그리고 보증채무에서는 부종성으로 말미암아 주채무자에 관하여 생긴 사유는 원칙적으로 보증인에게 영향을 미친다. 그러나 보증인에

관하여 생긴 사유는 주채무자에게 영향을 미치지 않는다. 위와 같은 여러 채권자 또는 채무자 가운데 한 사람에 관하여 생긴 사유가 다른 채권자나 채무자에게 어떠한 영향을 미치는지의 문제도 본질적으로는 역시 위에서 설명한 대외적 효력의 한 모습에 지나지 않는다.

　③ 대내적 효력　　한 사람의 채권자가 수령한 것을 다른 채권자에게 나누어 줄지, 또는 한 사람의 채무자가 한 출재(出財. 출연이라고도 한다)를 다른 채무자에게 분담시킬의 문제가 대내적 효력 문제이다. 이 문제는 분할채권관계에서도 생긴다. 그러나 특히 복잡한 문제는 그 밖의 다른 채권관계에서 생긴다.

제 2 절　분할채권관계

[60]　Ⅰ. 분할채권관계의 의의

　1.　분할채권관계(分割債權關係)는 1개의 가분급부에 관하여 채권자나 채무자가 여럿 있는 경우에, 특별한 의사표시가 없으면, 채권이나 채무가 여러 채권자나 채무자 사이에서 분할되는 다수당사자의 채권관계이다. 민법은 위에서 보았듯이 다수당사자의 채권관계에 관하여 분할채권관계를 원칙으로 하고 있다(대판 1992. 10. 27, 90다13628 참조. 민법이 제408조[분할채권관계]를 '제 3 절 수인의 채권자 및 채무자'의 '제 1 관 총칙'에 정한 것은 이 조항이 제 3 절의 원칙 규정이라는 뜻이다). 분할채권관계에는 채권자가 여럿 있는 분할채권과 채무자가 여럿 있는 분할채무가 있다.

　2.　다수당사자의 채권관계에서 분할채권관계를 원칙으로 한다는 점은 이미 언급하였다. 그런데 이 분할의 원칙은 너무나 형식주의적이고 개인주의적이며, 특히 분할채무에서는 채권의 실효성을 약하게 하고 거래실정에도 맞지 않은 경우가 많다(무엇보다도 채무자 가운데 무자력자가 생기면 채권자는 자력이 없는 채무자의 부담부분을 다른 채무자에게 청구하지 못하여 채권이 불안하게 된다). 여러 나라의 입법과 해석은 이 원칙의 적용범위를 합리적으로 제한하고 있다. 우리나라는 어떠한가? 민법 제616조는 "수인이 공동하여 물건을 차용한 때에는 연대하여 그 의무를 부담한다."라고 정하고, 이 규정을 임대차에 준용하고 있다(654조). 이것은 연대의 추정이며, 분할의 원칙에 대한 중요한 제한이다. 그 밖에 민법에서 정한 예외로는 공동불법행위로 손해배상채무를 부담하는 경우(760조)와 가사에 관하여 부부의 한쪽이 채무를 부담하

는 경우(832조) 각각 연대채무가 발생한다고 정하고 있다. 또한 위에서 보았듯이 채권·채무의 합유적 귀속과 총유적 귀속이 인정되는데, 이 한도에서 분할채권관계의 발생이 제한된다. 그러나 학자들은 이러한 제한으로 만족하지 않고 좀 더 넓게 분할채권관계의 성립을 제한하려고 한다. 즉, 여럿이 부담하는 채무가 각 채무자가 불가분적으로 누리는 이익의 대가로서 의의를 가지거나(공유자의 공유물 관리비용 채무 등) 불가분급부의 대가로서 의의를 가지는 때에는, 반대의 사정이 인정되지 않는 한, 성질상 불가분채무로 보고 있다. 또한 당사자 사이에 특히 채무자 전원의 자력이 종합적으로 고려된다고 볼 수 있는 특수한 사정이 있으면, 연대채무로 한다는 묵시의 특약이 있는 것으로 인정해야 한다고 해석하고 있다(예컨대, 여럿이 공동으로 물건을 매수하거나 금전을 차용하는 경우 등). 또한 겉으로 보기에는 여러 계약당사자가 있는 것처럼 보여도, 그 가운데 한 사람만이 자력이 있고 다른 사람은 자력이 없는 때(예컨대, 한 쌍의 남녀가 식당에 들어와 음식을 주문하였으나 한 사람만 자력이 있는 경우)에는, 실제로는 자력 있는 한 사람만이 계약당사자이고, 다른 사람은 계약상 이익을 누리는 지위에 있는 데 지나지 않는다고 볼 수 있다(김증한·김학동 216면 참조). 분할채권관계의 발생을 제한하려는 이러한 해석론이 타당하다. 판례는 위와 같은 분할채권관계의 제한론에 동조하는 경우가 많지만(대판 1962. 3. 15, 4294민상1230; 대판 1967. 4. 25, 67다328; 대판 1980. 7. 22, 80다649; 대판 1981. 8. 20, 80다2587 등 참조), 학설에 비하면 여전히 소극적이다.

[61]　Ⅱ. 분할채권관계의 효력

1. 대외적 효력

(1) 각 채권자 또는 각 채무자는, 특별한 의사표시가 없으면, 균등한 비율로 분할된 채권을 가지고 채무를 부담한다(408조). 예컨대, 甲·乙·丙 3인이, 공유물을 매각하여 3만원의 대금채권을 취득하면 각자 1만원씩 채권을 취득하고, 공동으로 물건을 매수하여 3만원의 대금채무를 부담하면 각자 1만원씩 채무를 진다.

(2) 각 채권자의 채권 또는 각 채무자의 채무는 각각 독립한 채권·채무이다. 따라서 한 사람의 채권자 또는 채무자에 관하여 생긴 사유(예컨대, 이행지체·이행불능·경개·면제·혼동·시효 등)는 다른 채권자나 채무자에게 영향을 미치지 않는다.

(3) 그러나 각 채권자의 채권 또는 각 채무자의 채무가 1개의 계약에서 발생한 때에는, 계약의 해제나 해지는 총채권자로부터 총채무자에게 해야 한다(547조 참조). 특히 분할채권관계가 쌍무계약으로 발생한 때에는, 분할채무 전부 또는 분할채권 전부에 대한 채무와 대가적 관계에 서는 채무 사이에 동시이행관계가 성립한다(536조 참조). 예컨대, 甲·乙·丙 3인이 공동으로 丁으로부터 어떤 물건을 3천만원에 매수하여, 각각 1천만원씩 분할채무를 부담하는 경우에, 매도인 丁이 계약을 해제하려면 甲·乙·丙 전원에게 해야 하고, 반대로 매수인 쪽에서 해제하려면, 甲·乙·丙 전원이 丁에게 해제해야 한다. 한편 甲·乙·丙 전원이 그들의 분할채무(대금채무)를 이행하지 않는 한, 丁은 동시이행항변권을 행사하여 목적물의 소유권이전을 거절할 수 있고, 반대로 甲·乙·丙은, 丁이 목적물의 소유권을 이전하지 않는 한, 그들의 대금채무에 관하여 역시 동시이행항변권으로 대항할 수 있다.

(4) 각 채권자는 자기가 가지는 채권액 이상의 이행을 청구하지 못하는 동시에, 각 채무자도 자기가 부담하는 채무액 이상을 변제하지 못한다. 분할액을 넘는 부분은 타인의 채권 행사 또는 타인의 의무 이행이 된다.

따라서 어느 한 채권자가 분할액을 넘는 변제를 받은 때에는 부당이득으로 채무자에게 반환할 의무를 진다. 또한 어느 한 사람의 채무자가 분할액을 넘어서 변제한 때에는 그것은 타인의 채무 변제가 된다(469조 참조. 그러나 이 경우에 분할채무자는 변제를 하는 데 '이해관계'나 '정당한 이익'이 있는 제3자가 되지 않는다).

2. 대내적 효력　　　제408조는 분할채권자 또는 분할채무자와 그의 상대방인 채무자 또는 채권자 사이의 관계를 규정할 뿐이지, 분할채권자 또는 분할채무자 상호간의 내부관계까지 규정한 것은 아니다. 그러나 특별한 약정이 없는 한, 대내관계에서도 그 비율은 균등하다고 해석해야 한다. 따라서 채권자 사이에서 또는 채무자 사이에서, 분급(分給)관계나 구상관계는 원칙적으로 발생하지 않는다. 그러나 내부관계가 평등하지 않은 때에는, 자기가 얻게 될 비율을 넘어서 변제를 수령한 채권자는 이를 다른 채권자에게 나누어 주어야 하고, 또한 자기가 부담하여야 할 비율 이상으로 변제한 채무자는 다른 채무자에게 그 상환을 요구할 수 있다.

제 3 절   불가분채권관계

[62]   Ⅰ. 불가분채권관계의 의의

1. 불가분채권관계는 불가분급부를 목적으로 하는 다수당사자의 채권관계이며, 채권자가 여럿 있는 불가분채권(不可分債權)과 채무자가 여럿 있는 불가분채무(不可分債務) 두 가지를 포함한다. 예컨대, 甲·乙이 공동으로 丙으로부터 자동차나 건물을 사면, 자동차나 건물의 소유권이전청구권에 관해서는 甲·乙이 불가분채권을 가지고, 반대로 甲·乙이 공유하는 자동차나 건물을 丙에게 팔면, 甲·乙은 자동차나 건물의 소유권이전에 관하여 불가분채무를 진다.

2. 불가분채권관계의 특색은 급부가 불가분, 즉 나누려야 나눌 수 없다는 데 있다. 불가분급부에는 두 가지가 있다(409조 참조). 하나는 급부의 목적물이 성질상 불가분인 것이고, 다른 하나는 성질상으로는 가분이지만 당사자의 의사표시로 나누어 쪼개서 급부하는 것을 허용하지 않기 때문에 급부가 불가분인 것이다([6] 3. (4) 참조). 앞의 것은 '성질상 불가분급부'라고 하고, 뒤의 것은 '의사표시에 의한 불가분급부'라고 한다. 그러나 그 구별이 언제나 명확하지는 않다. 특히 묵시적 의사표시에 의한 불가분급부를 인정하는 경우에는, 그것과 성질상 불가분급부를 구별하기 어렵다. 결국 그 구별은 급부 고유의 성질·거래관념·당사자의 의사 등을 표준으로 하여 판단할 수밖에 없다.

원래 급부가 성질상 불가분이라면 이를 불가분채권관계로 하는 수밖에 없다. 그런데 성질상 불가분뿐만 아니라, 의사표시에 의한 불가분도 인정하는 이유는 무엇일까? 의사표시에 의한 '불가분채권'에서는 이행청구나 이행을 불가분적으로 할 수 있어, 분할채권에서보다도 편리하기 때문이다. 그러나 의사표시에 의한 '불가분채무'에서는 단순히 청구나 이행을 위하여 편리하다는 데 그치지 않고, 연대채무에서와 마찬가지로 채권의 효력을 확실하게 하는 작용을 한다는 점에서 이를 인정할 실익이 있다. 바꾸어 말하면, 의사표시에 의한 불가분채무는, 채무자 전원의 자력 전체에 의하여, 채권의 담보력을 강하게 하는 것을 목적으로 하는 경우가 많다. 그리하여 불가분채무, 나아가서는 다수당사자의 채무관계 일반에 관하여, 그 담보적 기능을 뚜렷하게 의식하게 되면, 성질상 불가분급부의 관념에 관해서도 채권담보

목적으로 이를 확장적으로 이해하게 된다. 종래 학설이 각 채무자가 불가분적으로 누리게 되는 이익의 대가로서 의의가 있는 채무, 또는 불가분급부의 대가로서 의의가 있는 채무를 성질상 불가분채무로 보고 있음은, 이미 설명하였다([60] 2. 참조). 이와 같이 불가분채무를 확대하는 것은 연대 추정의 확대와 비슷하다.

3. 불가분채권관계에서는 그 주체의 수만큼 다수의 채권 또는 채무가 있다. 바꾸어 말하면, 불가분채권관계는 복수의 채권관계이다. 각 채권 또는 각 채무는 각각 별개로 독립되어 있으며, 다만 그 목적이 불가분이기 때문에 서로 제한을 받는 데 지나지 않는다. 따라서 불가분급부가 가분급부로 변하면 불가분채권관계는 당연히 분할채권관계로 변한다(412조). 이는 분할채권관계의 원칙을 취하는 데에서 나오는 당연한 결과이다.

[63]   Ⅱ. 불가분채권

1. 대외적 효력(총채권자와 채무자의 관계)

(1) 각 채권자는 모든 채권자를 위하여, 이행을 청구할 수 있다(409조). 따라서 각 채권자는 단독으로 채권자 전원을 위하여 자기에게 급부 전부를 이행하라고 청구할 수 있다. 소의 제기나 강제집행도 채권자 한 사람의 이름으로 할 수 있다. 따라서 한 사람의 채권자가 이행청구를 함으로써 다른 채권자를 위해서도 이행지체·시효중단 등의 효력이 생긴다. 불가분채권은 채권의 행사에서 각 채권자에게 대단히 편리하나, 그 반면에 다른 채권자에게 손실을 주게 될 위험도 있다.

(2) 채무자는 모든 채권자를 위하여 각 채권자(여러 채권자 가운데 한 사람을 임의로 선택하여 그 사람)에게 전부 이행을 할 수 있다(409조). 따라서 한 사람의 채권자에 대한 변제 또는 변제제공은 채권자 전원에 대하여 효력이 생기고, 이를 원인으로 하는 채권의 소멸 또는 수령지체의 효과도 역시 모든 채권자에 대하여 생긴다.

(3) 불가분채권자의 한 사람과 채무자 사이에서 생긴 사유로서 위에서 설명한 것 이외에는, 다른 채권자에게 영향을 미치지 않는다. 즉, 상대적 효력이 생기는 데 그친다(410조 1항). 따라서 불가분채권자의 한 사람과 채무자 사이에서 경개나 면제가 이루어진 경우에도, 다른 채권자는 채무 전부의 이행을 청구할 수 있다. 다만 그 한 사람의 채권자가 그의 권리를 잃지 않았더라면 그에게 나누어 주었을 이익을 채

무자에게 상환해야 한다(410조 2항). 채권 전부를 변제받은 채권자는 경개·면제한 채권자에게 이익을 나누어 주고, 경개·면제를 한 채권자는 다시 이를 부당이득으로서 채무자에게 반환해야겠지만, 민법은 그러한 상환을 되풀이하는 것을 피하고 법률관계를 단순화하는 기술적 조치로서, 전부 변제를 받은 채권자가 직접 이를 채무자에게 반환하도록 하였다. 따라서 제410조 2항은 경개와 면제에 관해서만 규정하고 있으나, 그 밖에 대물변제·상계·혼동·시효의 완성에 관해서도 마찬가지로 해석해야 한다(김기선 203면 참조). 채무자에게 상환해야 할 이익은 채권자에게 나누어 주어야 할 지분적 이익인가 아니면 그 가액이익인가? 예컨대, 甲·乙이 어떤 물건의 급부를 청구하는 채권을 가지는 경우에, 甲이 면제한 때에는, 상환해야 할 이익은 그 물건에 대한 2분의 1지분인지 아니면 그 가액인지가 문제이다. 가액이익이라고 해석하는 것이 다수설이다(김기선 203면, 김증한·김학동 223면, 현승종 230면 참조).

　　2. 대내적 효력(채권자 상호간의 관계)　　　민법은 제409조에서 불가분채권의 채권자·채무자 사이의 대외적 효력만을 정할 뿐이고, 채권자 상호간의 내부관계에 관해서는 규정하고 있지 않다. 그러나 불가분채권의 변제를 받은 채권자는, 다른 채권자에 대하여 내부관계의 비율에 따라 급부이익을 나누어 주어야 한다. 그리고 특별한 사정이 없으면, 내부적 비율은 균등하다고 추정해야 한다.

[64] Ⅲ. 불가분채무

　　1. 대외적 효력(총채무자와 채권자의 관계)　　　민법은 제410조를 두고 있으면서 연대채무에 관한 규정을 준용하고 있다(411조).

　　(1) 채권자는 연대채무에서와 마찬가지로, 채무자 가운데 한 사람에 대하여 또는 모든 채무자에 대하여, 동시에 또는 차례차례로 전부 이행을 청구할 수 있다(411조·414조). 그러나 민법 제411조는 제416조를 준용하고 있지 않으므로, 채권자가 채무자의 한 사람에게 한 이행청구는 다른 채무자에 대하여 절대적 효력이 없다. 따라서 이행청구에 의한 이행지체·시효중단 등의 효과는 다른 채무자에 관하여 생기지 않는다.

　　(2) 채무자의 한 사람이 그의 채무를 이행한 때에는 채권의 목적이 달성되므로 모든 채무자의 채무는 소멸한다. 따라서 채무자 중 한 사람의 변제, 변제제공과

그 효과인 수령지체는 다른 채무자에 대해서도 절대적 효력이 생긴다(411조·422조 참조).

(3) 위 (2)에서 든 것 이외의 사유에 관해서는, 연대채무에 관한 규정(416~421조·423조)이 준용되지 않고, 불가분채권에 관한 제410조가 준용되므로(411조), 상대적 효력을 가지는 데 지나지 않는다(그 결과 연대채무보다 채권의 담보력이 강하다). 따라서 채권자와 채무자 가운데 한 사람 사이에 경개 또는 면제가 있었던 경우에도 다른 채무자는 채무 전부를 이행해야 한다. 그러나 채권자는 면제를 받거나 경개를 한 채무자가 부담했어야 할 부분의 가액이익을, 전부 변제를 한 채무자에게 상환해야 한다(411조·410조 2항). 또한 혼동·시효의 완성 등에 관해서도 마찬가지이다. 그러나 제416조를 준용하고 있지 않으므로, 채권자가 채무자 가운데 한 사람에게 한 이행청구는 상대적 효력을 가지는 데 그친다(이 한도에서 채권의 효력이 약하다). 따라서 이행청구에 의한 이행지체와 시효중단은 다른 채무자에게 효력이 없다.

2. 대내적 효력(채무자 상호간의 관계)   불가분채무자 상호간의 관계에 대해서는 연대채무에 관한 규정이 준용된다(411조·424~427조 참조). 따라서 변제를 한 채무자는 다른 채무자에게 그들의 부담부분에 관하여 구상할 수 있다. 부담부분의 비율은 특별한 사정이 없으면 균등하다고 추정된다.

제 4 절   연대채무

[65]   Ⅰ. 연대채무의 의의와 성질

1. 연대채무(連帶債務)는 여러 채무자가 동일한 내용의 급부에 관하여 각각 독립해서 전부 급부를 할 채무를 부담하고, 그 가운데 한 사람의 채무자가 전부 급부를 하면, 모든 채무자의 채무가 소멸하는 다수당사자의 채무이다(413조).

돈을 꾸면서 여럿이 연대하여 그것을 갚을 채무를 부담하는 예를 거래에서 흔히 볼 수 있다. 꾼 돈을 쓰는 것은 한 사람뿐이고 다른 연대채무자는 돈을 쓴 자가 채무를 이행하지 않는 경우에 대비하여 채무자로 되어 있는 경우가 많다. 이 경우 연대채무자는 실질적으로는 보증인과 같은 역할을 한다. 이와 같이 연대채무의 제도적 의의는 채권의 효력을 강하게 하는 작용을 하는 데 있다. 위의 정의로부터 알 수 있는 것처럼, 연대채무의 특성은 여러 채무자가 같은 내용의 급부에 관하여 각자 전부 급부를 할 채무를 지는 데 있다. 이것은 채권 변제를 확보하는 책임재산의 범위가 모든 채무자의 일반재산에 확장됨으로써 이 제도가 채권담보의 작용을 한다는 것을 뜻한다.

　　연대채무를 채권자의 처지에서 본다면, 채권자는 경제적·실질적으로는 하나의 채권을 가지는 데 지나지 않으나, 채무자가 다수 있게 됨으로써 다수의 인적 담보(일반재산에 의한 담보)를 얻어, 채권의 효력을 확실하게 하는 제도이며, 보증채무와 더불어 채권담보의 작용을 한다. 물론 가장 전형적인 인적 담보제도는 보증채무이지만, 거기에서는 채무자 사이에 주종의 구별이 있는 데에 반하여, 연대채무에서는 각 채무자의 지위는 독립하고 있어서 주종의 구별이 없기 때문에, 채권담보의 작용이 보증보다도 더 강력하다. 그러나 나중에 자세히 설명하는 것처럼, 절대적 효력이 인정되는 사유의 범위가 넓기 때문에, 불가분채무나 부진정 연대채무보다는 담보적 효력이 약하다.

2. 연대채무의 법적 성질은 다음과 같다.

(1)　연대채무에서는 채무자의 수만큼 다수의 독립한 채무가 있다. 그리고 각 채무자의 채무는 독립적이기 때문에, 그들 사이에는 주종의 구별이 없다. 이에 따라 다음과 같은 결과가 생긴다.

⑺　연대채무가 한 개의 법률행위에 의하여 발생한 때에도, 채무자 가운데 한 사람에 관하여 법률행위의 무효 또는 취소의 원인이 있더라도, 다른 채무자의 채무에는 영향을 미치지 않는다(415조).

⑷　각 채무자의 채무는 그 모습을 달리할 수 있다. 즉, 각 채무자의 채무가 각각 조건이나 기한을 달리할 수 있고, 이행기나 이행지를 달리하는 것도 상관없으며, 어떤 채무자의 채무는 이자부이나 다른 채무자의 채무는 무이자라도 상관없다.

⑸　채무자 가운데 한 사람에 관해서만 보증채무를 성립시킬 수도 있다(447조).

⑹　채무자 가운데 한 사람에 대한 채권만을 분리해서 양도하는 것도 가능하다.

(2)　각 채무자는 전부 급부를 할 의무를 진다. 불가분채무에서와 같이 급부가 불가분이기 때문에 부득이 전부 급부를 하는 것이 아니라, 급부가 나눌 수 있는 것이더라도 각 채무자의 채무는 전부 급부를 그 내용으로 한다.

(3)　채무자 가운데 한 사람 또는 여러 사람에 의한 1개의 전부 급부가 있으면,

모든 채무자의 채무는 소멸한다. 각 채무자의 채무는 객관적으로 단일한 목적을 달성하기 위한 여러 수단에 지나지 않기 때문이다.

(4) 각 채무자의 채무는 주관적으로도 공동의 목적으로 연결되어 있다. 따라서 한 사람의 채무자에 관하여 생긴 사유는 일정한 범위에서 다른 채무자에게도 영향을 미치며(416조~422조 참조), 또한 채무자 상호간에는 부담부분이 있어서, 자기의 출재(출연)로 공동의 면책을 초래한 채무자와 다른 채무자 사이에서 구상관계가 생긴다(424조~427조 참조).

[66] Ⅱ. 연대채무의 성립

연대채무는 법률행위 또는 법률규정에 따라 발생하고 성립한다.

1. 법률행위에 따른 발생

(1) 연대채무가 발생하는 가장 주요한 원인은 법률행위이다. 계약이 보통이지만, 유언과 같은 단독행위로 연대채무가 성립할 수도 있다.

(2) 연대는 반드시 명시적으로, 즉 분명하게 밝혀야 하고, 연대의 추정은 인정되지 않는가? 민법은 이에 관한 일반적 규정을 두고 있지 않다(다만 616조·654조의 예외가 있음을 주의). 연대라는 것을 명시해야 한다는 적극적 규정이 없으므로, 묵시적으로 연대의 특약을 할 수 있다고 새기는 것이 타당하다. 계약으로 성립한 채무가 연대채무인지는 기본적으로는 의사해석의 문제이다. 따라서 당사자 사이에 그에 관한 분명하고 명백한 의사표시가 반드시 있어야 하는 것은 아니며, 여러 사정과 상황에 비추어 묵시적으로 연대의 특약을 하고 있다고 인정할 수도 있다. 특히 당사자가 채무자 전원의 자력을 종합적으로 고려하였다고 볼 수 있는 특별한 사정이 있으면, 연대를 추정할 수 있다. 위에서 보았듯이 민법의 해석론으로서도 그와 같이 새기고 있다([60] 2. 참조).

(3) 계약으로 연대채무가 발생하는 경우에도, 그 계약은 1개이어야 하는 것은 아니다. 예컨대, 乙이 甲에 대하여 채무를 부담한 후에, 丙이 甲과 별개의 계약으로 乙과 연대채무를 부담하는 것은 상관없다. 그러나 형식상 1개의 계약으로 할 필요는 없더라도, 乙·丙 사이에 연대의 합의나 동의를 필요로 하는지는 별개의 문제이다. 채무자 사이에 연대에 관한 사전 또는 사후의 합의가 필요하다고 해석해야 한

다(그러한 해석을 하지 않는다면 광범한 절대적 효력이나 부담부분의 관계를 설명할 수가 없게
된다).

(4)　연대채무가 1개의 법률행위로 발생한 경우에도, 각 채무는 독립한 별개의
채무이기 때문에, 채무자 가운데 한 사람에 관하여 법률행위의 무효 또는 취소의
원인이 있더라도, 다른 채무자의 채무에는 아무런 영향을 미치지 않음은 위에서 보
았다(415조 참조. [65] 2. ⑴ 참조).

2. 법률 규정에 따른 발생　　　연대채무가 성립하는 또 하나의 원인은 법률
규정이다. 그러한 규정은 민법에도 있지만(35조 2항·616조·654조·760조·832조 등 참
조), 상법(81조·138조·212조·321조·323조·332조·333조·339조·567조 등 참조) 그 밖의
다른 법률에도 많다. 이 규정들은 공동불법행위 또는 공동의 사무나 사업에 관여하
는 다수인에게 공동의 책임을 부담시키기 위하여 연대책임을 인정한다.

민법은 공동불법행위책임을 연대책임으로 하고 있으나(760조 참조), 이는 합리
적이라고 할 수 없다(민법 제760조의 규정에도 불구하고 부진정 연대채무로 보아야 한다. 자
세한 것은 불법행위에 관한 설명에서 보기로 한다). 그러므로 법률이 여러 사람에게 객관
적으로 동일한 배상책임을 인정하는 경우, 특히 연대책임으로 한다는 규정이 없으
면, 보통 그것은 부진정 연대채무라고 새겨야 한다(김증한·김학동 228면, 현승종 235면
참조).

[67]　Ⅲ. 연대채무의 대외적 효력(채권자의 권리)

1.　채권자는 연대채무자 가운데 임의의 한 사람에게 채무 전부나 일부의 이
행을 청구할 수 있고, 모든 채무자에게 동시에 또는 순차로 채무 전부나 일부의 이
행을 청구할 수 있다(414조). 이러한 이행청구는 재판 밖에서 할 수 있을 뿐만 아니
라 재판상으로도 할 수 있다. 예컨대, 甲에 대하여 乙·丙·丁이 6천만원의 연대채
무를 부담하고 있다면, 甲은 ① 乙·丙·丁 가운데 임의의 한 사람에게 채무 전부
(즉 6천만원)나 일부(예컨대, 2천만원)를 소구할 수 있음은 물론이며, ② 乙·丙·丁에
게 '동시에' 각자에게 전부(6천만원)나 일부씩(예컨대, 乙에게는 3천만원, 丙에게는 천만 5백
만천원, 그리고 丁에게는 1천만원)을 소구할 수도 있고(이때 동일한 권리에 관하여 여러 개의
소를 제기한 것으로 되지 않는다), 또는 ③ 乙·丙·丁에게 '순차로'(바꾸어 말해서, '차례차

례') 전부나 일부씩 소구하는 것도 상관없다(이미 계속된 사건에 관하여 중복하여 소를 제기한 것이 되지 않는다. 민소 259조 참조). 다른 채무자에 대하여 승소 또는 패소의 판결을 얻은 다음에도 역시 마찬가지이다(그 판결의 기판력을 받지 않는다). 그러나 어떤 채무자에 대하여 소구하기 전에 이미 다른 채무자로부터 일부 변제를 받은 때에는, 나머지 금액에 관해서만 소구할 수 있고, 전부를 소구한 후 판결 전에 역시 일부 변제를 받은 때에도, 나머지 금액에 관해서만 승소 판결을 얻을 수 있다(이 점은 ② 의 경우에도 마찬가지이다). 그 까닭은 한 사람의 채무자가 변제하면, 비록 그것이 일부 변제라도, 그 범위에서 모든 채무자의 채무는 소멸하기 때문이다(413조 참조).

　　2.　연대채무자 가운데 파산선고를 받은 사람이 있으면, 앞에서 설명한 청구의 독립성 이론은 그 적용이 좀 특수하다.「채무자 회생 및 파산에 관한 법률」제428조에 따르면, 채권자는 '파산선고시에 가진 채권의 전액에 관하여' 각 파산재단의 배당에 참가할 수 있다(회생파산 126조는 회생절차에 관하여 같은 취지의 규정을 두고 있다). 이에 관하여 설명하면 다음과 같다.

　　(1)　위의 예(甲은 채권자이고, 乙·丙·丁이 6천만원의 연대채무를 부담하는 사례)에서, 연대채무자 전원(乙·丙·丁), 일부(예컨대, 乙과 丙) 또는 1인(예컨대, 乙)이 파산선고를 받은 경우에는, 채권자(甲)는 각 파산재단에 대하여, 채권 전액(즉 6천만원)을 가지고, 그 배당에 참가할 수 있다. 그 후 어느 한 파산재단으로부터 일부 변제를 받더라도, 다른 파산재단에 대한 배당참가액을 줄일 필요가 없다(이는 회생절차에서도 마찬가지이다. 대판 2021. 11. 11, 2017다208423은 전부의무자 전원 또는 일부에 관하여 회생절차가 개시되면, 채권자의 회생채권액은 회생절차개시 당시를 기준으로 고정되고, 그 이후 다른 전부의무자가 채무를 변제하더라도 그 채권 전액이 소멸한 경우를 제외하고는 회생채권액에는 아무런 영향을 주지 않는다고 하였다.). 예컨대, 乙의 파산재단이 3할의 배당을 하여 甲이 1,800만원을 받았더라도, 이미 6천만원을 가지고 丙·丁의 파산재단에 참가하고 있는 것을 4,200만원으로 배당참가액을 줄일 필요는 없다. 丙·丁도 모두 3할의 배당을 한다면, 甲은 결국 5,400만원을 받는 것이 된다.

　　(2)　만일 乙에 대한 파산절차가 끝나고 甲이 1,800만원을 배당으로 변제받은 후, 丙·丁이 또한 파산선고를 받았다면, 甲은 채권 전액을 가지고 각 재단의 배당에 참가할 수 있는가?「채무자 회생 및 파산에 관한 법률」제428조는 '파산선고시

에 가진 채권의 전액에 관하여' 파산채권자로서 배당에 참가할 수 있을 뿐이라고
함으로써, 이를 부정한다. 즉, 乙의 재단으로부터 1,800만원의 배당을 받은 후에 丙
과 丁이 파산하면, 이제는 甲은 4,200만원을 가지고 丙·丁의 파산재단에 참가할
수 있을 뿐이다. 丙·丁의 재단도 3할을 배당한다고 한다면, 甲은 결국 4,320만
(1,800만＋1,260만＋1,260만)원을 받게 될 뿐이다.

　　(3)　연대채무자의 한 사람으로부터 파산절차에 의하지 않고서 일부를 임의로
변제받은 후에, 다른 연대채무자가 파산한 경우에도, 나머지 금액을 가지고서만 파
산재단에 참가할 수 있음은,「채무자 회생 및 파산에 관한 법률」제428조에 비추어
명백하다.

[68]　Ⅳ.　연대채무자의 1인에 관하여 생긴 사유의 효력

　　1.　연대채무는 복수의 채무이며 각 채무는 독립성을 가진다. 다만 채권자에
게 1개의 만족을 주는 점에서, 객관적으로 목적을 공통으로 하고 있다. 따라서 이
공통의 목적을 이룰 수 있게 하는 사유, 예컨대 변제가 있으면, 어느 채무자가 한
것인지를 묻지 않고 모든 채무자를 위하여 효력이 생긴다(절대적 효력). 그 밖의 사
유는 다른 채무자에게 영향을 미치지 않는다고 해야 할 것이지만(상대적 효력), 예외
가 있다. 연대채무에는 채무자 사이에 긴밀한 주관적 관계가 있기 때문에, 목적 도
달 이외의 사유에 관해서도 어느 정도 절대적 효력을 인정하고 있다. 이러한 절대
적 효력을 인정하는 범위는 입법례에 따라 차이가 있다(프랑스 민법은 그 범위가 상당
히 넓고, 독일 민법은 반대로 그 범위가 아주 좁다. 우리 민법은 위 두 법전의 중간에 위치한다).

　　절대적 효력을 넓게 인정하면, 겉으로는 마치 채무가 하나뿐인 것처럼 보인다.
또한 당사자 사이의 법률관계를 간략하게 처리할 수 있는 결과가 된다. 그러나 절
대적 효력의 전부가 채무자에게 유리한 것은 아니며, 이행청구와 그 효과는 채권자
에게 유리하다. 그리고 채무자에게 유리한 절대적 효력은, 실질적으로는, 채무 상
호간에 부종성(附從性) 또는 분별(分別)의 이익을 인정하는 것이 된다. 무엇보다도
절대적 효력의 범위를 비교적 넓게 인정하는 때에는, 아주 좁게 인정하는 법제(독일
민법은 그 예)에 비하여, 연대채무에 의한 채권의 담보력이 얕아진다. 따라서 민법은,
채권담보의 목적으로 채권자의 지위를 강하게 하려는 것이라기보다는, 오히려 연

대채무자 사이의 긴밀한 관계를 중시한다고 말할 수 있다.

   2. 절대적 효력이 있는 사유   민법은, 절대적 효력이 생기는 것으로서, 제416조부터 제422조까지 7개의 사유를 정하고 있다. 그러나 연대채무는 채권자에게 1개의 만족을 주는 점에서 객관적으로 목적을 공통으로 하고 있으므로, 법률에 따로 규정이 없더라도, 채권자에게 만족을 주는 사유는 당연히 절대적 효력을 가진다.

   (1) **변제·대물변제·공탁**   이들은 모두 채권자에게 만족을 주는 것이므로, 비록 그에 관한 규정은 없어도, 절대적 효력이 인정됨은 당연하다.

   (2) **이행청구**   연대채무자 가운데 한 사람에 대한 이행청구는 다른 채무자에게도 그 효력이 있다(416조). 예컨대, 甲·乙·丙이 연대채무를 부담하고 있는 경우에, 甲이 이행청구를 받으면, 청구를 받지 않은 다른 채무자(乙·丙)에 대해서도 이행청구가 있었던 것과 같은 효과가 생긴다. 그 결과 甲뿐만 아니라 乙·丙도 함께 이행지체에 빠지고, 乙·丙의 채무도 소멸시효가 중단된다. 바꾸어 말해서, 이행청구에 절대적 효력이 인정되는 당연한 결과로서, 그 청구를 이유로 하는 이행지체·시효중단도 절대적 효력이 생긴다. 그러나 위와 같은 이행청구의 절대적 효력은 모든 연대채무자의 채무가 이행기에 있어야 한다는 것을 전제로 한다. 따라서 연대채무가 각각 그 이행기를 달리하는 경우에는 아직 이행기에 있지 않은 채무자에 대해서는 효력이 생기지 않는다.

   (3) **채권자지체**   연대채무자 가운데 한 사람이 이행제공을 한 때에는, 채권자가 제공을 수령하면 변제가 되고, 그 변제는 모든 연대채무자를 위하여 효력을 발생한다. 그러므로 연대채무자 가운데 한 사람이 하는 이행제공을 채권자가 수령하지 않는 효과도 모든 채무자에 관하여 생긴다고 하는 것이 옳다. 그리하여 민법은 채권자지체에 절대적 효력을 인정한다(422조).

   (4) **상   계**   연대채무자 가운데 한 사람이 채권자에 대하여 채권을 가지는 경우에, 그 채무자가 상계한 때에는, 채권은 모든 연대채무자의 이익을 위하여 소멸한다(418조 1항). 상계는 변제와 마찬가지로 채권자를 만족시키는 것이므로, 절대적 효력을 인정하는 것은 당연하다. 예컨대, 甲·乙·丙이 丁에게 9천만원의 연대채무를 부담하고, 甲이 丁에 대하여 6천만원의 반대채권을 가지고 있다고 할 때,

甲이 이 6천만원의 채권으로 상계하면, 乙과 丙도 6천만원의 채무를 벗어나게 되어, 결국 甲·乙·丙은 3천만원의 연대채무를 부담하는 것이 된다.

어느 연대채무자가 채권자에 대하여 반대채권을 가지고 있으나, 그 채무자가 상계하지 않는 때에, 다른 채무자가 반대채권을 가지고 상계할 수 있는가? 민법은 반대채권을 가지는 채무자의 부담부분에 한하여 이를 허용하고 있다(418조 2항). 위의 예에서 이행청구를 받은 乙(또는 丙)은 甲의 반대채권을 가지고 甲의 부담부분(균등하다면 3천만원) 한도에서 상계할 수 있다. 반대채권을 가지는 채무자를 보호함과 아울러 법률관계, 즉 구상관계를 될 수 있는 대로 간략하게 처리하기 위한 것이다.

다음의 점을 주의해야 한다.

㉠ 원래 상계는 이행을 위한 편의적 수단에 지나지 않으므로, 당사자 사이에서 상계의 절대적 효력을 배제하는 특약을 하는 것은 상관없다.

㉡ 채무자 가운데 한 사람이 파산한 경우에도, 그 채무자가 파산선고를 받기 전부터 채권자에 대한 반대채권을 가지고 있는 경우에는, 그의 부담부분에 한하여 채권자가 상계할 수 있다(회생파산 416조).

(5) 경　개　　어느 연대채무자와 채권자 사이에 경개가 있는 때에는, 채권은 모든 채무자의 이익을 위하여 소멸한다(417조). 예컨대, 甲이 8천만원의 연대채무를 갈음하여 특정 자동차소유권이전채무를 부담하는 경개계약을 하면, 乙·丙도 채무를 벗어나게 된다. 甲은 乙·丙에 대하여 이들의 부담부분에 따라 구상할 수 있다. 그러나 경개를 변제와 같은 것으로 보지 않는 학설에 따르면, 경개에 절대적 효력을 인정하는 것은 당사자 사이의 법률관계를 간략하게 처리하려는 것을 목적으로 함과 동시에 당사자의 의사를 추측한 것에 지나지 않는다고 한다(김기선 213면, 김증한·김학동 232면 참조). 따라서 이 규정은 강행규정이 아니며, 당사자 사이에서 반대의 특약을 해도 상관없다고 해석해야 한다.

(6) 면　제　　채권자가 어느 연대채무자에 대하여 그 채무를 면제한 때에는, 그 채무자의 부담부분에 한하여 다른 채무자도 채무를 벗어난다(419조). 예컨대, 甲·乙·丙이 균등한 부담부분으로 丁에게 9천만원의 연대채무를 부담하는 경우에, 채권자 丁이 甲에게 그의 채무를 면제하면, 甲은 면책되나, 동시에 乙·丙도 甲의 부담부분 3천만원에 관하여 채무를 벗어난다(그 후에는 乙·丙이 6천만원에 관하여

연대채무를 부담하게 된다). 당사자 사이의 구상에 관한 법률관계를 간략하게 처리하여
끝맺기 위한 것이다. 그러나 이것은 연대채무자 사이에 일종의 분별의 이익을 인정
한 것으로서 그만큼 담보력을 약하게 한다. 특히, 면제된 채무자 甲만이 부담부분
을 가지고 있을 뿐이고, 乙·丙의 부담부분은 0이라고 할 때에는, 乙·丙은 채무 전
액에 관하여 면책되어 채권자에게 매우 불리하다. 그러므로 부담부분의 비율이 평
등하지 않다고 주장할 수 있는 것은 채권자가 이를 알 수 있는 경우에 한정된다고
보아야 한다. 제419조는 강행규정이 아니다. 따라서 당사자의 특약으로 그 적용을
배제할 수 있다.

　　민법은 채권자가 모든 채무자의 이익을 위하여(바꾸어 말하면 총채무자의 채무를
면제할 의사로써) 한 사람의 채무자에 대하여 면제를 할 수 있는가에 관해서는 규정
하고 있지 않다. 이와 같이 민법에는 특별규정이 없기 때문에, 면제(단독행위)든 면
제계약이든 모두 무권대리행위가 된다고 해석해야 하겠지만(채권자의 면제 의사표시를
받은 채무자는 채권자의 다른 채무자에 대한 면제 의사표시를 수령할 대리권을 가지고 있지 않으
므로 무권대리행위가 된다), 그러한 대리권의 유무의 문제로서 다룰 것이 아니라, 연대
채무자 전원을 위하여 그 효력이 생긴다고 하는 것이 타당하다(김용한 313면, 김증
한·김학동 283면, 민법주해(Ⅹ) 114면 참조).

　　여기서 말하는 '연대채무의 면제'는 나중에 설명하는 '연대의 면제'와는 다르다
([67] 6. ⑵ 참조).

　　(7) 혼　　동　　　어느 연대채무자와 채권자 사이에 혼동이 있는 때에는, 그
채무자의 부담부분에 한하여, 다른 채무자도 의무를 벗어난다(420조). 구상관계를
간략하게 처리하기 위한 편의적 규정이다. 구체적인 예를 들어 설명한다. 甲·乙·
丙이 균등한 부담부분으로 丁에 대하여 9천만원의 연대채무를 부담하는 경우에, 甲
이 丁의 채권을 양수하거나 丁을 상속하였다면, 乙·丙은 채무 전액을 벗어나는 것
이 아니라, 다만 甲의 부담부분, 즉 3천만원의 한도에서 채무를 벗어날 뿐이고, 나
머지 6천만원에 관해서는 여전히 채권자 丁에 대하여 연대채무를 부담한다.

　　(8) 소멸시효의 완성　　　어느 연대채무자에 대하여 소멸시효가 완성한 때에
는 그 부담부분에 한하여 다른 채무자도 의무를 벗어난다(421조). 甲·乙·丙이 9천
만원의 연대채무를 부담하고 있었는데, 甲을 위하여 소멸시효가 완성된 때에는,

乙·丙도 甲의 부담부분, 즉 3천만원의 한도에서 채무를 벗어난다(乙·丙의 채무는 6천만원이 된다). 각 연대채무는 그 모습을 달리할 수 있고, 또한 이행청구 이외의 중단사유는 상대적 효력이 있을 뿐이므로, 연대채무자 가운데 한 사람에 관하여 소멸시효가 완성한다는 일이 생길 수 있다. 이 소멸시효의 완성에 절대적 효력을 인정하는 것은, 소멸시효가 완성된 채무자로 하여금 시효의 이익을 얻게 하고, 아울러 당사자 사이의 법률관계를 간략하게 처리하려는 것이다. 그러나 채권자가 연대채무자 가운데 자력이 있는 사람으로부터 변제를 받을 생각으로 있는 경우에, 다른 채무자에 대한 채권이 시효로 소멸하면, 그 자의 부담부분의 한도에서 당연히 영향을 받는다는 것은 타당하지 않다. 다만 민법은 청구, 따라서 청구에 의한 시효중단에 절대적 효력을 인정하고 있으므로, 위와 같은 불합리는 어느 정도 구제되어 있다. 그러나 청구 이외의 중단사유는 상대적 효력이 있을 뿐이므로, 특히 채권자가 채무자의 부담부분을 알지 못하는 경우 등에서는, 채권자에게 예측하지 않은 불이익을 입힐 수 있다.

(9) **계약의 해제·해지**　　해제·해지권 불가분의 원칙으로 말미암아, 해제·해지권은 전원으로부터 또는 전원에 대하여 행사해야 하고, 한 사람에 관하여 소멸하면 다른 자에 관해서도 소멸한다(547조 참조). 그러므로 계약의 해제·해지는, 연대채무에서, 마치 절대적 효력이 있는 것과 같은 결과가 된다. 그러나 이 결과는 해제·해지의 특성에 기인하는 것이지, 연대채무의 특성에 의한 특별한 효력이 아니다.

3. 상대적 효력이 있는 사유　　위 2.에서 든 사유를 제외하고는, 연대채무자 가운데 한 사람에 관하여 생긴 사유는 다른 채무자에게 그 효력이 없다(423조). 이것은 연대채무의 독립성에 비추어 당연하다. 문제가 되는 주요한 사항은 다음과 같다.

(1) **시효의 중단·정지**　　청구에 의한 시효의 중단 이외에는, 모두 상대적 효력이 생길 뿐이다(169조 참조). 시효이익의 포기도 상대적 효력을 가질 뿐임은 물론이다.

(2) **채무자의 과실과 채무불이행**　　연대채무자 가운데 한 사람에게 과실이 있거나 그에게 책임이 있는 사유로 이행지체·이행불능이 생기더라도, 다른 채무자에게 과실 있는 것으로 되지 않고 다른 채무자가 불이행의 책임을 지지도 않는다.

다만 청구에 의한 지체는 절대적 효력이 있다.

(3) **확정판결**   채권자가 연대채무자 가운데 한 사람에 대하여 승소판결을 받거나 패소판결을 받아도, 그것은 다른 채무자에 대하여 기판력을 미치지 못한다.

(4) **그 밖의 사항**   모두 상대적 효력이 생길 뿐이나, 민법 제423조는 강행규정이 아니다. 따라서 상대적 효력 사항에 관하여 당사자의 특약으로 절대적 효력을 발생시키는 것은 무방하다.

[69] V. 연대채무의 대내적 효력(구상관계)

1. 구 상 권   연대채무자 가운데 한 사람이 변제 그 밖에 자기의 출재(출연)로 채무자 전원을 공동 면책시킨 때에는, 다른 연대채무자의 부담부분에 대하여 구상권(求償權)을 행사할 수 있다(425조 1항). 본래 연대채무는 채권자에 대한 관계에서는 각자 전부를 변제할 의무이다. 따라서 어느 연대채무자가 채권자에게 전부 변제를 하였다면, 그것은 자기의 변제에 지나지 않는다. 그러나 채무자의 내부관계에서는 각자 출재를 분담하여야 할 비율, 즉 부담부분이 있다. 어느 연대채무자가 그의 부담부분을 넘어서 변제한다면 실질적으로 타인의 채무를 변제하는 것이므로, 다른 채무자에 대하여 상환을 요구할 수 있고, 이 권리가 구상권이다.

2. 연대채무자 사이의 부담부분

(1) 연대채무자가 내부관계에서 출재를 분담하는 비율이 부담부분이다. 연대채무자 사이의 구상관계는 채무자 사이에 부담부분이 있다는 것을 전제로 한다. 또한 민법은 여러 경우에 부담부분의 범위에서 절대적 효력을 인정하고 있음은 이미 보았다([68] 2. 참조. 418조 2항·419조·420조·421조 참조). 그러나 부담부분의 본질은 아직 충분히 밝혀져 있지 않다. 연대채무에서 전부의무는 담보의무이고, 부담부분은 고유의무라고 할 수 있다.

(2) 부담부분의 비율은 우선 당사자 사이의 특약으로 결정할 수 있다. 따라서 채무자 가운데 한 사람의 부담부분이 전부이고, 다른 채무자의 부담부분은 0이라도 상관없다(부담부분이 0인 사람은 연대보증인인 경우가 많을 것이다). 그러한 특약이 없다면 부담부분을 어떻게 결정할 것인가? 민법은 그러한 경우에는 부담부분이 균등하다고 추정하고 있다(424조). 그러나 다수설은 그와 같은 균등 추정은 최후의 표준으로

보고, 그에 앞서서 연대채무로부터 받는 이익의 비율에 차등이 있는 때에는, 부담부분도 그 비율에 따른다고 해석하는 것이 타당하다고 한다(김증한·김학동 235면, 김현태 196면, 김형배 471면, 최식 149면, 현승종 245면, 민법주해(Ⅹ) 132면 참조). 제424조가 부담부분을 균등하다고 추정하는 것은 부담부분의 비율을 결정할 만한 특별한 사정이 없는 경우에 관한 것이다. 각 연대채무자가 받는 이익의 차이와 같은 사정이 있으면 먼저 그러한 사정을 고려하여 부담부분을 정해야 한다. 다수설이 타당하다.

(3) 위와 같은 기준으로 정해지는 부담부분이 연대채무자 사이의 내부관계에서 절대적 효력을 가진다고 해도 아무런 문제가 없다. 그러한 부담부분은 채권자에 대한 관계에서도 역시 절대적 효력을 가지는 것인가? 부담부분이 균등하면 문제가 되지 않으나, 그것이 수익의 비율이나 특약 등으로 균등하지 않으면 부담부분이 채권자에 대한 관계에서 어떤 효력을 갖게 되는 때, 특히 면제나 소멸시효가 절대적 효력을 갖게 되는 때에는, 채권자가 예측하지 않은 손해를 입을 염려가 있다. 그러므로 부담부분이 균등하지 않으면 채권자에 대한 관계에서 이를 주장할 수 있는 것은, 채권자가 이를 알 수 있는 경우에 한정된다고 보아야 한다.

한편 연대채무가 성립할 때 부담부분을 결정했더라도 나중에 채무자들이 합의로 그것을 변경하는 것은 상관없다. 채무자가 그러한 변경을 가지고 채권자에게 대항할 수 있는가? 부담부분의 범위에서 절대적 효력이 생기는 경우, 부담부분은 채권자에게도 영향을 미친다. 따라서 부담부분의 변경을 가지고 채권자에게 대항하려면, 그 변경사실을 채권자에게 통지하거나 채권자의 승낙을 얻어야 한다고 새기는 것이 타당하다(이는 채권양도에 관한 규정을 유추하려는 것이다. 김기선 218면, 김증한·김학동 235면, 이은영 529면 참조. 이와 달리 채무인수에 관한 제454조를 유추 적용하여 채권자의 승낙을 얻어야 한다는 견해로는 김용한 320면, 송덕수 320면, 김형배 472면 참조).

3. 구상권의 성립요건(425조 1항)

(1) **공동 면책**   연대채무자 가운데 한 사람이 모든 채무자를 위하여 채무를 소멸시키거나 감소시켰어야 한다(공동 면책). 연대채무에서 구상권은 언제나 공동 면책을 얻은 후에만 발생하고, 면책이 있기 이전에 미리 구상하지는 못한다(바꾸어 말하면, 면책 이전에 사전구상이 성립하지 않는다. 442조 참조).

(2) **자기의 출재**   출재나 출연은 자기 재산의 감소로 타인의 재산을 증가

시키는 것이다. 채무자가 가지고 있는 그의 재산을 적극적으로 지출하는 것이 보통이나, 소극적으로 새로운 채무를 부담하는 것도 출재가 된다. 따라서 변제는 물론 대물변제·공탁·상계·경개, 그리고 변제로 볼 수 있는 혼동의 경우에도, 구상권이 발생한다. 그러나 면제나 시효완성의 경우에는 출재가 없으므로, 구상권은 발생하지 않는다.

　　(3) **부담부분과의 관계**　　　구상권이 성립하려면 자기의 부담부분을 넘어서 공동의 면책을 얻어야 하는지에 관하여, 민법이 명시적인 규정을 두고 있지 않아 견해가 나누어져 있다. 소수설인 적극설에 따르면, 채무자가 그의 부담부분을 넘은 공동 면책을 얻은 때에만 구상권이 생긴다고 한다(김현태 197면 참조). 그 이유로 부담부분은 채무자가 당연히 부담할 채무이고, 공동보증에 관하여 민법은 부담부분을 넘을 것을 요구하고 있으며(448조 참조), 실질적으로 볼 때 부담부분을 넘지 않는 공동 면책의 경우에 구상권을 인정하는 것은 무의미하다고 한다. 이에 대하여 다수설은 부담부분의 초과가 구상권의 성립요건은 아니라는 소극설을 취하고 있다(김기선 219면, 김증한·김학동 236면, 김형배 473면, 송덕수 321면, 최식 151면, 현승종 247면, 민법주해(X) 140면. 절충설로는 이은영 532면 참조). 그 이유로 연대채무자 사이의 부담부분은 각 채무자가 부담할 채무액이라기보다는 일정한 비율이라고 보는 것이 옳으며, 따라서 공동 면책을 위한 출재가 있으면, 그 비율로 분담하는 것이 타당하다고 한다. 다수설에 찬동한다. 따라서 공동 면책이 있으면 되고, 그 범위가 출재자의 부담부분 이상이어야 할 필요는 없으며, 언제나 출재한 금액에 관하여 부담부분의 비율로 구상할 수 있다.

　　4. 구상권의 범위

　　(1) 출재한 연대채무자의 구상권은 다음과 같은 것을 포함한다(425조 1·2항).

　　① **출 재 액**　　　구상권의 성립에 자기의 부담부분을 넘는 공동 면책을 요구하는 적극설에 따르면, 자기의 부담부분을 넘는 출재액만을 구상할 수 있지만, 소극설에 따르면, 언제나 출재액이 구상의 기준액이 된다. 그러나 출재액이 공동 면책액을 넘어도, 공동 면책액 이상으로 구상하지는 못한다(예컨대, 甲·乙이 丙에 대하여 3천만원의 연대채무를 부담하는 경우에, 乙이 비록 5천만원의 물건으로 대물변제를 해도 구상액은 3천만원에 지나지 않는다). 반대로, 출재액이 공동 면책액보다 적은 경우에도,

출재액 이상으로 구상할 수 없다(예컨대, 위 예에서 乙이 2천만원의 물건으로 대물변제를 하면 구상액은 2천만원이 된다).

② 면책된 날 이후의 법정이자   위의 구상액에는 변제 그 밖의 공동 면책이 있었던 날 이후의 법정이자를 합하여 계산해야 한다(면책일도 이자가 생긴다).

③ 필 요 비   변제 그 밖에 공동 면책을 위하여 피할 수 없었던 비용(운반비·포장비·환전 비용 등)도 더하여 계산해야 한다. 필요비에 관해서도 역시 면책일 이후의 법정이자를 더하여 계산해야 한다.

④ 그 밖의 손해   공동 면책을 위하여 피할 수 없었던 손해, 예컨대 채권자로부터 소구 또는 강제집행을 당한 경우 소송비용·집행비용, 변제를 위하여 자기의 재산을 현금화하거나 담보를 설정한 비용 등도 구상액에 합하여 계산해야 한다.

(2) 위에 든 총액을 연대채무자 각자의 부담부분(출재자 자신의 부담부분을 포함하여)의 비율에 따라 나누어 쪼개서, 출재한 채무자가 다른 채무자에게 구상하게 된다.

5. 구상권의 제한   연대채무자가 공동 면책을 얻기 위하여 출재행위를 할 때에는 다른 채무자에 대하여 사전 및 사후에 그 통지를 해야 한다. 이 통지는 구상권이 발생하기 위한 요건은 아니고, 구상권이 소멸하는 원인도 아니다. 다만 이 통지를 게을리하면, 다음에서 보는 바와 같이 구상권이 제한된다.

(1) 사전의 통지를 게을리한 때   어느 연대채무자가 변제 그 밖에 자기의 출재로 공동 면책이 된 경우에, 사전에(즉 출재행위를 하기 전에) 다른 채무자에게 통지하지 않은 때에는, 다른 채무자가 채권자에게 대항할 수 있는 사유를 가지고 있었던 때에는, 그의 부담부분에 한하여, 그 사유를 가지고 면책행위를 한 채무자에게 대항할 수 있다. 그 대항사유가 상계인 때에는, 상계로 소멸할 채권은 당연히 면책행위를 한 채무자에게 이전된다(426조 1항). 예컨대, 甲·乙·丙이 균등한 부담부분으로 丁에 대하여 9천만원의 연대채무를 부담하는 경우에, 甲이 乙·丙에게 사전의 통지를 하지 않고 변제하였는데, 乙이 채권자 丁에 대하여 상계적상에 있는 4천만원의 반대채권을 가지고 있는 때에는, 乙은 자기의 부담부분인 3천만원까지 丁에 대한 채권으로써 甲의 구상권과 상계할 수 있다. 그리고 乙이 이와 같이 상계한 때에는, 乙의 丁에 대한 채권은 그 범위에서 甲에게 이전된다.

　　이 규정의 목적은 채권자에 대하여 항변권을 가지는 채무자로 하여금 그 권리
를 행사할 기회를 잃지 않도록 하려는 것이다. 따라서 채권자의 청구 유무를 묻지
않고 채무자의 한 사람이 출재행위를 하려면, 언제나 사전 통지를 해야 한다고 정
하고 있다(즉, 채권자의 청구가 있는 때는 물론이고, 그러한 청구가 없더라도 사전 통지를 해야
한다). 채권자의 청구가 있음을 알고 있는 다른 채무자에 대해서도 사전 통지를 해
야 하는가? 이때에는 사전 통지는 필요하지 않으며, 통지하지 않아도 구상권이 제
한되지 않는다. 그리고 채권자에 대한 항변권은 채무자 전원에게 속해야 하는 것은
아니며, 각 채무자가 채권자에 대하여 가지는 항변권이라도 상관없다(예컨대, 어느 연
대채무자가 한 법률행위의 무효·취소·제한능력·기한유예·기한미도래·상계의 항변권 등. 다만
상계의 항변권을 출재채무자에게 대항한 때에는 상계의 목적인 채권이 법률상 당연히 출재 채무
자에게 이전함은 이미 설명하였다).

　　(2)　사후의 통지를 게을리한 때　　연대채무자의 한 사람이 변제 그 밖에 자
기의 출재로 공동 면책되었음을 다른 채무자에게 통지하는 것을 게을리함으로써,
다른 채무자가 선의로 채권자에게 변제 그 밖에 유상의 면책행위를 한 때에는, 그 채
무자(제 2 의 면책행위를 한 자)는 자기의 면책행위의 유효를 주장할 수 있다(426조 2항).

　　제 1 의 출재로 공동 면책이 되었으나, 그 통지가 없었기 때문에 선의로 제 2
의 출재행위를 한 채무자를 보호할 필요가 있다. 이 규정은 위와 같은 경우에 제 2
의 출재행위를 유효한 것으로 주장할 수 있도록 하여 제 1 의 출재 채무자의 구상
권을 제한한다. 그런데 제 2 의 출재 채무자가 자기의 면책행위가 유효하다고 주장
한 경우, 제 2 의 면책행위는 모든 사람(채권자와 모든 채무자)에 대한 관계에서 유효
한가, 또는 과실 있는 제 1 의 출재 채무자와 선의의 제 2 의 출재 채무자 사이에서
만 유효한가가 문제된다. 뒤의 설이 다수설이다(김용한 324면, 김증한·김학동 238면, 김
현태 199면, 최식 153면, 현승종 250면, 민법주해(Ⅹ) 152면 참조). 다수설이 타당하다. 이
제도는 구상관계를 공평하게 하려는 것이므로, 선의의 이중 출재자를 보호하기 위
해서는 상대적 효과를 인정하는 것으로 충분하기 때문이다. 다수설에 따르면, 제 1
의 출재 채무자가 구상하는 때에, 제 2 의 출재 채무자는 이를 거부하고, 오히려 반
대로 제 2 의 출재 채무자가 제 1 의 출재 채무자에 대하여 구상할 수 있다. 다른 채
무자에 대한 관계에서는 제 1 의 출재 채무자가 구상권을 가지나, 제 2 의 출재 채무

자는 제1의 출재 채무자에 대하여 그가 가지는 구상권 또는 구상액을 부당이득으로서 반환을 청구할 수 있다. 제2의 출재 채무자는 채권자에 대해서는 자기의 출재를 부당이득으로서 반환청구할 수 있으나, 제1의 출재 채무자로부터 구상 또는 반환을 받은 한도에서, 그 반환청구권은 당연히 제1의 출재 채무자에게 이전된다.

(3) **한 채무자가 사전 통지를 게을리하고, 다른 채무자가 사후의 통지를 게을리한 때**　　이에 관해는 민법에 규정이 없으므로 해석으로 해결하는 수밖에 없다. 현재 다수설은 이 경우에는 제426조 1·2항을 적용하지 않고 일반원칙에 따라 제1의 출재행위만 유효하다고 보고 있다(김증한·김학동 239면, 김현태 200면, 김형배 477면, 최식 153면, 현승종 250면, 민법주해(Ⅹ) 154면. 송덕수, 324면은 반대). 민법 제426조는 사전 통지나 사후의 통지의 어느 한쪽만을 게을리한 경우에만 적용된다고 보는 것이 법률관계를 간명하게 처리할 수 있어서 적절하다. 즉, 다수설이 타당하다.

6. 상환 무자력자가 있는 경우 구상권자의 보호(구상권의 확장)

(1) **무자력자 부담부분의 분담**　　연대채무자 가운데 상환할 자력이 없는 사람이 있으면, 무자력자의 부담부분(즉, 상환할 수 없는 부분)은 구상권자와 다른 자력이 있는 채무자가 각자의 부담부분에 비례하여 분담한다(427조 1항 본문). 예컨대, 甲이 9천만원을 변제하고 乙·丙에 대하여 각각 3천만원씩 구상하려고 하였는데, 丙이 무자력인 때에는 丙의 부담부분 3천만원은 甲과 乙이 각자의 부담부분에 따라서, 즉 1,500만원씩(부담부분이 균등한 경우) 부담한다. 그러나 구상권자에게 과실이 있는 때(예컨대, 甲이 구상시기를 놓쳤기 때문에 丙이 무자력으로 된 경우)에는, 다른 채무자에 대하여 분담을 청구하지 못한다(427조 1항 단서). 여기서 말하는 상환 무자력자는 지급불능이나 지급정지 등 파산원인이 있을 때, 또는 강제집행 등으로 상환채무자의 지급자력이 없음이 확정된 것을 말한다. 제427조 1항은 무자력에 의한 상환불능의 경우에 관해서만 언급하고 있으나, 무자력 이외의 이유에 의한 상환불능의 경우(예컨대, 어떤 채무자가 한정승인을 하였거나 행방불명이 된 경우 등)에도 마찬가지로 보아야 한다(김기선 225면 참조). 상환불능자의 부담부분을 다른 채무자가 각자의 부담부분에 비례하여 분담하므로, 부담부분이 0인 채무자의 분담액도 역시 0이 된다. 상환불능자를 제외한 다른 채무자의 부담부분이 모두 0인 때에는 어떻게 되는가? 부담부분이 0인 채무자 사이에서 균등하게 분담해야 한다(김기선 225면, 김증한·김학동 239

면, 최식 153면, 현승종 251면 참조). 그렇게 해석하는 것이 연대채무자 사이의 공동분담
정신에 부합하고 또한 공평하다.

(2) **연대의 면제와 무자력자의 부담부분**   연대채무자 가운데 한 사람이 채
권자로부터 연대의 면제를 받은 경우에, 다른 채무자 가운데 변제자력이 없는 자가
있으면, 무자력자가 변제할 수 없는 부분에 관하여 연대의 면제를 받은 자가 분담
할 부분은 채권자가 부담해야 한다(427조 2항).

'연대의 면제'란 연대채무의 면제와는 달리 채무를 전부 면제하는 것이 아니
라, 채무자에 대하여 다른 채무자와 연대해서 채무 전부를 이행할 의무를 면제하는
것이다. 바꾸어 말하면, 채권자가 채무자에 대한 관계에서 전부 급부 청구권을 포
기하고, 채무자의 채무액을 그의 부담부분 범위에 제한하는 것이다. 연대의 면제도
일종의 채무면제이므로, 채권자의 단독행위로 할 수 있다(506조 참조). 이와 같은 연
대의 면제에는 두 가지가 있다. 하나는 모든 채무자에 대하여 연대를 면제하는 경
우로서 '절대적 연대면제'라고 한다. 이 경우 연대채무는 분할채무가 되고, 구상관
계는 생기지 않으며, 부담부분이 0인 채무자는 그 채무 전부를 벗어난다. 다른 하
나는 연대채무자 가운데 1인 또는 여럿에 대하여 연대를 면제하는 경우로서 '상대
적 연대면제'라고 한다. 이 경우에는 면제받은 채무자만이 그의 부담부분만을 목적
으로 하는 분할채무를 부담하고, 면제받지 않은 다른 채무자의 연대채무에는 영향
을 미치지 않는다(연대면제의 상대적 효력). 따라서 구상관계는 그대로 존속하게 된다.

앞의 설명으로부터 연대면제와 구상권 확장의 관계가 문제되는 것은 상대적
연대면제의 경우에 한정된다는 것을 알 수 있다. 제427조 2항은 연대면제를 받은
채무자로 하여금 대외관계뿐만 아니라, 대내 관계에서도 부담부분의 범위 이상으
로 부담하는 일이 없도록 하려는 취지이다. 그러나 연대면제를 하는 채권자는 단순
히 그 채무자에 대하여 전부 급부를 청구하지 않는다는 의사표시를 한 것뿐이다.
그가 스스로 채무자 사이의 내부관계에까지 파고 들어가서 연대가 면제된 채무자
가 분담할 부분을 자기가 부담하려는 의사까지 가지지 않는 것이 보통이다. 여기서
제427조 2항은 당사자의 의사에 맞지 않는다는 비난을 벗어날 수 없고, 입법론으로
서도 그것이 과연 옳은 것인지 의심스럽다. 적어도 이 조항의 적용은 엄격하게 해
야 한다.

제427조 2항이 적용되려면, 적어도 3명 이상의 연대채무자가 있어야 한다(즉, 연대의 면제를 받은 사람, 무자력으로 된 사람, 그리고 자력이 있는 사람이 있어야 한다). 예를 들면, A·B·C·D 네 사람이, E에 대하여, 1억 2천만원의 연대채무를 지고 있는 경우에(부담부분은 균등한 것으로 한다), E가 D에 대하여 연대를 면제하였다고 하자. A가 채무 전액을 변제하여 B·C·D에게 구상을 하였는데, C가 무자력자임이 판명되었다면, C가 부담해야 할 3천만원을 A·B·D가 각각 1천만원씩 부담하게 된다. 그런데 D는 연대의 면제를 받았으므로, D가 새로이 부담해야 할 1천만원은 제427조 2항에 따라 E가 부담하게 된다. 즉, A는 B로부터 4천만원, D로부터 3천만원, E로부터 1천만원을 구상할 수 있다. 따라서 1억 2천만원의 채무는 A와 B가 각각 4천만원, D가 3천만원을 변제하는 것이 된다(결국 1억 1천만원).

7. 구상권자의 대위권   연대채무자는 '변제할 정당한 이익'이 있으므로, 변제로 당연히 채권자를 대위한다(481조. [107] 참조). 연대채무의 변제는 다른 채무자의 부담부분에 관해서는 타인의 채무 변제로 볼 수 있기 때문이다. 대위할 수 있는 범위는 각 채권자에 대한 구상권의 범위에 한정된다.

[70] Ⅵ. 부진정 연대채무

1. 의   의   두 사람 이상이 각각 다른 법률관계에 따라 같은 채권자에게 어떤 급부를 할 채무를 부담하는 때에 그들 각자의 급부 내용이 우연히 같은 것이어서, 한 사람이 이행하면 다른 사람의 채무도 소멸하게 되는 경우가 있다. 이들이 부담하는 채무를 부진정(不眞正) 연대채무라고 한다. 각 채무자가 나란히 모두 전액을 책임지는 점에서는 연대채무와 같은 성질을 가지고 있으나, 그 밖의 점에서는 연대채무와 같지 않다.

부진정 연대채무는 원래 독일에서 주장·인정된 것으로서, 우리나라 학설과 판례도 이 개념을 인정한다. 부진정 연대채무를 인정함으로써 어떠한 실익이 있는가? 민법이 정한 연대채무에서는 절대적 효력이 인정되는 범위가 넓어서 채권의 담보력이 약하다. 따라서 담보력이 강한 부진정 연대채무를 인정하여 연대채무와 구별할 실익이 크다. 그러나 연대채무와 부진정 연대채무를 구별하는 실질적 기준은 없다. 학설은 이 두 가지를 구별하는 표준으로서, 연대채무에는 채무자 사이에 공동목적에 의한 주관적인 관련이 있으나, 부진정 연대채무에는 그러한 관련이 없다고 설명한다. 둘의 주요한 차이점을 들면, 첫째, 부진정 연대채무에서는 채무자 한 사람에 관하여 생긴 사유가 다른 채무자에게 영향을 미치지 않으며, 둘째, 채무자 상호간의 내부관계에서 구상관계가 원칙적으로 생기지 않는다.

　다음과 같은 경우에 부진정 연대채무가 인정된다. 타인의 가옥을 불태운 사람의 불법행위에 의한 배상의무와 화재보험회사의 계약상 전보의무, 임치물을 부주의로 도난당한 수치인의 채무불이행에 의한 배상의무와 절취자의 불법행위에 의한 배상의무, 피용자의 배상의무(750조)와 사용자의 배상의무(756조), 책임무능력자의 가해행위에 대한 법정감독의무자의 배상의무와 대리감독자의 배상의무(755조), 피용자의 가해행위에 대한 사용자와 감독자의 배상의무(756조), 동물의 가해행위에 대한 점유자와 보관자의 배상의무(759조) 등이다. 그 밖에 민법 제760조는 공동불법행위자에게 연대하여 배상할 것을 정하고 있는데, 이 공동불법행위책임은 부진정 연대채무라고 새기는 것이 학설·판례이다(자세한 것은 채권각론에서 다룬다). 주로 동일한 손해를 여럿이 각각 전보할 의무를 부담하는 때에 부진정 연대채무가 생긴다.

2. 효　력

　(1) 채권자의 권리　　연대채무자에 대한 채권자의 권리와 같다. 즉, 채권자는 채무자 가운데 1인에 대하여 채무 전부나 일부의 이행을 청구할 수도 있고, 모든 채무자에 대하여 동시에 또는 순차로 채무 전부나 일부의 이행을 청구할 수도 있다([67] 1. 참조. 그러나 「채무자 회생 및 파산에 관한 법률」 제428조는 부진정 연대채무에는 적용되지 않는다고 새겨야 한다. [67] 2. 참조).

　(2) 채무자의 1인에 관하여 생긴 사유의 효력　　채권을 만족시키는 사유, 즉 변제·대물변제·공탁·상계는 절대적 효력이 있다. 상계에 관해서는 논란이 있었으나, 대법원은 종전 판례를 변경하여 부진정 연대채무자 중 1인이 자신의 채권자에 대한 반대채권으로 상계를 한 경우에 그 효력은 소멸한 채무 전액에 관하여 다른 부진정 연대채무자에게도 미친다고 하였다(대판(전) 2010. 9. 16, 2008다97218 참조. 이는 상계계약의 경우에도 마찬가지이다). 부진정 연대채무에서도 여러 채무는 객관적으로 단일한 목적을 가지고, 하나의 채권이 만족되면 다른 채권도 그 목적을 달성하여 소멸하기 때문이다. 그러나 연대채무와는 달리, 1개의 채권이 전부 만족될 때까지는 일부만 변제나 배당이 되더라도, 각 채무는 그 독립성을 그대로 보유한다. 위

와 같이 채권을 만족시키는 사유 이외에는 모두 상대적 효력이 있을 뿐이다. 즉, 연대채무에 관한 제416, 417, 419~422조는 적용되지 않는다(대판 1997. 12. 12, 96다50896 참조. 권리포기나 채무면제는 상대적 효력이 있다고 한 것이다).

(3) **대내적 효력**   부진정 연대채무자 사이에는 주관적인 공동관계가 없고 부담부분이 없으므로, 구상관계가 당연히는 발생하지 않는다. 다만 그들 사이에 특별한 법률관계가 있는 때에는 그에 따라 구상관계가 생길 뿐이다(756조 3항 참조). 또한 그러한 관계가 없는 경우에도, 각자가 부담하는 전부의무의 성질에 차이가 있기 때문에, 어떤 채무자만이 최종 책임자로 인정되는 때에는, 다른 사람이 이에 대하여 구상권을 행사하는 것과 같은 결과에 이를 수도 있다(예컨대, 보험회사나 수치인이 배상을 하는 때에는 보험회사나 수치인은 채권자의 불법행위자에 대한 권리에 대위한다. 399조 참조). 그러나 이러한 경우에도 구상관계와 비슷한 관계는 연대채무에서와 같이 공동 면책을 위한 출재의 분담이라는 주관적 관련에 따른 것이 아니라, 우연히 그들 채무자 사이에 존재하는 별개의 법률관계에 기인하는 것이므로, 연대채무에서 구상관계와는 그 성질이 다르다.

[71] Ⅶ. 연대채권

연대채권관계에는 이론상 채무자가 여럿 있는 연대채무와 채권자가 여럿 있는 연대채권(連帶債權)을 생각할 수 있다. 그중 연대채권은 여러 채권자가 같은 내용의 급부에 관하여 각각 독립해서 전부 또는 일부 급부를 청구하는 권리를 가지나, 그 가운데 1인 또는 여럿이 1개의 전부 급부를 수령하면, 모든 채권자의 채권이 소멸하는 다수당사자의 채권이다. 민법은 실제상 필요성이 적기 때문에 연대채권에 관한 규정을 두고 있지 않다. 그러나 계약자유의 원칙상 당사자가 법률행위로써 연대채권을 성립시킬 수 있음은 물론이다(법률 규정에 따라 연대채권이 발생하는 경우는 민법에는 없다).

연대채권은 위와 같이 당사자 사이의 계약으로 성립하므로, 그 내용이나 효력은 모두 당사자 사이의 계약과 그 해석에 따른다. 계약에서 도출할 수 없는 부분은 연대채무 규정을 유추하여 결정해야 한다. 연대채무 규정을 유추 적용하면 다음과 같은 결과가 된다. ① 각 채권자의 권리는 독립한 것으로 다루어진다. ② 채권자

한 사람에 관하여 생긴 사유 가운데 채권을 만족시키는 것이 절대적 효력을 가지게
됨은 물론이며, 그 밖의 사유에 관해서도 연대채무 규정을 유추하여 일정한 범위에
서 절대적 효력을 인정해야 한다. 그리고 ③ 내부관계에서는 수령한 것을 채권자
사이에서 분배하는 것이 원칙이다.

제 5 절 보증채무

[72] Ⅰ. 보증채무의 의의와 성질

　　1. 타인의 채무를 보증, 즉 틀림없음을 책임지기로 한 사람은 타인이 그의 채
무를 이행하지 않으면 타인을 갈음하여 채무를 이행할 책임을 진다. 보증인이 보증
한 타인의 채무를 주채무(主債務)라고 하고, 보증인의 채무를 보증채무(保證債務)라고
한다. 그러므로 주채무자가 그의 채무를 이행하지 않는 경우 이를 이행할 채무가
보증채무이다(428조 1항). 바꾸어 말하면, 채권자와 보증인 사이에서 맺어지는 보증
계약에 따라 성립하는 채무로서, 주채무자가 그의 채무를 이행하지 않는 경우 보증
인이 이행할 책임을 지고, 그렇게 함으로써 주채무에 대한 채권을 담보하는 것이
보증채무이다.

　　　　보증채무와 보증(保證)은 별개의 개념이다. 주채무자 이외에 동일한 내용의 채무
　　를 부담하는 종된 채무자(부종적 채무자)를 두어서, 주채무자의 채무(주채무)에 대한
　　채권을 담보하는 제도를 가리켜 보증이라고 한다. 그리고 이 경우 부종적 채무자가 보
　　증인이고, 그가 부담하는 채무는 보증채무이며, 보증채무를 발생시키는 계약이 보증계
　　약이다.

　　위와 같은 보증채무는 그 법적 구성에서는 다수당사자의 채무관계이나, 그 작
용은 전적으로 '채권의 담보'에 있다.

　　(1) 보증채무는 주채무의 이행을 담보하기 위한 것으로서, 주채무와 동일한
급부를 내용으로 하는 채무이며, 주채무와 보증채무의 둘 가운데 어느 하나가 이행
되면, 이들 채무는 모두 소멸한다. 따라서 주채무와 보증채무는 이미 설명한 연대
채무와 마찬가지로 다수당사자의 채무관계이다.

　　(2) 그러나 연대채무에서 각 채무는 하나의 목적을 달성하기 위하여 함께 존

재하는 수단에 지나지 않고, 각 채무는 자주성을 가지고 있다. 이에 반하여 보증채무와 주채무 사이에는 보증채무가 오로지 주채무의 이행을 담보하는 수단이기 때문에, 둘 사이에는 주종의 관계가 있다. 이 부종성이 보증채무의 특성이다. 바로 이것으로 말미암아 다수당사자의 채무(불가분채무, 연대채무)보다는 담보성이 명확하게 표면에 드러난다. 따라서 보증채무는 가장 전형적인 인적 담보제도이다.

　　보증인의 책임(責任)은 그의 재산 전체를 그 대상으로 한다. 이 점에서 물상보증인(物上保證人)과 비교해볼 필요가 있다. 물상보증인은 타인의 채무를 담보하기 위하여 자기 재산에 질권·저당권·동산담보권·채권담보권·비전형담보권 등을 설정한 자이며, 그 자신은 채무를 부담하지 않고, 다만 '책임'을 질 뿐이다. 그 책임을 실현하는 방법이 담보권의 실행이다. 이에 대하여 보증인은 단순히 책임을 지는 데 그치지 않고 스스로 '채무'도 부담한다. 그리고 그 책임의 실현은 그의 재산에 대한 강제집행에 의한다. 위와 같이 보증인과 물상보증인이 부담하는 '책임'의 법률적 모습은 다르지만, 타인의 채무를 담보하기 위하여 자기 재산을 채권자의 공취권(攻取權)이나 집행권의 목적에 제공하는 점에서, 둘은 공통적인 성질을 가진다. 보증인과 물상보증인이 법률적 지위에서 실질적으로 차이가 있는 것은 물상보증인의 책임은 이른바 물적 유한책임이지만, 보증인의 책임 대상은 그의 재산 전체라는 점이다. 즉, 물상보증인의 책임이 물적 책임인 데 대하여, 보증인의 책임은 인적 책임이다. 보증채무가 인적 담보제도라는 것도 이 때문이다.

2. 보증채무의 법적 성질을 설명하면, 다음과 같다.

(1) **채무의 독립성**　　보증채무는 주채무와는 별개의 독립한 채무이다. 따라서 보증채무를 다시 보증하는 것, 부보증(副保證)도 가능하다. 그러나 보증채무의 독립성은 다음에서 설명하는 부종성·수반성으로 말미암아 연대채무의 독립성만큼 완전하지는 않다.

(2) **채무 내용의 동일성**　　제428조 1항은 '주채무자가 이행하지 아니하는 채무'가 보증채무의 내용이라고 정하고 있다. 그러나 이것은 보증채무가 주채무 그 자체를 이행하는 것을 내용으로 한다는 것이 아니라, 보증채무의 내용은 주채무의 내용과 같으며, 보증인은 이처럼 같은 내용의 채무를 이행할 책임을 진다는 것이다. 따라서 주채무는 원칙적으로 대체적 급부를 내용으로 한다. 부대체적(不代替的) 급부를 목적으로 하는 채무를 보증한 경우에는 주채무가 그의 불이행으로 손해배

상채무로 변하는 것을 정지조건으로 하여 보증을 한 것으로 이론구성하여 그 유효성을 인정한다([74] 1. ⑵ 참조). 이와 같이 보증채무는 주채무와 같은 내용이어야 하므로, 내용이 다르면 그것은 대물변제의 예약이거나 새로운 채무부담이며, 이를 준보증(準保證. 채권담보의 취지인 때)이라 하여, 보통의 보증과는 구별한다. 또한 채무불이행으로 채권자가 완전한 이행을 받지 못한 부분에 관하여 특히 보증하는 것은 배상보증(채권자가 주채무자로부터 이행을 받지 못하였음을 증명한 부분에 한하여 보증인에게 청구할 수 있다)이라 하여, 보통의 보증과 구별한다.

(3) 부 종 성   보증채무는 주채무에 부종한다. 이미 설명하였듯이 보증채무는 오로지 주채무의 이행을 담보하는 것을 목적으로 하므로, 반드시 주채무가 있어야만 한다. 따라서 보증채무는 독립한 채무이지만, 주채무에 종속한다. 이 부종성으로부터 다음과 같은 여러 내용이 나온다.

⑺ 주채무가 무효이거나 취소된 때에는 보증채무도 무효이다(436조 참조).

⑷ 주채무의 내용에 변경이 생기면, 그에 따라 보증채무의 내용도 변경된다(429조 1항 참조).

⑷ 주채무가 소멸하면, 그 이유를 묻지 않고 보증채무도 소멸한다.

⑷ 보증채무는 그 내용이나 모습이 주채무보다 무거울 수 없다(430조 참조).

⑷ 보증인은 주채무자가 가지는 항변권으로써 채권자에게 대항할 수 있다(433조 1항 참조).

(4) 수 반 성   주채무자에 대한 채권이 이전하면, 보증인에 대한 채권도 원칙적으로 이전한다. 바꾸어 말해서, 주채무가 이전하면, 보증채무도 그와 함께 이전한다.

(5) 보 충 성   보증채무는 원칙적으로 보충성을 가진다. 즉, 주채무가 이행되지 않는 경우 보증인은 그 이행 책임을 진다(428조 1항). 그러나 보증채무가 주채무의 불이행을 적극적 요건으로 하는 2차적 채무라는 것은 아니다. 다만 채권자가 보증인에게 청구를 한 경우 보증인은 최고(催告)·검색(檢索)의 항변을 할 수 있을 뿐이다(437조 참조). 연대보증에서는 이 보충성이 없으며, 보증인은 최고·검색의 항변권을 가지지 않는다.

3. 보증채무에는 보통의 보증 이외에 다음과 같은 여러 종류가 있다. 실제로

는 연대보증·공동보증·근보증이 많고, 이들이 뒤섞여서 한데 합쳐지는 경우도 적지 않다.

(1) **연대보증**　　보증인이 주채무자와 연대하여 채무를 부담하는 보증채무이다([79] 참조).

(2) **공동보증**　　여럿이 동일한 채무를 보증하는 것이다([80] 참조).

(3) **근보증**(신용보증)　　일정한 계속적 거래관계나 법률관계로부터 장차 발생할 불특정·다수의 채무를 보증하는 것으로서, 담보물권법의 근저당·근질에 대응한다. 이에 관해서는 각각 관계되는 곳에서 설명하기로 한다.

(4) **부보증**(副保證)　　보증채무를 다시 보증하는 것이나, 법률적으로는 보통의 보증과 같게 다루어진다.

(5) **구상보증**(求償保證)　　보증인이 채권자에게 변제한 때에 가지게 되는 주채무자에 대한 구상권을 보증하는 것으로서, 역보증(逆保證)이라고도 한다. 이것도 보통의 보증과 다르지 않다.

(6) **배상보증**(賠償保證)　　채권자가 주채무자로부터 이행을 받지 못한 부분에 관해서만 보증하는 것이다. 주채무자로부터 이행을 받지 못하였음을 채권자가 증명해야 한다는 점에서 보통의 보증과 다름은 이미 설명하였다(2. ⑵ 참조).

보증채무와 비슷하지만 같지는 않은 것으로서, 손해담보계약과 신원보증이 있다. 이들에 관하여는, 따로 설명하기로 한다([81]·[82] 참조).

[73]　Ⅱ. **보증채무의 성립**(보증계약)

보증채무는 채권자와 보증인 사이에서 맺어지는 보증계약에 따라 성립한다.

1. 보증계약은 주채무의 채권자와 보증인 사이에서 맺어지는 계약이며, 주채무자는 보증계약과 직접 관계가 없다. 그러나 주채무자가, 보증인의 대리인이나 사자(使者)의 자격으로, 채권자와 보증계약을 맺을 수 있음은 물론이다(대판 1965. 2. 4, 64다1264 참조). 주채무자의 부탁을 받고 보증인이 보증계약을 하는 것이 보통이나, 그러한 부탁이 있었는지나 부탁을 하는 계약의 유효·무효는 보증계약의 효력에 영향을 미치지 않는다. 다만 구상권의 범위가 다르게 될 뿐이다(441조 이하 참조). 따라서 보증인이 보증을 할 때 주채무자에게 속거나(110조 2·3항), 또는 채무자의 자

력·담보 등에 관하여 착오가 있더라도, 이를 특히 보증계약의 내용으로 하지 않는 한, 법률행위 중요부분에 착오가 있는 것은 아니다. 예컨대, 채무자가 보증인에게 간청하면서 주채무에 관하여 허위 사실을 알려 주고 보증인이 이를 믿고 보증을 하였다고 하자. 이 경우에도 일반적으로 제 3 자에 의한 사기 또는 단순한 동기의 착오가 될 뿐이고, 보증계약의 효력에는 영향을 미치지 않는다.

   2. 민법상 보증계약은 원칙적으로 요식계약(要式契約)이다. 민법 제정 당시에는 보증계약에 어떤 방식을 요구하고 있지 않아 불요식의 낙성계약이었으나, 보증인의 책임이 무겁다는 점을 고려하여 2015년 민법을 개정하여 서면을 요구하는 방식으로 바뀌었다(428조의2). 즉, 보증은 그 의사가 보증인의 기명날인 또는 서명이 있는 서면으로 표시되어야 효력이 발생한다. 또한 보증의 의사가 전자적 형태로 표시된 경우에는 효력이 없다(1항. 이에 대해서는 특별법에서 예외 규정을 두고 있다). 보증채무를 보증인에게 불리하게 변경하는 경우에도 마찬가지이다(2항). 그러나 보증인이 보증채무를 이행한 경우에는 그 한도에서 위와 같은 방식의 하자를 이유로 보증의 무효를 주장할 수 없다(3항).

   이와 같이 개정한 이유는 보증인이 보증 의사를 명확하게 표시하게 함으로써 보증 의사의 존부와 내용에 관하여 분명한 확인수단을 보장하여 분쟁을 예방하고 보증인으로 하여금 가급적 경솔하게 보증을 하지 않고 숙고의 결과로 보증을 하도록 하려는 것이다(대판 2017. 12. 13, 2016다233576 참조). 이 조항에서 '보증인의 서명'은 원칙적으로 보증인이 직접 자신의 이름을 쓰는 것을 뜻한다. 따라서 타인이 보증인의 이름을 대신 쓰는 것은 이에 해당하지 않는다. 그러나 '보증인의 기명날인'은 타인이 이를 대행하는 방법으로 해도 무방하다(대판 2019. 3. 14, 2018다282473 참조). 한편 채무증서에 연서(連署)하거나 인수인·증인 등의 기재를 하고 있는 경우에, 그것이 과연 보증인지 아닌지는 당사자의 의사해석 문제이다. 또한 타인의 채무의 이행을 담보하는 계약을 채권자와 맺은 때에는, 비록 그것이 채무인수 또는 타인의 채무에 대한 변제계약 등의 겉모양을 갖추고 있더라도, 실은 보증계약으로 새길 수 있는 경우가 있다.

[74]　Ⅲ.　보증채무의 성립에 관한 요건

　보증채무는 보증계약으로 성립하므로, 보증계약이 유효하게 성립하려면 계약의 일반적 성립요건을 갖추어야 함은 물론이다. 다만 보증채무가 부종성이 있어서, 주채무와 보증인에 관하여 다음과 같은 특별요건을 갖추어야 한다.

1.　주채무에 관한 요건

　(1)　주채무가 있을 것　　보증채무는 주채무의 이행을 담보하는 채무이므로, 보증채무가 성립하려면 주채무의 존재를 그 전제로 한다. 주채무가 성립하지 않거나 이미 소멸하고 있으면, 보증채무도 효력이 생기지 않는다. 그리고 채무 담보를 목적으로 하는 계약이라도, 주채무의 존재를 전제로 하지 않으면 보증계약이 아니라 나중에 설명하는 손해담보계약에 속한다([82] 참조).

　(2)　주채무는 대체적 급부를 내용으로 할 것　　민법은 보증채무를 다수당사자의 채무로서 구성하고 있으므로, 주채무와 보증채무의 급부내용이 같아야 한다. 그러나 급부내용의 동일성은 채무이행을 담보하는 데 본질적인 것이 아니다. 따라서 주채무의 내용이 일반적으로 대체성이 없더라도, 채권자와 보증인 사이에서 대체성을 승인하면 보증채무는 성립할 수 있다. 또한 급부내용이 서로 다르더라도, 채무이행을 담보하는 것이 목적이라면, 준보증으로서 보증에 준하여 다루는 것이 좋다. 그리고 부대체적 급부를 목적으로 하는 채무에 관하여 보증계약이 맺어진 때에는, 그것은 채무불이행으로 주채무가 손해배상채무로 변하는 것을 정지조건으로 하는 조건부 보증계약이라는 이론구성으로 유효성을 인정하는 것이 일반이다(김기선 238면·239면, 김용한 343면, 김증한·김학동 253면, 김형배 501면 참조).

　(3)　주채무는 장래채무·조건부 채무라도 좋다　　부종성의 이론 위에 서 있는 근대법에서도, 많은 입법례가 이를 분명하게 규정함으로써 인정하고 있다(독일민법 765조 2항, 스위스 채무법 494조 2항). 우리 민법도 이러한 입법례를 본받아 "보증은 장래의 채무에 대하여도 할 수 있다."라고 정하고 있다(428조 2항). 조건부 채무에 관해서는 아무런 언급이 없으나, 마찬가지로 보아야 한다.

　2015년 민법 개정 당시 제428조의3을 신설하여 근보증(根保證)에 관하여 다음과 같이 명문의 규정을 두었다. "보증은 불확정한 다수의 채무에 대하여도 할 수 있다. 이 경우 보증하는 채무의 최고액을 서면으로 특정해야 한다"(1항). 이 경우 채무의 최고액을 제428조의2 1항에 따른 서면으로 특정하지 않으면 보증계약은 효력이 없다(2항). 근보증은 예컨대 당좌대월계약·어음할인계약 등 은행 그 밖의 금융기관과 상인 사이의 계속적 융자관계라든가 제조업자와 도매상·도매상과 소매상 사이의 계속적 매매거래관계로부터 생기는 증감변동하는 채무에 관하여, 일정한 결산기·일정한 최고한도를 정하여, 이를 담보하는 것으로서, '신용보증'이라고도 한다. 근보증은 불확정한 다수의 채무를 보증하는 것으로서 보증채무의 범위를 확정할 수 있는 기준을 정해야 한다. 결산기·최고액 등이 그러한 구실을 하게 되나, 그 기준은 근저당의 경우보다는 너그럽게 새겨도 상관없는 것으로 이해된다. 그리하여 계속적 거래에서 생기는 일체의 채무라도 좋고(대판 1972. 10. 31, 72다1471 참조), 보증기간의 약정이 없어도 상관없다(대판 1957. 10. 21, 4290민상349; 대판 1976. 8. 24, 76다1778 참조). 그러나 위와 같은 민법 개정에 따라 보증채무의 최고액을 서면으로 특정하지 않으면 효력이 없다(428조의3). 근보증의 경우 보증인이 부담할 보증채무의 액수가 당초 보증인이 예상하였거나 예상할 수 있었던 것보다 지나치게 확대될 우려가 있으므로, 보증인이 자신이 지게 되는 법적 부담의 한도액을 미리 명확하게 알 수 있도록 함으로써 보증인을 보호하려는 데에 그 입법 취지가 있다. 따라서 근보증계약이 유효하려면, 보증인의 보증의사가 표시된 서면에 보증채무의 최고액이 명시적으로 기재되어 있어야 하고, 보증채무의 최고액이 명시적으로 기재되어 있지 않더라도 그 서면 자체로 보아 보증채무의 최고액이 얼마인지를 객관적으로 알 수 있는 등 보증채무의 최고액이 명시적으로 기재되어 있는 경우와 동일시할 수 있을 정도의 구체적인 기재가 필요하다(대판 2019. 3. 14, 2018다282473 참조).

위와 같이 보증계약은 장래의 채무, 조건부 채무 또는 불확정채무에 관해서도 유효하게 할 수 있으나, 부종성과 관련하여 그 이론구성을 어떻게 할 것인지는 문제이다. 질권·저당권과 같은 물적 담보에 관해서는 장래의 채권, 조건부 채권 또는 불확정채권을 위하여 '현재' 설정할 수 있음은 일반적으로 승인되어 있다. 그러나 보증에 관해서는 부종성 이론에 따라 장래의 채무나 조건부 채무에 대한 보증계약으로 '장래의 보증채무' 또는 '조건부 보증채무'가 성립할 뿐이라는 이론구성을 취하는 것이 보통이다(김증한·김학동 253면, 김형배 497면, 최식 129면·130면, 민법주해(Ⅹ) 203면, 201면 참조). 물적 담보에서는 그것이 장래의 채권 등을 위한 것이라도, 채권자는 목적물의 담보가치를 현실적으로 파악하고 그 순위를 확보할 필요가 있으므로, '현재' 그 성립이 인정되어야 하지만, 보증채무에서는 그러한 문제가 생기지 않는다. 따라서 주채무가 효력을 발생한 때에 비로소 보증채무도 효력이 발생한다고 해도 문제가 없다.

(4) 주채무가 그 성립원인의 무효로 존재하지 않게 되는 때에는 보증계약도 무효가 되고, 주채무가 취소되면 보증계약도 소급적으로 무효가 됨은 이미 설명하였다. 2015년 민법 개정 전에는 "취소의 원인 있는 채무를 보증한 자가 보증계약 당시에 그 원인 있음을 안 경우에 주채무의 불이행 또는 취소가 있는 때에는 주채무와 동일한 목적의 독립채무를 부담한 것으로 본다."라고 정하고 있었다(개정 전 436조). 그러나 이 규정은 보증의 부종성 이론에 반하여 불합리하다는 비판에 따라 삭제되었다.

2. 보증인에 관한 요건

(1) **일반적인 경우**　　보증인이 될 수 있는 자격에 관해서는 원칙적으로 아무런 제한이 없다. 다만 보증채무는 보증계약으로 성립하므로, 보증계약을 체결하는 때에 일반적 계약능력·행위능력을 가지고 있어야 한다. 또한 보증채무의 목적이 법률행위를 하는 것이라면, 보증채무를 이행하는 데 행위능력을 가지고 있어야 함은 물론이다.

(2) **보증인을 세울 의무가 있는 경우**　　당사자 사이의 계약, 법률 규정 또는 법원의 명령으로, 보증인을 세울 의무가 있는 경우에 관하여 민법은 특별규정을 두고 있다.

㈎ 채무자가 보증인을 세울 의무를 부담하는 경우 보증인은 행위능력이 있어야 하고 변제자력도 있어야 한다(431조 1항).

㈏ 보증인이 변제자력이 없게 된 때에는 채권자는 그 요건을 갖춘 자로 보증인을 변경할 것을 청구할 수 있다(431조 2항).

㈐ 위 ㈎·㈏에서 설명한 것은 채권자가 보증인을 지명한 때에는 적용되지 않는다(431조 3항). 보증인이 일정한 자격을 갖출 것을 요구하는 것은 채권자를 보호하는 데 목적이 있으므로, 채권자가 스스로 보증인을 지명한 경우에는 보호할 필요가 없기 때문이다.

(라) 채무자는 다른 상당한 담보를 제공함으로써 보증인을 세울 의무를 벗어날 수 있다(432조).

(마) 제431조가 정하는 보증인의 자격은, 보증인을 세울 의무의 요건이지, 보증계약 성립의 요건은 아니다. 따라서 채무자가 정해진 필요한 자격을 갖추지 못한 자를 보증인으로서 내세운 경우 채권자는 보증계약의 체결을 거부할 수 있으나, 만일 자격 없는 보증인과 보증계약을 맺었다면, 그 계약은 유효하게 성립한다. 그리고 이 경우 채무자가 보증인을 세울 의무를 이행하지 않은 것이 되며, 그 결과 채무자는 기한의 이익을 잃게 된다(388조 2호). 또한 보증인을 세울 의무와 주채무가 불가분의 관계에 있으면, 제544조에 따라 채무불이행으로 주채무의 발생원인인 계약을 해제하거나 해지할 수 있다.

[75] Ⅳ. 보증채무의 내용

1. 보증채무의 내용은 보증채무의 부종성과 보증계약에 따라 정해진다. 첫째, 보증채무는 그것이 성립할 때 주채무와 같은 내용을 가질 뿐만 아니라, 그 후에도 주채무가 그의 동일성을 잃지 않고 목적·범위·모습 등에 변경이 생긴 때에는, 보증채무도 그에 따라서 변경된다. 둘째, 보증채무의 내용은 보증계약으로도 주채무의 내용보다 무겁게 하지 못한다. 주채무의 내용보다 가볍게 하는 것(예컨대, 일부 보증의 약정, 채무의 이행기를 주채무의 그것보다 늦추는 약정, 원본에 대한 이자를 경감하는 약정 등)은 보증계약으로 자유로이 할 수 있다. 그리고 주채무자와 채권자와의 계약으로 주채무의 내용을 확장하거나 가중해도(무이자를 이자부로 하는 계약 등), 그것이 보증채무가 성립한 후의 것이면, 보증채무에 당연히 영향을 미치지는 않는다. 그러나 반대의 경우, 즉 주채무의 내용이 당사자의 의사에 따라 변경되었으나, 그 변경의 범위가 종래의 범위보다 줄어서 적게 되어 보증인에게 불리하지 않으면, 다른 특별한 의사표시가 없는 한, 보증인은 당연히 그 줄어서 적게 된 주채무를 보증한다고 보아야 한다(대판 1960. 4. 21, 4292민상619 참조).

(1) **보증채무의 목적**   보증채무의 목적인 급부의 내용은 보증채무의 부종성에 따라 주채무의 그것과 같다. 주채무의 목적이 그의 동일성을 잃지 않고 변경된 때에는 보증채무의 목적도 그에 따라 변경된다.

　　주채무가 이행지체에 빠지면, 주채무는 본래의 급부의무 외에 지체에 따른 손해배
상채무도 그 내용으로 하게 되고, 보증채무도 이에 따른다. 주채무가 주채무자에게 책
임 없는 사유로 이행불능으로 되면, 주채무가 소멸하므로 보증채무도 소멸한다. 그리고
주채무가 주채무자의 유책사유로 이행불능이 되면 주채무는 손해배상채무로 변하므로,
보증채무도 그 목적을 변경하게 된다.

　　(2)　**보증채무의 범위**　　　　보증채무의 범위는 주채무의 범위보다 클 수 없다.
만일 큰 때에는 주채무의 한도로 줄어든다(430조). 주채무의 범위보다 적은 것으로
하는 것은 상관없다(유한보증). 민법은 보증채무의 범위에 관하여 당사자 사이에 특
약이 없는 경우를 위하여 하나의 보충규정을 두고 있다. 즉, "보증채무는 주채무의
이자, 위약금, 손해배상 기타 주채무에 종속한 채무를 포함한다."라고 정한다(429조
1항).

　　문제가 되는 것은, 주채무에 관한 계약의 해제나 해지에 의한 원상회복의무와
손해배상의무가 보증채무에 의하여 담보되는 범위에 속하는지 여부이다. 보증계약
의 해석으로 결정할 문제이다. 계약당사자를 위한 보증은 그 계약에서 생기는 특정
채무만을 보증하는 것은 오히려 예외이며, 보통 계약당사자가 부담하는 모든 채무
를 보증하는 취지라고 해석해야 한다. 따라서 해제·해지에 따른 원상회복의무와
손해배상의무의 성질론에 구애됨이 없이, 보증인은 원칙적으로 이들 채무도 보증
한다고 해석하는 것이 타당하다(김기선 244면, 김증한·김학동 255면 참조). 판례도 이러
한 다수설에 따르고 있다(대판 1967. 9. 16, 67다1482; 대판 1972. 5. 9, 71다1474 참조).

　　주채무 또는 그에 종속된 채무의 범위가 채권자에게 책임 있는 사유로 확대된
경우에, 보증인은 그 확대된 부분에 대해서도 책임을 지는가? 부정해야 한다. 채권
자의 유책사유로 확대된 채무를 보증인이 책임질 까닭이 없다. 판례도 이런 견지에
서, 채권자의 고의에 의한 채권추심유예 등의 사유로 보증채무의 범위가 확대된 경
우에, 채권자의 고의로 초래된 확대된 부분에 대해서는 보증인이 책임을 지지 않는
다고 하고 있다(대판 1980. 3. 11, 77다796 참조).

　　(3)　**보증채무의 모습**　　　　보증채무의 모습(조건·기한 등)은 원칙적으로 주채무
의 그것과 같다. 보증채무의 모습을 주채무의 그것보다 가볍게 하는 것은 무방하
나, 주채무의 그것보다 무겁게 하는 것은 허용되지 않는다. 무겁게 된 때에는, 주채

무의 모습의 한도로 줄어든다(430조).

(4) 위약금 약정 등   보증채무의 이행을 확실하게 하고 그 불이행의 경우에 대비하기 위하여, 보증인은 그의 보증채무에 관해서만 위약금 그 밖의 손해배상액을 예정할 수 있다(429조 2항). 보증채무에 관하여 보증인을 세우고(부보증) 담보물권(물상보증)을 설정하는 것도 마찬가지이다. 이들은 보증채무의 내용을 확장하는 것이 아니므로, 부종성에 반하지 않는다. 즉, 보증채무는 주채무와 별개의 채무이므로, 보증채무에 관해서만 이들 종된 권리관계를 수반하는 것은 무방하다.

2. 근보증(계속적 보증)   보증계약은 원칙적으로 편무 · 무상이다. 그러므로 보통의 보증에서도 보증인과 채무자 사이 또는 보증인과 채권자 사이의 특별한 정의(情誼)나 신뢰관계를 기초로 한다. 따라서 보증인을 특별히 보호하기 위하여 보증채무의 효력에 관하여 여러 가지 고려를 한다는 것이 요구된다. 특히 계속적 계약관계, 예컨대 당좌대월계약 · 어음할인계약 · 계속적 공급계약 · 임대차계약 · 고용계약 등에서 생기는 불확정 채무에 대한 계속적 보증, 즉 근보증(根保證)에서는 더욱 높은 입법정책적 고려가 필요하다.

민법은 2015년 개정 당시 제428조의3을 신설하여 근보증에 관한 규정을 두었다. 보증은 불확정한 다수의 채무에 대해서도 할 수 있다고 하여 근보증을 허용하되, 이 경우 보증하는 채무의 최고액을 서면으로 특정하도록 하였다(1항). 나아가 채무의 최고액을 서면으로 특정하지 않으면 보증계약의 효력이 없다(2항). 그러나 그 밖에 근보증에 관한 상세한 규정은 없다. 한편 신원보증에 관해서는 종래의 판례이론을 바탕으로 특별법이 제정되었다([81] 참조). 근보증의 구체적인 법률관계를 정할 때 신원보증에 관한 특별법의 규정들도 참고가 될 수 있다. 근보증에서 특히 문제가 되는 중요한 점 몇 가지에 관하여 살펴보면, 다음과 같다.

(1) 해 지 권   근보증계약에 기간의 약정이 없는 때에는, 보증인은 다음과 같은 일정한 경우에는 보증계약의 해지권을 취득하게 된다고 새기는 것이 합리적이다.

㈎ 예컨대, 어음할인계약의 채권자가 방자한 대출을 하거나 임대인의 연체차임이 비정상적으로 증가한 경우와 같이, 채권자와 주채무자 사이의 계약관계가 정상적인 과정을 밟지 않게 된 때.

㈏ 채무자의 자산상태가 급격히 나빠지거나, 채무자 또는 보증인의 지위에 중대한 변화가 생긴 때.

㈐ 위와 같은 특별한 사정이 없는 때라도, 보증계약의 성립 후 상당한 기간이 지난 때.

이러한 경우에 보증인은 보증계약을 해지할 수 있다고 해야 하나, 해지권은 원칙적으로 상당한 기간을 정해서 행사해야 한다. 그러나 언제나 상당한 해지기간을 정해야 하는 것은 아니며, 그것이 필요한지는 각각의 경우 여러 사정에 비추어 개별적으로 결정해야 한다. 근보증계약에서 보증인의 주채무자에 대한 신뢰가 깨어지는 등 보증인으로서 보증계약을 해지할 만한 상당한 이유가 있는 경우에는 원칙적으로 보증인은 이를 해지할 수 있다고 보아야 한다(대판 2003. 1. 24, 2000다37937 참조). 특히 판례는 회사의 임원이나 직원의 지위에 있기 때문에 회사의 요구로 부득이 회사와 제 3 자 사이의 계속적 거래로 인한 회사의 채무에 대하여 보증인이 된 자가 그 후 회사로부터 퇴사하여 임원이나 직원의 지위를 떠난 때에는 보증계약성립 당시의 사정에 현저한 변경이 생긴 경우에 해당하므로 사정변경을 이유로 보증계약을 해지할 수 있다고 한다(대판 1990. 2. 27, 89다카1381; 대판 2002. 5. 31, 2002다1673 참조. 이 점에서 채무액과 변제기가 특정되어 있는 채무를 보증한 경우와는 다르다. 대판 2006. 7. 4, 2004다30675 참조).

(2) **보증책임의 조절 또는 제한**　　　주채무가 거래관행과 신의칙에 반하여 부당히 확대된 때에는, 확대된 부분에 관해서는 보증인은 책임을 지지 않는다고 해야 한다. 예컨대, 당좌대월계약(當座貸越契約)에서 한도액 초과 채무에 관하여 보증을 한 경우에, 거래관행을 무시한 많은 금액의 대월이 있으면, 그 부당한 대월액에는 보증채무는 미치지 않는다고 새겨야 한다. 판례는 일반적으로 계속적 보증계약에서 보증인의 부담으로 돌아갈 주채무의 액수가 보증인이 보증 당시에 예상하였거나 예상할 수 있었던 범위를 훨씬 상회하고 주채무 과다 발생의 원인이 채권자가 주채무자의 자산상태가 현저히 악화된 사실을 익히 알거나 중대한 과실로 알지 못한 탓으로 이를 알지 못하는 보증인에게 아무런 통보나 의사타진도 없이 고의로 거래규모를 확대함에 비롯되는 등 신의칙에 반하는 사정이 인정되는 경우에 한하여 보증인의 책임을 합리적인 범위 내로 제한할 수 있다고 한다(대판 2005. 10. 27, 2005다

35554, 35561 참조).

(3) 근보증의 상속 여부   보증기간과 보증한도가 정해지지 않은 근보증에 관해서는 그 상속성이 부정되고 이미 발생한 보증채무만 상속된다고 보았다(대판 2001. 6. 12, 2000다47187 참조). 그러나 민법 개정에 따라 근보증의 경우 보증하는 채무의 최고액을 서면으로 정하도록 하였으므로, 상속성을 긍정할 수 있을 것이다.

[76] V. 보증채무의 대외적 효력

1. 채권자의 권리와 의무   보증채무의 이행기에 이른 때에는 채권자는 보증인에게 보증채무의 이행을 청구할 수 있다. 보증채무의 이행기가 주채무의 그것보다 먼저 오는 일은 있을 수 없다(430조 참조). 주채무·보증채무 모두 이행기에 있는 때에는, 채권자는 주채무자와 보증인에 대하여, 따로따로 또는 동시나 순차로, 전부 또는 일부의 이행을 청구할 수 있다. 그리고 이러한 이행청구는 재판 밖에서뿐만 아니라 재판상 소구할 수도 있다. 채권자가 주채무자를 빼놓고 먼저 보증인에 대하여 이행청구를 한 때에는 보증인은 뒤에서 설명하는 여러 가지 항변권을 행사할 수 있다.

주채무자와 보증인이 파산선고를 받은 때에는, 채권자는 파산선고가 있을 때에 그가 가진 채권의 금액 전부에 관하여, 각 파산재단에 대하여 파산채권자로서 그의 권리를 행사할 수 있다(회생파산 428조). 보증인만이 파산선고를 받은 때에는, 채권자는, 파산선고가 있을 때 가지고 있는 채권의 금액 전부에 관하여, 파산채권자로서 그의 권리를 행사할 수 있다(회생파산 429조). 또한 주채무가 상속의 한정승인(1028조)으로 그 책임이 한정된 경우에는, 채권자는 보증인에 대해서는 여전히 이행을 청구할 수 있다.

2015년 민법 개정 당시 제436조의2를 신설하여 채권자의 정보제공의무(情報提供義務)와 통지의무(通知義務)를 규정하였다. 채권자는 보증계약을 체결할 때 보증계약의 체결 여부 또는 그 내용에 영향을 미칠 수 있는 주채무자의 채무 관련 신용정보를 보유하고 있거나 알고 있는 경우에는 보증인에게 그 정보를 알려야 한다. 보증계약을 갱신할 때에도 또한 같다(1항). 채권자는 보증계약을 체결한 후에 다음 어느 하나에 해당하는 사유가 있는 경우에는 지체 없이 보증인에게 그 사실을 알려야 한다. ① 주채무자가 원본, 이자, 위약금, 손해배상 또는 그 밖에 주채무에 종속한 채무를 3개월 이상 이행하지 아니하는 경우. ② 주채무자가 이행기에 이행할 수 없음을 미리 안 경우. ③ 주채무자의 채무 관련 신용정보에 중대한 변화가 생겼음을 알게 된 경우(2항). 채권자는 보증인의 청구가 있으면 주채무의 내용 및 그 이행 여부를 알려야 한다(3항). 채권자가 위 세 조항에 따른 의무를 위반하여 보증인에게 손해를 입힌 때에는 법원은 그 내용과 정도 등을 고려하여 보증채무를 감경하거나 면제할 수 있다(4항). 보증인을 보호하기 위한 것으로서 타당한 입법이다.

2. 보증인의 권리　　　보증인은, 채권자의 청구에 대하여, 보증채무의 부종성과 보충성에 따라 다음과 같은 항변을 할 권리가 있다.

(1) 부종성에 따른 권리　　　보증인은 주채무자의 항변으로 채권자에게 대항할 수 있다(433조 1항). 보증채무는 주채무와는 별개의 독립한 채무이므로, 비록 주채무자가 항변권을 포기하더라도, 그것은 보증인에게 효력이 없다(433조 2항).

　보증인이 행사할 수 있는 주채무자의 항변권으로서는 기한유예의 항변권·동시이행의 항변권·부보증의 경우 최고·검색의 항변권 등이다. 그 밖에 종래 다음과 같은 것이 문제가 되었다.

　(개) **주채무의 부존재 또는 소멸의 항변권**　　　주채무가 성립 원인의 무효·취소로 존재하지 않게 된 때에, 보증인이 주채무의 부존재를 주장하여 보증채무의 무효를 주장하거나, 주채무가 변제·대물변제·공탁·상계·경개 그 밖의 원인으로 소멸한 때에는 보증채무의 소멸을 주장할 수 있음은 당연하다. 문제가 되는 것은 주채무가 소멸시효가 완성된 경우이다. 주채무가 시효로 소멸한 때에 보증인도 당사자로서 시효소멸을 원용할 수 있으며(433조 1항), 주채무자가 시효이익을 포기한 후에도 보증인은 원용할 수 있다(433조 2항).

　(내) **주채무자의 상계권을 원용할 권리**　　　보증인은 주채무자의 채권에 의한 상계로 채권자에게 대항할 수 있다(434조). 상계권은 항변권이 아니라 주채무자가 가지는 독립한 형성권이지만, 보증인을 보호하고 아울러 법률관계를 간략하게 처리하기 위하여 둔 특칙이다.

　(대) **주채무자가 취소권·해제권 등을 가지는 경우 보증인의 이행거절권**　　　주채무자가 채권자에 대하여 취소권, 해제권이나 해지권이 있는 동안, 보증인은 채권

자에 대하여 채무의 이행을 거절할 수 있다(435조). "보증인은 … 채무의 이행을 거절할 수 있다"는 것은 주채무의 존부가 취소권, 해제권 또는 해지권의 존재로 불확정한 때에 그것이 확정될 때까지 보증채무의 이행을 거절할 수 있다는 것을 뜻할 뿐이고, 보증인이 주채무자의 이들 권리를 직접 행사할 수 있다는 뜻은 아니다(김증한·김학동 261면, 김현태 228면, 김형배 512면, 이은영 561면, 현승종 272면, 민법주해(Ⅹ) 279면 참조). 취소권·해제권·해지권은 모두 단순한 항변권이 아니라 독립한 형성권이고, 주채무자의 상계권과 같이 채무를 만족시키는 것도 아니므로, 보증인이 이들 권리를 행사할 이유가 없다.

(2) **보충성에 따른 권리**   민법 제428조 1항은 보증인이 '주채무자가 이행하지 아니하는 채무'를 이행할 의무가 있다고 정함으로써, 보증채무는 원칙적으로 보충적인 것임을 밝히고 있다. 그러나 이러한 보증채무의 보충성은 주채무의 불이행을 적극적 요건으로 하는 정도로 강한 것이 아니고, 채권자가 먼저 주채무자에게 청구하지 않고 곧바로 보증인에게 이행청구를 하면 보증인이 먼저 주채무자에게 청구하라고 항변하거나 주채무자의 재산에 대하여 집행하라고 항변할 수 있다는 뜻이다. 즉, 민법은 제437조에서 보충성에 따른 권리로서, 보증인에게 최고와 검색의 항변권을 인정하고 있다.

⑺ **최고의 항변권**

①   채권자가 보증인에게 채무이행을 청구한 때에는, 보증인은 주채무자가 변제자력이 있다는 사실과 그 집행이 용이하다는 것을 증명하여 먼저 주채무자에게 청구할 것을 항변할 수 있다(437조 본문). 이것을 '최고(催告)의 항변권'이라고 한다. 이는 채권자가 주채무자에게 최고하고 있지 않은 동안 보증인이 채권자의 청구에 대하여 이행을 거절할 수 있는 항변권이다. 본래 채권자는 꼭 주채무자에게 먼저 청구해야 하는 것은 아니며, 애초부터 보증인에게 청구해도 상관없으나, 그러한 경우에 보증인은 먼저 주채무자에게 청구할 것을 항변할 수 있다. 최고의 항변권은 채권의 존재를 부인하는 것(부인적 항변권)이 아니라, 보증인이 일시적으로 이행을 거절할 수 있는 효력을 가질 뿐이므로, 그것은 연기적(延期的) 항변권이다.

②   이 항변권을 행사하려면, 채권자가 주채무자에게 아직 이행을 청구하고 있지 않은 상태에서 보증인에게 이행청구를 해야 하고, 또한 보증인은 '주채무자의

변제자력이 있는 사실과 그 집행이 용이함'을 증명해야 한다. 이들 요건 중 뒤의 요건에 관하여 설명하면 다음과 같다.

(ㄱ) '주채무자의 변제자력'은 무엇을 뜻하는가? 그것은 채무액에 대하여 거래상 상당하다고 인정되는 금액의 집행이 용이한 재산을 가지고 있는 것, 바꾸어 말하면 거래관념상 상당한 금액을 변제할 수 있는 자력을 가리킨다.

(ㄴ) 다음에 '집행이 용이'하다는 것은 채권자가 집행을 하는 데 많은 시일과 비용이 들지 않고 쉽게 채권을 실행할 수 있다는 것을 뜻한다. 따라서 단순히 주채무자에게 일정한 재산이 있다는 사실의 증명만으로는 집행이 용이하다는 증명이 되지 않는다(대판 1962. 1. 11, 4294민상387; 대판 1962. 1. 31, 4294민상476 참조). 일반적으로 채무자의 주소에 있는 동산은 집행이 용이하나, 멀리 떨어져 있는 곳에 있는 동산은 물론이고 부동산·채권 등은 집행이 용이하다고 할 수 없다. 그러나 구체적으로 개별적인 경우에 집행의 어려움과 쉬움을 판단해야 한다.

(ㄷ) 이 항변권을 행사한 효과는 다음과 같다. 첫째, 채권자는 주채무자에 대하여 최고하지 않는 한, 다시 보증인에 대하여 이행을 청구하지 못한다. 그러나 최고는 재판상 청구여야 하는 것은 아니고, 재판 밖에서 한 청구라도 좋다. 또한 주채무자에게 최고하였으나 그 효과가 없었음을 증명할 필요도 없다. 그리고 이 항변권은 채권자가 아직 주채무자에 대하여 최고하고 있지 않은 경우에만 허용되고, 사전에 또는 동시에 주채무자에게 최고하고 있는 때에는 허용되지 않는다(따라서 주채무자를 상대로 지급명령신청을 하여 지급명령이 주채무자에게 송달되면, 보증인은 최고의 항변권을 행사할 수 없다. 대판 1962. 1. 11, 4294민상387 참조). 이 항변권의 실효성이 적음을 알 수 있다. 둘째, 보증인이 최고의 항변권을 유효하게 행사했는데도 채권자가 주채무자에 대하여 최고를 하는 것을 게을리하였기 때문에, 그 후에 주채무자로부터 전부나 일부를 변제받지 못한 경우에는, 보증인은 채권자가 곧 최고를 하였더라면 변제받았을 한도에서 그 의무를 벗어난다(438조). 그리고 보증인이 이 항변권을 가지는 동안 채권자는 보증인에 대하여 상계로써 대항하지 못한다(바꾸어 말해서, 채권자가 보증인에 대하여 채권을 가지고 있더라도, 그 채권을 가지고 주채무자에 대한 채권과 상계하지 못한다). 보증인이 이 항변권을 행사한 때에는, 채권자는 어떤 방법으로든 주채무자에게 청구하면 되므로, 이 최고의 항변권은 실제로는 별로 의미가 없다.

(ㄹ)   다음의 경우에는 보증인은 최고의 항변권을 가지지 않는다. 즉, (ⅰ) 보증인이 연대보증인인 때(437조 단서), (ⅱ) 주채무자가 파산선고를 받은 때(변제자력이 없으므로), (ⅲ) 주채무자의 행방을 알 수 없는 경우(집행이 용이하지 않으므로), (ⅳ) 보증인이 최고의 항변권을 포기한 때가 그것이다. 최고의 항변권은 포기할 수 있을 뿐만 아니라, 처음부터 이 항변권이 없는 보증채무를 성립시킬 수도 있다([79] 2. 참조).

(ㄴ)   검색의 항변권

①   채권자가 주채무자에게 위에서 설명한 최고를 한 후에 보증인에 대하여 이행을 청구해도, 보증인은 다시 주채무자에게 변제자력이 있다는 사실 및 그 집행이 용이함을 증명하여 먼저 주채무자의 재산에 대하여 집행할 것을 항변할 수 있다(437조). 이를 '검색(檢索)의 항변권' 또는 선소(先訴)의 항변권이라고 한다. 이 항변권도 연기적 항변권이다. 즉, 검색의 항변권은 채권자의 청구에 대하여 청구권을 부인하는 것이 아니라, 다만 일시적으로 주채무자의 재산에 대해 집행할 때까지 보증인이 그 이행을 거절하는 효력이 있을 뿐이다. 최고의 항변권과 검색의 항변권은 각각 독립한 것이므로, 최고의 항변권을 행사하지 않고서 곧바로 검색의 항변권을 행사하는 것은 상관없다. 그리고 이미 보았듯이 최고의 항변권은 그 실효성이 아주 적으나, 검색의 항변권은 그 힘이 세다. 채권자의 보증인에 대한 권리는 이 항변권에 의하여 중대한 제한을 받는다.

②   보증인이 이 검색의 항변권을 행사하려면, 주채무자에게 변제자력이 있다는 사실과 그 집행이 용이함을 증명해야 한다. 변제자력·집행의 용이성은 최고의 항변권에 관하여 설명한 것과 같다.

③   이 항변권을 행사한 효과는 다음과 같다. 첫째, 채권자는 먼저 주채무자의 재산에 대하여 집행하지 않으면 보증인에 대하여 다시 이행을 청구하지 못한다. 채권자가 주채무자의 재산에 대하여 집행하였으나 채권을 완전히 변제받지 못하면, 나머지 채무액에 관하여 다시 보증인에게 청구할 수 있음은 물론이나, 이 경우에 보증인은 주채무자의 재산상태가 좋아졌다고 해서 다시 검색의 항변을 하지는 못한다. 둘째, 보증인이 검색의 항변을 했는데도 채권자가 집행을 게을리하여 그 후 주채무자로부터 전부 또는 일부를 변제받지 못하게 된 때에는, 보증인이 일정한 한도에서 그 의무를 벗어나게 됨은 최고의 항변권에서와 같다(438조). 즉, 보증인은

채권자가 곧 집행하였더라면 변제를 얻을 수 있었던 한도에서 그 의무를 벗어난다. 그리고 보증인이 이 항변권을 가지고 있는 동안 채권자는 보증인에 대하여 상계로써 대항하지 못한다.

　④　검색의 항변권도 보증채무의 보충성에 따른 것이므로, 연대보증의 경우에는 연대보증인이 이 항변권을 가지지 않음은 물론이다(437조 단서). 연대보증이 아닌 경우에도 검색의 항변권만을 포기하는 것은 상관없다.

[77]　Ⅵ. 주채무자 또는 보증인에 관하여 생긴 사유의 효력

　1.　주채무자에 관하여 생긴 사유의 효력　　채권자와 주채무자 사이에서 주채무자에 관하여 생긴 사유는 모두 보증인에 대해서도 그 효력이 생긴다. 즉, '절대적 효력'이 있다. 보증채무는 주채무의 변경에 따라서 그 내용이 변경되고 언제나 현재의 주채무를 담보하기 때문이다. 이것도 부종성의 한 내용이다. 다만 보증채무가 성립한 후에 채권자와 주채무자의 합의로 주채무의 목적·범위·모습을 변경해도, 그것이 보증채무를 무겁게 하는 것이라면, 그 효력은 보증채무에 미치지 않는다([75] 1. 참조). 그 밖에 주의할 것은 다음과 같다.

　(1)　주채무의 소멸은 그 원인이 무엇이든 묻지 않고 언제나 보증인에 대하여 그 효력이 있다. 그러나 채무가 소멸하는 것이 아니라 책임이 한정되었을 뿐인 때에는, 보증채무의 효력에는 영향을 미치지 않는다. 예컨대, 주채무에 관하여 한정상속이 된 때, 주채무자가 회사 그 밖의 법인이어서 해산이 된 때, 주채무가 개인회생절차에서 일부 면제된 때 등이 그렇다. 개인회생절차에 따라 채무가 일부 면제된 경우에 관해서는, 보증인에 대하여 가지는 권리에는 영향을 미치지 않는다는 규정이 있다(회생파산 625조 3항). 한정승인·법인소멸의 경우에 관해서는 규정이 없으나, 마찬가지로 해석하고 있다(김기선 251면, 김증한·김학동 256면, 김형배 517면, 최식 143면 참조). 이때 그 이론구성을 어떻게 할지 문제이나, 채무에 대한 책임의 관념을 인정하여, 책임은 한정되어도 채무에는 변화가 없으므로, 보증인의 채무에는 영향을 미치지 않는다고 구성하는 것이 가장 적절하다([16] 참조).

　(2)　주채무자에 대한 채권이 양도되어 그 대항요건을 갖춘 때에는, 보증인에 대한 채권도 그에 수반하고, 보증인에 대해서도 대항력이 생긴다(김증한·김학동 262

면, 김형배 517면, 송덕수 356면, 최식 144면 참조). 그러나 특약으로 수반하지 않는 것으로 한 때에는 보증채무는 소멸한다. 주채무에 관하여 보증인의 승낙 없이 면책적 채무인수를 하면 보증채무의 운명은 어떻게 되는가? 소멸한다고 해석해야 한다. 보통 보증인은 채무자의 자력 등을 믿고 보증하므로, 채무자가 누구인지는 보증인에게 매우 중요하기 때문이다.

(3) 주채무자에 대한 이행청구 등에 의한 시효의 중단은 보증인에 대해서도 그 효력이 있다(440조). 이는 보증채무의 부종성에서 당연히 생기는 효과가 아니라, 주채무가 시효로 소멸하기 전에 보증채무가 시효로 소멸하는 일이 없도록 함으로써 특히 채권담보를 확보하려는 편의적인 규정이다. 이와 같이 보증에서는 연대채무와는 달리 이행청구에 의한 시효중단에 한정하지 않고([68] 2. (2) 참조), 모든 시효중단이 절대적 효력을 발생한다. 연대보증도 보증이기 때문에 제440조가 적용된다([79] 참조). 그러나 보증채무에 대한 소멸시효가 중단되었더라도 이로써 주채무에 대한 소멸시효가 중단되는 것은 아니고, 주채무가 시효 완성으로 소멸된 경우에는 보증채무도 그 채무 자체의 시효중단에 불구하고 부종성에 따라 당연히 소멸된다(대판 2002. 5. 14, 2000다62476; 대판 2012. 7. 12, 2010다51192 참조). 한편 판례는 채권자와 주채무자 사이의 확정판결에 의하여 주채무가 확정되어 그 소멸시효기간이 10년으로 연장되었다 할지라도 채권자와 연대보증인 사이에 연대보증채무의 소멸시효기간은 여전히 종전의 소멸시효기간에 따른다고 한다(대판 2006. 8. 24, 2004다26287 참조).

2. 보증인에 관하여 생긴 사유의 효력   채권자와 보증인 사이에서 보증인에 관하여 생긴 사유는 원칙적으로 주채무자에 대해서는 영향을 미치지 않는다. 즉, '상대적 효력'이 생길 뿐이다. 다만 변제·대물변제·공탁·상계와 같이 채권을 만족시키는 사유는 절대적 효력이 있다.

[78] Ⅶ. 보증채무의 대내적 효력(구상관계)

1. 보증인의 구상권   보증인은 채권자에 대한 관계에서는 자기의 채무를 변제하는 것이지만, 주채무자에 대한 관계에서는 타인의 채무를 변제하는 것이다. 따라서 보증인이 자기의 출재로 공동의 면책을 얻은 때에는, 당연히 주채무자에 대하여 구상권을 가진다. 여기서 민법은 보증인의 구상권에 관하여 특별규정을 두고

있다. 그러나 구상의 범위에 관해서는 채무자와 보증인 사이의 내부적 법률관계에 따라 구별하고 있다. 즉, 채무자의 부탁으로 보증인이 된 경우에는, 둘 사이의 관계는 위임관계이므로, 위임사무 처리비용의 상환(687조·688조)에 준하여 규율하고, 주채무자의 부탁 없이 보증인이 된 경우에는 사무관리비용의 상환(739조 참조)에 준하여 구상관계를 규정하고 있다.

2. 수탁보증인의 구상권

(1) 면책행위에 의한 구상권　　수탁보증인(受託保證人)이 과실 없이(445조 참조) 변제 그 밖의 출재로 주채무를 소멸시킨 때에는 주채무자에 대하여 구상권이 있다(441조 1항). 주채무의 변제기 전에 변제를 한 때에도 구상권은 생기는가? 이때에도 구상권이 발생하지만, 수탁보증인은 주채무자가 가지는 기한의 이익을 해치지 못하므로, 기한 전에 변제하는 데 주채무자의 승낙이 없는 한, 주채무의 변제기에 이르기 전에는 구상권을 행사하지 못한다고 해석해야 한다.

(2) 사전구상권　　수임인에게는 원칙적으로 위임사무 처리비용의 선급청구권이 인정되어 있으나(687조 참조), 보증인은 반드시 언제나 주채무자를 위하여 면책행위를 한다고는 할 수 없으므로, 민법은 다음과 같은 특별한 경우에만 수탁보증인의 사전구상권(事前求償權)을 인정한다(442조).

㈎ 보증인이 과실 없이 채권자에게 변제하여야 할 재판을 받은 때(442조 1항 1호).

㈏ 주채무자가 파산선고를 받은 경우에 채권자가 파산재단에 가입하지 않은 때(442조 1항 2호).

㈐ 채무의 이행기가 불확정하고, 그 최장기도 확정할 수 없는 경우에, 보증계약 후 5년이 지난 때(442조 1항 3호).

㈑ 채무의 이행기가 닥쳐온 때(442조 1항 4호). 그러나 보증계약 후에 채권자가 주채무자에게 허여한 기한은 이를 가지고 보증인에게 대항하지 못한다(442조 2항).

(3) 사전구상에 대한 채무자의 보호

㈎ 수탁보증인이 위에서 설명한 사전구상권을 행사하여 주채무자가 보증인에게 배상하면, 주채무자는 보증인에 대하여 자기를 면책하게 할 것을 청구하거나(이는 너무나 당연한 일이며, 특별히 규정할 필요가 없었을 것이다), 보증인으로 하여금 자기에

게 담보를 제공하게 할 수 있다(443조 전단). 여기서 말하는 '담보'는 수탁보증인이 사전구상한 것을 주채무의 변제에 사용할 채무를 담보하는 것이다.

(내) 주채무자는 수탁보증인의 사전구상권의 행사에 대하여, 배상할 금액을 보증인에게 지급하지 않고 그에 갈음하여 공탁하거나 그에 상당하는 담보를 제공하거나 보증인을 면책하게 함으로써, 배상의무를 벗어날 수 있다(443조 후단).

(4) **구상권의 범위**   수탁보증인의 구상권 범위에 관해서는 연대채무에서 출재채무자의 구상권 범위에 관한 제425조 2항이 준용된다(441조 2항. [69] 4. 참조).

(5) **구상권의 제한**

(가) 보증인이 미리 주채무자에게 통지하지 않고 변제 그 밖의 출재로 주채무를 소멸시켰으면 주채무자는 채권자에게 대항할 수 있는 사유로써 보증인에게 대항할 수 있고, 그 대항사유가 상계인 때에는 상계로 소멸할 채권은 당연히 보증인에게 이전한다(445조 1항). 또한 보증인이 변제 그 밖의 출재로 주채무자를 면책시켰으면서 이 사실을 나중에 주채무자에게 통지하지 않았다면, 주채무자가 선의로 채권자에게 변제 그 밖에 유상의 면책행위를 한 때에는, 주채무자는 자기의 면책행위가 유효하다는 주장을 할 수 있다(445조 2항).

(내) 한편 주채무자가 면책행위를 한 후에 그 사실을 수탁보증인에게 통지하지 않았다면, 보증인이 선의로 채권자에게 변제 그 밖에 유상의 면책행위를 한 때에는, 보증인은 자기의 면책행위의 유효를 주장할 수 있다(446조).

3. **부탁 없는 보증인의 구상권**

(1) 주채무자의 부탁 없이, 그러나 그의 의사에 반하지 않고서 보증인이 된 자가, 변제 그 밖에 자기의 출재로 주채무를 소멸시킨 때에는, 주채무자는 '그 당시에 이익을 받은 한도'에서 배상해야 한다(444조 1항). 따라서 면책된 날 이후의 법정이자와 손해배상은 포함되지 않는다.

(2) 주채무자의 의사에 반하여 부탁 없이 보증인이 된 자가, 자기의 출재로 주채무를 소멸시킨 때에는, 주채무자는 현존이익(現存利益)의 한도에서 배상하면 된다(444조 2항). 이 경우 주채무자가 구상한 날 이전에 상계원인이 있었음을 주장한 때에는, 그 상계로 소멸할 채권은 보증인에게 이전한다(444조 3항).

(3) 부탁을 받지 않은 보증인은 사전구상권이 없다. 또한 보증인이 면책행위

에 관하여 통지를 게을리한 때에는, 부탁받은 보증인과 마찬가지로, 구상권이 제한된다(445조 참조). 그러나 주채무자는 수탁보증인의 경우와 달리 변제 후에도 부탁없는 보증인에게 통지할 의무는 없으며, 이를 하지 않았기 때문에 보증인이 2중으로 면책행위를 해도, 보증인은 자기의 면책행위를 유효하다고 주장하지 못한다(446조 참조).

4. 주채무자가 여럿 있는 경우 구상관계

(1) 주채무자 전원을 위하여 보증인이 된 경우 구상관계에 관해서는 민법에 규정이 없다. 다음과 같이 나누어 볼 수 있다.

(가) 주채무가 분할채무라면 구상권도 역시 각 채무자에 관하여 분할채무가 된다.

(나) 주채무가 불가분채무나 연대채무라면 구상권도 각 채무자에 관하여 불가분채무나 연대채무가 된다.

(2) 여러 채무자 가운데 어느 한 사람만을 위하여 보증인이 된 경우에는 다음과 같이 해결된다.

(가) 주채무가 분할채무라면 보증한 채무자에 대하여 그가 부담하는 채무액에 관하여 구상권을 가지게 됨은 명백하다. 만일 보증인이 채무자 전원이 부담하는 채무액 전부를 변제한 경우에는 보증한 채무자 이외의 다른 채무자가 부담하는 부분에 관해서는 제3자의 변제가 된다.

(나) 주채무가 불가분채무나 연대채무라면 보증인은 보증한 채무자에 대하여 전액의 구상을 할 수 있음은 물론이나, 여기에서 나아가 민법은 다른 연대채무자나 불가분채무자에 대하여 각자의 부담부분에 한하여 구상권을 가진다고 정하고 있다(447조). 보증을 받은 채무자가 전액을 그의 보증인에게 배상한다면, 그 채무자는 다시 다른 채무자에 대하여 부담부분만큼 구상할 수 있게 된다. 이처럼 구상관계를 되풀이하는 것을 피하고 간편하게 처리하여 끝맺기 위하여 위와 같이 편의적 규정을 두었다.

예컨대, A·B·C가 9천만원의 연대채무를 부담하고 있으면, X가 A만의 보증인이라 해도, X는 9천만원 전액을 변제할 책임을 부담하게 된다. 만일 X가 9천만원을 변제하면, B·C의 채무도 소멸시키는 것이 되므로, X는 A에 대하여 전액을 구상할 수 있음은 물론이나, B·C가 각각 3천만원의 부담부분을 가지고 있으면(A·B·C의 부담부분이 균등할 때) B·C에 대해서도 각각 3천만원을 구상할 수 있다. 연대채무자 A·B·C 가운데 부담부분을 가지는 자가 A뿐이라면, B·C에 대해서는 구상하지 못함은 당연하다.

5. 보증인의 대위권   보증인은 변제할 정당한 이익이 있으므로, 그가 부탁을 받고 보증인이 되었든 부탁 없이 보증인이 되었든 묻지 않고 당연히 채권자에 대위한다(481조·482조 참조).

[79] Ⅷ. 연대보증

1. 연대보증의 의의와 성질   연대보증(連帶保證)은 보증인이 주채무자와 연대하여 채무를 부담함으로써 주채무의 이행을 담보하는 보증채무이다. 채권담보를 목적으로 하는 점은 보통의 보증채무와 마찬가지이나, 보통의 보증채무와 같은 보충성이 없으므로 채권자의 권리가 특히 강력하다.

연대보증은 부종성이 있으나, 보충성과 분별의 이익이 없다는 특징이 있다. 먼저 연대보증은 보증채무의 일종이므로 '부종성'이 있다. 따라서 주채무가 무효·취소로 존재하지 않게 되면, 연대보증인은 책임을 벗어난다. 또한 주채무가 소멸하면, 그 이유가 무엇이든 묻지 않고 연대보증채무도 소멸한다. 연대보증채무의 목적·범위·모습은 주채무의 그것보다 무거울 수 없다. 한편 연대보증인은 주채무자와 연대하여 채무를 부담하는 결과, 연대보증에는 '보충성'이 없다. 따라서 연대보증인은 최고·검색의 두 항변권을 가지지 않는다. 그 결과 차용증서가 공정증서로 되어 있다면, 채권자는 주채무자가 자력이 있든 없든 곧 연대보증인에 대하여 강제집행할 수 있다. 또한 연대보증인이 여럿이더라도, 나중에 설명하는 분별(分別)의 이익([80] 2. 참조)이 없으므로, 채권자는 어느 연대보증인에 대해서도 주채무의 전액을 청구할 수 있다. 이처럼 연대보증은 채권담보적 효력이 크기 때문에, 널리 이용되고 있다.

연대보증과 구별하여야 하는 것으로 보증연대(保證連帶)가 있다. 보증연대는 여러 보증인 사이에 연대의 특약을 한 것이다. 연대보증인이 여럿 있는 경우와 보증연대의 경우에는 모두 보증인 사이에 '분별의 이익'이 없다는 점에서 같으나([80] 2. 참조), 보증연대는 채권자에 대한 관계에서는 보통의 보증이며, 보충성을 가지고 있다.

2. **연대보증의 성립**   연대보증채무는 보증인과 채권자 사이에서 보증계약을 하면서 보증인이 주채무자와 연대하여 보증할 것을 약정함으로써 성립한다. 바꾸어 말하면, 보증계약에서 연대의 특약을 한 때 연대보증이 성립한다. 그러나 법률규정으로 성립할 수도 있다. 즉, 주채무가 주채무자의 상행위로 생긴 때, 또는 보증이 상행위인 때(상사보증)에는 주채무자와 보증인이 각각 별개의 행위로 채무를 부담하였더라도, 그 보증채무는 언제나 연대보증이 된다(상법 57조 2항). 그리고 보증인은 사전 또는 사후에 최고·검색의 항변권을 포기할 수 있는데([76] 2 (2) (가)·(나) 참조), 그러한 포기가 있으면 결국 연대보증이 성립하게 된다.

3. **연대보증의 효력**

(1) **대외적 효력**   채권자가 연대보증인에 대하여 가지는 권리는 연대채무자에 대한 권리와 같다. 연대보증인은 채권자의 청구에 대하여 최고·검색의 항변권을 가지지 않는다(437조 단서). 그러나 연대보증도 보증채무의 일종이므로, 연대보증인은 보증채무의 부종성에 따른 권리를 가지게 된다. 즉, 연대보증인은 보통의 보증인과 마찬가지로, 주채무자가 채권자에 대하여 가지는 항변을 할 수 있다. 또한 연대보증채무의 목적·범위·모습에 관해서도, 제429조·제430조가 적용된다.

(2) **주채무자·연대보증인에 관하여 생긴 사유의 효력**   연대보증도 그 본질은 보증이므로, 주채무자 또는 연대보증인에 관하여 생긴 사유의 효력은 보통의 보증채무에서와 같다.

(3) **대내적 효력**   주채무자와 연대보증인 사이의 구상관계는 보통의 보증에서와 같다. 따라서 제441조 이하의 규정이 그대로 적용된다.

[80] Ⅸ. 공동보증

1. **공동보증의 의의**   동일한 주채무에 관하여 여럿이 보증채무를 부담하는 것이 공동보증(共同保證)이다. 공동보증에는 다음 세 경우가 있다. 여러 보증인이 ① 모두 보통의 보증인인 경우, ② 연대보증인인 경우, 그리고 ③ 보통의 보증인이지만 그들 사이에 전액 변제의 특약(보증연대 약정)을 한 경우가 있다. 이러한 공동보증의 성립에 관해서는 여럿이 하나의 계약으로 동시에 보증인이 될 수도 있고, 별개의 계약으로 순차로 보증인이 될 수도 있다. 공동보증도 보통의 보증과 같지만,

공동보증에서는 보증인이 여럿이기 때문에 보증인의 채권자에 대한 관계 및 보증인 상호간의 관계에 관하여 보통의 보증과는 다른 효력이 인정되어 있다.

2. 채권자에 대한 관계

(1) 분별의 이익   여러 보증인이 있는 경우 그들이 하나의 계약으로 공동보증인이 된 경우는 물론, 각각 별개의 계약으로 공동보증인이 된 경우에도 제408조가 적용된다(439조). 그 결과 공동보증인은 주채무의 금액을 균등한 비율로 나누어 쪼갠 금액에 관해서만 보증채무를 부담한다. 이를 분별(分別)의 이익이라고 하며, 보증인을 보호하기 위하여 인정되는 제도이다(그러나 이 제도는 당사자의 의사에 반하고 특히 공동보증의 담보력을 약하게 하므로, 타당하지 않다).

(2) 분별의 이익이 없는 예외   일정한 경우에는 예외적으로 공동보증인에게 분별의 이익이 인정되지 않는다. 즉, ① 주채무가 불가분인 때, ② 각 보증인이 서로 연대하여 채무를 부담한 때(보증연대), 바꾸어 말하면 각 보증인이 채무액 전부를 변제할 특약(연대의 특약)을 하거나 분별의 이익을 포기한 때, ③ 공동보증인이 각각 주채무자와 연대하여 채무를 부담한 때(연대보증)에는 분별의 이익이 없다(448조 2항).

3. 공동보증인 사이의 구상관계   공동보증인 가운데 한 사람이 자기의 출재로 주채무자를 면책시킨 때에, 그 전액에 관하여 주채무자에게 구상할 수 있음은 물론이다. 나아가 그가 자기의 부담부분을 넘는 금액을 변제한 때에는 다른 공동보증인에 대해서도 구상권을 행사할 수 있음을 민법은 규정하고 있다. 그러나 구상권의 범위는 다음 두 경우로 나누어진다.

(1) 분별의 이익을 가지는 경우   각 공동보증인에게는 자기가 부담하는 분할보증채무액에 관해서만 이행하면 되나, 만일 공동보증인 가운데 한 사람이 자기의 부담부분을 넘는 금액을 변제한 때에는, 다른 보증인에 대한 관계에 있어서는 사무관리가 되고, 마치 주채무자의 부탁을 받지 않은 보증인이 변제한 경우와 비슷하므로, 제444조를 준용하고 있다(448조 1항. [78] 3. 참조).

(2) 분별의 이익이 없는 경우   이때 공동보증인은 채권자에 대하여 채무액 전부를 변제할 의무를 지게 되나, 보증인 상호간에는 각자의 부담부분만 의무를 진다. 그 상호간의 관계는 연대채무자 상호간의 관계와 비슷하다. 여기서 민법은, 공

동보증인의 1인이 자기의 부담부분을 넘는 변제를 한 때에는, 연대채무자의 구상권에 관한 제425조부터 제427조까지의 규정이 준용된다고 정한다(448조 2항. [69] 참조).

[81] X. 신원보증

1. 의   의

(1) 신원보증(身元保證)은 주로 고용계약을 맺을 때 그에 따라서 체결되는 계약으로서 다음과 같은 종류가 있다. 첫째, 피용자가 장차 고용계약상의 채무불이행으로 사용자에 대하여 손해배상의무를 부담하게 되는 경우 그 이행을 담보하는 것이다. 이는 일종의 장래채무 보증 또는 근보증에 속한다. 둘째, 피용자의 사용자에 대한 채무가 있고 없고를 묻지 않고 피용자를 고용함으로써 발생하는 모든 손해를 담보하는 것이다. 이는 일종의 손해담보계약([82] 참조)이다. 셋째, 일체의 재산상 손해를 담보할 뿐만 아니라, 그와 아울러 피용자의 신상에 관하여 피용자 본인이 고용상의 의무를 위반하지 않는다든지 질병 등으로 노무에 종사할 수 없는 경우에 사용자에게 손해를 끼치지 않는다고 담보하는 것이다. 그중 두 번째와 세 번째의 경우를 흔히 신원인수(身元引受)라고 하기도 한다. 말하자면, 이들 세 가지 중 신원인수를 제외한 첫 번째의 경우만이 본래의 의미에서 신원보증이라고 말할 수 있다. 구체적인 사안에서 어느 계약이 체결되었는지는 당사자의 의사해석으로 결정할 수밖에 없으나, 본래의 신원보증이 좀 더 합리적이고 신원인수는 전근대적인 고용관계의 유물이므로, 오늘날 계약이론으로서는 원칙적으로 본래의 신원보증을 체결한 것으로 새기는 것이 타당하다.

(2) 직장에 취직할 때 신원보증인을 세우는 것이 사실상 강제되던 시기가 있었다. 신원보증을 하는 사람은 아무런 보수를 받지 않음은 물론이고, 단순한 정실이나 의리 등을 바탕으로 할 수 없이 떠맡는 것이 보통이었다. 만일 계약이나 법률규정으로 신원보증계약의 존속기간이 제한되지 않고 해약이나 해지를 할 수 있는 권리도 인정되지 않는다면, 신원보증인은 피용자의 고용관계가 존속하는 한, 계속 신원보증책임을 부담한다. 또한 신원보증계약의 내용은 사용자가 일방적으로 정하는 것이 보통이어서 책임의 범위가 매우 넓다. 결국 신원보증인은 항상 가혹한 책임을 질 위험이 있다. 신원보증법은 1957년 신원보증인의 책임을 완화하기 위하여

제정되어 몇 차례 개정되었다(최종 개정 2009년 법 제9363호). 이에 관하여 설명하면 다음과 같다.

2. 신원보증법

(1) 적용범위　　　이 법은 신원보증계약을 피용자가 업무를 수행하는 과정에서 그에게 책임 있는 사유(즉, 유책사유)로 사용자에게 손해를 입힌 경우 그 손해를 배상할 채무를 부담할 것을 약정하는 계약, 즉 신원보증계약에 적용된다(동법 2조).

(가)　신원보증법은 피용자(被用者)를 위한 보증에 적용된다. 여기서 피용자란 상당한 기간 계속해서 타인, 즉 사용자에게 사용되는 사람을 말한다. '사용된다'란 사용자의 지휘 · 명령을 받아 그의 감독 아래에 노무를 제공하는 것이다. 그러한 종속관계에 있지 않고 독립하여 노무를 제공하거나 독립해서 노동의 결과를 제공하는 사람은 여기서 말하는 피용자가 아니다. 사용자와 피용자 사이에 민법상 고용계약이 체결되는 것이 보통이나, 반드시 그에 한정되지 않고 실질적으로 사용종속관계가 있으면 된다. 공무원도 여기서 말하는 피용자가 될 수 있다(대판 1968. 8. 30, 68다1368 참조).

위와 같은 피용자는 상당한 기간 계속해서 사용되는 사람이어야 한다. 신원보증법의 여러 규정에 비추어 그와 같이 새기는 것이 타당하다.

(나)　신원보증인은 '피용자의 행위'로 사용자가 입게 되는 손해에 대해 배상책임을 진다. 피용자의 행위라도 그것은 언제나 피용자에게 유책사유 있는 행위에 한정된다. 유책사유는 보통 '고의나 과실'을 뜻한다. 그러나 신원보증법은 '고의나 중과실'에 의한 피용자의 행위로 발생한 손해에 대해서만 신원보증인이 책임을 진다고 정한다(동법 6조 1항). 즉, 추상적 경과실에 따른 손해에 대해서는 책임을 지지 않는다. 그러나 피용자 본인의 고의 · 중과실 있는 행위에 한정되지 않고, 피용자가 자기 업무를 수행하는 데 다시 다른 사람을 사용하거나 보조를 받았다면 보조자의 고의 · 중과실에 대해서도 피용자의 신원보증인은 책임을 진다고 보아야 한다(대판 1968. 8. 30, 68다1230; 대판 1971. 3. 9, 71다11 참조). 이는 마치 채무불이행에서 채무자가 이행보조자의 유책사유에 대하여 책임을 지는 것과 같다. 이처럼 신원보증인은 피용자 자신뿐만 아니라 보조자의 고의 · 중과실에 대해서도 책임을 지나, 당사자 사이의 특약으로 그 범위를 좁게 약정할 수 있다.

신원보증인이 책임을 지는 피용자의 행위는 엄격하게 그가 종사하는 업무수행상 행위에 한정되는가? '업무를 수행하는 과정에서' 준 손해란 피용자가 종사할 업무와 관련이 있는 행위로 사용자에게 준 손해라는 뜻이다. 따라서 업무와 관련이 없는 행위에 의한 손해는 보증범위에 속하지 않는다. 그러나 업무수행의 기회에 또는 업무수행을 이용하거나 악용해서 한 행위도 포함된다고 새겨야 한다(대판 1967. 7. 11, 66다974; 대판 1970. 5. 26, 70다492; 대판 1972. 9. 26, 72다1317 참조).

(다) 신원보증인의 배상의무의 대상인 손해에 관해서는 특히 적을 것이 없다. 다만 신원보증은 보통 고용계약이 성립할 때 동시에 체결되지만, 때로는 이미 고용된 피용자를 위하여 신원보증이 체결될 수도 있다. 이러한 경우 만일 피용자의 부정행위 등으로 이미 손해가 발생하고 있다면, 이미 발생하고 있는 손해에 대해서도 신원보증인이 배상책임을 져야 하는지 문제된다. 신원보증을 하기 전에 생긴 손해도 배상한다는 특약이 없는 한, 장래의 사고에 대해서만 책임을 진다고 새기는 것이 타당하다(대판 1962. 10. 4, 62다493 참조).

(2) 존속기간   기간을 정하지 않은 신원보증계약은 그 성립일부터 2년간 효력을 가진다(동법 3조 1항). 기간을 정하고 있는 경우라도 2년을 넘지 못하며, 이보다 긴 기간을 정한 때에는 2년으로 단축된다(동법 3조 2항). 계약은 갱신될 수 있으나, 그 기간은 갱신한 날부터 2년을 넘지 못한다(동법 3조 3항).

(3) 사용자의 통지의무   사용자는 다음 두 경우에 지체 없이 신원보증인에게 통지해야 한다. ① 피용자가 업무상 부적격자이거나 불성실한 행적이 있어 이로 인하여 신원보증인의 책임을 발생케 할 우려가 있음을 안 경우, ② 피용자의 업무 또는 업무수행의 장소를 변경함으로써 신원보증인의 책임이 가중되거나 업무 감독이 곤란하게 될 경우(동법 4조). 자주 문제가 되는 것은 두 번째 경우이다. 판례에 따르면, 통상 예견할 수 있는 지위의 변동은 이 조항에 따른 통지사유가 되지 않는다(대판 1961. 10. 26, 4293민상59; 대판 1968. 11. 19, 68다1550; 대판 1962. 2. 28, 4294민상544; 대판 1962. 1. 25, 4294민상701 참조).

만일 사용자가 통지의무를 게을리하였다면, 어떤 효과가 생기는가? 신원보증법은 사용자가 고의 또는 중과실로 통지의무를 게을리하여 신원보증인이 해지권을 행사하지 못한 경우 신원보증인은 그로 인하여 발생한 손해의 한도에서 의무를 면

한다고 정하고 있다(동법 4조 2항). 종전에 이에 관한 규정이 없었을 당시 판례도 이
와 같은 태도였다. 즉, 사용자가 신원보증인에 대한 통지의무를 이행하지 않았다고
해도, 신원보증계약이 곧 실효되거나 또는 신원보증인의 책임이 당연히 면제되지
는 않으나(대판 1969. 5. 27, 68다2482 참조), 통지를 게을리하였기 때문에 신원보증인이
계약을 해지할 수 있는 기회를 빼앗겼다고 볼 수 있는 경우에만 배상책임이 부정된
다고 하였다(대판 1971. 3. 31, 71다122; 대판 1974. 6. 11, 73다42; 대판 1976. 6. 8, 75다1682 참
조). 반대로, 사용자가 통지를 하였더라도 신원보증인이 계약을 해지하였으리라고
인정되지 않는 때에는, 다만 배상액을 정할 때 참작될 뿐이다(대판 1972. 7. 31, 72다
1029 참조). 신용보증법 제 4 조 2항은 이러한 판례를 반영하여 명시적인 규정을 두
었다.

(4) **신원보증인의 계약해지권**   신원보증인은 다음과 같은 경우에 계약을
해지할 수 있다. ① 그가 위에서 보았듯이 사용자로부터 통지를 받거나 스스로 통
지사유가 있음을 안 경우, ② 피용자의 고의나 과실로 인한 행위로 발생한 손해를
그가 배상한 경우, ③ 그 밖에 계약의 기초가 되는 사정에 중대한 변경이 있는 경
우이다(동법 5조).

신원보증은 이른바 계속적 보증의 일종이다. 계속적 채권관계에서는 사정변경
의 원칙이 적용될 여지가 많은데, 위 규정에서 사정변경의 요건을 완화하여 명시적
으로 규정을 두었다.

판례에 따르면, 사용자가 근로자에게 퇴직금을 지급한 경우 특별한 사정이 없
는 한 사용자와 근로자의 신원보증인 사이의 신원보증계약은 사용자와 근로자 사
이의 근로관계가 퇴직금의 지급 후에도 계속되는지와 관계없이 당연히 해지되어
효력을 상실한다(대판 2000. 3. 14, 99다68676 참조). 또한 계약체결 후에 신원보증인 자
신의 자산상태가 현저하게 나빠진 때라든가, 또는 피보증인 즉 피용자와 신원보증
인 사이의 관계(가족관계 또는 정실관계)에 큰 변화가 생긴 때에도, 해지권을 인정하는
것이 타당하다. 신원보증계약의 체결에서는 위와 같은 관계가 매우 중요한 동기로
되는 것이 보통인데, 그러한 관계가 소멸했는데도 여전히 보증책임을 부담한다는
것은 온당하지 않기 때문이다. 신원보증인이 비교적 멀리 떨어진 곳으로 이주한다
든가, 또는 상당한 기간 해외에 나간다든가 하는 경우에도, 피보증인의 감독이 곤

란해지므로, 역시 해지를 인정해야 할 것이다.

(5) 보증책임의 한도

㈎ 신원보증인이 2인 이상인 경우에는 특별한 의사표시가 없으면 각 신원보증인은 균등한 비율로 의무를 부담한다(동법 6조 2항).

㈏ 피용자에 관하여 생긴 어떤 사고(횡령·소비 등)가 신원보증인의 책임범위에 속할 때 신원보증인은 그 사고로 생긴 손해 전부에 관하여 배상책임을 져야 하는가, 아니면 여러 사정을 고려해서 정해지는 상당액의 한도에서 배상책임을 부담할 뿐인가? 이 점에 관하여 신원보증법은 다음과 같은 규정을 두고 있다. 즉, 법원은 신원보증인의 손해배상액을 산정하는 경우 피용자의 감독에 관한 사용자의 과실 유무, 신원보증을 하게 된 사유 및 이를 할 때 주의를 한 정도, 피용자의 업무 또는 신원의 변화, 그 밖의 사정을 고려해야 한다(동법 6조). 판례에 자주 나타난 그러한 사정으로는, 사용자가 통지의무를 게을리한 것, 장기간에 걸친 피용자의 부정행위를 발견·방지하지 못한 때에 인정되는 사용자의 감독상 과실 등이 있다. 위와 같은 여러 사정은 법원이 직권으로 고려해야 하며, 당사자의 요구를 기다려서 하는 것이 아니다(대판 1962. 1. 25, 4294민상172; 대판 1967. 9. 26, 67다1625 참조). 그러나 고려할 사정은 소송에 나타난 자료의 범위에 한정되고, 법원이 직권으로 탐지, 즉 찾아서 알아낼 사항은 아니다(대판 1963. 5. 15, 63다138 참조).

(6) 신원보증채무의 비상속성   신원보증계약은 신원보증인의 사망으로 종료된다(동법 7조). 즉, 신원보증인의 채무는 상속인에게 승계되지 않으며, 신원보증인의 사망으로 계약은 그 효력을 잃는다. 여기서 신원보증인의 채무가 상속인에게 승계되지 않는다는 것은, 신원보증인의 사망으로 신원보증인의 신원보증계약상 지위가 상속인에게 상속될 수 없다는 뜻이고, 신원보증인이 사망하기 전에 이미 발생한 신원보증계약상 보증채무가 상속인에게 상속될 수 없다는 것이 아니다(대판 1972. 2. 29, 71다2747 참조).

(7) 불이익금지   신원보증법은 신원보증인의 이익을 위하여 제정된 강행규정이며, 이 법에 반하는 특약은 어떠한 명칭이나 내용으로든지 신원보증인에게 불리한 것은 효력이 없다(동법 8조).

[82] XI. **손해담보계약**

당사자의 한쪽이 다른 쪽에 대하여 일정한 사항에 관한 위험을 떠맡기로 하고 그로부터 생기는 손해를 담보하는 것을 목적으로 하는 계약을 손해담보계약(損害擔保契約)이라고 한다. 손해담보계약은 담보제공자가 채권자에 대하여 독립해서 전보책임을 지는 것이므로, 보증채무가 주채무에 부종하여 주채무자의 불이행의 경우에만 책임을 지는 것과는 다르다(대판 1974. 4. 9, 72다2008 참조). 따라서 담보제공자는 보통의 보증에서 보증인과 같이 최고·검색의 항변권을 가지지 않는다. 또한 손해담보계약의 목적물은 언제나 채권자가 입은 손해이나, 보증채무의 목적물은 주채무의 그것과 같다. 손해담보계약이 채권자가 채무자의 의무위반 등으로 입게 될 손해를 담보하면 보증과 비슷하다. 그러나 손해담보계약은 원래 주채무의 존재를 전제로 하는 것이 아니므로, 주채무에 대한 부종성이나 보충성이 없는 점에서 보증채무와는 다르다. 예컨대, 이미 설명한 신원보증에서 주채무자가 채무를 부담하는 것을 전제로 하지 않는 때에는, 일종의 손해담보계약이 된다.

손해담보계약은 원칙적으로 편무·무상의 불요식계약(不要式契約)이다. 쌍무·유상의 손해담보계약은 이를 특히 보험계약이라고 일컫는다.

손해담보계약으로 담보되는 손해나 손실 금액은 반드시 처음부터 확정되어 있을 필요는 없다. 기간도 특정되어야 하는 것이 아니다. 그러나 담보의 범위와 기간이 확정되어 있지 않다면, 불확정한 계속적 보증, 특히 신원보증에서와 같은 고려가 필요하다.

제 6 장 채권양도와 채무인수

제 1 절 채권의 양도

제 1 관 총 설

[83] Ⅰ. 채권양도의 의의

1. 채권양도(債權讓渡)는 채권을 그 동일성을 유지하면서 이전하는 계약을 말한다. 채권의 이전은 법률상 당연히 일어날 수도 있고(배상자대위 399조, 변제자의 법정대위 481조 이하 등), 법원의 명령(전부명령. 민집 229조~231조)이나 유언으로 발생하기도 한다. 그러나 그 어느 것도 채권양도는 아니며, 오직 계약에 의한 채권의 이전만을 특히 채권양도라고 한다.

2. 채권양도는 어떤 기능을 하는가? 구체적 예를 들어 설명하기로 한다.

甲이 乙의 사업을 돕기 위하여 1천만원을 1년 동안 빌려주었는데, 6개월 후에 甲이 급한 사정으로 乙에게 융통한 돈을 도로 거둬들여야 할 필요가 생겼다. 그러나 아직 변제기에 이르지 않으므로, 乙에게 갚아 달라고 요구하지는 못한다. 여기서 甲이 乙에 대한 채권을 팔기로 하여, 丙이 900만원에 사들이면(그 값은 6개월 기한이 남아 있는 점이라든가, 乙의 자력 등을 고려해서 결정된다), 甲의 乙에 대한 채권은 丙에게 이전한다. 이처럼 채권양도가 인정되면, 투하자본의 유동화(流動化)를 꾀할 수 있다.

예를 하나 더 들기로 한다. A는 변제기에 이른 B에 대한 채권을 가지고 있다. 그런데 B는 현금은 없고 C에 대한 채권을 가지고 있다. A는 집행권원을 얻어 B의 C에 대한 채권을 압류하여 전부명령을 받으면 되지만, 그보다 훨씬 간편한 것은 C에 대한 B의 채권을 A에게 양도하는 것이다. 대가가 정해져서 채권을 양도하는 경우 양도의 대가는 A의 B에 대한 채권과 상계하게 된다. 이것도 채권을 회수하는 한 방법이 된다.

투자자는 일반적으로 상당히 오랫동안 투자를 도로 거둬들이는 것을 단념해야 한다. 그런데 위에서 보았듯이 투하자본의 유동화는 채권양도로 할 수 있다. 자본

주의 경제에서는 채권양도가 자본의 유동화를 위한 불가결한 수단이므로, 그것이
원활하게 이루어질 수 있도록 할 필요가 있다. 근대법은 채권의 양도성을 인정할
뿐만 아니라, 그 안전(즉, 양수인의 지위 보장)을 확보하는 데 노력하고 있다. 양수인의
지위 보장은 ① 양수한 채권이 유효하게 성립하여 소멸하고 있지 않고, ② 순차로
양도되는 동안 흠 있는 행위가 끼어들지 않으며, ③ 채권이 완전히 지급되는 것,
세 가지에 있다. 이러한 문제를 해결하기 위하여 근대법에서 증권적 채권과 같은
특수한 채권이 발달하고 저당제도가 비약적으로 발달하며 저당제도와 유가증권이
결합되는 등으로 새로운 영역이 발생하게 되고, 자본주의 경제조직에서 가장 중요
한 법률제도가 나타났다. 그러나 본래의 채권, 즉 지명채권(指名債權)의 양도에 관해
서는 현저한 진보가 있다고 볼 수 없으며, 오늘날에도 그 양도성이 상당히 제한되
어 있고 또한 양도의 안전성도 아직 충분하지 못하여 증권적 채권에는 도저히 미치
지 못한다.

    3. 우리 민법도 근대입법을 본받아 채권양도의 자유를 원칙으로 하고 있다
(449조·508조·523조 등 참조). 그러나 양도의 안전성에서는 서구 유럽이나 미국 등
여러 나라의 법제에 미치지 못하고 있다.

    민법은 '채권의 양도'의 절(제3편 제1장 제4절)에서는 보통의 채권, 즉 지명채
권의 양도에 관해서만 규정하고, 증권적 채권의 양도에 관해서는 따로 지시채권·
무기명채권(제7절과 제8절)의 두 절을 두고 있다. 그러나 편의상 이곳에서 함께 설
명하기로 한다.

[84] Ⅱ. 채권양도의 법적 성질

    1. 채권양도는 채권이 귀속하는 주체를 직접 변경시키는 계약이다. 채권을
하나의 재화로 다루고, 양도계약으로 이를 처분하는 것이므로, 채권양도는 처분행
위(處分行爲)이다.

    2. 민법은 지명채권과 증권적 채권의 양도에 관하여 각각 다른 원칙으로 규
제하고 있다.

    (1) 지명채권의 양도는 채권자와 양수인 사이의 낙성·불요식의 계약이며, 채
무자는 이 계약의 당사자가 아니다. 채권이 양도성을 가지는 한, 채무자의 의사에

반하는 양도도 유효하다(449조 2항 참조). 다만 민법은 채무자에 대한 통지 또는 채무자의 승낙을 대항요건으로 하고 있다(450조 1항).

(2) 증권적 채권에서는 당사자 사이의 양도계약만으로는 채권이 이전되지 않고, 그 밖에 증서의 배서·교부(지시채권의 경우. 508조) 또는 단순한 증서의 교부(무기명채권의 경우. 523조)가 있어야만 양도의 효력이 생긴다.

3. 채권양도는 채권의 이전 그 자체를 목적으로 하는 계약이다. 따라서 채권양도와 그 원인행위인 채권이전의 채무를 발생케 하는 데에 지나지 않는 채권계약(채권양도는 마치 동산이나 부동산의 양도에서와 같이, 채권의 매매 또는 증여로서 이루어지는 경우가 많다)은 이론상으로 별개이다. 그것은 마치 소유권양도의 물권계약(물권적 합의)이 그 원인을 이루는 매매·증여 등의 채권계약과는 별개인 것과 같다. 그렇기 때문에 채권양도를 준물권계약 또는 준물권행위라고 부른다. 그렇다면 채권양도는 원인행위인 채권의 매매나 증여 등과 어떠한 관계에 서는가? 이 문제는 물권행위와 채권행위의 관계가 어떠한지라는 문제와 공통적인 문제로서, 학설상 논의가 있다. 바꾸어 말하면, 물권행위의 독자성(獨自性)과 무인성(無因性)이 논의되는 것처럼, 준물권행위로서의 채권양도에 관해서도, 그 독자성과 무인성을 인정할 것인지 문제된다. 학설에는 독자성과 무인성을 완전하게 인정하는 견해(김기선 272면 참조)와 지명채권과 증권적 채권을 구별하여 차이를 인정하는 견해가 있다(김증한·김학동 296면·314면, 최식 167면 참조). 민법의 해석론으로서는 뒤의 견해가 타당하다. 이에 관하여 설명하면 다음과 같다.

(1) **지명채권**　　　준물권행위의 독자성을 인정하는 견해에 따르면, 지명채권의 양도계약이나 양도 합의는 언제나 (또는 원칙적으로) 그 원인이 되는 채권행위와 별개의 행위로 이루어져야 한다. 이에 반하여 준물권행위로서 지명채권양도 합의의 독자성을 부인하는 견해에 따르면, 당사자의 의사표시만으로 효력이 발생하는 지명채권의 양도에서는 채권양도와 원인행위인 채권행위는 이론상으로는 별개라도, 겉으로 드러난 모양에서는 두 행위가 합쳐져 하나의 행위로 이루어지는 것이 원칙이다(김증한·김학동 296면, 최식 168면 참조). 즉, 지명채권의 매매·증여 등과 같이 채권 이전을 목적으로 하는 행위를 하면, 나중에 따로 채권양도만을 목적으로 하는 계약을 하지 않아도, 원칙적으로 채권이 이전된다. 다만 당사자가 특히 채권 이전

의 효과 발생을 보류한 경우 또는 목적인 채권이 현재 아직 존재하고 있지 않거나 특정되어 있지 않은 경우에는 나중에 따로 양도계약을 하거나 채권이 존재하게 되거나 특정되는 때(즉, 정지조건이 성취된 때)에 비로소 이전의 효력이 발생한다.

위와 같은 독자성에 관한 견해의 차이는 무인성에 관해서도 결론이 달라진다. 즉, 독자성을 인정하는 견해는 무인성도 인정하여, 원인행위가 그의 부존재·무효·취소·해제 등으로 효력을 잃게 되더라도 채권양도의 효력에는 영향을 미치지 않는 것이 원칙이고, 다만 예외적으로 당사자의 의사표시에 따라 유인으로 할 수 있다고 한다(이른바 상대적 무인설. 김기선 272면, 김증한·김학동 297면 참조). 그러나 독자성을 인정하지 않는 견해에 따르면, 채권양도는 그 원인행위와 운명을 같이하는 것이 원칙이라고 한다.

(2) 증권적 채권   증권적 채권에서는 지명채권에 관하여 독자성과 무인성을 부인하는 학자도 모두 독자성과 무인성을 인정하고 있으므로, 학설은 일치되어 있다고 말할 수 있다. 즉, 증서의 배서·교부 또는 단순한 교부가 있는 때에 양도의 합의가 있는 것으로 해석되며(독자성의 인정), 무인성은 엄격하게 인정된다. 따라서 증권적 채권에서는 유효한 양도계약과 배서·교부 또는 단순한 교부가 있으면, 원인행위가 무효 또는 취소되더라도 그 양도에는 영향이 없다(양도인은 부당이득의 법리에 따라 그 반환을 청구할 수 있을 뿐이다).

4. 채권양도가 그 효력을 발생하면 채권은 동일성을 잃지 않고 양수인에게 이전된다. 따라서 채권에 부종하고 있었던 이자채권·위약금채권·보증채권 등 종된 권리는 당사자 사이에 다른 특별한 약정이 없는 한, 당연히 양수인에게 이전된다. 이는 종된 권리의 수반성(隨伴性)에 따른 당연한 이전이므로, 종된 권리에 관해서는 별개의 양도행위가 필요하지 않다. 그러나 담보권, 그리고 변제기에 이른 이자채권은 당연히 수반하지 않는다. 즉, 질권과 유치권은 점유를 본질적 성립요건으로 하는 까닭에, 목적물의 점유를 양수인에게 이전해야 한다. 또한 저당권은 피담보채권과 분리하여 타인에게 양도하지 못하므로(361조 참조), 저당권부 채권의 양도에는 채권양도 규정과 부동산물권변동 규정이 모두 적용된다. 따라서 등기를 해야만 저당권이 이전된다(186조. 이때 물권적 합의는 채권양도의 의사표시와 합체되어 하나의 행위로 하는 것이 보통이다). 그리고 이미 변제기에 이른 이자채권은 독립성을 가지고 있으므

로([10] 2. (2) 참조), 특별한 의사표시가 없는 한, 당연히 수반하지 않는다. 그리고 이전된 채권은 동일성을 유지하므로, 그 채권에 붙어 있는 각종의 항변(동시이행·기한유예 등)도 그대로 존속한다. 따라서 채무자가 양도인에 대하여 반대채권을 가지고 있었으면, 양수인에 대해서도 상계로써 대항할 수 있다(451조·515조·524조 참조).

　　5. 채권양도의 목적인 채권이 존재하지 않으면 양도는 무효가 되고, 채무자가 무자력인 때에는 양수한 채권은 아무런 값어치가 없게 된다. 채권양도에서 이러한 일이 생기면, 양도인의 책임이 문제된다. 그러나 이는 채권양도와 한몸이 되어 있거나 그것에 앞서 이루어진 원인행위인 매매·증여 등에서 매도인·증여자 등의 담보책임 문제이며, 채권의 이전을 내용으로 하는 채권양도 자체의 문제는 아니다.

[85]　Ⅲ.　채권양도의 모습

　　채권양도는 여러 가지 경제적 목적을 위하여 이루어진다. 채권을 하나의 재화로 다루어 매매·증여의 목적으로 하여 양도하는 것이 보통이지만, 다른 채권을 담보할 목적으로 양도하거나(양도담보), 채권을 추심할 목적으로 양도할 수도 있다. 담보목적으로 채권을 양도하는 것은 물권법에서 다루는 양도담보의 문제이므로, 여기서는 추심을 위한 채권양도를 중심으로 하여 설명하기로 한다.

　　1. 추심을 위하여 채권을 양도하는 경우가 적지 않다. 추심을 위한 채권양도에는 두 경우가 있다. 하나는 양수인에게 단순히 추심권능을 주는 것이고, 다른 하나는 채권을 신탁적으로 양도하는 경우이다. 학설도 이를 일반적으로 승인하고 있다(김증한·김학동 293면, 최식 170면, 현승종 307면 참조).

　　(1) 추심권능만을 주는 채권양도는 진정한 의미에서 채권양도는 아니다. 이경우 양수인은 채권을 취득하지 않고, 다만 자기의 이름으로 채권을 추심할 권능을 취득할 뿐이다. 따라서 양도인은 채권의 처분권을 잃지 않고, 양수인이 추심할 때까지 스스로 추심하거나 면제를 할 수도 있고 화해를 할 수도 있다. 채무자도 양도통지를 받은 후에 양도인에 대하여 취득한 반대채권을 가지고 양수인에게 상계를 주장할 수 있다. 한편 추심을 위한 양수인은 추심의 범위 안에서는 채무자에 대하여 채권자로서 권리를 행사할 수 있으나, 양도인의 허락이 없으면 그 채권을 다시 제 3 자에게 양도하거나 추심권능을 주지 못한다.

(2) 추심을 위한 채권의 신탁적 양도는 채권추심이라는 경제적 목적을 넘어서 법률적으로 채권을 양수인에게 이전하고, 다만 양수인으로 하여금 추심목적 범위 안에서 채권을 행사하게 하는 일종의 신탁행위이다. 양수인은 양도인에 대하여 추심목적을 넘어서 채권을 행사해서는 안 되는 채무를 부담한다. 그러나 양도된 채권은 양도인으로부터 양수인에게 이전되었으므로, 대외관계에서는 양수인이 채권자로서 모든 권리를 유효하게 행사할 수 있다. 예컨대, 양수인이 채권을 다시 제 3 자에게 양도하면, 제 3 자는 비록 그가 신탁적 양도임을 알고 있었더라도 유효하게 채권을 취득한다. 또한 양수인이 채무자에 대하여 채무를 면제해도 그것은 유효하며 (채무자가 신탁목적을 알고 있었더라도), 채무는 소멸한다. 다만 신탁적 양수인에 의한 양도행위나 면제행위는 추심목적을 넘으므로, 신탁적 양수인은 양도인에 대하여 손해배상책임을 질 뿐이다.

(3) 이른바 추심을 위한 채권양도는 위 둘 가운데 어느 것에 속하는가? 1차적으로는 당사자의 의사에 따라 결정할 문제이지만, 그 의사가 명확하지 않은 경우 어느 것으로 볼지가 문제이다. 원칙적으로 추심권능만을 주는 것이라고 해석하는 견해(최식 171면)와 원칙적으로 신탁적 양도로 해석하는 견해(김증한·김학동 294면 참조)가 있다. 추심목적을 위한 것인지 아닌지는 채무자나 제 3 자가 알 수 없는 것이 보통이다. 그런데도 추심권능만을 주는 것이라고 해석한다면, 단순히 채권양도통지가 있은 후에 이를 신뢰하여 양수인으로부터 다시 채권을 양도받은 제 3 자가 예측하지 않은 손해를 받을 염려가 있고, 또한 채무자의 보호에도 불충분하게 된다. 따라서 추심을 위한 채권양도는 추심권능만을 주는 것이라고 인정할 만한 특별한 사정이 없다면 원칙적으로 채권의 신탁적 양도라고 보는 것이 타당하다.

2. 계약, 특히 계속적 급부를 목적으로 하는 계약에서 생기는 채권은 그것과 결합하는 채무와 함께 양도되는 경우가 적지 않다. 이때 개개의 채권양도와 개개의 채무인수가 따로따로 이루어지는 게 아니라, 채권과 채무를 합한 하나의 계약상 지위가 양도된다고 보아야 한다. 그리하여 이를 계약인수(契約引受)라고 한다. 이 계약상 지위의 양도 또는 계약인수에 관해서는 채무인수를 설명할 때에 살피기로 한다 ([95] 3. 참조).

제 2 관   지명채권의 양도

[86] I. 지명채권의 양도성

1. 채권자가 특정되어 있는 채권이 지명채권(指名債權)이며, 증권적 채권에 속하지 않는 보통의 채권을 말한다. 증권적 채권과 달리, 지명채권에서는 채권의 성립·존속·행사·양도 등을 위하여 증서, 즉 증권의 작성·교부 등이 필요하지 않다. 비록 채권증서가 작성되더라도, 그것은 단순한 증거방법에 지나지 않는다. 다만 채권증서가 작성되었다면, 채무자는 그가 채무를 변제한 때 채권증서의 교부청구권을 가지게 되므로(475조), 이 의무를 이행하기 위하여 양도인은 채권증서를 양수인에게 인도할 의무를 부담하게 될 뿐이다. 그 밖에 지명채권의 양도인은 채권양도의 대항요건을 갖출 의무를 부담하게 되나, 이에 관해서는 잠시 후에 설명한다.

2. 채권은 원칙적으로 양도성을 가진다(449조 1항 본문). 그러나 지명채권은, 양도성을 그 본질로 하는 증권적 채권과 달리, 다음에서 보듯이 상당히 넓은 범위에서 양도성이 제한된다. 그와 같이 양도성이 예외적으로 제한되는 경우 문제의 지명채권이 양도할 수 없는 채권이라는 사실을 채무자가 증명해야 한다.

3. **지명채권의 양도제한**

(1) **채권의 성질에 따른 제한**   채권의 성질이 양도를 허용하지 않는 때에는 채권을 양도하지 못한다(449조 1항 단서). 채권의 성질이 양도를 허용하지 않는다는 것은 채권자가 변경되면 그 동일성을 잃게 되거나 채권의 목적을 이루지 못하게 되는 것을 뜻한다. 그러한 것으로서 보통 다음과 같은 채권을 예로 든다.

(개) 채권자가 변경되면 급부의 내용이 전혀 달라지는 채권은 양도성이 없다(예컨대, 특정인을 가르치는 채권, 특정인의 초상을 그리게 하는 채권 등). 부작위채권도 대체로 이에 속한다.

(내) 특정의 채권자에게 이행하는 데 중요한 의의가 있는 채권, 바꾸어 말하면 채권자가 변경되면 권리의 행사에서 큰 차이가 생기는 채권도 양도성이 없다. 민법은 사용차주(使用借主)의 채권(610조 2항)·임차권(629조 2항)·사용자의 채권(657조 2항) 등에 관하여 이를 분명하게 규정하고 있다. 이러한 채권은 모두 채권자와 채무자 사이의 신뢰관계를 배경으로 하여 성립한다. 채무자는 특정의 채권자(원채권자)

에 대해서만 이행할 목적으로 채무를 부담하므로, 채권자가 변경되면 채권의 행사방법에 차이가 생기고, 그로 인한 불이익이 채무자에게 미치게 된다. 민법은 이러한 채권에 관하여 위와 같은 특별규정을 두고 있으며, 채무자의 승낙이 없으면, 채권을 채권자가 제 3 자에게 양도하지 못하도록 하고 있다. 다만 이러한 채권을 채무자의 승낙 없이 양도한 경우 양도가 당연히 무효로 되는 것이 아니고, 다만 채권의 양수인이 채무자에 대하여 그 채권의 취득으로 대항하지 못할 뿐이라고 새겨야 한다.

민법에 그에 관한 규정이 따로 없지만, 그 밖에도 위임인의 채권·종신정기금채권 등도 마찬가지로 새겨야 한다.

이 종류의 채권도 그것이 채무자의 불이행으로 손해배상채권으로 변하면, 그 배상청구권의 양도에는 채무자의 승낙은 필요 없다. 손해배상채권은 금전의 지급을 목적으로 하고, 당사자 사이의 신용이나 신뢰관계를 기초로 하는 것이 아니기 때문이다.

㈐ 특정의 채권자에게 지급하거나 처리해야 할 특별한 사유가 있는 채권도 양도성이 없다. 상호계산(상법 72조 이하)에 계입(計入)된 채권은 그 예이다. 그 밖에 당좌대월계약에 따른 채권도 이에 속한다(따라서 은행이 당좌대월계약관계의 존속 중에 대월채권을 양도해도 그것은 무효이다. 이 채권은 당좌예금과 상호계산의 관계에 있기 때문이다).

㈑ 채권 사이에 주종 관계가 있으면, 종된 채권은 주된 채권에 따라서 함께 이전되며, 종된 채권만을 주된 채권과 분리해서 단독으로 양도하지 못하는 것이 원칙이다. 예컨대, 기본적 이자채권은 원본채권과 분리하여 양도하지 못한다. 그러나 변제기에 이른 지분적 이자채권은 원본채권과 분리해서 양도할 수 있다.

㈒ 양도성이 있는지 없는지가 문제되는 채권이 몇 개 있다.

① 채권양도가 유효하기 위해서는 양도의 목적인 채권이 존재하고 그것이 특정되어 있어야 함은 당연하다. 따라서 존재하지 않는 채권을 양도해도 채권양도는 무효이며, 양수인은 채권을 취득하지 못한다. 그리고 양도할 수 있는 것은 객관적으로 양도의 목적으로서 확정할 수 있어야 함은 자명한 이치이다. 종류채권, 선택채권 또는 가분급부를 목적으로 하는 채권의 일부도 특정할 수 있으므로 양도할 수 있다.

그렇다면, 장래 발생할 채권, 즉 장래채권(將來債權)은 양도할 수 있는가? 장래

채권의 양도가 유효하기 위해서는 채권의 특정가능성과 발생가능성이 있어야 한다는 것이 판례이다. 즉, 장래 발생할 채권이라도, 현재 그 권리의 특정이 가능하고 가까운 장래에 발생할 것임이 상당한 정도 기대되는 경우에는 채권양도의 대상이 될 수 있다고 하고 있다(대판 1991. 6. 25, 88다카6358; 대판 1996. 7. 30, 95다7932; 대판 1997. 7. 25, 95다21624 참조). 그러나 판례의 기준에 따르면 장래 채권을 양도할 수 있는 범위가 지나치게 제한될 우려가 있고 장래채권의 양도에 관한 거래계의 수요를 충족시킬 수 없다. 채권양도는 법률행위에 의한 채권의 이전이므로, 양도목적물인 채권이 특정되어 있거나 특정될 수 있으면 양도할 수 있다고 보아야 한다(양창수, 민법연구 제 7 권, 264면, 김재형, 민법론 III, 343면 참조). 채권이 가까운 장래에 발생할 것임이 상당 정도 기대된다는 것은 지나치게 모호한 기준이다. 채권을 특정할 수 있다면 채권발생의 가능성이나 개연성을 따질 필요 없이 양도할 수 있다는 것이 바람직하다. 양수인이 채권발생의 가능성 등을 감안하여 이에 관한 위험을 안고 양수하도록 하는 것으로 충분하기 때문이다.

② 판례는 다음과 같은 이유로 부동산매매로 인한 소유권이전등기청구권의 양도가 허용되지 않는다고 한다. 부동산의 매매로 인한 소유권이전등기청구권은 그 이행과정에 신뢰관계가 따르므로, 소유권이전등기청구권을 매수인으로부터 양도받은 양수인은 매도인이 그 양도에 대하여 동의하지 않고 있다면 매도인에 대하여 채권양도를 원인으로 하여 소유권이전등기절차의 이행을 청구할 수 없다. 이러한 소유권이전등기청구권은 그 권리의 성질상 양도가 제한되고 양도에 채무자의 승낙이나 동의가 필요하다(대판 2001. 10. 9, 2000다51216 참조). 부동산이 전전 양도된 경우에 중간생략등기의 합의가 없는 한 그 최종 양수인은 최초 양도인에 대하여 직접 자기 명의로의 소유권이전등기를 청구할 수 없다(대판 1983. 12. 13, 83다카881; 대판 1991. 4. 23, 91다5761; 대판 1994. 5. 24, 93다47738.「물권법」[27] 4. 참조). 부동산에 관한 소유권이전등기청구권이 채권의 성질상 양도가 금지된다는 판례는 타당하다고 보기 어렵지만, 중간생략등기에 대한 법적 규제나 판례의 취지를 관철하기 위하여 부동산매매로 인한 소유권이전등기청구권의 양도를 부정한 결론은 타당하다.

③ 전세금을 요소로 하는 전세권은 용익물권인 동시에 담보물권이라는 특수한 물권으로 구성되어 있다. 여기서 전세금반환청구권을 전세권과 분리해서 양도

할 수 있는지 문제된다. 전세권은 단순한 용익물권이 아니라, 그것은 동시에 담보
물권이기도 하므로, 당연히 전세권은 담보물권의 통유성도 가지고 있다. 따라서 전
세권은 부종성과 수반성이 있고, 그것은 전세금에 부종하고 수반한다. 즉, 전세권
은 전세금이 존재하지 않으면 존립할 수 없고, 또한 전세금에 대한 권리가 양도·
상속 등으로 그의 동일성을 유지하면서 승계되는 때에는, 전세권도 그에 따라 승계
된다. 따라서 전세권을 전세금반환채권과 분리하여 양도하는 것은 허용되지 않는
다(대판 1966. 6. 28, 66다771; 대판 1966. 7. 5, 66다850 참조). 그러나 당사자의 약정으로 전
세금반환채권을 전세권에서 분리하여 양도하는 것은 가능하다고 볼 수 있다. 이러
한 경우에는 채권양수인은 무담보의 채권을 양수한 것이 된다(대판 1969. 12. 23, 69다
1745; 대판 1997.11.25, 97다29790; 대판 1999. 2. 5, 97다33997 참조). 전세권 존속 중에 장래
전세권이 소멸할 경우에 전세금반환채권이 발생하는 것을 조건으로 장래의 조건부
채권을 양도할 수 있다(대판 2002. 8. 23, 2001다69122 참조).

　④　근로기준법은 제43조 1항에서 임금을 근로자에게 '직접' 지급해야 한다고
정하고, 이를 위반하면 제109조에 따라 처벌받게 된다. 여기서 근로자의 임금채권
은 양도할 수 있는지 문제된다. 판례는, 임금채권의 양도를 금지하는 법률의 규정
이 없으므로, 이를 양도할 수 있다고 한다(대판(전) 1988. 12. 13, 87다카2803 참조). 올바
른 판단이라고 생각한다.

(2)　당사자의 의사표시에 따른 제한

　㈎　채권의 양도성에 대해서는 당사자가 반대의 의사표시를 할 수 있다(449조
2항 본문). 즉, 채권이 계약에 따라 발생한 것이면 채권자·채무자의 특약으로, 또한
유언과 같은 단독행위로 발생한 것일 때에는 같은 단독행위로, 그 채권을 양도할
수 없도록 할 수 있다. 양도금지의 의사표시는 채권이 성립할 때 해야 하는 것은
아니고, 성립한 후에 해도 유효하다.

　　만일 당사자가 채권양도에 관하여 일정한 제한을 특약하였다면, 그 특약의 효력은
어떻게 되는가? 예컨대, 채권을 양도하려면 채무자의 사전 동의가 있어야 한다는 특약
을 한 경우에 이를 어떻게 처리할 것인가? 양도금지 이외의 양도제한도 양도금지에 준
해서 처리된다. 판례도 마찬가지로 새기고 있다(대판 1980. 1. 29, 78다1237 참조). 그
러므로 이하의 설명은 양도금지 이외의 양도제한에도 타당함을 유의해야 한다.

㈑ 채권양도 금지의 의사표시는 이를 가지고 선의의 제 3 자에게 대항하지 못한다(449조 2항 단서). 즉, 당사자에 의한 양도금지의 의사표시로 양도가 금지되는 것은 절대적이 아니고 상대적이다. 채권자가 양도금지특약(讓渡禁止特約)을 위반해서 채권을 제 3 자에게 양도한 경우 양수인이 선의인 때에는 양도금지특약의 제한을 받지 않게 되고, 양도인(채권자)은 채무자에 대하여 특약불이행의 책임을 지게 될 뿐이다. 개별적으로 만들어지는 채권의 특수성과 거래안전의 조화를 꾀한 규정이다. 다음의 점을 주의해야 한다.

① 위와 같이, 양도계약에 의하여 양수인이 유효하게 채권을 취득하려면, 그의 선의가 요구되나, 그 밖에 선의인 데에 과실이나 중과실이 없어야 하는지에 관해서는 규정하고 있지 않다. 학설은 제 3 자가 선의이기만 하면 충분하고 과실 여부는 문제되지 않는다는 견해(이은영 613면 참조), 선의인데 과실도 없어야 한다는 견해(김용한 438면 참조)와 중과실이 없으면 충분하다는 견해(김상용 372면, 김형배 578면 참조)로 나누어져 있다. 제 3 자가 양도금지를 알지 못한 데에 중대한 과실이 있는 때에는, 중대한 과실은 악의와 마찬가지로 다루어야 한다는 것이 판례이다(대판 1996. 6. 28, 96다18281; 대판 1999. 2. 12, 98다49937; 대판 1999. 12. 28, 99다8834; 대판 2000. 4. 25, 99다67482 참조). 그러나 구체적인 사건에서 제 3 자의 중과실을 인정한 사례는 매우 드물다. 일반적으로 제 3 자로서는 채권양도금지특약의 존재를 알기 어렵기 때문에, 거래안전을 위하여 제 3 자의 중과실을 엄격하게 인정함으로써 선의의 제 3 자를 보호하는 것이 바람직하다.

② 선의의 '제 3 자'라고 할 때 제 3 자를 제한적으로 새길 필요가 없다. 따라서 양도금지 특약이 있는 채권이 악의의 甲에게 양도된 다음, 다시 선의의 乙에게 양도된 경우에는, 乙도 여기서 말하는 '제 3 자'이다. 그러므로 乙이 선의인 한, 채무자는 乙에 대하여 甲의 양수행위가 무효라고 주장하지 못하며, 乙은 채권을 유효하게 취득한다.

㈒ 양도금지 의사표시의 존재와 제 3 자의 악의에 관한 증명책임은 채무자가 부담하는 것으로 해석된다.

㈓ 양도금지특약이 있는 채권은 압류하지 못하는가? 예컨대, 甲의 乙에 대한 채권에 관하여 양도금지의 특약이 있는 경우에, 甲의 채권자 丙은 이를 압류하지

못하는가라는 문제이다. 민사집행법이 압류금지재산을 법정하고 있는데도 사인의 의사표시로써 압류금지재산을 만들어내는 것을 인정한다면, 채권자를 해치게 되어 부당하다. 따라서 양도금지특약은 임의의 양도를 제한할 수 있을 뿐이고, 채권의 압류까지 제한할 수는 없다고 새기는 것이 타당하다.

(ᄆᆞ) 양도금지특약을 위반한 채권양도의 효력을 어떻게 볼 것인지 문제이다. 양도금지특약을 위반하여 이루어진 채권양도는 원칙적으로 효력이 없다는 것이 다수설이다. 판례도 마찬가지이다(대판(전) 2019. 12. 19, 2016다24284 참조. 반대의견 있음). 그러나 양도금지특약의 당사자는 채권자와 채무자이므로 그 약정의 효력은 원칙적으로 채권자와 채무자만을 구속한다. 채권자가 채권을 양도하지 않겠다는 약정을 위반한 경우에 채무자에게 그 위반에 따른 채무불이행책임을 질 뿐이고, 이것을 넘어서서 양도인과 양수인 사이의 채권양도에 따른 법률효과까지 부정해서는 안 된다. 채권양도금지특약에 대하여 채권적 효력만 인정하면 충분하고 물권적 효력을 인정하는 것은 바람직하지 않다.

(3) **법률에 의한 양도금지**   민법에는 이에 관한 일반적 규정이 없으나, 법률규정에 따라 양도를 금지할 수 있음은 당연하다. 실제로 특별히 본래의 채권자에게만 변제하게 할 필요가 있는 채권에 관하여, 법률은 분명한 규정으로 양도를 금지하는 경우가 있다. 부양청구권(979조)·특별법에 의한 연금청구권(공무원연금법 39조 1항, 군인연금법 18조 1항, 국민연금법 58조 1항, 사립학교교직원 연금법 40조 1항 등)·재해보상청구권(근기법 86조)·국가배상청구권(국가배상법 4조) 등은 그 예이다.

법률에 따라 양도가 금지되는 채권은 이를 압류하지 못한다. 따라서 그러한 채권에 대하여 전부명령이 있더라도 전부명령은 무효이다. 이와 반대로 압류가 금지되는 채권이 반드시 양도가 금지되는 채권은 아니다(대판 1990. 2. 13, 88다카8132 참조). 따라서 압류금지채권이 있을 때 그 양도성이 있는지 없는지는 채권의 특수성을 고려해서 결정할 문제이다. 특별법이 양도를 금지하는 경우에는 동시에 압류도 금지하고 있는 것이 보통이다.

[87] Ⅱ. 지명채권양도의 대항요건

1. 지명채권의 양도는 양도인과 양수인 사이의 낙성계약에 의한다. 따라서

채권양도에 관여하지 않는 채무자와 제3자는 채권양도의 사실을 알지 못하기 때문에, 예측하지 않은 손해를 입을 염려가 있다. 여기서 채무자와 제3자를 보호할 필요가 있게 되는데, 민법은 대항요건주의를 채용하고 있다.

　　민법 제450조 1항은 "지명채권의 양도는 양도인이 채무자에게 통지하거나 채무자가 승낙하지 아니하면 채무자 기타 제3자에게 대항하지 못한다."라고 정하고 있다. 민법은 이처럼 채권양도의 대항요건에 관하여 채무자에 대해서든 그 밖의 제3자에 대해서든 동일한 조항에서 정하고 있으나, 제3자에 대한 대항요건에는 일정한 형식이 요구되어 있을 뿐만 아니라(450조 2항 참조), 이들 대항요건은 각각 그 취지를 달리한다. 즉, '채무자에 대항한다'는 것은 양수인이 채무자에 대하여 양수한 채권을 주장하는 요건이 된다는 뜻이고, '기타의 제3자에게 대항할 수 있다'는 것은 채권을 이중으로 양수하거나 압류한 자들 사이에서 그 우열을 결정하는 표준이 된다는 뜻이다. 따라서 채무자에 대한 대항요건과 제3자에 대한 대항요건을 나누어 살펴볼 필요가 있다. 민법 제450조 1항은 강행규정이어서, 그에 반하는 특약은 허용되지 않는다고 새겨야 하는가? 제3자에 대한 대항요건은 사회질서에 관계되는 것이므로, 특약으로 배제하지 못한다. 그러나 채무자에 대한 대항요건은 채무자의 이익만을 보호하는 것이므로, 채무자가 이 이익을 포기하여 채권자와 특약으로 대항요건 없이 대항할 수 있음을 약정하는 것은 상관없다고 해석해야 한다. 판례도 그와 같이 새기고 있다(대판 1987. 3. 24, 86다카908 참조).

2.　채무자에 대한 대항요건

　(1)　채무자에 대한 대항요건은 채무자에 대한 통지 또는 채무자의 승낙이다 (450조 1항). 잠시 후에 설명하는 채무자 이외의 제3자에 대한 대항요건과 달리, 채무자에 대한 대항요건인 통지나 승낙에는 아무런 방식도 필요하지 않다.

　　　채권양도를 채무자에게 대항한다는 것은, 바꾸어 말하면 양수인이 채무자에 대하여 채권을 행사하는 것이다. 이를 위해서는 채권자가 변경되었다는 사실을 채무자가 알고 있을 필요가 있다. 이러한 점에서 본다면, 채무자의 승낙이 훨씬 확실한 수단이라고 할 수 있으나, 채무자는 승낙을 할 의무가 없으므로, 채무자와 관계없이 할 수 있는 통지가 간편한 수단이 된다. 뿐만 아니라, 통지와 승낙은 나중에 자세히 설명하는 것처럼 그 효력에 커다란 차이가 있다. 그러므로 두 가지를 나누어, 먼저 통지와 승낙의 성질과 방법에 관하여 각각 보고, 이어서 그 효과를 각각 살피기로 한다.

⑺ **채무자에 대한 '통지'**

① 통지는 채권양도의 사실, 즉 양도인(종래의 채권자)으로부터 양수인(신채권
자)에게 채권이 양도되었다는 사실이 있었음을 알리는 행위이며, 그 법적 성질은
'관념의 통지'이다. 따라서 의사표시에 관한 규정은 원칙적으로 적용되지 않으나,
도달로써 효력이 생긴다는 것(111조), 행위능력(4조 이하), 대리인에 의하여 할 수 있
다는 것(114조 이하) 등의 규정은 이에 준용된다(대판 1994. 12. 27, 94다19242 참조). 따
라서 무능력자가 동의권자의 동의 없이 한 양도의 통지와 착오나 사기·강박에 의
한 양도의 통지는 취소될 수 있다. 비진의표시에 의한 양도의 통지는 원칙적으로
유효하나, 허위표시에 의한 양도의 통지는 원칙적으로 무효이다.

② 통지는 양도인이 채무자에게 해야 한다. 즉, 양도인만이 유효하게 통지할
수 있고, 양수인이 하는 통지는 대항력이 생기지 않는다. 그리고 양수인이 양도인
을 대위하여 통지하지도 못한다. 그러나 양수인이 양도인으로부터 위임을 받아 통
지할 수도 있다. 판례는 양도인이 직접 통지하지 않고 사자를 통하여 통지하거나
대리인으로 하여금 통지하게 해도 무방하고, 채권의 양수인도 양도인으로부터 채
권양도통지 권한을 위임받아 대리인으로서 통지할 수 있다고 한다(대판 2004. 2. 13,
2003다43490; 대판 2011. 2. 24, 2010다96911 참조). 통지를 쉽게 할 수 있도록 입법적 개
선이 필요하다. 또한 양수인이 양도인에 대하여 채무자에게 통지할 것을 소구할 수
있다.

통지는 채무자에게 해야 하므로, 채권자가 연대채무자 전원에 대한 채권을 양
도한 때에는 연대채무자 전원에게 통지해야 한다. 그러나 주채권의 양도로 보증채
권이 그에 따라서 이전되는 때에는 주채무자에게 통지하는 것으로 충분하며, 보증
인에게 통지하지 않더라도 대항할 수 있다(대판 1976. 4. 13, 75다1100 참조).

③ 통지의 내용은 특정의 채권이 특정인에게 양도되었다는 사실이다. 양도되
는 채권은 동일성을 알 수 있을 정도로 가리키면 된다. 양수인은 성명 등으로 특정
되어야 한다(따라서 甲과 그 밖의 2인에게 양도하였다는 통지는 甲 이외의 사람에게는 효력이
생기지 않는다).

④ 통지의 시기는 양도행위와 동시에 할 필요는 없고, 양도 후에 하는 사후의 통지라도 좋다. 그러나 대항력은 그때부터 발생하며, 소급효가 없다.

채권을 양도하기 전에 미리 하는 사전의 통지가 허용되는지 문제된다. 이것은 양도시기를 확정할 수 없으므로 효력이 없다는 것이 판례이다(대판 2000. 4. 11, 2000다2627 참조). 그러나 사전 통지 후에 그에 상응하는 양도가 실제로 이루어지면 그때부터 효력이 생긴다는 견해가 다수설이다(김증한·김학동 302면, 김형배 585면, 민법주해(Ⅹ) 579면 참조). 여러 채권을 한꺼번에 양도하는 경우, 특히 유동화를 위하여 대량의 채권을 양도하는 경우에 채권양도의 통지를 사전에 할 필요성이 있다. 채권양도의 사전 통지 시에 채권양도의 시기를 확정할 수 있다면 예외적으로 사전 통지를 허용해야 한다(김재형, 민법론 Ⅱ, 489면 참조. 한국주택금융공사법 제26조 3항, 4항은 주택저당채권의 양도에 대해 사전 통지와 사전 승낙을 허용하고 있다).

⑤ 통지는 철회할 수 있는가? 민법은 '양수인의 동의'를 얻어 통지를 철회할 수 있다고 정한다(452조 2항). 본래 통지는 양도인의 일방적 행위이지만, 일단 통지를 한 후에 임의로 또한 일방적으로 철회하면, 양수인은 물론 채무자에게도 중대한 영향을 미치므로, 양수인의 동의가 있는 때에만 철회할 수 있도록 하였다. 유효한 철회가 있기 전에 채무자와 양수인 사이에서 생긴 사유는 채무자가 이를 가지고 양도인에게 대항할 수 있다고 해석해야 한다(451조 2항 참조).

⑷ 채무자의 '승낙'

① 승낙은 채권양도의 사실을 안다는 인식을 표시하는 채무자의 행위이다. 채권양도의 청약에 대한 승낙이 아니다. 승낙의 법적 성질은, 위에서 설명한 통지와 마찬가지로, 의사표시가 아니라, 일종의 '관념의 통지'이다. 그러나 의사표시의 규정은 이 승낙에도 준용되며, 예컨대 대리인에 의한 승낙이나 사자(使者)에 의한 승낙도 모두 유효하다.

② 제450조 1항은 채무자의 승낙이라고 정할 뿐이고, 승낙의 상대방을 언급하고 있지 않다. 학설·판례는, 양도인 또는 양수인의 어느 쪽에게 해도 좋다고 보고 있다(대판 1986. 2. 25, 85다카1529 참조). 채무자가 채권양도 사실을 알았다는 것을 알리기만 하면 채무자에 대한 대항요건의 목적은 달성되므로, 양도인·양수인의 어느 쪽에게 하든 상관없기 때문이다.

③ 승낙의 시기는, 양도 후에 하더라도 상관없음은 통지의 경우와 같다. 그러나 양도하기 전에 미리 승낙하는 것에 관해서는 통지의 경우와는 다르게 새겨야 한다. 즉, 사전의 승낙은, 양도할 채권이나 양수인이 특정되어 있는 경우에는, 유효한 것으로 새기는 것이 일반이다. 따라서 양도가 있은 후에 다시 통지나 승낙을 하지 않더라도, 채무자에 대하여 양도를 대항할 수 있다. 문제는, 사전의 승낙에서 양수인을 특정하지 않은 경우에도 채무자에 대한 대항요건이 된다고 볼지에 있다. 긍정하는 것이 옳다. 채무자에 대한 대항요건은 오로지 채무자를 보호하려는 데 그 목적이 있으므로, 채무자가 미리 포기하는 경우에, 이를 무효로 할 이유가 없기 때문이다.

(2) **채권양도의 해제·취소와 대항요건**   채권양도가 해제되거나 취소된 경우에도, 위와 같은 대항요건을 필요로 하는가? 채권양도계약의 해제나 취소로 채권은 당연히 양도인에게 되돌아가므로, 양도가 이미 채무자에게 통지되었거나 채무자가 승낙하고 있는 때에는, 양수인으로부터 다시 그 해제나 취소 사실을 채무자에게 통지하지 않으면, 양도인은 그것을 채무자에게 대항하지 못한다(대판 1979. 9. 25, 77다1909; 대판 1993. 8. 27, 93다17379 참조).

(3) **통지나 승낙이 없는 동안의 효력**   채권양도가 있은 후 아직 통지나 승낙이 없는 동안 양수인은 채무자에 대하여 채권양도의 효력을 주장하지 못한다(즉, 양수인은 양수받은 채권을 주장하지 못한다). 채무자가 악의인 때에도 같다. 대항요건주의를 취하는 이상, 대항요건의 효력은 획일적으로 다루는 것이 거래 안전을 위하여 필요하기 때문이다. 따라서 채무자는 양수인에 대하여 변제를 거절할 수 있고, 양수인은 채무자에 대하여 시효의 중단·담보권의 실행·파산신청 등의 행위를 하지 못한다. 한편 통지 또는 승낙이 있기 전에 채무자가 양도인에게 한 변제 그 밖의 면책행위는 모두 유효하다. 양도인이 채무자에 대하여 한 상계·면제 등도 유효하다. 그러나 채권양도의 효력은 양도계약만으로 곧 발생하므로, 채무자가 채권양도의 효력을 인정하는 것은 무방하다. 따라서 채무자는 양수인에게 유효하게 변제할 수 있다.

(4) 통지·승낙의 효력

㈎ 통지의 효력

① 채권양도로 채권은 동일성을 유지하면서 양수인에게 이전하고, 통지는 채권양도에 대항력을 줄 뿐이므로, 채권의 동일성에는 아무런 영향을 미치지 않는다. 따라서 통지가 있으면, 채무자는 그 통지를 받을 때까지 양도인에 대하여 생긴 사유를 가지고 양수인에게 대항할 수 있다(451조 2항). 예컨대, 변제 그 밖의 사유로 채권의 전부 또는 일부가 소멸하였다는 항변이나, 동시이행의 항변권 또는 채무 불성립·무효·취소의 항변 등은 모두 양수인에게 주장할 수 있다.

문제가 되는 것은 상계이다. 채무자가 통지를 받기 이전에 양도인에 대하여 상계적상에 있는 반대채권을 가지고 있었던 경우에, 채무자는 양수인에 대해서도 그 채권으로써 상계할 수 있다. 이와 반대로 통지가 있은 후에 채무자가 양도인에 대하여 반대채권을 취득해도, 그 채권을 가지고 상계하지 못한다(대판 1984. 9. 11, 83다카2288 참조). 그런데 양도통지가 있었을 당시 채무자가 반대채권을 가지고 있었지만 그 변제기에 이르지 않았기 때문에 아직 상계적상에 있지 않았고 상계하지 못한 경우에, 채무자는 이 반대채권이 상계적상에 있게 되면, 이로써 양수인에 대하여 상계를 가지고 대항할 수 있는지가 문제이다. 채무자는 상계를 가지고 양수인에게 대항할 수 있다고 보아야 한다.

② 양도인이 하는 통지는 채권양도가 유효한 경우에만, 위와 같은 대항력이 발생한다. 그러나 민법은 통지하였으나 아직 양도하지 않고 있는 경우, 또는 양도를 하기는 하였지만 그것이 무효인 경우에는 선의인 채무자가 양수인에게 대항할 수 있는 사유로 양도인에게 대항할 수 있다고 정하고 있다(452조 1항). 따라서 채무자는, 양도인에 대하여, 그가 표현양수인(表見讓受人)에게 한 변제 그 밖의 면책행위를 유효라고 주장할 수 있다. 채무자는 선의여야 하며, 악의의 채무자는 보호할 필요가 없다. 따라서 채무자가 통지를 받았지만 아직 양도가 없다는 사실 또는 양도가 무효임을 알고 있었던 때에는 보호받지 못하게 됨은 당연하다. 그리고 채무자가 대항할 수 있는 사유는 통지가 있은 후 통지가 유효하게 철회되기 전에 생긴 것이어야 한다(452조 2항 참조).

㈏ 승낙의 효력　　채무자의 승낙에는 이의를 보류한 것과 보류하지 않은

것이 있으며, 이들의 효력에는 차이가 있다.

① 이의를 보류한 승낙의 효력　　　민법은 이의를 보류하지 않은 승낙에 관해서는 특별한 효력을 인정하는 규정을 두고 있으나, 이의를 보류한 승낙의 효력에 관해서는 특별한 규정을 두고 있지 않다. 이것은 이의를 보류한 승낙의 효력이 이미 설명한 통지의 효력과 같기 때문이다. 따라서 특별히 설명할 것이 없다.

여기서 말하는 '이의를 보류'한 승낙은 채무자가 양도인에 대한 그의 항변사유를 그대로 간직한 채로 하는 승낙을 뜻한다. 따라서 승낙할 때까지 양도인에 대하여 생긴 사유는 모두 양수인에게 주장할 수 있다. 이의의 보류는 승낙이 도달하기 전 또는 늦어도 승낙의 도달과 동시에 도달해야 한다.

② 이의를 보류하지 않은 승낙의 효력

(ㄱ) 채무자가 이의를 보류하지 않은 승낙을 한 때에는 양도인에게 대항할 수 있는 사유가 있더라도, 그것을 가지고 양수인에게 대항하지 못한다(451조 1항 본문). 이의를 보류하지 않은 승낙이란 채무자가 채권양도를 승인하면서 채권의 불성립, 성립에 관한 흠, 채권소멸 그 밖의 어떤 항변을 양도인에 대하여 가지고 있음을 보류하지 않고 하는 단순승인을 말한다. 채무자가 채권양도에 대하여 이의를 보류하지 않고 승낙한 때에는, 양수인은 보통 그 채권에 아무런 항변도 없다고 믿는다. 여기서 민법은 그와 같은 양수인의 신뢰를 보호하고 채권양도의 안전을 보장하기 위하여, 이의를 보류하지 않은 승낙에 대하여 특히 항변상실(抗辯喪失)의 효과를 주고 있다. 채무자가 이의를 보류하지 않은 승낙을 할 때 명시적으로 항변사유를 포기한다거나 양도되는 채권에 대하여 이의가 없다는 뜻을 표시할 것까지 요구되지는 않는다. 그러나 이의를 보류하지 않은 승낙으로 말미암아 채무자가 양도인에 대하여 갖는 대항사유가 단절되는 점을 감안하면, 채무자가 이 조항에 따라 이의를 보류하지 않은 승낙을 했는지는 문제 되는 행위의 내용, 채무자가 행위에 이른 동기와 경위, 채무자가 행위로 달성하려고 하는 목적과 진정한 의도, 행위를 전후로 채무자가 보인 태도 등을 종합적으로 고려하여 양수인으로 하여금 양도된 채권에 대하여 대항사유가 없을 것을 신뢰하게 할 정도에 이르렀는지를 감안하여 판단해야 한다(대판 2019. 6. 27, 2017다222962 참조).

이 제도는 공신(公信)의 원칙을 바탕으로 양수인을 보호하고 채권양도의 안전을 보장하려는 것이므로, 양수인은 선의여야 한다. 양수인이 선의인 때에는 비록 양수인으로부터 다시 채권을 양도받은 전득자가 악의이더라도, 채무자는 항변사유를 가지고 전득자에게 대항하지 못한다. 또한 양수인이 악의이더라도 전득자가 선의이면, 역시 채무자는 선의의 전득자에게 대항하지 못한다.

　이의를 보류하지 않은 승낙에 주어지는 항변상실의 효력은 채무자와 양수인 사이에 한정되고, 제3자의 권리에는 아무런 영향도 미치지 않는다. 채무자가 양수인에게 대항하지 못하는 항변사유는 제3자도 이를 주장하지 못한다. 예컨대, 채무자의 다른 채권자는 양수인의 채권행사에 대하여 채권소멸의 항변을 하지 못한다. 그러나 저당채권이 변제 등으로 소멸했는데도 채무자가 이의를 보류하지 않고 채권양도를 승낙하여 채무자가 양수인에 대하여 채권과 저당권의 소멸을 대항하지 못하는 경우에도, 채권소멸로 저당권 또는 보증채무는 소멸하며, 물상보증인·보증인·후순위담보권자·저당부동산의 제3취득자의 권리에는 영향을 미치는 일이 없다. 또한 이의를 보류하지 않은 승낙이 있는 경우라도, 채권이 제3자에게 양도되어 확정일자 있는 증서로 통지를 한 때에는, 이중양도에서 대항관계가 되어, 뒤의 양도가 우선하게 된다.

　(ㄴ)　채무자가 이의를 보류하지 않은 승낙을 함으로써 양도인에 대한 항변사유를 양수인에게 주장하지 못하는 데서 채무자가 받게 되는 불이익은, 양도인과의 사이에서 조정된다. 즉, 채무자가 채무를 소멸시키려고 양도인에게 준 것이 있으면 이를 회수할 수 있고, 또한 양도인에 대하여 부담한 채무가 있으면(예컨대, 경개에 의하여 채무를 부담한 때) 이를 성립하지 않은 것으로 주장할 수 있다(451조 1항 단서).

3.　채무자 이외의 제3자에 대한 대항요건

　(1)　채권양도의 제3자에 대한 대항요건은 결국 채권의 배타적 귀속에 관한 공시방법이다. 그런데 지명채권은 부동산에 관한 등기, 동산에 관한 점유, 증권적 채권에 관한 증권과 같이 권리의 존재를 외부, 즉 바깥에 알리는 표상을 가지고 있지 않다. 그러므로 제3자에 대한 대항요건도 채무자에 대한 대항요건과 마찬가지로 통지 또는 승낙이라는 방법으로 하고 있다. 그러나 이 통지나 승낙이라는 방법만으로는 제3자의 지위가 불안하게 되기 때문에(예컨대, 甲의 乙에 대한 채권을 丙에게 양도한 후에 다시 丁에게 이중으로 양도하고, 甲·乙·丁이 함께 짜가지고 丁에 대한 제2의 양도

가 丙에 대한 양도보다 먼저 이루어진 것과 같이 보이는 증서를 작성하면, 丙의 지위는 매우 불안하다), 민법은 통지나 승낙에 특별한 형식을 요구하고 있다.

(2) 양수인이 채권양도의 효력을 채무자 이외의 제 3 자에게 대항하려면, 통지 또는 승낙이 '확정일자(確定日字) 있는 증서'로써 해야 한다(450조 2항). 확정일자는 증서를 작성한 일자에 관한 완전한 증거가 되는 것으로서 법률로써 인정되는 날짜이다. 그것은 당사자가 나중에 변경할 수 없는 확정된 날짜이다. 특정된 날짜와는 다르다. 어떠한 경우에 확정일자가 되는지는 민법 부칙 제 3 조가 정하고 있다. 즉, 사문서에 공증인 또는 법원서기가 일정한 절차에 따라(부칙 3조 2항 참조) 확정일자인을 찍은 경우의 일자(부칙 3조 1항 참조), 그리고 공정증서에 기입한 일자, 그리고 공무소(공무원이 직무를 수행하는 곳, 즉 관공서)에서 사문서에 어느 사항을 증명하고 기입한 일자(내용증명우편의 날짜가 그 예이다) 등이 확정일자이다(부칙 3조 4항 참조).

채권양도의 날짜를 명확하게 하고 채권자와 채무자가 짜고서 양도 날짜를 소급시켜 제 3 자의 권리를 해치는 것을 막으려고 양도의 통지나 승낙을 확정일자 있는 증서로써 하도록 하였다. 따라서 통지행위나 승낙행위 자체를 확정일자 있는 증서로 해야 한다는 것이지, 통지나 승낙이 있었다는 사실을 확정일자 있는 증서로 증명하라는 것은 아니다. 그리고 통지나 승낙을 확정일자 없는 증서로 한 경우에, 나중에 그 증서에 확정일자를 받으면, 그 날짜 이후에는 대항력을 취득하게 된다(대판 1988. 4. 12, 87다카2429 참조). 따라서 채권양도에 관하여 확정일자에 의하지 않은 통지나 승낙이 있었더라도, 그 후 채권을 압류·전부한 제 3 자에게 채무를 변제하는 경우에는, 그 사이에 채권양수인이 확정일자를 받았는지를 조사할 필요가 있다(대판 1965. 12. 21, 65다1990 참조).

채권이 이중으로 양도된 경우 양수인 상호간의 우열은 통지 또는 승낙에 붙여진 확정일자의 선후로 결정할 것이 아니라, 채권양도에 대한 채무자의 인식, 즉 확정일자 있는 양도통지가 채무자에게 도달한 일시 또는 확정일자 있는 승낙의 일시의 선후로 결정한다. 이는 채권양수인과 동일 채권에 대하여 가압류명령을 집행한 자 사이의 우열을 결정하는 경우에도 마찬가지이므로, 확정일자 있는 채권양도 통지와 가압류결정 정본의 제 3 채무자(채권양도의 경우는 채무자)에 대한 도달의 선후로 그 우열을 결정한다. 채권양도 통지, 가압류 또는 압류명령 등이 제 3 채무자에 동시에 송달되어 그들 상호간에 우열이 없는 경우에도 그 채권양수인, 가압류 또는 압류채권자는 모두 제 3 채무자에 대하여 완전한 대항력을 갖추고 있으므로, 그 전액에 대하여 채권양수금, 압류전부금 또는 추심금의 이행청구를 하고 적법하게 이를 변제받을 수 있고, 제 3 채무자로서는 이들 중 누구에게라도 그 채무 전액을 변제하면 다른 채권자에 대한 관계에서도 유효하게 면책된다. 이러한 경우 제 3 채무자는 이중지급의 위험이 있을 수 있으므로, 동시에 송달된 경우에도 제 3 채무자는 송달의 선후가 불명한 경우에 준하여 채권자를 알 수 없다는 이유로 변제공탁을 함으로써 법률관계의 불안으로부터 벗어날 수 있다(대판(전) 1994. 4. 26, 93다24223 참조).

(3) 채무자 이외의 제 3 자는 일정한 범위의 제 3 자만을 가리킨다고 이해하는 제한설이 통설이다(김증한 · 김학동 310면, 김현태 269면, 최식 180면, 현승종 322면 참조). 그리하여 제 3 자는 '그 채권에 관하여 양수인의 지위와 양립하지 않는 법률상의 지위를 취득한 자' 또는 '그 채권에 대하여 법률상의 이익을 가지는 자'만을 가리킨다고 한다(두 표현은 결국 같은 말이다). 본래 채권은 변제 · 상계 · 면제 등으로 소멸하는 대인적 권리이고, 특히 지명채권은 권리의 존재를 표상하는 특별한 방법이 없으므로, 제한설이 타당하다.

제한설의 견지에서 구체적으로 제 3 자의 범위를 본다면, 예컨대 채권의 양수인으로부터 이중으로 양수한 자, 채권에 대한 질권자, 채권을 압류한 양도인의 채권자, 채권의 양도인이 파산한 경우 파산채권자 등은 모두 제 3 자에 포함된다. 이에 반하여 양도행위 무효 그 밖의 사유에 의한 무권리자, 채권양도로 간접적으로 영향을 받을 수 있는 채무자의 채권자(예컨대, 甲의 乙에 대한 채권을 丙이 양도받아 이를 자동채권으로 하여 자기의 乙에 대한 채무와 상계한 경우, 이 수동채권을 상계가 있은 후에 압류한 乙의 채권자 丁 등) 등은 제 3 자에 속하지 않는다. 위와 같은 제 3 자의 범위에 속하지 않는 자에 대해서는 대항요건이 없더라도(바꾸어 말하면, 확정일자 있는 증서에 의하지 않고서도) 양도의 효력을 대항할 수 있다.

(4) 위와 같은 제 3 자에게 '대항한다'는 것은 동일채권에 관하여 양립할 수 없는 법률상 지위를 취득한 자 상호간에, 즉 채권의 양수인과 이중양수인 · 질권자 · 압류채권자 등 사이에서 그 우열을 정한다는 뜻이다. 예컨대, 채권의 이중양도가 있었던 경우에, 양도인이 제 1 의 양도에 관해서는 단순한 통지를 하고 제 2 의 양도

에 관해서는 확정일자 있는 증서에 의한 통지를 하였다면, 제 2 의 양도의 효력이 우선하고, 제 2 의 양수인은 제 1 의 양수인과 채무자에 대하여 자기의 채권을 주장할 수 있다. 그 결과 제 1 의 양수인은 채무자에 대해서도 대항할 수 없고, 일단 취득한 채권은 취득하지 않았던 것으로 된다. 즉, 이 경우에는 제 2 의 양수인이 유일한 채권자이다. 따라서 채무자는 제 1 의 양수인에 대해서는 변제를 거절하고 제 2 의 양수인에게 변제해야 한다. 이 법리는 채무자가 제 1 의 양도에 관하여 이의를 보류하지 않은 승낙을 하고 있는 경우에, 제 2 의 양도에 관하여 확정일자 있는 통지가 이루어진 때에도 마찬가지이다. 제 1 의 양도가 확정일자 있는 증서로 통지된 경우에, 제 2 의 양도가 역시 확정일자로 통지되어도 날짜가 늦으면, 양도의 효력은 생기지 않는다.

채권의 대항관계는 채권이 존재하고 그 채권에 양립할 수 없는 권리관계가 생긴 경우에만 발생하고, 채권이 소멸한 다음에는 발생할 여지가 없다. 예컨대, 제 1 의 양도가 있은 후에 채권이 변제·상계 또는 면제 등으로 소멸한 때에는, 그 후 다시 채권에 관하여 제 2 의 양도가 이루어지고, 비록 확정일자 있는 증서에 의한 통지가 있더라도, 제 2 의 양도행위는 무효이다. 즉, 제 2 의 양수인은 채권을 취득하지 못하며, 따라서 이 경우에는 아무런 대항 문제도 생기지 않는다.

확정일자는 이미 설명하였듯이 날짜의 소급을 방지할 수 있을 뿐이다. 만일 당사자가 서로 짜고 채권의 변제·상계·면제 등이 있었던 것과 같이 꾸민 경우에는, 확정일자 있는 증서로 확보된 양수인의 지위가 불안하게 된다. 이러한 결과는 채권의 성질과 공시방법의 불완전에 기인한다.

제 3 관   증권적 채권의 양도

[88]   Ⅰ. 증권적 채권의 양도성

1. 증권적 채권 또는 증권채권(證券債權)은 채권의 성립·존속·양도·행사 등을 그 채권을 표창하는(즉 드러내어 밝히는) 증권으로 해야 하는 채권을 말한다. 채권을 표창하는 증권(증서)은 채권증권(債權證券)이라고 하고, 유가증권의 일종이다.

널리 재산적 가치가 있는 사권(私權), 즉 재산권을 표창하는 증권으로서, 권리의 성립·존속·양도·행사 등을 증권으로 하는 것을 유가증권(有價證券)이라고 한다. 따라서 채권을 표창하는 증권, 즉 채권증권도 유가증권이다. 말하자면, 증권적 채권에는, 증권에 표창되어 있는 추상적인 채권이라는 측면과 채권을 표창하고 있는 유형적인 증권이라는 측면이 있고, 이 두 가지가 합쳐서 하나가 되는 때에 유가증권이 성립한다.

채권 그 밖의 재산권이 증권에 표창되어 있다는 것은 권리와 증권이 밀접하게 결합되어 증권의 점유가 권리행사의 요건으로 되어 있는 상태를 말한다. 이러한 상태를 가리켜 흔히 권리가 증권에 화체(化體)되어 있다고 표현한다. 이 표현에 따른다면, 결국 증권적 채권은 채권이 증권에 화체되어 있는 것이다.

증권적 채권은 주로 채권의 양도성을 높이기 위한 것으로서, 채권자를 결정하는 방법에 따라 기명채권·지시채권·지명소지인출급채권·무기명채권의 4종으로 나누어진다. 원래 증권적 채권은 채권의 양도성을 확보하고 거래 안전을 보장하기 위한 것이므로, 양도성을 그 본질로 하는 까닭에, 이로부터 양도성을 빼앗는다는 것을 생각할 수 없다. 증권적 채권에서 그 유통성 및 유통과정의 안전성이 중시되는 것도 이 때문이다.

2. 증권적 채권의 양도에 관하여 민법은 오늘날의 증권적 채권·유가증권의 이론에 충실하게 규율하고 있다.

[89] Ⅱ. 지시채권의 양도

1. 지시채권의 의의 지시채권(指示債權)은 특정인 또는 그가 지시(지정)한 자에게 변제해야 하는 증권적 채권이다. 즉, 증권에 기재된 특정 채권자 甲, 甲이 지정한 乙, 또는 乙이 지정한 丙에게 지급해야 하는 채권이다. 화물상환증(상법 130조)·창고증권(상법 157조)·선하증권(상법 861조)·어음(어음법 11조·77조)·수표(수표법 14조) 등 상법·어음법·수표법이 규정하는 전형적 유가증권은 모두 이에 속한다. 그리고 이들은 배서금지가 기재되지 않는 한 법률상 당연한 지시채권이다. 이에 관하여 일차적으로는 각각 상법·어음법·수표법이 적용된다. 이론상으로는 이들 상업증권 외에 오로지 민법이 적용되는 지시채권을 발행할 수 있지만, 실제로는 그 예가 없다. 따라서 자세한 연구는 상법에 맡기고 이곳에서는 간단한 설명에 그치기로 한다.

2. 지시채권의 양도방법   지시채권의 증서(증권)에 배서(背書)하여 양수인
에게 교부해야 한다(508조). 즉, 증권의 배서·교부는 이른바 대항요건이 아니라, 성
립요건 또는 효력발생요건이다. 배서는 채권양도의 의사표시를 증권에 기재하는
것이고, 교부는 증권의 점유를 이전하는 것이다. 교부에 관해서는 특별히 설명할
것이 없으나, 배서에 관해서는 민법에 자세한 규정이 있으므로, 다음에서 보기로
한다.

3. 배   서

(1) 배서의 방식   배서는 증권의 이면(裏面), 즉 뒷면에 기재하는 것이 보
통이지만, 반드시 그렇게 해야 하는 것은 아니고, 그 보충지에 기재해도 상관없다.
배서에는 반드시 배서인이 서명이나 기명날인을 해야 한다(510조 1항).

(2) 배서의 모습   배서는 피배서인(被背書人)을 지정해서 하는 기명식 배서
(이를 정식배서·완전배서라고도 한다)를 원칙으로 하나, 피배서인을 지정하지 않고 배서
인의 서명 또는 기명날인만으로 할 수도 있다(510조 2항). 이를 약식배서 또는 백지
식 배서라고 한다. 약식배서의 처리방식에 관해서 민법은 세 가지 방법을 정하고
있다(511조). 즉, 소지인은 ① 자기나 타인의 명칭을 피배서인으로 기재할 수도 있
고, ② 약식으로 또는 타인을 피배서인으로 표시하여 다시 증서에 배서할 수도 있
으며, ③ 피배서인을 기재하지 않고 증서를 제 3 자에게 교부하여 양도할 수도 있다.

배서에는 또한 증서(증권)의 소지인에게 배서·양도한다는 뜻을 기재하는 소지
인출급식 배서가 있다. 이 배서는 약식배서와 같은 효력이 있다(512조). 바꾸어 말
하면, 약식배서에서와 같은 방법으로 처리할 수 있다(511조 참조).

한편 배서는 채무자를 피배서인으로 해서도 할 수 있다(509조 1항). 이를 환배
서(還背書)라고 한다. 환배서가 있더라도 채권은 혼동으로 소멸하지 않으며(507조 참
조), 피배서인인 채무자는 다시 배서하여 양도할 수 있다(509조 2항). 이것은 유가증
권의 유통성을 높이기 위한 것이다.

(3) 배서의 효력   배서의 효력으로서, 민법은 이전적 효력과 자격수여적
효력을 인정한다. 그러나 담보적 효력까지 인정하고 있지는 않다(어음법 15조·17조,
수표법 18조 참조).

㈎ 민법은, 어음법(14조·17조)이나 수표법(17조)에서와 같이, 배서로 모든 권리

가 이전한다고 정하고 있지는 않지만, 증권의 배서·교부를 채권양도의 성립요건으로 하고 있으므로, 배서는 채권을 이전시키는 효력, 즉 권리이전적 효력이 있다.

　(나) 배서의 연속이 있을 때, 배서의 기재상 피배서인으로 되어 있는 자가 지시채권증권을 소지하고 있으면 채권자로서 자격이 인정되는 것을 자격수여적 효력이라고 한다. 제513조가 이를 인정하고 있다(동조 1항 전단).

　배서의 연속은 최초의 채권자가 제 1 배서인이 되고 제 1 배서의 피배서인이 제 2 배서의 배서인으로 되며, 이렇게 현재의 소지인에 이르기까지 배서가 단절되지 않고 이어져 있는 것을 말한다. 약식배서 다음에 다른 배서가 있으면, 그 배서인은 약식배서로 증권을 취득한 것으로 본다(513조 2항). 최후의 배서가 약식이라면 증서의 소지인을 채권자로 본다(513조 1항 후단). 그리고 말소된 배서는, 배서의 연속에 관해서는, 그 기재가 없는 것으로 본다(513조 3항). 배서의 연속이 있으면, 최후의 피배서인은 그가 진실한 채권자임을 증명할 필요 없이 권리를 행사할 수 있고, 채무자는 최후의 피배서인이 진실한 채권자인지를 조사할 필요 없이 그에게 변제하면 책임을 벗어난다(518조 참조).

　4. 양수인의 보호　　양수인을 보호하고 지시채권의 유통성을 확보하기 위하여 민법은 다음의 두 제도를 두고 있다.

　(1) 인적 항변의 제한　　채권양도의 일반원칙에 따르면, 채무자는 그가 양도인에 대하여 대항할 수 있는 모든 항변을 가지고 양수인에게 대항할 수 있다(451조. [87] 2. (4) 참조). 그러나 배서로 채권을 취득하는 때에도 이 원칙을 관철한다면, 지시채권을 양수해도 그 권리가 불안전하므로, 지시채권의 유통성을 해친다. 민법은 "지시채권의 채무자는 소지인의 전자에 대한 인적 관계의 항변으로 소지인에게 대항하지 못한다."라고 정한다(515조 본문). 이는 배서에 의한 지시채권의 취득자를 보호하고자 채무자의 항변을 제한한 것이다. 따라서 그러한 인적 항변은 배서인에게 대항할 수 있을 뿐이다. 그러나 소지인이 누구이든지 언제나 대항할 수 있는 항변(물적 항변)은 모든 소지인에게 대항할 수 있다(515조 단서). 무엇이 인적 항변이고 무엇이 물적 항변인지는 해석 문제이다. 증서의 기재로부터 명백한 것(변제기의 도래, 시효소멸 등)과 채무자의 이익과 중대한 관계가 있는 것(증권의 위조나 변조 등)은 물적 항변이고, 그 밖의 것은 모두 인적 항변사유이다.

(2) **선의취득**   지시채권은 유통성이 매우 강하므로, 거래의 안전을 위하여 선의취득(善意取得)을 인정할 필요가 있다. 민법은 동산거래에 관한 선의취득(249조.「물권법」[39] 이하 참조)보다도 그 요건을 완화하여 선의취득을 인정하고 있다. 즉, 소지인이 증서를 무권리자로부터 취득한 때에도 소지인이 양도인이 무권리자임을 알지 못하고(즉 선의), 알지 못한 데 중대한 과실이 없으면, 증권상의 권리를 취득한다(514조).

   5. 채무자의 보호   채무자는 원칙적으로 변제수령자에게 변제해야 하므로(470조~472조 참조), 변제수령자격에 관하여 조사할 필요가 있다. 그러나 유통성이 있는 유가증권에서는 채권자의 변동이 잦으므로, 증권소지인이 진정한 권리자인가 아닌가를 조사하는 것은 어렵고 그러한 조사는 유통성을 해치게 된다. 민법은 "채무자는 배서의 연속 여부를 조사할 의무가 있으며, 배서인의 서명 또는 날인의 진위나 소지인의 진위를 조사할 권리는 있으나 의무는 없다."라고 정함으로써, 채무자를 보호하고 있다(518조 본문). 이 규정에서 말하는 권리가 있다는 것은 위와 같은 진위를 조사하는 데 필요한 상당한 기간 변제가 지연되더라도 이행지체가 되지 않는다는 것을 뜻한다. 의무를 지지 않는다는 것은 조사하지 않고 변제하더라도 그 변제는 유효하다는 뜻이다. 그러나 변제할 때 소지인이 권리자가 아님을 알았거나 중대한 과실로 알지 못한 때에는 그 변제는 무효이다(518조 단서). 그 밖에 민법은 채무자를 보호하려는 목적으로 다음과 같은 규정을 두고 있다. 즉, ① 채무자는 증권과 교환해서만 변제할 의무가 있다(519조). 따라서 ② 증권에 변제기한이 있는 경우에도 그 기한에 이른 후에 소지인이 증권을 제시하여 이행을 청구한 때부터 채무자는 지체책임을 진다(517조). ③ 변제장소는 증권에 정하고 있지 않으면 채무자의 현영업소이고, 영업소가 없는 때에는 현주소이다(516조). ④ 채무자는 변제할 때 소지인에 대하여 증권에 영수를 증명하는 기재를 할 것을 청구할 수 있고(520조 1항), 일부 변제의 경우에는 채권자에게 그 사실을 증권에 기재할 것을 청구할 수 있다(520조 2항).

   6. 증권의 멸실·상실   멸실한 증권 또는 소지인의 점유를 이탈한 증권은 공시최고절차에 의하여 무효로 할 수 있다(521조). 공시최고의 신청이 있으면 채무자로 하여금 채무의 목적물을 공탁하게 할 수 있고, 소지인이 상당한 담보를 제

공하면 변제할 수 있다(522조).

[90] Ⅲ. 무기명채권의 양도

1. 특정의 채권자를 지정하지 않고 증권의 소지인에게 변제해야 하는 증권적
채권이 무기명채권(無記名債權)이다. 무기명사채·무기명식 수표 등 상법·수표법상
의 전형적인 유가증권, 그 밖에 상품권·철도승차권·극장의 입장권 등 그 예는 대
단히 많다.

2. 무기명채권의 양도는 증권의 교부에 의한다. 교부해야 양도의 효력이 생
기므로, 그것은 대항요건이 아니라 성립요건이나 효력발생요건이다(523조). 지시채
권의 양도에 관한 규정은 무기명채권의 양도에도 준용되므로, 지시채권에 관하여
설명한 것이 그대로 무기명채권에도 타당하다. 다만 무기명채권에는 배서라는 것
이 없으므로, 배서에 관한 것만은 무기명채권에 준용될 여지가 없다(524조).

[91] Ⅳ. 지명소지인출급채권의 양도

1. **지명소지인출급채권**   무기명채권의 한 변형으로서 지명소지인출급채
권(指名所持人出給債權)이 있다. 이것은 특정인 또는 증권의 정당한 소지인에게 변제
해야 하는 증권적 채권이다. 상법과 수표법상의 전형적인 유가증권 이외에는 그 예
가 적다. 지명소지인출급채권의 양도에 관해서는 무기명채권과 같게 다루어진다
(525조). 따라서 이곳에서 특별히 설명할 것은 없다.

2. **면책증권**   면책증권(免責證券) 또는 면책증서(免責證書)는 지명소지인출
급채권과 비슷하나 그것과는 구별된다. 이것은 증권(증서)의 소지인에게 변제한 때
에는, 비록 그가 진정한 채권자가 아니라도, 채무자가 선의이면 그 책임을 벗어나
는 증권이다. 철도여객의 수하물상환증·음식점의 휴대품예치증 등이 그 예이다.
면책증권은 그 소지인이 진정한 권리자인지 아닌지를 조사하는 것이 곤란한 경우
에 채무자가 조사의무를 벗어날 수 있도록 하려고 발행된다. 이것은 채권의 유통성
을 높이는 것을 목적으로 하는 것이 아니라 단순한 자격증권에 지나지 않고, 증권
적 채권은 아니다. 따라서 채권의 행사에 증권의 제시가 꼭 필요한 것이 아니다. 분
실해도 공시최고절차에 따라 무효로 할 필요도 없다. 면책증권이 발행되어 있는 경

우 채권은 보통의 지명채권에 지나지 않는다. 그러므로 그 양도에는 일반적인 채권양도 규정이 적용된다. 즉, 지명채권에서와 같은 방법으로만 양도되며, 증권의 교부를 요건으로 하지 않고, 또한 양수인에 대한 특별한 보호도 없다. 선의의 변제자가 보호되는 것은 면책증권의 성질에서 직접 생기는 결과이다. 그러나 이 종류의 채권은 그 성질이 증권적 채권과 비슷하므로, 민법은 지시채권에 관한 규정 일부를 준용하고 있다(526조·516조·517조·520조).

제 2 절 채무의 인수

[92] Ⅰ. 채무인수의 의의

1. 채무인수(債務引受)는 채무를 그 동일성을 유지하면서 그대로 인수인에게 이전하는 것을 목적으로 하는 계약을 가리킨다. 예컨대, 甲의 乙에 대한 채무를 丙이 인수해서 乙의 채무자가 되고, 甲이 채무를 벗어나는 것으로 하는 계약이 채무인수이다. 채무인수는 나중에 설명하는 병존적 채무인수([95] 참조)와 구별해서 면책적(免責的) 채무인수라고도 일컫는다. 채무는 동일성을 가지고 그대로 인수인에게 이전하므로, 채무자 변경에 의한 경개(501조. [119] 4. ⑵ 참조)와 다르다. 경개에서는 신채무자가 종래의 채무와는 별개의 새로운 채무를 부담하게 되어 신채무와 구채무 사이에 동일성이 없다.

채무는 법률 규정에 따라 이전될 수도 있으나(예컨대, 상속·포괄유증·회사의 합병 등에 의한 포괄적 이전, 또는 임대부동산의 취득자에 의한 임대인의 의무 승계(621조 참조) 등은 그 예이다), 보통 계약, 즉 채무인수로 이전된다.

2. 근대법은 채권양도를 일반적으로 인정하였으나, 채무인수에 관해서는 일반적으로 인정하고 있지 않았다. 다만 독일 민법이 처음으로 채무인수에 관한 일반적 규정을 두었고(414조~419조 참조), 그 후 스위스 채무법이 이를 본받았다(175조~183조 참조). 민법은 독일 민법을 본받아 채권양도에 관한 절 다음에 '채무의 인수'에 관한 절을 두어 상당히 자세하게 규율하고 있다.

3. 채권은 적극적 권리이므로, 재산권 또는 적극재산으로서 그 양도성·처분성을 쉽게 인정할 수 있다. 이에 반하여 소극적 의무인 채무에 관해서는 그 양도

성·처분성을 승인하기 어렵다고 생각할 수 있다. 결국 이 차이가 근대법이 채권양도를 일반적으로 승인하면서, 채무인수를 인정하지 않거나 그 인정을 망설인 주요한 이유라고 할 수 있다. 그러나 채권을 그 주체로부터 분리하여 양도하는 것을 인정하는 이상, 채무를 주체로부터 분리·이전하는 것을 부정할 이유가 없다. 채권양도는 채권을 주로 객관적인 급부를 내용으로 하는 재산으로 파악하는 데서 출발하는 제도이다. 채무자의 변경 자체가 채권의 동일성을 잃게 하는 정도의 본질적 변경은 아니므로, 채무의 이전도 인정해야 한다.

　그러나 채권자가 누구인지는 채무자에게 큰 영향을 주지 않는 것이 보통인 데 반하여, 채무자가 누구인지는 채권자에게 미치는 영향이 매우 크다. 그런데도 채무인수를 인정할 필요성이 있는가? 채무자가 변경되면, 책임재산에 변경이 생기고 채권자의 채무자에 대한 개별적·특수적 신뢰관계를 해칠 위험도 많다. 따라서 채무인수, 특히 채권자가 관여하지 않는 채무인수를 인정하는 데는 어떤 제한이 필요함을 알 수 있다. 한편 채무자보다도 인수인이 많은 재산의 소유자라면, 그만큼 책임재산이 늘어나므로, 채권자에게는 오히려 유리하게 된다. 또한 담보물의 양도에서는 양수인이 동시에 피담보채무도 인수하는 것으로 해야 할 필요가 크다. 계약에서 생기는 채권·채무는 통틀어서 하나의 법률상 지위를 구성하므로, 이를 한데 묶어서 이전하는 것도 대단히 편리할 뿐만 아니라 그 필요성이 크다. 특히 영업·기업과 같은 포괄적 법률관계를 한데 묶어서 이전할 필요성이 매우 크다. 이와 같은 사회경제적 관점에서 본다면, 채무인수는 단순히 가능할 뿐만 아니라 채권양도와 아울러 필요한 제도라고 할 수 있다. 민법이 채무인수에 관하여 규율한 것은 타당하다.

　4. 채무인수계약은 어떠한 법적 성질을 가지는가? 다음과 같은 성질이 있다.

　인수계약은 당사자가 누구인지에 따라 여러 모습이 있으며, 각각의 경우에 인수계약의 성질은 같지 않다. 채권자·인수인 사이의 계약 또는 채권자·채무자·인수인의 3면계약으로 인수계약을 하면, 채권행위와 준물권행위가 결합하게 된다. 즉, 인수계약에 따라 인수인은 종래의 채무자가 부담하고 있었던 내용과 꼭 같은 채무를 부담하므로, 인수계약은 의무부담행위나 채권행위의 성질을 가진다. 한편 인수계약으로 채권자가 채권을 처분한다고 할 수도 있으므로, 그것은 처분행위, 즉 준물권행위이기도 하다. 민법은 채무자·인수인 사이의 계약에 의한 채무인수도 인정하나, 다만 이 경우 채무인수는 채권자의 승낙이 있어야만 효력이 생기는 것으로 하고 있다(454조 1항. [93] 2. (3) 참조). 이 경우 인수계약은 채권행위로서의 성질을 가지는 것이고, 채권자의 승낙을 준물권행위로 보아야 한다.

[93] Ⅱ. 채무인수의 요건

1. 채무에 관한 요건

(1) **채무의 유효성**   채무인수는 유효한 채무의 존재를 전제로 한다. 그러나 불완전채무([14] 2. 참조)·장래의 채무 등도 인수될 수 있다.

(2) **채무의 이전성**   채무인수가 유효하기 위해서는 인수되는 채무가 이전할 수 있어야 한다. 다음과 같은 채무는 이전성이 없다.

(개) **채무의 성질에 의한 제한**   채무의 성질이 인수를 허용하지 않는 것일 때에는 채무를 인수하지 못한다(453조 1항 단서). 구체적으로 어떤 채무가 성질상 이전이 제한되는지는 거래관념을 고려하여 각각의 채무에 관하여 검토해야 하나, 채권의 성질에 의한 양도제한에 준하여 생각한다면, 다음의 세 경우를 생각할 수 있다([86] 3. (1) 참조).

① 채무자가 변경되면 채무 내용이 완전히 달라지는 채무. 작위채무는 대부분이 이에 속한다.

② 채무자의 변경으로 채무이행에 현저한 차이가 생기는 채무. 고용(657조 2항)·위임(682조)·임치(701조) 등은 그 예이다.

③ 특정의 채무자와의 사이에서 지급·처리되어야 할 특별한 사유가 있는 채무. 상호계산에 계입(計入)된 채무는 그 예이다.

(내) **당사자의 의사표시에 의한 제한**   민법은 이에 관하여 따로 규정을 두고 있지 않으나, 채권자와 채무자가 미리 인수금지의 특약을 하면, 그 특약은 유효하고 당사자는 제한에 따라야 한다. 그러나 이 특약은 선의의 제3자에게 대항하지 못한다고 해석하는 것이 타당하다(449조 2항 단서 참조).

2. 인수계약의 당사자   채무인수에서 채권자·채무자·인수인(민법에서는 '인수인'을 '제3자'라고 한다)이 계약의 당사자가 될 수 있는데, 채권자·채무자·인수인 세 사람이 모두 당사자가 되는 경우, 채권자와 인수인만이 당사자인 경우, 그리

고 채무자와 인수인만이 당사자인 경우를 생각할 수 있다(그 밖에 채권자와 채무자만으로 인수계약을 하는 경우도 생각할 수 있다. 그러나 그것은 이론상 가능할 뿐이고 현실성이 없으므로 설명하지 않는다).

(1) **채권자·채무자·인수인 사이의 3면계약**   이미 보았듯이, 일정한 경우를 제외하고는 채무는 이전가능성이 있고, 또한 계약자유의 원칙에 따라 이들 세 당사자에 의한 3면계약으로 인수계약을 할 수 있음은 의문의 여지가 없다. 그러나 채무인수를 이러한 3면계약으로 할 특별한 필요가 있지 않으므로, 민법은 이에 관하여 아무런 규정을 두지 않고 있다.

(2) **채권자·인수인 사이의 계약**   채무인수는 채권자와 인수인 사이의 계약으로 할 수 있다(453조 1항 본문). 이것이 본래의 채무인수로서 채무인수의 기본적 모습이다. 잠시 후에 설명하는 채무자·인수인 사이의 계약에 의한 채무인수에서는 책임재산이 변경되므로(바꾸어 말하면, 채무자의 변경으로 책임재산이 변경되므로) 채권자의 승낙이 문제된다. 그러나 채권자·인수인 사이의 계약으로 채무를 인수하는 때에는, 그러한 문제가 일어나지 않는다.

채권자·인수인 사이의 계약에 의한 채무인수에서는 채무자의 동의 또는 수익의 의사표시가 필요하지 않다. 그것은 채무자의 이익이 되기 때문이다. 그러나 이해관계 없는 제 3 자는 채무자의 의사에 반하여 채무를 인수하지 못한다(453조 2항). 채무자의 의사에 반하는지 아닌지는 인수 당시를 표준으로 결정해야 하고, 채무자의 의사에 반한다는 사실은 이를 주장하는 자가 증명해야 한다(대판 1966. 2. 22, 65다 2512).

(3) **채무자·인수인 사이의 계약**   채무인수는 채무자·인수인 사이의 계약으로도 할 수 있다. 그러나 채무자·인수인 사이의 계약에 의한 채무인수는 채권자의 승낙이 있어야만 효력이 생긴다(454조 1항). 채권은 채무자가 충분한 자력이 있는지에 따라 경제적 가치에 영향을 받는다. 따라서 채무인수로 채무자가 변경되고 책임재산이 변경되더라도, 채권자에게 경제상 불이익을 주지 않기 위하여 인수계약의 유효성을 채권자의 승낙에 따르도록 하였다. 채권자의 승낙이나 거절의 의사표시는 채무자나 인수인 어느 쪽에게 해도 좋다(454조 2항). 채무자나 인수인은 상당한 기간을 정하여 승낙 여부의 확답을 채권자에게 최고할 수 있고(455조 1항), 그 기간

내에 채권자가 확답을 발송하지 않으면(발신주의에 주의), 승낙을 거절한 것으로 본다
(455조 2항). 한편 채무자나 인수인은 채권자가 승낙할 때까지는 계약을 철회하거나
변경할 수 있다(456조). 채권자의 승낙 후에 인수인은 채무인수계약을 임의로 철회
할 수 있는가? 채권자의 승낙이 있는 때에만 그러한 철회는 효력을 발생한다고 새
겨야 한다(대판 1962. 5. 17, 62다161 참조).

[94] Ⅲ. 채무인수의 효과

1. 일반적 효과   채무인수가 되면 채무는 그 동일성을 잃지 않고 채무
자로부터 인수인에게 이전한다. 따라서 채무자(즉, 전채무자)는 채무를 벗어나고 인
수인이 새로운 채무자가 된다.

2. 효력 발생시기   위와 같은 효과는 채무인수가 효력을 발생하는 때에
생기게 됨은 물론이다. 채무자와 인수인이 채무인수계약을 한 경우 그 계약은 채권
자의 승낙으로 효력이 생기나(454조 1항), 승낙의 효력은 다른 의사표시가 없으면 채
무자·인수인 사이에 계약이 체결된 때에 소급하여 발생한다(457조 본문). 즉, 승낙
에 소급효가 인정되어 계약 당시에 채권자의 승낙이 있었던 것으로 다루어진다. 그
러나 승낙의 소급효는 제 3 자의 권리를 해치지 못한다(457조 단서). 즉, 제 3 자의 권
리를 해치는 범위에서 소급효가 제한된다.

3. 인수인의 권리

(1) 인수인은 전채무자가 가지고 있었던 항변으로 채권자에게 대항할 수 있
다(458조). 즉, 전채무자의 항변은 당연히 인수인에게 이전한다. 따라서 채무의 성
립·존속 또는 이행을 저지·배척하는 모든 사유는 인수인도 주장할 수 있다.

그러나 채무의 발생원인인 계약의 취소권·해제권과 상계권은 이전하지 않는
다. 취소권·해제권은 '계약'당사자만이 가지므로, 계약당사자의 지위를 승계하는
것이 아니라 '채무'의 특정승계인에 지나지 않는 인수인은 이들 권리를 주장하지
못한다. 다만 계약당사자인 원채무자가 이들 권리를 행사한 경우 인수인은 채무불
성립 또는 채무소멸의 항변을 주장할 수 있을 뿐이다. 또한 인수인은 전채무자가
가지고 있는 반대채권을 가지고 상계하지 못한다. 그것은 타인의 채권을 처분하는
것이 되기 때문이다.

(2) 채무에 종된 채무도 원칙적으로 이전한다. 예컨대, 이자채무·위약금채무 등도 이전한다. 그러나 이미 발생하고 있는 이자는 독립성을 가지므로 당연히 이전하지는 않는다.

(3) 전채무자의 채무에 부종하는 담보는 그대로 존속하는가? 법정담보권인 유치권·법정질권·법정저당권 등은 특정채무를 보전하기 위하여 법률상 당연히 성립하는 것이므로, 채무가 인수되더라도 아무런 영향을 받지 않는다(김기선 294면 참조). 약정담보에 관해서는 그 담보가 채무자 스스로 설정한 것인지 또는 제3자가 설정한 것인지를 구별해서 살펴볼 필요가 있다.

㈎ 제3자가 제공한 담보는 그것이 보증이든 물상보증이든 모두 채무인수로 소멸하는 것이 원칙이다(459조 본문). 채무인수로 채무자가 변경됨에 따라 책임재산도 변경되기 때문이다. 그러나 보증인 또는 물상보증인이 채무인수에 동의한 때에는 이들을 보호할 필요가 없으므로 제3자의 담보가 존속한다(459조 단서). 따라서 물상보증인이 인수인이 되는 경우 그 물적 담보는 언제나 존속하게 된다(이때 물상보증인은 언제나 인수계약의 당사자이므로 채무인수에 동의한 것이 된다).

㈏ 채무자가 설정한 물적 담보(인적 보증은 문제가 되지 않음은 명백하다)에 관해서는 민법이 침묵을 지키고 있다. 채무인수가 채권자·인수인 사이의 계약에 따른 것인지 또는 채무자·인수인 사이의 계약에 따른 것인지에 따라 구별해서 판단해야 한다. 결국 앞의 경우에는 소멸하고, 뒤의 경우에는 제459조 단서를 유추하여(이 경우에는 채무자는 인수계약의 당사자이므로 제459조 단서에서 말하는 '채무인수에 동의'한 것으로 볼 수 있다) 존속한다고 볼 수 있다.

[95] Ⅳ. 채무인수와 비슷한 제도

1. 병존적 채무인수

(1) 의　　의　　병존적 채무인수는 제3자(인수인)가 채무관계에 가입해서 채무자가 되고, 종래의 채무자와 더불어 새로이 동일한 내용의 채무를 부담하는 계약을 말한다. 이를 중첩적 채무인수라고도 하는데, 이와 대비하여 본래의 채무인수를 위에서 보았듯이 면책적 채무인수라고 부르기도 한다.

면책적 채무인수와 병존적 채무인수를 비교하면, 앞의 것에서는 채무 이전이

있으나, 뒤의 것에서는 채무 이전은 일어나지 않는 데 근본적 차이가 있다. 따라서
면책적 채무인수에서는 종래의 채무자는 채무를 벗어나고 인수인만이 종전 채무자
가 부담하였던 것과 같은 채무를 부담하게 될 뿐이나, 병존적 채무인수에서는 종전
채무자가 채무를 벗어나지 않고 채무자·인수인이 함께 거듭해서 같은 내용의 채무
를 부담하게 된다. 이런 의미에서 병존적 채무인수는 채무인수에 정확하게 해당하
지는 않지만, 같은 내용의 채무가 병존적으로 부담되기 때문에, 마치 보증채무나
연대채무에서와 같이, 채권의 실현을 확실하게 하는 인적 담보로서 기능한다.

　　병존적 채무인수의 법적 성질은 무엇인가? 면책적 채무인수와 달리, 병존적 채
무인수에서는 채무가 동일성을 유지하면서 채무자로부터 인수인에게 이전하지 않
는다. 다만 인수인이 채무자가 부담하고 있는 것과 같은 내용의 채무를 중복해서
부담하게 될 뿐이다. 따라서 병존적 채무인수는 처분행위가 아니며, 그것은 단순한
채권행위나 의무부담행위의 성질을 가지는 데 지나지 않는다.

　　(2)　요　　건

　　㈎　병존적 채무인수의 대상이 될 수 있는 채무는 인수인이 이행할 수 있는 성
질의 것이어야 한다(따라서 전속적·부대체적 급부를 목적으로 하는 채무여서는 안 된다). 인
수인이 부담하는 채무의 범위가 원채무의 그것을 초과하는 때에는 그 초과부분에
관해서는 병존적 채무인수를 인정할 수 없다(초과부분에 대해서는 증여로 볼 수 있다).

　　㈏　병존적 채무인수계약의 당사자로서는, 면책적 채무인수와 마찬가지로, 다
음의 세 경우를 생각할 수 있다.

　　①　채권자·채무자·인수인, 세 당사자의 계약으로 할 수 있음은 물론이다.

　　②　채권자와 인수인 사이의 계약으로 할 수 있다는 데도 이론이 없다. 다만
채무자의 의사에 반해서도 할 수 있는가? 채권자·인수인 사이의 계약으로 하는 병
존적 채무인수는 순전히 채무자의 채무담보를 목적으로 하는 것이므로, 채무자의
의사에 반해서도 할 수 있다. 판례도 마찬가지이다(대판 1962. 4. 4, 4294민상1087; 대판
1965. 3. 9, 64다1702; 대판 1966. 9. 6, 66다1202; 대판 1988. 11. 22, 87다카1836 참조). 이 경우
병존적 채무인수는 보증이나 연대채무와 비슷하다. 따라서 당사자가 과연 어느 계
약을 하였는지는 당사자가 사용한 용어에 구애되지 않고('인수'라는 말은 종종 '보증'의
의미로 사용되기도 함을 주의), 당사자가 의욕한 법적 효과를 밝혀서 신중히 판정해야

한다. 요컨대, 면책적 채무인수는 구채무자의 채무를 면책시킨다는 처분행위를 수반하므로, 이에 관한 명백한 의사가 있거나 그렇게 볼 만한 특별한 사정이 있는 경우에만 면책적 채무인수로서 인정하고, 그렇지 않다면 병존적 채무인수로 보아야 한다(예컨대, 단순히 인수인으로부터 장기간에 걸쳐 이자를 지급받았더라도, 그것만으로 면책적 채무인수라고 할 수 없다). 판례도 면책적 채무인수인지 병존적 채무인수인지가 분명하지 않은 때에는 병존적 채무인수로 보고 있다(대판 1988. 5. 24, 87다카3104 참조).

③　채무자와 인수인 사이의 계약으로도 병존적 채무인수를 할 수 있는가? 그러한 계약은 일종의 '제 3 자를 위한 계약'으로서 유효하다. 이러한 계약에는 다음과 같은 두 경우를 생각할 수 있다.

첫째, 인수인·채무자의 계약으로 채권자로 하여금 직접 채권을 취득하게 하는 것이다. 이 경우에는 채권자의 수익의 의사표시가 필요하다(539조 2항). 그러나 채권자가 인수인에 대하여 청구 그 밖에 채권자로서 권리를 행사하면, 수익의 의사표시가 됨은 물론이다.

둘째, 인수인이 채무자와 계약으로 그의 채무(즉, 채무자가 부담하는 채무)의 이행을 인수하기로 하는 것이다. 이 경우에는 인수인은 채무자에 대하여 그가 인수한 채무를 변제할 의무(즉, 제 3 자의 변제를 할 의무)를 부담할 뿐이고, 채권자가 인수인에 대하여 직접 채권을 취득하지는 않는다. 이는 잠시 후에 설명하는 이행인수이며, 병존적 채무인수가 아니다.

(3) 효　　과　　　병존적 채무인수의 효과로서, 종래의 채무자는 그의 채무에서 벗어나지 않으며, 인수인은 채무자의 채무와 함께 존재하는 같은 내용의 채무를 부담한다. 두 채무 중 하나가 변제되면, 두 채무 모두 소멸하게 됨은 물론이다.

2. 이행인수　　　인수인이 채무자의 채무를 이행할 채무를 채무자에게 부담하는 채무자·인수인 사이의 계약을 이행인수(履行引受)라고 한다. 즉, 인수인이 채무자의 채무에 관하여 제 3 자의 변제를 할 의무를 채무자에 대하여 부담하기로 하는 것이다. 이것은 채무자·인수인 사이의 계약이므로, 채무자·인수인 사이의 계약에 의한 채무인수와 비슷하다. 그러나 이행인수에서는 인수인은 채무자에 대하여 채무를 변제할 의무를 부담하는 데 그치며, 직접 채권자에 대하여 의무를 지지 않는다. 따라서 채무 이전이 없으므로, 인수인이 채권자에게 이행하지 않는 때에

는, 채무자에 대하여 채무불이행책임을 지게 될 뿐이다. 바꾸어 말하면, 이행인수는 원칙적으로 제 3 자를 위한 계약이 되지 않는다. 그러나 인수인과 채무자가 특히 채권자로 하여금 직접 채권을 취득하도록 하는 특약을 하면, 일종의 제 3 자를 위한 계약으로서 유효하고, 채권자는 직접 인수인에 대하여 권리를 취득하게 된다.

    3. 계약인수   예컨대, 매매계약에서 매도인 또는 매수인의 지위, 임대차에서 임대인이나 임차인의 지위와 같은 계약당사자의 지위를 승계할 목적으로 하는 계약을 '계약상 지위의 양도' 또는 계약인수(契約引受)라고 한다. 계약인수로 계약의 한쪽 당사자가 가지고 있던 권리·의무가 전체로서 몽땅 그대로 승계인에게 이전된다. 민법은 개별 채권의 양도 또는 개별 채무의 인수에 관하여 규정할 뿐이고, 채권관계 전체의 양도에 관해서는 규율하고 있지 않다. 그런데 채권양도나 채무인수로 개별 채권·채무만을 이전하면, 채권·채무를 발생시킨 계약에서 생기는 취소권·해제권 등은 그대로 종전 계약당사자에게 귀속하고 있어 여러 가지로 불편하게 된다. 이러한 불편을 극복하기 위하여 이용하는 것이 계약인수이다. 이러한 계약인수는 계약의 양쪽 당사자와 양수인 사이의 3면계약으로 할 수 있음은 의문이 없다. 문제는 계약의 한쪽 당사자와 양수인 사이의 계약으로도 이를 할 수 있는지이다. 다른 쪽 당사자의 승낙을 정지조건으로 하여 효력이 발생한다고 보아야 한다. 이때 승낙의 성격을 어떤 것으로 볼 것인지는 문제이다. 즉, 승낙으로써 실질적으로 3면계약을 한 것으로 볼 정도로 승낙을 중시할 것인지 문제이다. 오늘날 계약에서 인적 요소는 엷어져 가고 있다. 바꾸어 말하면, 계약은 당사자인 채권자·채무자보다는 계약에서 생긴 경제적 기초를 더 중시한다. 계약당사자의 인적 요소가 문제되지 않는 계약에서는 계약상 지위도 상대방에게 부당한 불이익을 주지 않는 한 자유로이 이전할 수 있고, 계약상대방의 단순한 승인만으로 유효하다고 보아야 한다(대판 1996. 2. 27, 95다21662 참조). 계약인수의 효과는 인수인이 계약당사자의 지위를 승계하는 것이다. 즉, 계약에서 이미 발생하고 있는 채권·채무가 이전할 뿐만 아니라, 계약에 따라 장차 발생할 채권·채무도 양수인(인수인)을 주체로 하여 발생한다. 뿐만 아니라, 계약에 따르는 취소권이나 해제권도 이전한다(취소권·해제권의 이전 유무가 채무인수와 계약인수의 중요한 차이이다)(대판 1987. 9. 8, 85다카733·734 참조).

    4. 계약가입   독일의 학자들은 계약인수 외에 계약가입(契約加入)이라는

관념을 인정한다. 마치 채무인수에 관하여 면책적 채무인수 외에 병존적 채무인수를 인정하는 것과 같이, 계약인수에서 병존적 채무인수라고 할 수 있는 것이 계약가입이다. 따라서 계약가입에서는, 위에서 설명한 계약인수와 달리, 가입자는 계약관계에 가입해서 새로이 당사자가 되나, 종래의 당사자가 계약관계에서 벗어나지 않고, 가입자와 함께 당사자의 지위에 머물게 된다. 그리고 채무에 관해서는 가입자는 종래의 당사자와 연대채무를 부담하게 되고, 채권에 관하여는 가입계약의 내용에 따라 종래의 당사자와 분할채권·연대채권 또는 채권의 준합유를 하게 된다.

　　판례는 계약가입도 계약자유 또는 사적 자치의 원칙에 따라, 비록 그에 관한 규정은 없어도, 인정될 수 있다고 한다(대판 1982. 10. 26, 82다카508 참조).

제 7 장 채권의 소멸

제 1 절 총   설

[96] 채권의 소멸과 그 원인

1. 채권소멸의 의의   채권이 객관적으로 존재하지 않게 되는 것이 채권소멸(債權消滅)이다. 채권소멸원인이 발생하면, 그때부터 채권은 법률상 당연히 소멸하며, 그 소멸을 위하여 채무자가 채권소멸을 주장할 필요가 없다.

2. 채권소멸원인   채권소멸원인에는 여러 가지가 있다. 민법은 채권편 총칙 제 6 절에서 변제·대물변제·공탁·상계·경개·면제·혼동의 7가지 채권의 일반적 소멸원인에 관하여 정하고 있다. 이 장의 설명은 이것을 중심으로 한다.

그런데 채권도 하나의 권리이므로 권리의 일반적 소멸원인이 발생하면 당연히 소멸한다. 예컨대, 목적의 소멸, 소멸시효의 완성, 권리의 존속기간 경과 등으로도 소멸한다. 법률행위로 발생한 채권은 법률행위의 취소, 해제조건의 성취, 종기의 도래, 계약의 해제나 해지 등에 따라 소멸한다. 그리고 계약자유의 원칙에 따라 채권의 소멸을 목적으로 하는 반대계약도 유효하고, 그러한 계약으로 채권이 소멸하게 됨은 명백하다.

3. 채권소멸원인의 분류   민법이 채권편 총칙 제 6 절에서 규정하고 있는 채권소멸원인은 다음과 같이 나누어 볼 수 있다.

(1) 채권은 일정한 목적을 달성하기 위한 수단이므로, 그 목적의 소멸로 채권은 소멸한다. 따라서 채권소멸원인은 목적의 소멸과 그 밖의 이유로 나누어 볼 수 있다.

(가) 목적의 소멸   목적의 소멸에는 다시 목적이 이루어져서 소멸하는 것과 목적을 이룰 수 없어서 소멸하는 것이 있다.

① 목적의 도달   채권의 목적인 급부가 실현되어 채권자가 이를 수령하면 채권은 그 존재의의를 다하고 소멸한다. 이것이 채권 본래의 소멸원인이며, 변제가 그 전형이다. 그리고 대물변제, 공탁과 상계는 이에 준하여 생각해도 좋다.

② 목적 도달의 불가능　　목적을 이루는 것이 불가능해진 때에 채권이 소멸한다. 그러나 목적 도달 불가능에 채무자의 유책사유가 있으면, 채권은 그 내용이 손해배상으로 변하여 존속하므로, 채무자에게 책임 없는 사유에 의한 이행불능만이 채권소멸원인이 된다.

㈏ 목적 소멸 이외의 이유　　경개·면제·혼동이 이에 속한다. 경개는 구채권을 갈음하여 신채권을 성립시키는 것이어서, 구채권은 소멸한다. 면제는 채권의 포기이다. 이 두 경우에는 모두 채권자의 의사에 따라 채권이 소멸하나, 그 목적이 이루어졌기 때문인 것은 아니다. 혼동은 채권과 채무가 같은 사람에게 귀속하였기 때문에 채권을 존속시킬 실익이 없다는 것을 이유로 하는 소멸원인이다.

(2) 채권소멸의 일반적 원인은 그 원인이 법률행위 또는 그것에 준하는 것인지 아닌지에 따라서 다음과 같이 나누어진다.

㈎ **법률행위**　　면제는 채권자의 단독행위이고, 상계는 채무자의 단독행위이며, 대물변제와 경개는 당사자 사이의 계약이다. 공탁의 이론구성에 관해서는 견해가 나누어져 있으며, 채무자의 일방행위 또는 제 3 자를 위한 계약으로 이해되어 있다(나중에 자세히 적는다. [111] 2. 참조).

㈏ **준법률행위**　　변제는 준법률행위에 속한다([97] 2. 참조).

㈐ 사　　건　　혼동, 그리고 채무자에게 책임 없는 사유에 의한 이행불능이 사건(事件)에 속한다.

제 2 절　변　　제

[97]　Ⅰ. 변제의 의의와 성질

1. 변제의 의의　　채무자(또는 제 3 자)가 채무의 내용인 급부를 실행하는 행위를 변제(辨濟)라고 한다. 예컨대, 돈을 빌린 자(소비대차의 차주)가 빌린 돈을 갚는다든가, 매매의 매도인이 매매목적물의 소유권을 이전하는 것이 이에 해당한다. 이처럼 변제를 하게 되면 채권은 그 목적을 이루고 소멸한다. 바꾸어 말하면, 채무의 내용인 급부가 실현됨으로써 채권이 만족을 얻게 되어(즉, 목적을 달성해서) 소멸하는 것이 변제이다. 그러므로 변제와 채무의 이행은 실질적으로 같은 것이다. 즉, 이행은 채권을

소멸시키는 행위의 측면(채권의 동적 측면)에서 본 것이고, 변제는 채권의 소멸이라는 측면에서 본 것이다. 그리고 금전채무의 변제는 이를 특히 지급(支給)이라고 한다.

변제는 채무변제행위, 즉 변제를 위한 급부행위(給付行爲)와 구별된다. 뒤의 것은 말하자면 변제가 되는 행위를 가리킨다. 바꾸어 말하면, 급부행위가 곧 변제인 것은 아니며, 급부행위는 변제의 구성요소인 데 지나지 않는다. 급부행위는 사실행위일 수도 있고(노무의 제공·부작위채무의 이행 등) 법률행위일 수도 있다(예컨대, 재단법인 설립행위와 같은 단독행위 또는 제 3 자에게 매도하는 계약 등).

이 절에서 설명하는 내용을 알기 쉽게 적어 보면, 다음과 같다.

(ㄱ) 변제가 유효하기 위해서는 채무의 이행이 채무의 내용에 따른 것이어야 한다. 어떠한 이행이 채무의 내용에 따른 것인지는 그 이행이 주체적([98] 변제자, [99] 변제수령자)·객체적([100] 변제의 목적물)·장소적([101] 변제의 장소)·시간적([102] 변제의 시기)으로, 채무의 내용에 적합한지 아닌지에 따라 결정된다. 이들은 채권의 발생원인인 법률행위로 정해지는 것이 보통이나, 그러한 법률행위로 정해지지 않는 경우를 대비하여 민법은 해결 기준을 정하고 있다. 또한 변제에 관해서는 변제비용의 부담([103] 변제비용의 부담)·변제의 증거([104] 변제의 증거)도 문제되기 때문에, 민법은 이 점에 관해서도 규정하고 있다.

(ㄴ) 동일한 채권자·채무자 사이에 다수의 채권·채무가 있는 경우 당사자의 변제충당 의사가 명백하지 않은 때를 대비하여 민법은 법정충당에 관한 규정을 두어 문제를 해결하고 있다([105] 변제의 충당).

(ㄷ) 채무의 변제는 채무자의 변제행위만으로 완료하는 경우도 있으나, '주는 채무'는 물론이고 '하는 채무'도 많은 경우 채권자가 협력하지 않으면 완료하지 못한다. 그와 같이 변제에 채권자의 협력이 필요한 경우에, 채무자로서 해야 할 이행행위를 하였으나 채권자가 협력하지 않기 때문에 이행을 완료하지 못한 때에는, 채권자지체가 생긴다([29] 이하 참조). 여기서 채권자의 협력이 필요한 경우 채무자는 어느 정도 이행행위를 해야 하는지 문제된다. 이것이 변제의 제공 문제이다([106] 변제의 제공).

(ㄹ) 변제를 해야 하는 사람은 채무자이다. 그러나 채권은 급부가 실현되는 결과에 중점을 두는 것이기 때문에, 예로부터 채무자 이외의 자에 의한 변제, 즉 '제 3 자의 변제'가 허용되어 있다. 제 3 자의 변제가 있게 되면, 제 3 자는 채무자에 대하여 구상하게 된다. 이 구상권을 확보하기 위하여 민법은 제 3 자의 변제로 채권은 상대적으로 소멸하는 것으로 하여, 변제자가 채권자의 채권과 담보권에 대위하는 것을 인정하고 있다. 이것이 '변제에 의한 대위'이다([107] 변제자대위).

2. 변제의 성질   변제의 성질에 관해서는 19세기 이래 독일의 학자들 사이에서 크게 다투어졌으며, 그 영향으로 의용민법 시대에는 이 문제를 둘러싸고 적지 않은 논의가 있었다. 학설을 크게 나눈다면, 법률행위설·절충설·사실행위설 또는 준법률행위설의 3설이 있었다. 그것은 변제에 변제자의 변제의사와 변제수령자의 변제수령의사가 필요한지에 관한 학설 대립이었다. 바꾸어 말하면, 변제는 채권 내용을 실현하는 행위이나, 이는 결국 채무 내용에 따른 급부행위를 하는 것이다. 따라서 급부행위는 변제에 없어서는 안 되지만, 급부행위 그 자체가 변제는 아니다. 급부행위와 변제의 관계를 둘러싸고 변제에는 당사자 사이에 급부행위를 변제를 위하여 한다는 의사, 즉 변제의사가 필요한지 아닌지 문제된다. 결국 변제는 사실행위인지 법률행위인지가 논의의 초점이며, 위와 같이 세 견해가 주장되었다. 그런데 현재 통설은 변제를 법률행위가 아니라고 한다(즉, 준법률행위설 또는 사실행위설). 변제로 채권이 소멸하는 것은 변제의사(채무소멸이라는 법률효과의 발생을 원하는 의사표시)의 효과가 아니고, 채권이 변제로 그 목적을 달성하였기 때문에 채권이 소멸한다. 변제는 변제를 위한 급부행위와 구별되는 것으로서 법률행위가 아니고 변제에는 변제의사가 필요하지 않다.

　　이해를 돕기 위하여 변제의 성질에 관한 여러 학설의 줄거리를 간단히 설명하면 다음과 같다.

　　(ㄱ) **법률행위설**   변제를 법률행위로 보는 견해로서, 다시 세 가지 견해로 나누어진다.

　　(i) 계 약 설   이 견해는 변제가 성립하려면 당사자들의 변제의사, 즉 채무자의 변제의사와 채권자의 변제수령의사의 합치가 필요하다고 한다. 이 견해에는 여러 가지 결점이 있다. 첫째, 부작위급부와 같이 채무자에게 변제의사가 없어도 채무가 변제되는 경우를 설명하지 못한다. 둘째, 급부행위가 사실행위인 때에 채권자의 변제수령의사가 필요하지 않음은 명백하다. 셋째, 채권자의 협력이 필요한 경우에 그 협력이 법률행위라도 채권자는 변제로서 급부를 수령한다는 의사를 표시할 필요는 없다. 예컨대, 변제로서 물권적 합의를 하는 경우에, 채권자는 물권의 이전을 받는다는 의사표시를 하는 것으로서 충분하며, 그 밖에 채권을 소멸시킨다는 의사표시를 따로 할 필요는 없다. 넷째, 변제를 계약이라고 한다면 채권자·채무자는 행위능력이 있어야 하나, 이는 급부가 부작위 또는 사실행위인 경우에는 매우 불합리하다. 다섯째, 이 견해에 따른다면

변제에 의한 채권소멸은 채권자·채무자 사이의 채권소멸 합의에 의한다는 것이 되나, 그렇다면 채권자·채무자 사이의 채권소멸 합의만으로 채권은 소멸하는 것이 되겠는데, 민법이 급부가 채무 내용에 따라야 한다는 것을 요구하는 근거를 설명하지 못한다.

(ⅱ) 단독행위설   변제의 성립에 채권자의 변제수령의사가 필요하지 않으나, 채무자의 변제의사는 언제나 필요하다는 견해이다. 이 견해도 여러 곤란한 점이 있는데, 특히 부작위채무를 설명하지 못하고, 또한 채무자에게 행위능력을 요구하는 불합리는 계약설과 마찬가지이다.

(ⅲ) 계약 또는 단독행위라는 견해   급부가 채권자의 협력이 필요한 경우 그 변제는 계약이고, 채권자의 협력이 필요하지 않는 경우에는 단독행위라는 견해로서, 앞의 두 견해가 가지는 결점을 모두 가지고 있다.

(ㄴ) 절 충 설   법률행위설의 난점을 피하고자 주장된 견해이다. 변제의 성질은 일률적으로 결정할 수 없고, 급부가 법률행위이면 변제도 법률행위이나, 급부가 사실행위인 때에는 변제도 사실행위라고 한다. 이 견해는 급부행위와 변제를 혼동하고 있는 점에서 근본적인 결점이 있다. 즉, 변제가 법률행위인지 아닌지는 오로지 변제에는 변제의사를 표시하는 것이 필요한지 아닌지에 따라 결정해야 한다. 만일 의사표시를 필요로 한다면, 급부행위가 사실행위이든 법률행위이든, 그것과는 관계없이 변제는 법률행위이어야만 한다. 따라서 이 견해는 근본적으로 잘못된 것이라고 말할 수 있다.

(ㄷ) 사실행위설   변제에는 언제나 변제의사가 필요하지 않고 단순히 객관적으로 채무 내용에 따른 급부행위가 있으면 된다는 견해이다. 독일의 다수설일 뿐만 아니라, 의용민법에서도 통설이었고, 지금 우리나라에서도 이 견해가 통설임은 위에서 적어두었다. 이 견해는 급부행위 자체, 즉 채권의 목적 실현 방법과 변제를 구별하고, 변제가 채무소멸원인이 되는 것은 급부행위와 관계없이, 채무 내용에 따른 급부가 있을 때 채권의 목적이 달성된다는 객관적 사실에 의하는 것으로 생각한다.

통설은 변제가 법률행위가 아니라고 하고 있으나, 많은 학자들은 사실행위 또는 비법률행위라는 용어를 쓰지 않고, 준법률행위 또는 법률적 행위라는 용어를 사용하고 있다(다만 김기선 303면은 '비법률행위'라고 한다). 변제를 준법률행위라고 하는 견해는 변제는 반드시 급부행위로 실현되므로, 그것은 법률상의 행위이며, 혼동과 같은 사건은 아니라고 한다. 또한 급부행위와 변제를 구별해야 하나, 급부행위가 법률행위인 때에는 법률행위에 관한 규정을 적용할 수 있다고 본다. 이러한 이유로 변제를 준법률행위라고 보고 있다. 즉, 이 견해는 변제행위가 준법률행위라고 적극적으로 주장하는 것이 아니라, 법률행위에 관한 규정을 준용한다는 이론구성이 가장 적당하다는 이유에서 그와 같이 주장한다. 변제를 급부행위와 구별해서 법률상의 행위라고 이해한다면,

그것은 결국 사실행위라고 보게 될 것이며, 다만 급부행위가 법률행위인 때에는 그 급부행위에는 법률행위에 관한 규정이 적용된다고 해석하는 사실행위설과는 이론구성상 차이가 있을 뿐이다. 다수설과 같이 '준법률행위설'을 취하는 것이 적절하다.

위와 같이 변제는 법률행위가 아니라고 하는 결과로서 몇 가지 문제가 생기고 있다.

(1) 채무자가 채무의 존재를 알지 못한 채 증여의 의사를 가지고 채무의 목적물을 인도하였다면, 변제의 효과가 생기는가? 이 경우 채무의 변제가 있었다고 할 수 없다. 이것은 얼핏 보기에는 변제에는 변제의사가 필요하다는 견해의 근거가 되는 것처럼 보인다. 그러나 이 경우에 변제의 효과가 생기지 않는 이유는 변제의사가 없기 때문이 아니라, 반대로 증여의 의사표시가 있기 때문이다.

(2) 무능력·착오·사기 또는 강박을 이유로 변제를 취소할 수 있는가? 취소의 대상은 법률행위인 급부행위이지 변제가 아니다. 변제 자체에 관해서는 취소의 문제는 생기지 않는다. 다만 급부행위가 취소되는 결과로서 변제의 효과도 생기지 않게 될 뿐이다.

(3) 급부가 법률행위라면 대리인에 의하여 변제할 수 있음은 물론이다. 그러나 대리인이 변제를 대리하는 것은 아니므로, 채무의 존재와 채무이행의 인식, 즉 변제의 의사를 가질 필요는 없고, 다만 법률행위인 급부행위를 할 의사를 가지는 것으로 충분하다.

[98] Ⅱ. 변 제 자

1. 채 무 자　　채무자는 변제를 할 의무를 지는 동시에 변제를 할 수 있는 권한을 가진다. 즉, 본래의 변제자는 채무자이다. 급부의 성질에 비추어 채무자 이외의 사람도 변제할 수 있는 것이면, 채무자는 이행보조자를 통해서도 변제할 수 있다([19] 3. (2) ㈎ 참조). 또한 급부가 법률행위인 때에는, 대리인에 의하여서도 변제할 수 있다([19] Ⅲ (2) ㈏ 참조).

2. 제 3 자　　원칙적으로 제 3 자도 채무를 변제할 수 있다(469조 1항 본문). 채무자만 변제할 수 있다고 할 이유가 없을 뿐만 아니라, 제 3 자에 의하여 채권 내용이 실현되더라도 채권자에게는 불이익이 없기 때문이다. 제 3 자는 본래의 변제

를 할 수 있음은 물론, 대물변제·공탁도 할 수 있다. 그러나 제 3 자가 채권자에 대하여 가지는 채권으로써 채무자의 채무와 상계하는 것은 허용되지 않는다.

제 3 자의 변제는 제 3 자가 '자기의 이름으로' 하는 것이다. 그러나 그것은 '타인의 채무로서' 해야 하므로(자기의 채무로서 변제한다면 제742조에 따른 비채변제가 된다), 그 성질은 일종의 사무관리이다. 그러므로 민법은 변제한 제 3 자가 채무자에 대하여 구상권을 취득하는 경우를 고려하여 제 3 자의 변제에는 「변제에 의한 대위」를 인정하고 있다(아래 [107] 참조). 이 한도에서 제 3 자의 변제는 채권의 상대적 소멸을 발생시킨다. 그 밖에 제 3 자의 변제도 변제로서 모든 효과를 발생시킨다. 정당한 이유 없이 제 3 자의 변제제공을 채권자가 수령하지 않으면, 채권자지체가 된다. 다만 민법은 채권자와 채무자의 처지를 생각해서 다음 세 경우에는 제 3 자의 변제를 제한하고 있다.

(1) **채무의 성질에 의한 제한**   채무의 성질상 제 3 자의 변제를 허용하지 않는 것은 제 3 자가 변제하지 못한다(469조 1항 단서). 채무자 이외의 자가 변제할 수 없는 일신전속적 급부가 그것이다. 그러나 일신전속적 급부에는 절대적으로 일신전속적인 것(학자의 강연, 배우의 연기 등)과 상대적으로 일신전속적인 급부[노무자(657조 2항)·수임인(682조)의 급부 등]가 있으며, 제 3 자의 변제가 제한되는 것은 앞의 것이다. 뒤의 것에 관해서는 채권자의 동의가 있으면 제 3 자의 변제가 가능하다(그런 의미에서 '상대적' 일신전속적 급부이다).

(2) **반대의 의사표시에 의한 제한**   당사자가 반대의 의사표시를 한 때에는 제 3 자는 변제하지 못한다(469조 1항 단서). 계약으로 발생하는 채권은 계약으로, 그리고 단독행위로 발생하는 채권은 단독행위로, 각각 제 3 자의 변제를 금지할 수 있다. 이 반대의 의사표시는 채권의 발생과 동시에 할 필요는 없으나, 제 3 자의 변제가 있기 전에 하면 된다.

(3) **이해관계 없는 제 3 자 변제의 제한**   이해관계가 없는 제 3 자는, 채무자의 의사에 반하여 변제하지 못한다(469조 2항). 채무자의 반대 의사는 적극적으로 표시되어야 하는 것은 아니며, 여러 사정에 비추어 보아 인정할 수 있으면 된다. 그 증명책임은 채무자의 의사에 반한다는 것을 주장하는 자가 부담한다. 판례는 채무자의 의사는 제 3 자가 변제할 당시의 객관적인 사정에 비추어 명확하게 인식될 수

있어야 하며 함부로 채무자의 반대의사를 추정함으로써 제 3 자의 변제효과를 무효화시키는 일을 피해야 한다고 한다(대판 1988. 10. 24, 87다카1644).

채무자의 의사에 반하여 변제할 수 없는 것은 이해관계가 없는 제 3 자이다. 연대채무자·보증인은 물론이고, 물상보증인·담보부동산의 제 3 취득자 등은 모두 법률상 변제하는 데에 이해관계 있는 제 3 자이며, 따라서 이들은 채무자의 의사에 반하여서도 변제할 수 있다. 이 조항에서 말하는 '이해관계' 또는 제481조에서 말하는 '변제할 정당한 이익'이 있는 자는 변제하지 않으면 채권자로부터 집행을 받게 되거나 채무자에 대한 자기의 권리를 잃게 되는 지위에 있기 때문에 변제함으로써 당연히 대위의 보호를 받아야 할 법률상 이익을 가지는 자를 말하고, 단지 사실상의 이해관계를 가진 자는 제외된다(대결 2009. 5. 28, 2008마109 참조).

[99] Ⅲ. 변제수령자

1. 변제수령자의 의의　　유효하게 변제를 수령할 수 있는 자, 바꾸어 말해서 변제를 수령함으로써 채권을 소멸시키는 자가 변제수령자이다. 채권자(그의 대리인 또는 보조자)가 변제수령자인 것이 원칙이나, 예외적으로 채권자라도 수령권한이 없는 경우가 있고, 또한 채권자 이외의 자라도 수령권한이 있는 경우가 있다.

2. 수령권한 없는 채권자　　다음의 경우에는 채권자라도 변제수령의 권한이 제한된다.

(1) 채권의 압류　　채권자가 그의 채권자로부터 압류(押留)를 당한 때(가압류를 당한 때에도 같다), 예컨대 甲의 乙에 대한 채권을 甲의 채권자 丙이 압류한 때에는, 채무자 乙은 자기의 채권자 甲에 대하여 지급하는 것이 금지된다(민집 227조·296조 2항 참조). 이처럼 법원의 압류명령이 있으면 제 3 채무자(위의 예에서 乙)는 지급이 금지되는데도, 제 3 채무자가 자기의 채권자(위의 예에서 甲)에게 변제하면 어떻게 되는가? 이 경우 압류채권자(위의 예에서 丙)는 전부명령이나 추심명령을 얻어 제 3 채무자에게 변제를 청구할 수 있다(민집 229조). 따라서 제 3 채무자(乙)가 채무자(甲)에게 한 변제는 압류채권자(丙)에 대한 관계에서는 무효이고, 압류채권자가 채무자(甲)로부터 변제받지 못한 한도에서 압류채권은 그대로 존재하게 된다. 만일 제 3 채무자가 자기의 채권자에게 변제한 다음, 다시 압류채권자로부터 청구를 받아 이

에 대하여 이중으로 변제한 때에는 자기의 채권자에 대하여 구상권을 행사할 수 있음은 부당이득의 법리상 당연하다.

(2) **채권의 입질**   채권자가 그의 채권을 입질(入質)하여 대항요건을 갖춘 다음에는 변제수령 권한은 오로지 질권자(質權者)에게만 속하고(349조 참조), 제3 채무자가 그의 채권자(즉, 질권설정자)에게 변제해도, 그 변제를 가지고 질권자에게 대항할 수 없고, 질권자는 여전히 제3 채무자에게 직접 채무의 변제를 청구할 수 있다(대판 2018. 12. 27, 2016다265689 참조). 질권자가 대항요건을 갖춘 후 질권의 목적인 채권에 대하여 압류·전부명령이 내려진 경우에도 질권자가 우선한다(대판 2022. 3. 31, 2018다21326 참조).

(3) **채권자의 파산**   파산선고가 있으면, 일반적 압류의 효력이 생긴다(회생파산 311 조·382조·384조 참조). 따라서 채권자가 파산선고를 받으면, 채권자는 그의 채권을 추심할 권한을 잃게 되고, 채무자는 파산관재인에게 변제해야 한다. 그러나 파산선고 후 그 사실을 알지 못하고(즉, 선의로) 파산선고를 받은 채무자에게 한 변제는 유효한 것으로 인정된다[회생파산 332조 참조. 그러나 파산선고의 공고가 있으면 그 후에는 변제자는 선고의 사실을 알고 있는 것으로(즉, 악의로) 추정된다(회생파산 334조)].

3. 변제수령 권한   법률 규정에 따라 또는 채권자로부터 변제수령 권한이 주어진 자에 대한 변제는 당연히 유효하다. 예컨대, 대리인·관리인·추심수임자·채권질권자(353조 참조)·채권자대위권자(404조 참조) 등은 변제수령 권한이 있다. 대리인이 대리권을 가지고 있지 않더라도, 이른바 표현대리(表見代理)의 요건을 갖추고 있는 때에는 변제자는 본인에 대하여 변제가 유효하다는 것을 주장할 수 있다.

4. 표현수령권자   채권자와 그의 대리인이나 보조자 등의 수령권한 있는 자 이외의 자에게 변제를 해도 그것은 무효이다. 그런데 채무변제는 일상에서 가장 빈번히 일어나는 것이어서, 위와 같이 수령권한 없는 자에 대한 변제를 항상 무효라고 한다면, 거래의 신속과 안전을 해치게 된다. 여기서 민법은 변제의 안전을 보호하기 위하여 다음과 같은 제도를 두어 일정한 경우에는 표현수령권자(表見受領權者)에 대한 변제를 유효한 것으로 하고 있다.

(1) **채권의 준점유자**(470조)

(가) 채권을 사실상 행사하는 자가 채권의 준점유자(準占有者)이다(210조 참조).

'사실상 행사한다'는 것은 채권이 사실상 어떤 자에게 귀속하는 것과 같이 보이는 외관을 가지는 것을 뜻한다. 따라서 변제에서 채권의 준점유자는 거래관념상 타인으로 하여금 채권자라고 믿게 할 만한 외관이나 겉모양을 가진 사람을 가리킨다. 그러한 외관을 갖추고 있으면 되므로, 반드시 채권증서를 점유하고 있어야 하는 것은 아니고, 또한 채권을 이용하는 행위를 계속할 필요도 없다. 예컨대, 채권양도가 무효이거나 취소된 경우 채권의 사실상 양수인, 표현상속인(表見相續人), 예금증서 그 밖의 채권증서와 인장을 소지한 사람 등은 모두 채권의 준점유자이다. 위조한 영수증을 제시하여 변제받은 사람은 채권의 준점유자라고 할 수 있는가? 그도 거래관념에 비추어 채권을 가지는 자라고 인정될 만한 외관을 가지는 때에는 채권의 준점유자에 해당한다(김증한·김학동 350면, 최식 226면 참조). 판례도 마찬가지이다(대판 1963. 10. 10, 63다384 참조).

　　채권의 준점유자인지 아닌지가 가장 문제되는 것은 '채권자의 대리인으로서 본인을 위하여 채권을 행사하는 자'에 관해서이다. 준점유에 관하여 직접점유·간접점유 관계의 성립을 부정할 이유가 없을 뿐만 아니라, 본인이라고 속이든 대리인이라고 속이든 어느 경우에나 변제자를 똑같이 보호할 필요가 있고 이들을 구별할 이유가 없다. 채권의 준점유자에 대한 선의의 변제를 보호하는 것은 채권의 준점유 그 자체를 문제 삼는 게 아니라, 표현수령권자에 대한 '선의의 변제'를 보호하자는 데 목적이 있다. 따라서 표현수령권자로서 채권의 준점유자에는 채권자 본인으로서 채권을 행사하는 자는 물론이고, 채권자의 대리인으로서 채권을 행사하는 자도 포함된다고 해석하는 것이 타당하다(최식 226면, 현승종 367면 참조. 다만 김증한·김학동, 351면은 이러한 이론은 이행행위가 사실행위인 경우에만 타당하고 이행행위가 법률행위인 경우에는 표현대리의 문제가 된다고 한다).

　　(ᄂ) 위와 같은 채권의 준점유자에 대한 변제가 유효하기 위해서는 "변제자가 선의이며 과실이 없"어야 한다(470조 참조). 여기서 선의란 준점유자에게 변제수령권한이 없음을 알지 못한다는 것만으로는 부족하며, 적극적으로 수령권한이 있다고 믿었어야 한다고 해석하는 것이 타당하다(김증한·김학동 351면 참조). 무과실은 그렇게 믿는 데에, 즉 선의인 데에 과실이 없는 것이다.

　　(ᄃ) 채권의 준점유자에 대한 변제가 위와 같은 요건을 갖추어 유효한 때에는

그로 인하여 채권은 소멸하고 채무자는 채무를 벗어난다. 이와 같은 채권의 준점유자에 대한 선의 변제의 효과는 확정적이다. 따라서 변제자는 준점유자에 대하여 변제한 것을 반환하라고 청구하지 못하고, 다만 진정한 채권자만이 수령자에 대하여 부당이득반환청구권을 취득한다. 준점유자의 고의·과실로 채권자가 손해를 입은 때에는 당연히 불법행위가 성립한다([17] 1. (3) ㈎ 참조). 한편 준점유자에 대한 변제가 무효라면 채권은 소멸하지 않으므로, 채무자가 진정한 채권자에게 다시 변제해야 함은 물론이다. 수령자에 대한 관계에서는 만일 변제의 무효가 변제자의 악의에 기인한다면 그 변제는 악의의 비채변제가 되므로, 변제자는 수령자에 대하여 반환을 청구하지 못한다(742조 참조). 그러나 변제의 무효가 변제자의 과실에 기인하는 때(즉, 선의이지만 과실 있는 때)에는 반환을 청구할 수 있다.

  (2) 영수증 소지인(471조)

  ㈎ 변제의 수령을 증명하는 문서가 영수증이다. 영수증 소지인에 대한 변제는 그 소지인이 변제를 받을 권한이 없는 경우에도 효력이 있다(471조 본문). 말하자면, 영수증 소지인은 변제를 수령할 권한이 있는 것으로 본다(즉, 간주된다). 그러나 영수증 소지인에게 변제수령 권한이 없음을 변제자가 알았거나 알 수 있었을 경우에는, 변제는 효력이 없다(471조 단서). 즉, 변제자는 선의·무과실이어야 한다. 이 규정에서 말하는 영수증은 진정한 것이어야 하는지, 위조된 것이라도 상관없는지 문제된다. 거래 안전과 보호를 강조하는 견지에 선다면, 영수증이 위조된 것이라도 제471조가 적용된다고 하겠지만, 학설은 이러한 견해를 취하지 않고 영수증은 반드시 진정한 것이어야 한다고 하고 있다. 제471조는 제470조의 일반원칙과는 따로 특수한 요건에서 변제를 유효하다고 정하고 있다. 따라서 이 요건을 너무 완화하는 것은 입법 취지에 맞지 않고 영수증은 진정한 것이어야 한다는 견해가 타당하다. 특히 영수증이 위조되었다면, 이미 보았듯이, 채권의 준점유자에 대한 변제로서 구제할 수 있으므로, 위 견해를 취하더라도 거래 안전을 위협하지 않는다((1) ㈎ 참조). 여기서 영수증이 진정하다는 것은 작성 권한이 있는 사람이 작성한 것이어야 한다는 뜻이다. 따라서 대리인이 대리권에 기초하여 작성한 경우는 물론, 대리권이 없는 사람이 작성했더라도, 그 작성에 관하여 표현대리의 요건(125조·126조·129조 참조)을 갖추었다면, 그 영수증도 진정한 것으로 보아야 한다. 영수증이 진정한 것이면 되고,

그 소지인이 손안에 넣게 된 이유는 묻지 않는다(절취하거나 습득한 것이라도 상관없다).

(내) 변제자의 선의·무과실이 요건임은 분명하다(471조 단서). 그 증명책임은 변제의 유효를 주장하는 자가 아니라, 변제가 무효임을 주장하는 자에게 있다.

(대) 영수증 소지인에 대한 변제가 유효 또는 무효인 경우 당사자 사이의 효과는 채권의 준점유자에 대한 변제에서와 같다((1) (대) 참조).

(3) **증권적 채권의 증서 소지인**   증권적 채권의 증서(증권) 소지인에게 변제한 때에는, 변제자는 악의 또는 중대한 과실이 있는 경우를 제외하고는, 언제나 보호됨은 이미 설명하였다(514조·518조·524조·525조 참조. [89] 4. (2), [90] 2, [91] 2. 참조). 이는 단순히 표현수령권자에 대한 변제의 보호를 위한 것이 아니고, 그 밖에 무엇보다도 증권적 채권의 특성에 따른 것이다.

5. 권한 없는 자에 대한 변제   변제수령 권한 없는 자에 대한 변제는 위 3.에서 설명한 경우를 제외하고는 변제로서 효력이 없다. 그러나 채권자가 그와 같이 무효인 변제로 사실상 이익을 받은 때에는, 그 한도에서 유효하고 채권도 소멸한다(472조). 예컨대, 채권자의 무권대리인에 대한 변제는 효력이 없지만, 그 변제로서 받은 것이 채권자에게 인도되면, 그 한도에서 변제는 유효하고 채권은 소멸한다. 채권은 목적을 달성한 것이 되기 때문이다. 변제자의 선의·악의를 묻지 않는다. 또한 채권자의 수익은 반드시 직접적일 필요는 없고(바꾸어 말하면, 변제로서 수령한 것 그 자체를 받았어야 하는 것은 아니다), 변제와 인과관계 있는 이익을 받았으면 된다(예컨대, 무권리자가 채무자로부터 차임을 받은 경우에 무권리자가 채권자에 대하여 가지는 차임을 면제한 때에는 그 면제를 받은 한도에서 무권리자에 대한 변제도 유효하다).

[100] Ⅳ. 변제의 목적물

물건의 인도를 목적으로 하는 채무에서 변제해야 할 물건에 관하여 민법은 몇 개의 특칙을 두고 있다.

1. 특정물의 인도   특정물의 인도가 채권의 목적인 때에는, 채무자는 이행기의 현상(現狀)대로 그 물건을 인도해야 한다(462조. [7] 3. (1) 참조). 급부의 목적물이 특정되어 있으면, 다른 물건으로 변제할 수 없기 때문이다.

2. 타인의 물건 인도   채무의 변제로서 타인의 물건을 인도한 채무자는,

다시 유효한 변제를 하지 않으면, 그 물건의 반환을 청구하지 못한다(463조). 그러므로 타인의 물건을 인도해도, 그것으로 유효한 변제가 되지는 않고, 다만 그 회수가 제한될 뿐이다. 즉, 다시 자기에게 속하는 물건을 인도해야만, 타인의 물건을 반환하라고 청구할 수 있다. 그러나 채권자가 수령한 것을 선의로 소비하거나 타인에게 양도한 경우에는 변제는 유효하게 된다(465조 1항). 이때 채권자가 변제의 유효를 주장할 수 있는 것은 채무자에 대한 관계에서뿐이고, 소유자에 대해서도 유효한 것으로 되지는 않는다. 따라서 소유자가 소유권에 기초하여 반환청구를 하거나 부당이득반환 또는 불법행위에 따른 손해배상을 청구하면, 채권자는 이를 반환하거나 손해배상을 해야 한다. 그러한 경우에 채권자는 변제자에게 구상권을 행사할 수 있다(465조 2항). 제465조는 채권자를 보호하기 위한 규정이나, 그것이 적용되는 범위는 넓지 않다. 즉, 특정물채권에서는 이 규정이 적용되지 않는다(이때에는 유효한 변제를 다시 하는 방법이 없으므로). 또한 선의취득 · 첨부에 의한 소유권취득 · 취득시효에 관한 각각의 요건을 갖추면, 채권자는 그 소유권을 취득하여 채권의 목적을 실현하게 되므로, 채권은 소멸하고 제465조는 적용되지 않는다.

　　3. 양도능력이 제한된 소유자의 인도　　　　미성년자 등 제한능력자가 자기의 소유물을 변제로서 인도한 때에는, 제한능력자 본인 또는 그의 법정대리인이 급부를 취소해서 인도한 물건의 반환을 청구할 수 있다. 이 취소에 의한 반환청구권에 관하여, 민법은 채권자를 보호하기 위하여 변제자가 다시 유효한 변제를 하지 않으면 그 청구권을 행사하지 못한다는 제한을 두었다(464조). 그러나 채권자가 변제로서 받은 물건을 선의로 소비하거나 양도한 경우에는, 그 변제는 유효하게 된다(465조 1항 · 2항). 제464조도 특정물인도채권에 관해서는 적용되지 않는다. 그리고 제한능력자가 그가 한 변제뿐만 아니라, 그 채무를 발생시킨 원인행위인 법률행위 자체를 취소한 경우에는, 채무 자체가 존재하지 않으므로, 역시 그 적용이 없으며, 이때에는 비채변제 문제가 된다.

[101]　Ⅴ. 변제의 장소

　　1. 채무를 이행해야 할 장소가 변제의 장소이다. 변제의 장소는 당사자의 의사표시 또는 채무의 성질로 정해진다(467조 1항). 이 기준으로 확정되지 않는 경우에

관해서는 민법은 법률에 특별규정이 있는 경우(467조 1항·586조·700조, 상법 56조 등)를 제외하고는 지참채무를 원칙으로 한다(467조 2항 본문. [8] 3. 참조).

(1) 특정물 인도를 목적으로 하는 채무는 채권이 성립하였을 당시에 그 물건이 있었던 장소에서 변제해야 한다(467조 1항). 그러나 이 채무가 이행불능으로 손해배상채무로 변한 때에는 다음의 원칙에 따른다.

(2) 특정물 인도 이외의 급부를 목적으로 하는 채무는 채권자의 현주소(채무를 이행할 때 주소)에서 변제해야 한다(이른바 지참채무. 467조 2항 본문). 채권이 성립한 때 또는 이행기를 기준으로 주소를 정하는 것이 아니다. 따라서 변제하기 전에 채권자가 주소를 변경한 때에는 신주소가, 그리고 채권이 양도된 경우에는 신채권자의 주소가, 각각 변제의 장소이다. 채권자의 주소이전 또는 채권양도 등으로 변제장소가 변경되었기 때문에 변제비용이 증가한 때에는, 그 증가액은 채권자의 부담이 된다(473조 단서). 이처럼 민법은 지참채무를 원칙으로 하나, 채무가 영업에 관한 것인 때에는 채권자의 현영업소가 변제의 장소이다(467조 2항 단서).

2. 변제제공은 변제장소에서 하는 것이 아니면 채무의 내용에 따른 제공이 아니다. 변제장소 이외의 곳에서 제공하면, 채권자가 수령을 거절할 수 있다. 그러나 변제장소 이외의 곳에서 제공한 것이 채권자에게 별로 불리하지 않으면, 신의칙상 채권자는 함부로 그 수령을 거절하지 못한다고 새기는 것이 타당하다.

[102] Ⅵ. 변제의 시기

1. 변제의 시기는 채무를 이행해야 할 시기, 즉 이행기 또는 변제기를 말한다. 이행기 또는 변제기는 당사자의 의사표시·급부의 성질 또는 법률 규정(603조·613조·635조·660조·698조 참조)에 따라 결정된다. 다만 이 표준으로 정할 수 없는 채권은 결국 채권이 발생함과 동시에 이행기에 있다고 해석하는 수밖에 없다. 이행기에 이행할 시간에 관해서는 민법에 규정이 없으나 거래관행과 신의칙에 따라 정해진다고 새겨야 한다.

채무이행은 이행기 또는 변제기에 하는 것이 원칙이다. 그러나 이행기가 아니더라도, 이행을 청구하거나 이행할 수 있는 경우가 있다. 예컨대, 기한의 이익을 포기하거나 상실한 때(153조·388조), 이행이 유예된 때, 또는 쌍무계약에서 동시이행의 항변권을 가지는 때(536조) 등이다. 민법은 변제기 전의 변제에 관하여 한 조문을 두고 있다. 즉, 당사자 사이에 반대의 특약이 없으면, 채무자는 기한의 이익을 포기하여 변제기 전에 변제할 수 있다(468조 본문·388조 참조). 그러나 변제기 전의 변제로 상대방이 손해를 입은 때에는 이를 배상해야 한다(468조 단서).

2. 이행기 또는 변제기에 채권자는 이행을 청구할 수 있고, 채무자는 이행해야 하는 것이 원칙이다. 만일 이행기에 이행하지 않거나 채권자가 수령하지 않으면, 그 후 지체책임을 져야 한다(387조·400조). 특히 정기행위(定期行爲)에서는 이행기가 더욱 중요한 의미가 있다. 채무자가 이행기에 이행하지 않으면, 절대적 정기행위에서는 이행이 불가능으로 되고, 상대적 정기행위에서는 채권자는 곧 계약을 해제할 수 있다(545조). 또한 이행기가 되면 소멸시효는 진행을 개시한다(166조).

[103] Ⅶ. 변제비용의 부담

변제비용은 특약이 없는 한 채무자가 부담한다(473조 본문). 그러나 채권자의 주소이전 그 밖의 행위로 변제비용이 증가하면, 그 증가액은 채권자의 부담이 된다(473조 단서). 채권자의 부담이 되는 경우에 채무자는 변제를 한 후에 그 구상을 하든가 변제액에서 이를 공제할 수 있을 뿐이고, 동시이행을 주장하지는 못한다(바꾸어 말하면, 증가액을 지급하지 않는다고 해서 변제를 거절할 수 없다).

[104] Ⅷ. 변제의 증거

변제를 하면 채권·채무는 소멸한다. 그러나 나중에 다툼이 생길 경우를 대비하여 특히 이중변제의 위험을 막기 위하여 '변제를 하였다'는 증거가 필요하다. 민법은 변제자에게 영수증 청구권과 채권증서 반환청구권을 인정하고 있다.

1. 영수증 청구권   변제자는 변제수령자에 대하여 영수증의 교부를 청구할 수 있다(474조). 영수증(변제수령 사실을 증명하는 서면)의 형식에는 제한이 없다. 거래관념상 변제를 증명할 수 있으면 충분하다. 그 작성·교부의 비용에 관해서는 민법에 규정이 없으나, 영수증 교부가 채권자의 의무로 되어 있는 점에 비추어, 채권자가 부담한다고 새겨야 한다.

영수증은 '변제'를 수령한 사실을 증명하는 서면이나, 그 변제는 전부 변제뿐만 아니라, 일부 변제, 그리고 대물변제도 포함한다. 영수증 교부시기에 관해서는 규정이 없다. 변제를 한 후에 청구할 수 있을 뿐이라고 한다면, 변제자에게 매우 불리하고, 영수증이 하나의 증거방법임에 비추어, 변제와 영수증 교부는 동시이행관계에 있다고 보아야 한다.

　　2. 채권증서 반환청구권　　　채권의 성립을 증명하는 서면이 채권증서이다. 증권적 채권의 성립에서는 증권의 작성·교부가 필요하나, 지명채권이 성립하기 위하여 반드시 증서를 작성할 필요는 없다. 그것은 단순한 증거방법에 지나지 않는다. 채권증서가 있는 경우 변제자가 채무 전부를 변제한 때에는 채권증서의 반환을 청구할 수 있다(475조 전단). 채권이 변제 이외의 사유로 전부 소멸한 때에도 같다(475조 후단). 채권증서가 채권자의 손안에 있으면 채권이 아직 소멸하지 않고 존재한다는 사실을 추정시키는 자료가 된다. 이것이 채권이 전부 소멸한 때 채권증서 반환청구를 인정한 이유이다. 채권증서반환 비용은 반환채무자인 채권자의 부담이 된다(473조).

　　채권증서 반환청구권에 관해서는 다음 사항을 주의해야 한다.

　　(1) 일부 변제자는 이 반환청구권이 없다. 그러나 채권증서에 일부 변제의 뜻을 기재할 것을 청구할 수 있다.

　　(2) 채권자가 채권증서를 분실한 경우에 관해서도 규정이 없으나, 변제자는 채권증서 분실의 뜻을 기재한 문서를 청구할 수 있다고 해석해야 한다. 이러한 기재는 영수증에 기재하는 것으로 충분하다. 또한 채권자가 채권증서를 분실하였다고 해서 채무(즉, 증서반환채무)불이행의 책임을 진다고까지 할 필요는 없다.

　　(3) 채권자 이외의 제3자가 채권증서를 점유하는 경우 변제자는 역시 제475조에 따라 직접 제3자에게 반환을 청구할 수 있다.

　　(4) 채권증서 반환과 변제는 동시이행관계에 있는가? 부정해야 한다. 변제의 증명을 위해서는 위에서 보았듯이 영수증 교부가 동시이행관계에 있는 것으로 충분하기 때문이다.

[105]　Ⅸ. 변제의 충당

　　1. 채무자가 채권자에게 같은 종류의 여러 채무(예컨대, 수개의 금전채무, 또는 수

개의 종류채무 등)를 부담하는 경우, 변제로서 제공한 급부가 채무 전부를 소멸시키는 데 부족하다면, 그 변제를 어느 채무에 충당, 즉 채울 것인지를 결정할 필요가 있다. 1개의 채무변제로서 여러 급부를 해야 하는 경우(예컨대, 수개월분의 차임 또는 수회분의 월부상환채무 등) 또는 채무자가 1개 또는 수개의 채무에 관하여 원본 외에 이자나 비용을 지급해야 하는 경우에도 마찬가지이다. 이를 가리켜 변제충당(辨濟充當)이라고 한다. 수개의 채무 가운데 이자가 있는 것과 그렇지 않은 것, 담보가 있는 것과 그렇지 않은 것, 이행기에 이른 것과 그렇지 것 등이 있어서, 어느 채무의 변제에 충당하는지에 따라 여러 가지 이해관계가 달라진다.

   2.　변제충당의 방법　　　변제충당은 변제자와 변제수령자의 계약으로 정할 수 있음은 물론이다. 민법은 이에 관하여 특별한 규정을 두고 있지 않으나, 사적 자치의 원칙상 그러한 계약이 유효함은 당연하다(대판 1987. 3. 24, 84다카1324 참조). 이를 합의충당(合意充當)이라고 한다. 당사자 사이에 변제충당 방법에 관한 약정이 없으면 어떻게 할 것인가? 민법은 그러한 경우를 위하여 다음과 같은 두 개의 표준을 정하고 있다. 따라서 변제충당에 관한 제476조~479조는 강행규정이 아니라 임의규정이다(대판 1987. 3. 24, 84다카1324 참조).

   (1)　지정충당　　　합의충당이 없는 경우 지정충당(指定充當)에 관한 규정이 적용된다.

   ㈎　변제자의 충당　　　1차적인 충당지정권자는 변제자이다. 즉, 변제자는 채무를 변제할 때 변제수령자에 대한 의사표시로 변제에 충당할 채무를 지정할 수 있다(476조 1항·3항, 478조). 변제를 하는 자가 가장 이해관계가 크기 때문에, 우선 변제자에게 지정권을 준 것이다. 변제자의 충당지정에 대해서는 변제수령자의 동의가 필요하지 않고, 수령자가 변제자의 지정에 대하여 이의를 하지도 못한다.

   ㈏　변제수령자의 충당　　　변제자가 위와 같은 방법으로 충당하지 않은 때에는 이차적으로 수령자가 수령할 때 변제자에 대한 의사표시로 채무를 지정하여 변제충당을 할 수 있다(476조 2항 본문·3항, 478조). 제476조 2항은 '변제받는 … 당시'라고 하고 있으나, 이는 '수령 후 지체 없이'라는 뜻으로 이해되어 있다. 변제자가 지정권을 행사하지 않으면, 수령자의 의사로 변제충당을 결정하도록 하는 것이 합리적이기 때문이다. 그러나 변제수령자의 충당지정은 절대적이 아니다. 즉, 변제자

가 곧 이의를 한 때에는 충당은 효력이 없다(476조 2항 단서). 이의의 효과가 무엇인지 문제된다. 충당지정권이 변제자에게 이전된다고 생각할 수도 있으나, 변제자와 수령자 모두 지정권을 잃고 법정충당을 하게 된다고 보아야 한다.

(대) **지정충당에 대한 제한**   위와 같은 지정충당에는 일정한 제한이 있다. 채무자가 1개 또는 여러 채무의 비용과 이자를 지급해야 할 경우 변제자가 그 전부를 소멸하게 하지 못하는 급부를 한 때에는 '비용·이자·원본'의 순서로 변제에 충당해야 한다(479조 1항). 따라서 이것과 다른 순서에 의한 일방적 지정은 그 효력이 없다. 또한 비용 상호간·이자 상호간·원본 상호간에는 아래에서 설명하는 법정충당의 예에 따라서 충당해야 한다(479조 2항).

원래 비용과 이자는 그 성질상 원본보다 먼저 지급되어야 한다. 비용 상호간, 이자 상호간, 그리고 원본 상호간에는 채무자에게 가장 유리한 것에 충당하는 것이 당사자의 의사에 합치하고 합리적이다. 따라서 한쪽 당사자의 의사로 이 순서를 변경하는 것을 허용하지 않고 있다. 물론 당사자 사이에 충당순서에 관한 특별한 합의가 있거나, 일방적인 지정에 대하여 상대방이 지체 없이 이의를 하지 않아 묵시적인 합의가 있다고 볼 수 있다면, 지정충당에 대한 제한 규정은 적용되지 않는다(대판 1981. 5. 26, 80다3009 참조).

(2) **법정충당**   당사자가 충당의 지정을 하지 않은 때, 그리고 지정을 하였으나 상대방의 이의로 지정이 실효한 때에는 법정충당(法定充當)을 하게 된다. 그 순서는 다음과 같다.

(가) 채무 가운데 이행기에 이른 것과 그렇지 않은 것이 있으면, 먼저 이행기에 이른 것에 변제충당을 한다(477조 1호·478조).

(나) 채무 전부가 이행기에 이르렀거나 그렇지 않은 때에는, 채무자에게 변제이익(辨濟利益)이 많은 채무의 변제에 먼저 충당한다(477조 2호·478조). 예컨대, 무이자 채무보다는 이자부 채무, 이율이 낮은 채무보다는 이율이 높은 채무, 무담보채무보다는 담보부 채무, 연대채무보다는 단순채무가 원칙적으로 채무자에게 변제이익이 많다. 그러나 이러한 여러 조건이 섞여 있는 때(예컨대, 이율이 낮은 담보부 채무와 이율이 높은 무담보채무가 있는 때)에는 모든 사정을 고려하여 결정해야 한다.

(다) 채무자에게 변제이익이 같으면, 먼저 이행기에 이른 채무 또는 먼저 이행

기에 이르게 될 채무에 변제충당을 한다(477조 3호·478조). 기한이 정해져 있지 않은 채무는 언제나 이행기에 이른 것으로 다루고, 그러한 채무 상호간에는 먼저 성립한 것을 이행기에 먼저 이른 것으로 보아야 한다(대판 1985. 3. 12, 84다카2093 참조).

　　㈑ 이상과 같은 표준으로 선후가 정해지지 않는 채권 상호간에는 각 채무의 채무액에 비례하여 변제에 충당한다(477조 4호·478조).

[106]　X. 변제의 제공

　　1. 변제제공의 의의　　　　채무의 이행이나 변제에 채무자의 급부행위만으로 완료되는 채무(예컨대, 부작위채무, 의사표시를 할 채무, 채무자의 행위만으로 사무의 처리 또는 일의 완성을 할 수 있는 채무 등)와 채권자의 협력 없이는 채무자가 단독으로 할 수 없는 채무가 있다. 예컨대, 채권자가 미리 지정하는 날짜와 시간 또는 장소에서 이행해야 할 채무, 채권자가 미리 제공하는 재료 또는 노무에 의하여 이행이 행하여져야 하는 채무, 추심채무, 채권자의 수령을 필요로 하는 채무 등에서는 채권자의 협력이 필요하다. 채권자의 협력을 필요로 하는 채무에서는 채권자가 협력하지 않는다면 채무자가 아무리 성실하게 변제하려고 해도 변제할 수 없어서 채무를 소멸시킬 수 없다. 성실한 채무자를 구제하기 위한 제도가 변제제공(辨濟提供)이다. 즉, 채권자의 협력을 필요로 하는 채무에서 채무자가 급부의 실현에 필요한 모든 준비를 다해서 채권자의 협력을 요구하는 것이 변제의 제공 또는 이행의 제공이며, 단순히 제공이라고도 한다.

　　변제의 제공은 채무 내용에 따른 것이어야 한다(390조·460조 참조). 채무의 내용에 따른 변제의 제공을 하면, 채무자는 그때부터 채무불이행책임을 벗어나게 된다(461조). 이와 반대로 변제의 제공이 채무의 내용에 따른 것이 아니라면, 채무자는 채무불이행책임을 벗어나지 못하고, 채권자는 협력하지 않더라도 채권자지체책임을 지지 않는다. 어떠한 이행이 채무의 내용에 따른 것인지는 이미 설명했듯이 이행이 그의 주체([98]·[99] 참조)·객체([100] 참조)·장소([101] 참조)·시기([102] 참조) 등에서 채무 내용에 적합한지 아닌지에 따라 결정된다([97] 1. 참조). 다만 채권자의 협력이 필요한 채무에서 채무자가 변제를 위하여 준비해야 할 정도는 채권자의 협력과 상관관계에 따라 달라진다. 민법은 변제제공의 방법과 정도에 관하여 신의칙을 바탕으로 하는 특별규정을 두고 있다.

2. 변제제공의 방법　　　민법이 정하고 있는 제공의 방법에는 현실(現實)의 제공(사실상 제공)과 구두(口頭)의 제공(언어상 제공)이 있다(460조). 이 둘은 채권자의 협력과 상관관계에서 채무자가 할 수 있는 변제행위나 변제준비행위 정도의 차이에 따른 제공방법의 차이이다. 변제를 위한 채권자의 협력이 변제를 수령하는 것뿐이거나 채무자의 이행행위와 동시에 협력해야 하는 것일 때에는 채무자는 자기가 해야 할 급부행위를 채무의 내용에 따라 현실적으로 해야 한다. 이것이 현실의 제공이다. 민법은 이것을 변제제공의 원칙으로 하고 있다(460조 본문). 현실의 제공은 채무자로서 해야 할 행위를 완료하는 것이므로, 사실상 제공을 하는 것만으로 충분하다. 그 밖에 사전 또는 사후에 채권자에게 수령하거나 협력할 것을 최고할 필요는 없다.

그런데 채권자가 미리 변제의 수령을 거절하거나 그 밖의 협력을 거부하고 있는 때에도 채무자에게 현실의 제공을 하라고 요구하는 것은 공평하지 않다. 또한 채권자가 미리 협력해야만 하는 경우 채무자는 채권자의 협력이 없는 한 이행행위를 할 수 없다. 이러한 경우에는 채무자는 채권자가 협력한다면 언제든지 변제를 할 수 있을 정도의 준비를 하고, 이 사실을 채권자에게 통지하여 그의 수령 그 밖의 협력을 최고하는 수밖에 없다. 이것은 현실적으로 제공하지 않고, 다만 변제의 준비가 되어 있다는 통지와 협력의 최고만으로 제공의 효력이 인정되므로, '구두의 제공' 또는 '언어상 제공'이라고 한다(460조 단서).

미리 채권자의 협력이 필요한 경우 채무자의 구두 제공에 응하여 채권자가 미리 협력한 때에는, 채무자는 다시 현실의 제공을 해야 한다. 즉, 이 경우에는 일단 구두의 제공을 하였더라도 그것만으로는 제공의 효력이 생기지 않고, 다만 채권자가 협력하지 않은 때에만 그 구두의 제공만으로 제공의 효력이 생기게 된다.

민법은 채무의 변제가 채무자·채권자 사이의 협력행위라는 전제에서, 그 협력의 정도에 관하여 하나의 형식적 표준을 보여주고자 위와 같이 두 가지 변제제공에 관하여 정한 것이다. 구체적인 경우에 두 가지 변제제공의 정도와 그에 대한 채권자의 협력 정도는 결국 거래상의 관행과 신의칙에 따라 결정해야 한다. 종래 특히 문제되었던 것을, 판례에 나타난 사례를 중심으로 추려서 적어 보면 다음과 같다.

(1) **현실의 제공**　　현실의 제공에서 특히 문제가 되는 것은 금전채무에 관해서이다.

㈎ **금전채무**　　금전채무의 변제는 채무자 자신이 그 주요부분을 완료할 수 있는 경우가 많다. 또한 채권자가 미리 지정하는 날짜와 시간 또는 장소에서 지급해야 하는 경우 이외에는, 채권자의 협력은 수령뿐인 것이 보통이다.

① **일부 제공**　　채무액을 전부 제공하는 것이 원칙이다. 채무액 일부만을 제공하는 것은, 채권자의 승낙이 없는 한, 채무 내용에 따른 제공이 아니다(대판 1984. 9. 11, 84다카781. 그러나 예외가 있다. 어음법 39조 2항, 수표법 34조 2항 참조). 따라서 원본 외에 이자·비용도 지급해야 할 경우에는 원본뿐만 아니라 이자·비용 등을 합한 금액 전부를 제공해야 하고, 이행지체에 있는 채무자는 지연배상도 함께 제공해야 한다. 제공한 금액의 부족이 아주 근소한 경우에도 채무 내용에 따른 제공이 되지 않는가? 근소한 부족을 빙자하여 변제제공을 무효라고 하는 것은 신의칙에 반한다. 따라서 부족액이 아주 적다면 적법한 제공으로 보고, 채권자는 신의칙상 이를 수령해야 한다고 새겨야 한다.

② **통화 이외의 지급수단**　　금전채무의 변제는 통화로써 해야 하나(376조 참조), 거래상 통화와 마찬가지로 다루어지는 것으로써 현실의 제공을 할 수도 있다. 우편환·수표 등으로 지급한다든가, 예금통장과 인장을 채권자에게 교부하는 것과 같다. 이러한 것이 유효한 현실의 제공이 되는지 문제된다. 채무자가 우편환을 송부하고 채권자가 이를 수령하면 현실의 변제제공이 된다고 볼 수 있다. 우편환은 거래상 현금과 같은 작용을 하기 때문이다. 다음으로, 수표도 금전의 지급수단이나, 일반적으로 우편환 정도의 확실성은 없다. 수표에 의한 제공이 현실의 제공인지 문제된다. 보통의 수표는 부도(지급거절)가 날 수 있기 때문에, 당사자 사이의 특별한 의사표시나 거래상의 관습이 없는 한, 일반적으로 유효한 제공이 되지 않는다고 하고 있다. 그러나 신용이 있는 은행이 발행하거나 배서한 수표나 지급보증부 수표는 거래상 금전과 같은 것으로 보고 있기 때문에, 이들에 의한 변제는 채무 내용에 따른 현실의 제공이 된다고 해석하고 있고, 판례도 마찬가지이다(대판 1960. 5. 19, 4292민상784 참조). 그러나 예금통장은 그 자체가 금전의 지급수단은 아니므로, 예금통장을 교부하는 것은 유효한 제공이 되지 않는다.

예금통장의 교부에는 예금을 현금화하는 데 필요한 도장도 교부해야 함은 물론이다. 또한 반드시 도장 자체를 교부해야 하는 것은 아니고, 필요한 서류에 도장을 날인하여 교부하는 것으로 충분하다.

예금통장의 교부는 우편환을 송부하는 경우와 비슷하다. 그런데 우편환의 송부가 제공으로서 유효하다는 이유는 변제의 장소가 멀리 떨어져 있기 때문이다. 그런데 예금통장의 교부는 채권자를 만나서 하는 것이 보통이고 예금통장은 보통의 금전지급수단이 아니기 때문에, 그 교부를 금전의 제공과 같은 것으로 보지 않는다.

③ 금전채무의 변제에서 현실제공은 채무자가 금전을 이행장소에 가지고 가서 언제든지 지급할 수 있는 준비를 해야 하나, 그 금전을 채권자의 눈앞에 제시할 필요는 없으며, 그 수령을 최고하는 것으로 충분하다. 또한 채권자의 주소에 갔으나 부재로 제시할 수 없었다고 해도, 변제의 제공을 한 것이 된다. 그리고 약정의 장소에 간 경우에는 채권자가 나오지 않았더라도 다시 채권자에게 통지해서 수령을 최고할 필요는 없다.

㈏ **금전 이외의 물건을 목적으로 하는 채무**　　이에 관한 주요한 사례로는 다음과 같은 것이 있다.

① 특정물매매에서 급부한 목적물이 견본품과 다르더라도, 채무 내용에 따른 제공이 될 수 있다(매도인은 하자담보책임을 지고 매수인은 계약을 해제하거나 손해배상을 청구할 수 있으나 수령을 거절할 수는 없다).

② 상품을 송부해야 할 경우에, 수령인이 처분할 수 있는 형식의 화물상환증(貨物相換證)을 송부하는 것은 원칙적으로 현실의 제공이 된다. 이것을 송부하는 것도 적법한 변제의 제공이 된다고 해야 한다(김증한·김학동 343면, 최식 205면 참조).

③ 일정한 기일 또는 일정한 기간 내에 채권자가 일정한 장소에 와서 수령하는 채무에서는 그 기일이나 기간 중 그 장소에 목적물을 보관하여 언제든지 채권자에게 인도할 수 있도록 해 두는 것이 현실의 제공이다(그러나 장소가 막연해서는 안 되고, 특정의 창고라는 것과 같이, 구체적으로 특정되어 있어야 한다).

㈐ **채무자의 이행행위와 동시에 채권자가 협력해야 할 경우**

① 등기는 등기권리자와 등기의무자의 공동신청으로 하는 것이 원칙이다(부등법 28조 참조). 따라서 등기를 해야 할 때에는 등기의무자인 채무자가 등기에 필요한

준비를 해서 등기소에 출석함으로써, 또한 등기와 상환으로 대금을 지급해야 할 채무자는 대금과 등기의 준비를 하여 등기소에 출석함으로써, 각각 현실의 제공이 된다(대판 1979. 11. 13, 79다1562; 대판 1992. 9. 22, 91다25703; 대판 1987. 4. 14, 86다카2605 등 참조).

② 쌍무계약상의 채무자는 상대방이 제공할 때까지는 자기의 제공을 거절할 수 있다(536조). 따라서 상대방이 제공할 때까지는 자기의 제공을 하지 않더라도 지체책임을 지지 않는다. 자기는 제공하였는데도 상대방이 동시에 제공하지 않은 때에는, 상대방은 수령지체뿐만 아니라 이행지체의 책임도 져야 한다(대판 1987. 1. 20, 85다카2197; 대판 1992. 7. 24, 91다38723 참조).

(2) **구두의 제공**   구두의 제공을 하면 되는 경우는 제460조 단서가 다음과 같이 정하고 있다. 이때 제공의 방법은 변제의 준비 완료를 통지하고 그 수령을 최고하는 것이다.

⑺ **채권자의 수령거절**   구두의 제공을 할 수 있는 첫 번째 원인은 채권자의 수령거절(受領拒絶)이다. 채권자가 미리 수령을 거절하고 있는데도 채무자에게 현실의 제공을 하도록 하는 것은 공평하지 않다. 채권자의 수령거절은 묵시적이라도 상관없다. 예컨대, 채권자가 이유없이 수령기일을 연기하거나 계약의 해제를 요구하는 때, 또는 자기가 부담하는 반대급부의 이행을 거절하는 것은 일반적으로 수령의 거절이 된다.

⑷ **채권자의 협력**   구두의 제공으로 충분한 또 하나의 경우는 채무의 이행에 채권자의 행위가 필요한 경우이다. 즉, 채권자가 수령행위 이외의 협력을 해야 할 경우이다. 예컨대 채권자가 미리 공급하는 재료를 가공해야 할 채무, 추심채무, 채권자가 지정하는 장소나 기일에 이행해야 할 채무가 이에 속한다. 이러한 채무에 관하여 구두의 제공으로 충분한 이유는 채권자가 먼저 협력하지 않으면 채무자는 그 이상으로 급부의 완료에 접근할 수 없기 때문이다.

⑷ **제공의 방법**   구두의 제공에서도 채무자는 변제의 준비를 해야 한다. 변제의 준비는 채권자가 수령 그 밖의 협력을 한다면 곧 이행할 수 있을 정도로 해야 한다. 그것이 어느 정도인지는 구체적 사정에 따라서 신의칙에 따라 결정할 수밖에 없다. 예컨대, 매매대금의 지급준비로서는, 현금을 가지고 있지 않더라도, 은행에서 대출을 받기로 하는 약정을 해 둔다든가, 또는 다소 부족하더라도 그 대금

에 가까운 금전을 준비하는 것으로 충분하다. 그리고 구두의 제공은 변제의 준비를 하였음을 통지하고 그 수령을 최고하는 방식으로 한다.

(3) **구두의 제공이 필요하지 않는 경우**　　　위에서 보았듯이 채무자는 원칙적으로 현실의 제공을 해야 하고, 예외적으로 구두의 제공이 허용된다. 그리고 채권자가 미리 수령을 거절한 경우에도, 구두의 제공을 해야 함은 위에서 적었다. 채권자가 미리 수령을 거절한 경우라도, 나중에 채권자가 마음을 바꾸어 수령하는 일도 있기 때문에, 신의칙상 채무자는 구두의 제공을 하도록 하였다.

그런데 다음과 같은 경우에는 채무자가 구두의 제공조차 하지 않더라도 불이행책임을 지지 않는지 문제된다. 예컨대 지료·차임 또는 할부금 등의 지급채무가 있는데 채무자가 1회분의 제공을 했는데도 채권자가 수령을 거절하여 수령지체에 빠져 있는 경우가 있다. 이와 같은 분할적 또는 회귀적 급부채무에서 채권자가 수령지체에 있는 경우 채권자가 그 상태를 벗어나지 않는 한, 채무자는 다음 회 이후의 이행을 제공하지 않더라도 불이행책임을 지지 않는가? 이와 같은 지분적 채무는 어느 정도 독립성을 가지나, 기본채무에 의하여 통일되어 있다. 따라서 채권자가 일부 수령지체에 있는 때에 채무자는 다음 회 이후의 지분채무를 제공하지 않더라도, 불이행책임을 벗어난다고 해석하는 것이 공평하다.

3. 변제제공의 효과

(1) 채무자는 채무불이행책임을 벗어나게 된다(461조). 따라서 채무불이행에 의한 손해배상·지연이자·위약금의 청구를 당하지 않고, 담보권을 실행당하지도 않는다.

(2) 약정이자는 그 발생이 정지된다. 이것은 변제제공이 변제기 전에 이루어진 경우에 문제된다. 변제기 전의 제공은 채무자의 기한 이익의 포기로 채무 내용에 따른 것으로 되나, 그런데도 채무자로 하여금 변제기까지 약정이자를 지급하도록 하고 있다. 이것은 결과적으로 제공 후의 지연이자를 지급하도록 하는 것이기 때문에, 약정이자는 그 발생을 정지한다고 해야 한다(민법은 채권자지체의 효과로서 이 결과를 인정하고 있다. 402조 참조).

(3) 쌍무계약에서는 상대방은 동시이행의 항변권을 잃는다. 그러나 이행제공이 계속되어야 한다는 것이 판례이다(대판 1972. 3. 28, 72다163; 대판 1972. 11. 14, 72다

1513·1514 참조).

[107] XI. 변제자대위

1. 변제자대위의 의의   채무자 자신이 채무를 변제하면 모든 채권관계는 아무런 문제도 남기지 않고 끝나게 된다. 그러나 제 3 자 또는 공동채무자(연대채무자·보증인·불가분채무자 등)가 변제를 한 때에는 변제자가 채무자(또는 다른 공동채무자)에 대하여 구상권(求償權)을 취득하는 것이 보통이다. 여기서 이 구상권을 확보해 주는 문제가 남는다. 이를 위한 제도가 곧 변제자대위(辨濟者代位)이다. 즉, 종래 채권자가 가지고 있었던 채권에 관한 권리가 구상권의 범위 내에서 법률상 당연히 변제자에게 이전하는 것을 가리켜 변제자대위, 변제에 의한 대위 또는 대위변제라고 한다. 민법은 제 3 자의 변제에 관하여 변제자대위를 일반적으로 인정하고 있다.

제 3 자가 세금을 납부한 경우에 변제자대위가 인정되는지 문제된다. 판례는 납세보증보험의 보험자가 보험금을 세무서에 지급한 경우에는 변제자대위에 관한 민법 제 481조를 유추 적용하여 피보험자인 세무서가 보험계약자인 납세의무자에 대하여 가지는 채권을 대위행사할 수 있다고 하였다(대판 2009. 2. 26, 2005다32418 참조). 조세채권이 공법상 채권인데도 민법 규정을 유추 적용하고 있다는 점에서 중요한 의미가 있다(김재형, 민법론 Ⅳ, 333면 참조). 조세채권이 공법상 채권이라고 해서 민법 규정을 무조건 배제할 수는 없다. 납세보증보험인이 조세채무를 변제한 경우에 이에 따른 구상권을 보호하기 위하여 변제자대위를 인정하지 않으면 부당한 결과가 초래된다. 변제자대위를 인정하지 않는 것이 조세채무자에게 유리하다고 볼 수도 있으나, 이는 채무자가 납세보증보험제도를 이용하는 데 장애사유가 될 것이다.

2. 변제자대위의 요건

(1) 변제 등으로 채권자에게 만족을 줄 것   변제자가 채무자(또는 공동채무자)를 위하여 자기의 출재(출연)로, 채권자에게 만족을 주는 면책행위(免責行爲)를 해야 한다. 따라서 변제는 물론(480조·481조) 대물변제·공탁 그 밖에 자기의 출재로 채무자가 채무를 벗어나게 한 경우에도 변제자대위가 성립한다(486조). 그러므로 공동채무자의 상계(418조 1항), 연대채무자 또는 연대보증인이 채권을 양수하거나 상속하여 혼동이 생긴 경우, 물상보증인 또는 저당부동산의 제 3 취득자가 저당권의 실행으로 소유권을 잃은 경우에도 변제한 것과 마찬가지로 변제자대위가 성립한다.

(2) **변제자가 채무자에 대하여 구상권을 가질 것**　　본래 대위는 변제자의 구상권을 확보하려는 제도이므로, 구상권이 없으면 대위는 성립하지 않는다. 불가분채무자(411조) · 연대채무자(425조 이하) · 보증인(441조 이하) · 물상보증인(241조 · 355조 · 370조 참조)이 구상권을 가진다는 점은 법률규정에 따라 명백하다. 그 밖에 제 3 자가 채무자를 위하여 변제한 때에도 구상권을 취득할 수 있으나, 그 근거는 각각의 경우마다 다르다. 제 3 자의 변제는 채무자의 부탁으로 할 수도 있고, 사무관리로할 수도 있다. 이러한 경우 제 3 자는 채무자에 대하여 위임사무 처리비용의 상환청구권(688조) 또는 사무관리비용의 상환청구권(739조)으로서 구상권을 취득한다. 판례도 마찬가지이다(대판 1994. 12. 9, 94다38106; 대판 2022. 3. 17, 2021다276539 참조).

(3) **채권자의 승낙이 있거나 변제할 정당한 이익이 있을 것**　　이 요건과 관련해서 변제자대위에는 다음의 두 가지가 있게 된다.

⑺　**임의대위**　　변제할 정당한 이익이 없는 자는 채권자의 승낙이 있어야만 대위할 수 있다(480조 1항). 이해관계 없는 제 3 자는 채무자의 의사에 반하여 변제할 수 없다(469조 2항). 이와 마찬가지로 채권자의 의사에 반하여 대위할 수 없도록 함으로써, 당사자의 의사를 존중하려는 것이다. 이를 임의대위(任意代位)라고 한다. 채권자의 승낙은 변제와 동시에 해야 한다(480조 1항). 이때 채권자의 승낙은 채권자가 가지는 권리가 법률상 이전하는 것에 대한 승낙, 바꾸어 말하면 대위가 생기는 것에 대한 승낙이며, 채권양도의 승낙은 아니다. 그러나 임의대위에서는 법정대위와 달리 채무자는 누가 변제에 의한 대위를 하였는지, 채권자의 승낙이 있었는지를 미리 알 수 없다. 민법은 채무자를 보호하기 위하여 지명채권양도의 대항요건과 그 효력에 관한 규정(450조~452조)을 준용하고 있다(480조 2항). 따라서 채무자에 대하여 대위를 가지고 대항하려면, 채권자의 채무자에 대한 대위통지 또는 채무자의 대위승낙이 필요하고(대판 1962. 1. 25, 4294민상183 참조), 채무자 이외의 제 3 자에 대해서는 확정일자 있는 증서로써 해야 한다. 이 통지나 승낙의 효과는 채권양도에 관하여 설명한 것과 같다([87] 참조).

⑷　**법정대위**　　'변제할 정당한 이익이 있는 자'는 변제에 의하여 법률상당연히 채권자를 대위한다(481조). 이 경우에는 채권자의 승낙이 필요하지 않고, 법률상 당연히 대위가 생기기 때문에, 이를 법정대위(法定代位)라고 한다. 여기서 '변

제할 정당한 이익이 있는 자'란 변제하지 않으면 채권자로부터 집행을 받게 되거나, 채무자에 대한 자기의 권리를 잃게 되는 지위에 있기 때문에, 변제함으로써 당연히(채권자의 의사와 관계없이) 대위에 의해 보호를 받아야 할 법률상의 이익을 가지는 자를 가리킨다(대판 1990. 4. 10, 89다카24834 참조. 제469조 2항의 '이해관계 있는 자'보다 좁은 개념이다). 예컨대, 불가분채무자·연대채무자·보증인·물상보증인·담보물의 제 3 취득자·후순위담보권자 등이 이에 속한다.

3. 대위의 효과

(1) 대위자·채무자 사이의 효과

⑺ **채권과 담보에 관한 권리 행사**   채권자를 대위한 자는 자기의 권리에 의하여 구상할 수 있는 범위에서 채권과 담보에 관하여 채권자가 가지고 있었던 모든 권리를 행사할 수 있다(482조 1항). 이때 대위로 채권자가 가지고 있었던 채권과 담보는 법률상 당연히 변제자에게 이전한다(김재형, 민법론 IV, 342면 참조). 따라서 채무자는, 법정대위에서는 변제를 한 때, 그리고 임의대위에서는 통지 또는 승낙이 있을 때, 각각 원채권자에 대하여 가지고 있었던 모든 항변으로써 대위자에게 대항할 수 있다. 그리고 '채권에 관한 권리'란 이행청구권·손해배상청구권·채권자대위권·채권자취소권 등을 말하고, '채권의 담보에 관한 권리'는 인적 담보권과 물적 담보권을 모두 포함한다. 그러나 담보의무자 상호간에는 대위의 범위에 관하여 일정한 제한이 있다(아래 (2) 참조).

변제자가 대위를 하게 되더라도 채무자에 대하여 가지는 구상권 자체는 아무런 영향을 받지 않는다. 따라서 대위하여 채권자의 권리를 행사하든, 자기의 구상권을 행사하든, 그것은 변제자의 자유이다.

⑷ **일부 대위**   대위는 채권을 전부 변제한 경우뿐만 아니라, 채권을 일부 변제한 경우에도 생긴다. 이때에는 채권 일부만 변제자에게 이전하고 나머지 부분은 채권자에게 남아 있게 된다. 민법은 일부 대위의 경우 대위자는 그 변제한 가액에 비례하여 채권자와 함께 그 권리를 행사한다고 정하고 있다(483조 1항). 이 조항에서 '채권자와 함께 그 권리를 행사한다'고 정할 뿐이고, 대위자·채권자 사이의 우열에 관해서는 아무런 언급이 없다. 소수설은 채권자의 우선권을 부정하고, 대위자는 채권자와 평등한 지위에서 공동으로 행사할 수 있으나, 채권자의 권리가 가분

인 때에는 따로따로 행사하는 것도 가능하다고 해석한다(김현태 304면 참조). 예컨대, 1억원의 저당권부 채권에 관하여, 보증인이 5천만원을 변제하여 5천만원에 대한 채권과 저당권이 대위로 이전된 경우, 대위자는 채권자(즉, 저당권자)가 저당권의 나머지를 실행하기 전에 자기가 변제한 부분을 집행할 수 있다고 한다. 그러나 이 결과는 채권자를 부당히 해칠 뿐만 아니라 담보권의 불가분성에도 반한다. 다수설은, 일부 대위자는 대위한 권리가 비록 가분이더라도 그것을 단독으로 행사하지 못하며, 채권자가 권리를 행사하는 경우에 채권자와 함께 그의 권리를 행사할 수 있을 뿐이고, 또한 이 경우에 변제에 관해서는 채권자가 우선한다고 해석하고 있다(김증한 · 김학동 368면, 최식, 218면, 현승종 384면 참조). 변제자대위 제도의 목적에 비추어, 다수설이 타당하다. 일부 대위의 경우 대위자와 채권자 사이의 관계에 관해서는 잠시 후에 살피기로 한다((3) 참조).

(다) **변제자대위와 해지권 · 해제권**　　변제자대위는 변제자의 구상권을 보호하기 위하여 채권을 법률상 이전하는 것에 지나지 않으며, 계약당사자의 지위를 이전하는 것이 아니다. 따라서 계약의 취소권 · 해지권 · 해제권과 같은 계약당사자의 지위에 따르는 권리는 대위의 목적이 되지 않는다. 민법은 이 법리를 일부 대위에 관해서만 규정하고 있다(483조 2항 전단). 그러나 전부 대위에서도 마찬가지로 보아야 한다. 제483조 2항 후단은 변제자대위가 있은 후에 채권자가 계약을 해지 · 해제한 경우 대위자와 채권자와의 관계를 규정하고 있으나, 이에 관해서는 나중에 설명하기로 한다((3) 참조).

(2) **법정대위자 상호간의 효과**　　변제할 정당한 이익이 있는 자, 즉 법정대위자가 여럿 있는 경우에, 그들 상호간의 혼란을 피하고 공평을 꾀하기 위하여, 민법은 그들 사이의 보호 필요에 따라 대위의 순서와 비율을 자세히 규정하고 있다(482조 2항). 예컨대, 변제를 한 보증인 乙은 채권자 甲이 가지고 있었던 담보권을 행사할 수 있다. 만일 담보권이 제 3 자 丙(물상보증인)의 소유부동산에 설정된 저당권이라면, 결국 乙은 이 저당권을 행사할 수 있게 된다. 그런데 丙이 저당권의 실행을 벗어나기 위하여 甲에게 변제하면, 이번에는 그 구상권에 관하여 제482조 1항이 적용되므로, 甲이 乙에 대하여 가지고 있는 권리를 행사할 수 있게 된다. 이러한 혼란을 피하고 서로의 공평을 꾀하려는 것이 제482조 2항의 규정이다.

㈎ **보증인과 전세물이나 저당물 제 3 취득자 사이의 관계**

① **보 증 인**   보증인은 전세물이나 저당물의 제 3 취득자에 대하여 전액에 관하여 채권자에 대위한다. 그러나 이 대위를 하려면 보증인은 '미리' 전세권이나 저당권의 등기에 대위의 부기등기(附記登記)를 해야 한다(482조 2항 1호). 이것은 보증인의 변제로 전세권이나 저당권이 소멸한 줄로 믿고 목적부동산에 있는 권리를 취득한 제 3 취득자를, 예측하지 않은 손해로부터 보호하기 위한 것이다.

이 조항은 '미리'라고 규정할 뿐이고 그 표준이 되는 시점을 명시하고 있지 않기 때문에, 그 '미리'가 어느 시점을 가리키는지 문제된다. 학설은 나누어져 있다. 즉, 제 3 취득자의 취득 전을 뜻하고 변제의 전후를 묻지 않는다는 견해(따라서 부기등기는 변제 전에 하는 때에는 '가등기'를 하고, 변제 후에 하는 때에는 언제나 '본등기'가 된다)와 보증인의 변제 후 변제로 전세권이나 저당권이 소멸한 것으로 믿고 제 3 취득자가 취득하기 전에 대위의 부기등기(언제나 본등기이다)를 하면 된다는 견해가 대립하고 있다. 앞의 견해는 소수설이고(김현태 305면 참조), 뒤의 견해가 다수설(김증한·김학동 369면, 최식 221면, 현승종 385면 참조)이다. 소수설은 '제 3 취득자의 취득 전'을 뜻한다고 하나, 보증인이 변제하기 전의 제 3 취득자는 보증인의 대위로 예측하지 않은 손해를 받을 염려가 없다. 따라서 '제 3 취득자의 취득 전'에 다시 제한을 두어 보증인의 변제 후 변제로 담보권이 소멸한 것으로 믿고 제 3 취득자가 취득하기 전에, 대위의 부기등기를 하면 충분하다는 다수설이 타당하다.

② **제 3 취득자**   위와 같이 보증인은 제 3 취득자에 대하여 채권자에 대위하나, 반대로 제 3 취득자는 보증인에 대하여 채권자를 대위하지 못한다(482조 2항 2호). 원래 제 3 취득자는 담보의 부담을 각오하고 부동산을 취득하므로, 보증인에 대하여 대위하게 할 필요가 없기 때문이다(364조 참조).

㈏ **보증인과 물상보증인의 관계**   보증인과 물상보증인 상호간에서는 그 인원수에 비례하여 채권자를 대위한다(482조 2항 5호 본문). 따라서 보증인이 물상보증인을 겸하고 있는 경우에도 한 사람으로서 인원수를 계산한다(대판 2010. 6. 10, 2007다61113, 61120 참조. 이중자격자가 어느 자격으로 대위하는지는 그가 선택한다). 그리고 물상보증인이 여럿 있는 경우에는 먼저 보증인의 부담부분을 공제하고, 나머지 금액에 관하여 물상보증인들이 각 재산의 값에 비례하여 채권자를 대위한다(482조 2항

5호 단서). 예컨대, 1억 2천만원의 채무에 관하여, 甲·乙이 보증인이 되고, 丙·丁은 물상보증인으로서 각각 8천만원·4천만원의 재산을 담보로 제공하였다면, 보증인 甲·乙의 부담부분인 6천만원(1억 2천만원을 인원수로 나누면 1인당 3천만원이므로)을 뺀 나머지 금액 6천만원에 관하여, 丙에게는 4천만원·丁에게는 2천만원에 관해서만 대위하게 된다. 그리고 물상보증인의 담보재산이 부동산인 때에는, 이미 설명한 제 482조 2항 1호의 규정이 준용된다(482조 2항 5호 단서 후문). 즉, 물상보증인이 여럿 있는 경우 그중 일부 물상보증인이 다른 물상보증인을 대위할 경우 미리 대위의 부기등기를 해야만 변제 후에 저당물을 취득한 제 3 취득자에 대하여 채권자를 대위할 수 있다(대판 1990. 11. 9, 90다카10305. 송덕수 471면, 양창수, 민법연구 2, 172면 참조).

　　㈐ **제 3 취득자 상호간의 관계**　　　제 3 취득자 가운데 한 사람은 각 부동산의 값에 비례하여 다른 제 3 취득자에 대하여 채권자를 대위한다(482조 2항 3호). 담보부동산이 두 개 이상 있고 제 3 취득자도 2인 이상 있는 경우에, 그중 한 사람이 변제한 때에는, 다른 제 3 취득자에 대하여 채권자에 대위해서 담보권을 행사할 수 있다. 이때 민법은 할당주의를 취하여 제 3 취득자 상호간에는 각 부동산의 값에 따라서 채권액을 할당하고, 그 범위 안에서만 대위할 수 있게 하였다.

　　　　예컨대, B(채무자)의 A(채권자)에 대한 8천만원의 채무를 담보하기 위하여, 甲건물(6천만원)과 乙건물(4천만원)에 저당권을 설정하고 있는 경우, 제 3 자 X가 甲건물을 취득하고 Y가 乙건물을 취득해서, X가 제 3 자의 변제로 대위권을 취득하면 乙건물에 있는 저당권을 행사할 수 있으나, X가 乙건물에 있는 저당권을 행사할 수 있는 금액은 채권액의 10분의 4(8천만원×4/(6+4)), 즉 3,200만원이다. 반대로, Y가 제 3 자의 변제로 대위권을 취득한 경우에는, Y가 甲건물에 있는 저당권을 행사할 수 있는 금액은 10분의 6(8천만원×6/(6+4)), 즉 4,800만원이 된다.

　　㈑ **물상보증인 상호간의 관계**　　　위에서 설명한 제 3 취득자 상호간에서와 같이, 각 담보재산의 값에 비례하여 다른 물상보증인에 대하여 채권자를 대위한다(482조 2항 4호).

　　㈒ **연대채무자 상호간 또는 보증인 상호간의 관계**　　　연대채무자 상호간(425조)·보증인 상호간(448조) 또는 연대채무자나 불가분채무자와 보증인 사이(447조)에 관해서는 각각 특별규정에 따라 구상 범위가 정해진다. 따라서 대위도 그 범위에서

일어난다.

㈐ **물상보증인과 제 3 취득자 간의 관계**   물상보증인과 제 3 취득자 간의 관계에 관해서는 민법에서 규정하고 있지 않다. 물상보증인이 채무자의 채무를 대신 변제한 경우, 채무자로부터 담보부동산을 취득한 제 3 자에 대하여 출재한 전액에 관하여 채권자를 대위할 수 있는지, 아니면 각 부동산의 가액에 비례하여서만 채권자를 대위할 수 있는지 문제된다. 판례는 종전 판례를 변경하여 물상보증인이 출재한 전액에 관하여 채권자를 대위할 수 있다고 한다(대판(전) 2014. 12. 18, 2011다50233 참조). 즉, 물상보증인이 채무를 변제하거나 담보권의 실행으로 소유권을 잃은 때에는 보증채무를 이행한 보증인과 마찬가지로 채무자로부터 담보부동산을 취득한 제 3 자에 대하여 구상권의 범위 내에서 출재한 전액에 관하여 채권자를 대위할 수 있다. 이에 반하여 채무자로부터 담보부동산을 취득한 제 3 자는 채무를 변제하거나 담보권의 실행으로 소유권을 잃더라도 물상보증인에 대하여 채권자를 대위할 수 없다고 한다. 물상보증인은 본래 채무자에 대하여 출재한 전액에 관하여 대위할 수 있었다. 따라서 채무자가 담보부동산의 소유권을 제 3 자에게 이전하였다고 해서 그 결과가 달라져서는 안 된다. 판례에 찬성한다(김재형, 민법판례분석, 216면 참조).

(3) **대위자·채권자 사이의 효과**

㈎ **채권자의 채권증서·담보물의 교부의무**   채권자는, 대위자에 대하여, 대위한 권리의 행사를 용이하게 할 의무를 진다. 즉, 채권자는 대위의 통지를 하고(480조 2항 참조), 담보물이 부동산인 때에는 대위의 부기등기에 협력해야 한다는 점은 이미 설명하였다. 또한 채권을 전부 변제받은 채권자는 채권에 관한 증서와 그가 점유하는 담보물을 대위자에게 교부해야 한다(484조 1항). 채권의 일부에 대한 대위가 있는 때에는 채권자는 채권증서에 그 대위를 부기하고 자기가 점유하는 담보물의 보존에 관하여 대위자의 감독을 받아야 한다(484조 2항).

㈏ **채권자의 담보보존의무**   민법은 모든 법정대위자를 위하여 채권자에게 담보보존의무를 지우고 있다. 즉, 제481조에 따라 대위할 자가 있는 경우에, 채권자의 고의나 과실로 담보가 상실되거나 감소된 때에는, 대위할 자는, 그 상실 또는 감소로 말미암아 상환을 받을 수 없게 된 한도에서, 그 책임을 면한다(485조).

　　예컨대, A가 B에게 1억원의 채권과 8천만원 상당의 저당권을 가지고 있고 C가 B
를 보증하고 있는 경우에, 채권자 A가 저당권을 포기하면 보증인 C는 8천만원의 한도
에서 채무를 벗어나게 된다. 이는 간접적으로 채권자에게 담보보존의무를 부담시킴으
로써 대위자의 기대를 보호하려는 취지이다.

　　①　고의 또는 과실이란 제485조의 규정상 담보의 상실 또는 감소에 대한 것
임이 명백하고(대판 1974. 7. 23, 74다257 참조), 대위자의 존부에 관한 것이 아니다. 문
제가 되는 것은 채권자가 저당권의 실행을 주저하고 있는 동안 목적부동산의 값이
내린 경우이다. 변제기에 이르러 저당권을 실행할 수 있었는데도 이를 하지 않은
것이 당시 거래계의 사정에 비추어 신의칙상 부적당한 조치라고 인정되면, 담보물
의 가격 하락에 의한 담보의 감소에 대하여 과실이 있다고 해석해야 한다(김증한·
김학동 371면, 김현태 308면, 최식 222면 참조).

　　②　담보의 상실 또는 감소는 특별담보에 한정되고, 일반담보는 이를 포함하
지 않는다(예컨대, 채무자의 일반재산을 압류한 채권자가 압류를 해제해도 보증인은 면책되지
않는다). 그러나 이미 성립하고 있는 담보뿐만 아니라, 조건부로 성립한 담보도 포
함된다. 따라서 저당권을 포기한 경우뿐만 아니라, 담보권설정의 등기 또는 가등기
절차를 게을리하여 담보권을 상실한 경우도 담보의 상실에 해당한다.

　　③　대위자는 담보의 상실 또는 감소로 상환받지 못하게 된 한도에서 그 책임
을 벗어난다. 면책의 범위를 결정하는 시기에 관하여 어느 때를 표준으로 할지에
관해서는 학설이 대립하고 있다. 담보의 상실 또는 감소가 확정된 때를 표준으로
하는 견해(김현태 309면)와 상실되거나 감소된 담보가 객관적으로 보아 실행할 수 있
었을 때를 표준으로 하는 견해(최식 223면, 김증한·김학동 372면 참조)가 있다. 다수설
이 정당하다. 왜냐하면 채권자는 담보권을 그때에 행사함으로써 그 금액에 상당하는
변제를 받았을 것인데도 실행하지 않음으로써 그 금액을 상실한 것이기 때문이다.

　　㈐　**채권자의 부당이득반환의무**　　　일부 대위가 있은 후에 채권자가 채무불
이행을 이유로 계약을 해제한 때에는, 이미 변제된 부분에 관해서도 채권은 처음부
터 성립하지 않았던 것이 되므로, 채권자가 받은 변제는 비채변제가 된다(742조 참
조). 그런데 민법은 이 경우에 악의의 부당이득에 준하여 채권자에게 특별한 반환
의무를 부담하도록 하고 있다. 즉, 채권자는 대위자에게 그가 변제한 가액과 이자

를 상환해야 한다(483조 2항 후단). 전부 대위가 있는 때에는 채권과 해제권은 소멸
하므로 반환의 문제는 생기지 않는다.

제 3 절   대물변제

[108]   Ⅰ. 대물변제의 의의와 작용

1. 대물변제(代物辨濟)는 채무자가 부담하고 있는 본래의 급부(급여)를 갈음하
여 다른 급여를 현실적으로 함으로써 채권을 소멸시키는 채권자와 변제자(채무자에
한정되지 않는다) 사이의 계약이며, 변제와 같은 효력을 가진다(466조). 예컨대, 5천만
원을 꾸어 쓴 사람이 채권자의 승낙을 얻어 그가 본래 채무인 5천만원의 지급을 갈
음하여 자동차 1대를 주는 것과 같다. 이처럼 본래의 급부가 아닌 다른 급부를 한
때에는, 마치 본래의 급부를 한 것과 마찬가지로 채권은 소멸한다. 채권자는 본래
의 급부와 다른 급부를 수령할 의무를 부담하지 않으므로, 대물변제는 반드시 채권
자의 승낙이 있어야 성립하는 계약이다.

대물변제에는 변제와 같은 효력이 인정되어 채권소멸의 효과가 생기는데, 그
근거는 무엇인가? 다음 두 가지를 들 수 있다. 첫째, 대물변제는 '계약'이므로, 당사
자의 의사가 채권소멸의 근거이다(따라서 대물급부의 가액은 본래의 급부와는 가치가 다르
더라도 상관없고, 당사자는 대물급부를 상대방에게 강요하지도 못한다). 둘째, 대물변제는 본
래의 급부를 갈음하는 다른 급부를 현실적으로 하는 것이며, 이러한 현실의 급부로
써 채권자는 만족을 얻고 채권은 그 목적을 달성하기 때문에, 변제와 같은 채권소
멸원인으로서 인정된다.

2. 대물변제의 법적 성질은 대물변제계약이라는 특수한 요물ㆍ유상계약으로
서, 경개(更改)와 구별된다. 이를 설명하면 다음과 같다.

(1) 본래의 급부와 다른 급부를 함으로써 채권을 소멸시키는 점에서, 대물변
제는 경개(제 6 절 참조)와 비슷하다. 그러나 대물변제는 본래의 급부와 다른 급부를
현실적으로 해야 하는 점에서(위 예에서 본래의 급부인 5천만원의 지급과는 다른 자동차 1대
의 급여라는 다른 급부를 '현실적으로' 주어야 하는 점에서), 단순히 다른 급부를 해야 할 새
로운 채무를 부담하는 데 그치는(위 예에서 자동차 1대의 급여라는 다른 급부를 목적으로

하는 채권을 성립시킴으로써 5천만원을 지급해야 할 본래의 채무를 소멸시키는) 경개와는 다르다. 바꾸어 말하면, 대물변제는 본래의 급부와 다른 급부를 현실적으로 해야 하고, 다른 급부를 장차 하겠다는 약정을 하는 것만으로는 부족하다. 따라서 본래의 급부를 갈음하는 다른 급부가 부동산소유권의 이전이라면, 단순히 그 이전을 목적으로 하는 의사표시만으로는 부족하고, 그 밖에 등기도 해야만 대물변제가 성립한다.

한편 대물변제는, 경개와 마찬가지로, 본래의 급부를 목적으로 하는 채무를 소멸시키는데, 금전채무의 지급을 갈음하여 어음을 발행한 경우 대물변제인지 경개인지 문제된다. 예컨대, 甲에 대하여 5천만원의 채무를 부담하는 乙이 5천만원의 약속어음을 甲에게 발행한 경우 乙은 甲에 대하여 5천만원의 어음채무를 부담하게 된다. 이때 만일 본래의 채무를 변제하기 위한 수단으로서, 즉 '변제를 위하여' 약속어음을 발행하였다면, 어음의 결제로 채권자가 현금을 손안에 넣은 때 본래의 채무가 그 한도에서 소멸할 뿐이고, 어음의 교부로 곧바로 본래의 채무가 소멸하지 않으므로, 대물변제가 되지는 않는다. 이와 달리 본래의 채무를 소멸시키기 위하여, 즉 '변제를 갈음하여' 어음을 발행·교부하였다면, 이로써 본래의 채무는 소멸하고 대물변제가 된다. 그러므로 대물변제와 경개의 관계로서 문제가 되는 것은, 둘의 법적 성질론이 아니라, 그 인정기준이 무엇인지가 가장 중요한 문제이다. 이 문제에 관해서는 나중에 다시 다루기로 한다([109] 4. 참조).

(2) 위에서 보았듯이 대물변제에는 반드시 채권자의 승낙이 있어야 하고, 따라서 그것은 계약이다. 대물변제계약의 특성은 유상·요물계약이라는 데 있다. 첫째, 대물변제는 본래의 급부를 갈음하는 다른 급부를 함으로써 본래의 급부를 소멸시키는 것이므로, 그 다른 급부는 소멸하는 본래의 급부에 대한 대가라는 의미를 가지며, 따라서 그것은 일종의 유상계약이다. 그러므로 매매에 관한 규정은 대물변제에도 준용된다(567조). 둘째, 대물변제는 이미 존재하는 본래의 채무를 갈음하여 다른 급부를 현실적으로 하는 때에 성립하는 계약이므로, 그것은 요물계약(要物契約)이다.

(3) 대물변제에 관한 제466조는 변제에 관한 규정 가운데 한 조항이고, 또한 이 규정은 '변제와 같은 효력'이 있다고 정하고 있다. 그러나 대물변제를 변제의 일종으로 볼 수는 없다. 변제는 준법률행위인 데 반하여, 대물변제는 계약이라는 점

을 생각한다면, 이 점은 분명하다. 이처럼 대물변제는 변제가 아니지만, 준변제(準辨濟)라고 해도 좋을 것이다. 그렇다면 변제에 관한 규정이나 이론은 어느 정도까지 대물변제에 적용되는가? 일정한 급부를 함으로써 채무소멸의 효과를 발생시키는 점에서 둘은 같으므로, 성질이 허용하는 한, 변제에 관한 규정은 대물변제에도 적용된다고 새겨야 한다.

　　3.　대물변제는 이행의 대용수단 또는 보조수단으로서 작용하며, 이 점은 특별히 설명할 필요가 없다. 채권자나 채무자가 이러한 수단으로 유용하게 대물변제를 이용할 수 있다. 그러나 대물변제가 실제로 이용되는 일이 많지는 않다.

　　4.　위와 같이 대물변제가 이용되는 정도는 매우 낮으나, '대물변제'와 '예약(豫約)'이라는 민법상 두 제도를 결합하여 이루어지는 '대물변제의 예약'은 매우 중요한 작용을 하고 있다. 민법은 대물변제의 예약에 관하여 직접 규정하고 있지는 않다. 그러나 대물변제를 채권소멸원인의 하나로서 규정하고, 또한 본계약 체결을 약속하는 계약, 즉 예약을 각종의 계약에 관하여 이용할 수 있음을 명백히 하고 있다(564조·567조 참조). 그런데 대물변제는 앞에서 설명한 것처럼 유상·요물의 '계약'이므로, 그 체결을 미리 약속하는 예약, 즉 대물변제의 예약도 얼마든지 할 수 있음은 계약자유의 원칙상 당연하다. 뿐만 아니라 민법은 이러한 대물변제의 예약이 이루어지는 경우를 예상하여 소비대차에 관한 절 가운데 특별규정을 두고 있다. 민법 제607조와 제608조가 그것이다.

　　위와 같이 대물변제의 예약은 이론상 가능하고 유효할 뿐만 아니라, 실제로 일찍이 의용민법 시대부터 많이 이용되었다. 그러나 대물변제의 예약이 채무변제라는 대물변제의 본래 목적이나 작용을 위해 이용되는 예는 찾아볼 수 없다. 거래의 실제에서는 대물변제의 예약을 일종의 물적 담보제도로서 이용하고 있을 뿐이다. 즉, 금전소비대차의 당사자 사이에서 장차 채무자가 채무를 이행하지 않을 때에는 특정 부동산의 소유권(대물변제예약의 목적물은 동산이나 각종의 재산권이더라도 상관없으나, 부동산을 목적으로 하는 경우가 압도적으로 많다. 동산이나 각종의 권리를 목적으로 하는 때에는 공시방법이 없기 때문에, 채권담보방법으로서 의미가 없음을 주의)을 채권자에게 이전한다는 형식으로, 대물변제의 예약이 흔히 이용되고 있다. 그리고 이때에는 장래의 소유권 취득을 보전하기 위하여 가등기를 하는 것이 보통이다. 그러한 가등기를 함으로써 채권자의 우선적 지위가 확보되므로, 이러한 모습의 비전형담보를 가등기담보(假登記擔保)라고 부른다(물권법강의에서 자세히 설명하였다).

그런데 가등기담보, 따라서 부동산을 목적으로 하는 대물변제의 예약에서는 채권자의 폭리가 문제된다(채권자는 목적 부동산의 가치 중 채권액을 초과하는 부분까지 취득하게 되기 때문이다). 민법은 채무자를 보호하기 위하여 제607조와 제608조의 특별규정을 두었으나, 이들 민법의 규정만으로는 채무자를 충분히 보호할 수 없게 되어 다시「가등기담보 등에 관한 법률」을 제정해서 1984년부터 시행하고 있다. 가등기담보에 관해서는 물권법강의에서 자세히 다루고 있으므로, 중복을 피하여 이 절에서 거듭 설명하지 않는다.

[109] Ⅱ. 대물변제의 요건

1. 당사자 사이에 합의 또는 계약이 있을 것

(1) 채무자나 채권자는 그 누구도 일방적으로 급부를 변경할 권리가 없는 것이 원칙이다(다만 특약으로 이른바 임의채권으로서 대용권이나 보충권이 주어져 있는 경우에만 그러한 일방적인 급부변경권을 가지게 된다). 제466조에서 '채무자가 채권자의 승낙을 얻어'라고 정한 것도 둘 사이의 합의 또는 계약이 있어야 한다는 것을 뜻한다. 바꾸어 말하면, 채무자 쪽의 대물변제 의사와 채권자 쪽의 대물변제 수령의사가 합치하고 있어야만 한다. 그리고 이러한 합의 또는 계약은 묵시적이라도 상관없으나, '이행을 갈음하여' 하는 것이어야 한다(4. 참조).

(2) 대물변제는 계약이므로, 당사자는 행위능력을 가지고 있어야 함은 물론이다. 이 점은 변제의 경우와 다르다. 그리고 제469조는 대물변제에도 유추 적용되므로, 변제를 할 수 있는 제3자는 대물변제도 할 수 있다고 새겨야 한다.

2. 채권이 존재할 것

대물변제는 어떤 채권의 목적인 급부를 갈음하여 다른 급부를 함으로써 채권을 소멸시키는 것이므로, 채권이 존재해야 함은 당연한 요건이다. 만일 본래의 급부를 목적으로 하는 채권이 존재하지 않거나 무효 또는 취소된 때에는, 어떠한 효과가 발생하는가? 물권행위의 무인성을 인정하느냐 않느냐에 따라 해석이 달라진다. 물권행위의 무인성을 인정하는 견해에 따르면, 비록 채권이 존재하지 않더라도 목적물의 소유권이전의 효과는 발생하고, 다만 변제자는 부당이득반환을 청구할 수 있을 뿐이라고 한다(김기선 337면, 김증한·김학동 374면 참조). 그러나 물권행위의 유인성을 인정한다면, 채권이 존재하지 않는 때에는 목적물이전의 효과는 생기지 않는다(대판 1991. 11. 12, 91다9503 참조). 따라서 변제자는 소유권에 기초한 물권적 청구권을 행사하여 목적물의 반환을 청구하게 된다.

3. 본래의 급부와 다른 급부를 할 것

(1) 본래의 급부와 다른 급부를 해야 하나, '다른 급부'의 내용이나 종류를 묻지 않는다. 예컨대, 금전의 지급을 갈음하여 동산이나 부동산의 급부를 해도 좋고, 또는 그 반대라도 상관없다. 제 3 자에 대한 채권의 양도(대항요건을 갖추어야 함을 주의)나 예금증서의 교부도 대물변제가 되며, 어음·수표의 교부도 그것이 '이행을 갈음하여' 한 때에는, 역시 여기서 말하는 다른 급부로 될 수 있다.

위와 같이 본래의 급부를 갈음하여 하는 '다른 급부'에는 특별한 제한이 없으나, 양도가 금지되어 있어서는 안 된다(대판 1965. 7. 6, 65다563 참조. 사안은 구「특정외래품 판매금지법」에서 판매행위가 금지되어 있는 특정외래품을 목적으로 한 대물변제계약에 관한 것으로, 판례는 이를 무효라고 하였다).

(2) 대물변제는 요물계약이므로, 본래의 급부와 다른 급부를 단순히 약속하는 것으로는 부족하고, 다른 급부를 '현실적으로' 해야 한다. 즉, 채무자가 새로운 채무를 부담하는 것만으로는 경개가 될 뿐이고, 대물변제가 되지 않는다. 그러나 새로운 채무가 어음·수표와 같은 무인채무(無因債務)이면, 이를 부담하는 것은 대물변제가 된다. 이러한 채무는 하나의 유가물로 볼 수 있기 때문이다.

현실적으로 다른 급부를 해야만 대물변제가 된다는 것이 특히 중요한 경우는 대물급부로서 부동산소유권을 이전하는 때이다. 이때에는 당사자가 대물변제의 의사표시를 하는 것만으로는 부족하고, 그 밖에 등기까지도 해야만 대물변제가 성립한다(대판 1963. 10. 22, 63다168; 대판 1965. 7. 20, 65다1029·1030; 대판 1965. 9. 7, 65다1389; 대판 1978. 8. 22, 77다1940 등 참조). 이때 등기 이외에 목적부동산의 점유도 이전해야 하는가? 그렇게 새길 필요는 없다. 대물급부가 부동산소유권의 이전인 이상, 소유권이전을 위한 요건만 갖추면 되기 때문이다. 같은 이유에서, 목적부동산을 인도하였으나 아직 등기를 하지 않고 있는 때에는 대물변제가 성립하지 않는다(대판 1960. 7. 27, 4293형상283 참조).

　　대물변제에서 대물급부가 부동산소유권의 이전인 경우에는 위에서 보았듯이 단순한 합의만으로는 대물변제가 성립하지 않고 이전등기도 해야 한다. 이때 이전등기청구권의 발생원인을 무엇으로 볼지 문제된다. 이 점에 관하여 판례는 당사자 사이의 합의만으로 대물변제계약은 '성립'하고, 등기는 이미 성립하고 있는 대물변제계약의 '효력발생요건'이며, 등기청구권은 이미 성립하고 있는 대물변제계약의 채권적 효력으로서 채권자에게 인정된다는 이론구성을 하고 있다(대판 1974. 6. 25, 73다1819 참조).

　　이러한 판례에 찬성하는 견해도 있으나(현승종 394면 참조), 판례이론에는 중대한 흠이 있다. 판례는 당사자의 합의만으로 대물변제계약은 '성립'하였다고 보지만, 대물급부인 토지소유권의 이전이 없는 이상, 대물변제가 '성립'하였다고 할 수 없다. 바꾸어 말하면, 이 경우 이전등기는 판례가 말하는 것처럼 대물변제의 '효력발생요건'이 아니라, 대물변제의 '성립요건'이라고 보아야 한다. 그렇다면 대물변제계약과 등기청구권의 관계를 어떻게 이론구성해야 하는가? 다음과 같이 새기는 것이 옳다고 생각한다.

　　당사자 사이의 합의, 즉 판례가 말하는 '대물변제계약'은, 이를 '대물변제(계약)의 예약'이고, 또한 예약 가운데 일방예약이 아닌 편무예약(片務豫約)이라고 해야 한다. 그리하여 채권자가 본계약으로서 대물변제의 체결을 청약하면 채무자는 이전등기를 할 의무를 부담하고, 그 이행이 있을 때 대물변제계약은 '성립'한다고 새겨야 한다. 그 이유는 요물계약에서 예약은 원칙적으로 편무예약이기 때문이다.

　　위에서는 주로 부동산소유권의 이전이 대물급부로 되어 있는 경우에 관하여 보았으나, 대물급부로서 동산소유권을 이전해야 할 경우에도 마찬가지로 인도를 해야만 대물변제가 성립한다고 보아야 한다.

(3)　본래의 급부와 다른 급부(즉, 대물급부)는 가치가 같아야 하는 것은 아니다. 두 급부의 가치 사이에 남음과 모자람이 있더라도, 대물변제의 성립을 방해하지 않는다(대판 1992. 2. 28, 91다25574 참조). 채무액보다 가치가 적은 다른 급부(대물급부)를 하더라도, 특히 일부의 대물변제라는 뜻이 표시되어 있지 않은 한, 채권 전부가 소멸한다고 새겨야 한다. 초과액, 즉 모자라는 부분에 관하여 채무의 일부 면제·포기 등의 의사표시를 할 필요가 없다. 반대로, 대물급부가 본래의 급부보다 크더라도, 그 초과액이 이자에 충당되는 것도 아니다.

　　대물급부가 본래의 급부에 비하여 훨씬 큰 경우에, 대물변제는 그대로 유효한가? 만일 그것이 채무자의 궁박·경솔·무경험을 이용한 것이라면, 폭리행위로서 제104조에 의하여 무효가 된다(대판 1958. 11. 27, 4291민상130; 대판 1959. 9. 24, 4291민상

762; 대판 1962. 2. 8, 4293민상773; 대판 1964. 10. 27, 64다881 참조).

4. '본래의 채무이행을 갈음하여' 다른 급부를 할 것　　　다른 급부(대물급부)는 본래의 급부를 갈음해서 하는 것이어야 한다. 바꾸어 말하면, 본래의 채무를 변제하는 수단으로서, 즉 '변제를 위하여'가 아니라, 본래의 채무를 소멸시키기 위하여, 즉 '변제를 갈음하여' 대물급부를 해야 한다.

　　　이 요건에 관하여 가장 문제가 되는 것은 어음이나 수표를 변제의 수단으로 교부하는 경우이다. 이미 설명했듯이 채무자가 기존채무의 이행수단으로서, 즉 '변제를 위하여' 어음·수표를 교부한 때에는 대물변제가 되지 않으나, 기존채무를 소멸시키기 위하여, 즉 '변제를 갈음하여' 어음이나 수표를 교부하는 때에는 대물변제가 된다. 기존채무의 소멸을 목적으로 변제자가 어음 또는 수표를 교부한 경우에, 위 두 경우 가운데 어느 것인지는 각 경우의 구체적 사정을 고려해서 판단·결정해야 한다. 보통은 기존채무의 변제를 갈음할 의사가 있는 것이 아니라, 단순히 변제를 위하여 한 것으로 추정하는 것이 타당하다. 판례도 그와 같이 새기고 있다(어음에 관한 판례 — 대판 1960. 10. 31, 4291민상390; 대판 1964. 6. 2, 63다856; 대판 1967. 2. 21, 66다2355 등. 수표에 관한 판례 — 대판 1962. 3. 15, 4294민상1371; 대판 1962. 2. 15, 4294민상1065; 대판 1964. 6. 23, 63다1162 등 참조). 본래 어음이나 수표는 금전지급의 한 수단이지만, 그것은 현금이나 우편환과 같이 확실하지 않으며, 지급이 거절될(바꾸어 말해서 '부도'가 날) 위험이 있다. 따라서 채권자가 어음·수표를 취득하더라도, 과연 그것을 가지고 실제로 금전을 취득할 수 있는지는 불확실하다. 또한 이를 변제에 갈음하는 것이라고 해석한다면, 기존채무에 따르는 보증·질권·저당권 등은 모두 소멸하게 되므로, 어음이나 수표의 교부는 '변제를 위하여' 한 것으로 추정하는 것이 타당하다. 만일 은행이 발행한 자기앞수표를 교부하였다면, 어떻게 보아야 하는가? 은행의 자기앞수표는 거래상 현금과 같은 것으로 보고 현금과 같이 거래되고 있다. 그러므로 이 경우에는 이행을 위하여 교부한 것이 아니라 금전지급을 갈음하여 교부한 것으로 추정해야 한다(대판 1961. 12. 21, 4294민상324 참조).

　　　　'이행을 갈음하여'와 '이행을 위하여'의 차이에 관하여 좀 더 자세히 살펴보기로 한다. '이행을 갈음하여' 한 경우에는 본래의 급부를 할 의무는 완전히 소멸하므로, 채권자는 오로지 대물급부로 만족해야만 한다. 이에 반하여 '이행을 위하여' 한 경우에는 본래의 급부의무에다가 새로운 급부의무가 또 하나 있게 되어 동일한 목적을 위한 두 개의 채권이 함께 존재하게 된다. 그리고 새로운 급부의 실현이 있을 때 비로소 본래의 급부를 할 의무도 소멸하게 된다.

여기서 다음과 같은 의문이 생길 수 있다. '이행을 위하여' 다른 급부의무가 추가된 경우에, 채권자는 언제나 추가된 새 채권으로부터 먼저 만족을 얻고 그것이 안 될 때에만 기존채권을 행사할 수 있는가? 아니면, 채권자는 새 채권을 제쳐 놓고 본래의 급부를 먼저 청구해도 상관없는가? 예컨대, 금전채무자가 채권자에게 변제를 위하여 어음이나 수표를 교부하였다면, 채권자는 먼저 어음이나 수표로 변제를 받도록 노력하고 그것으로 현금을 손안에 넣은 때 그 한도에서 기존채무는 소멸하며, 만일 어음·수표가 지급거절(부도)되거나 효력을 잃은 때에는 채권자는 기존채무의 변제를 요구할 수 있다고 새겨야 하는가? 아니면 채권자는 어음이나 수표로부터 만족을 얻으려고 노력할 것 없이 본래의 급부(현금 지급)를 청구할 수 있는가? 학설은 앞의 견해를 취하는 것이 다수설이다(김증한·김학동 376면, 김현태 333면, 최식 236면 참조). 그러나 판례는 뒤의 견해를 취하여 채권자는 두 권리 중 어느 것을 먼저 행사할 것인지에 관하여 선택권이 있다고 한다(대판 1960. 4. 28, 4292민상197; 대판 1961. 11. 2, 4293민상278; 대판 1972. 3. 28, 72다119 등 참조). 판례를 지지하는 견해도 있다(현승종 395면 참조). 채권자에게는 새 채권으로부터 먼저 만족을 얻어야 할 의무는 없으므로, 판례가 타당하다.

위와 같이 어음·수표의 교부는 원칙적으로 이행이나 변제를 위한 것이다. 그러나 예외적으로 '변제를 갈음하여' 한 경우에는 대물변제가 되고 기존채무는 소멸하므로, 그에 부수하는 담보도 모두 소멸한다. 채권은 오로지 어음·수표로써 변제의 이익을 받을 수 있을 뿐이고, 어음·수표가 지급거절(부도)되더라도, 본래의 기존채무가 당연히 부활하지 않는다.

[110]　Ⅲ.　대물변제의 효과

(1) 대물변제는 변제와 같은 효력이 있다(466조). 따라서 채권은 소멸한다. 또한 그 채권을 담보하는 담보권이 소멸하는 것도 당연하다. 이 한도에서 변제에 관한 규정은 대물변제에도 일반적으로 적용된다. 그러나 대물변제는 변제 그 자체가 아니라 대물변제계약의 효력이므로, 이에 반하는 계약으로 그 효력이 달라질 수 있다.

(2) 대물변제로서 급부된 목적물에 흠이 있는 경우에 채권자가 구제받을 수 있는지 문제된다. 대물변제는 유상계약(有償契約)이므로, 제567조에 따라 당연히 매

도인의 담보책임에 관한 규정이 준용된다. 따라서 채권자는 계약을 해제하거나 손
해배상을 청구할 수 있다(580조 참조). 채권자는 흠이 없는 급부를 청구하지는 못하
는가? 민법은 종류매매에서 매도인의 담보책임에 관하여 제581조를 두고 있으며,
목적물을 종류로 지정한 경우에 계약해제·손해배상을 청구하지 않고 흠이 없는 물
건을 청구할 수 있다고 규정한다(581조 2항 참조). 따라서 대물변제의 목적물이 종류
물인 때에는 흠이 없는 것을 청구할 수도 있다.

제 4 절 공   탁

[111] Ⅰ. 공탁의 의의와 성질

　1.　공탁(供託)은 금전·유가증권 그 밖의 물건을 공탁소에 임치(任置)하는 것,
바꾸어 말하면 공탁자와 법률이 정하는 공탁기관 사이에 맺어지는 임치계약이다.
공탁제도는 변제를 위하여·담보를 위하여(353조 3항 참조)·보관을 위하여(상법 70조
참조) 등의 여러 목적으로 이용되나, 여기서 말하는 공탁이란 변제대용(辨濟代用)으
로서의 공탁, 즉 변제공탁(辨濟供託)을 말한다. 바꾸어 말하면, 민법 제487조 이하에
서 정하는 공탁은 변제자가 변제의 목적물을 채무이행을 갈음하여 공탁소에 임치
하고 채무를 벗어나는 제도이다. 이미 설명했듯이, 변제를 위하여 채권자의 수령이
필요한 경우에, 변제자가 제공하였는데도 채권자가 수령을 거절하거나 수령할 수
없는 때에는, 변제자는 채무불이행에 의한 모든 책임을 벗어나고, 한편 채권자는
수령지체에 빠지게 된다(461조·400조 참조). 그러나 제공으로 비록 변제자의 책임이
가볍게 된다고 하더라도, 채무 자체는 소멸하지 않고, 따라서 담보 그 밖의 위약금
의 효력도 소멸하지 않는다. 이와 같이 채권자의 불수령으로 채무자가 언제까지나
채무에 구속된다는 것은 공평하지 않다. 그 대책으로 마련된 제도가 바로 공탁제도
로서, 변제자는 목적물을 공탁함으로써 채무를 벗어날 수 있다(487조). 이와 같이
채무이행에 채권자의 협력이 필요한 경우에, 채권자의 협력 없이 채무를 벗어날 수
있는 점에서, 변제공탁은 큰 실익이 있다.

　2.　공탁의 법적 성질에 관해서는 사법관계설과 공법관계설이 대립하고 있다.
사법관계설은 공탁을 제 3 자를 위한 임치계약이라고 한다. 즉, 공탁은 채권자로 하

여금 계약상 권리를 취득하게 하기 위하여 공탁자와 공탁소가 체결하는 임치계약
이라고 한다(김기선 341면, 최식 238면, 김현태 336면·337면 등 참조). 이에 대하여 공법관
계설은 공탁관의 수탁처분(受託處分)으로 성립하고, 수탁처분은 공탁자의 신청으로
하게 되지만, 하나의 일방적인 행정처분이므로, 공탁을 공탁자와 공탁소(공탁관)의
사법상 계약으로 볼 수 없다고 한다. 그러나 공탁은 공탁자에 대한 관계에서 공탁
소에 보관의무를 발생시키고, 채권자에게 공탁물교부청구권을 취득케 하므로, 제 3
자(채권자)를 위한 사법상 임치계약과 비슷한 관계를 포함하며, 따라서 그 한도에서
임치계약에 관한 민법 규정이 원칙적으로 준용된다고 해석한다. 요컨대, 공탁은 행
정관청의 일방적 행정처분이라는 것이 공법관계설의 주장이다(김형배 743면 참조).
판례도 이 견해를 취하고 있다(대결 1972. 5. 15, 72마401 참조).

　　위와 같은 공법관계설에 따르면, 공탁에 관한 쟁송은 행정소송이어야 한다는
것이 된다. 한편 사법관계설은 공탁에는 행정관청이 관여한다는 사실을 전적으로
무시한 견해이다. 공탁에는 공법적인 측면과 사법적인 측면이라는 두 측면이 있다
(김증한·김학동 382면 참조). 앞의 것을 규율하는 것이 공탁법(1958년 법 492호)이고, 뒤
의 것을 규율하는 것이 민법 규정이다. 말하자면, 사법관계설은 공탁의 사법적 측
면만을 본 견해이고, 공법관계설은 반대로 공법적 측면만을 본 견해이며, 모두 찬
성할 수 없다. 그러나 민법이 규율하는 사법적인 측면에서 공탁의 성질을 밝힌다
면, 그것은 사법관계설과 같이 제 3 자를 위한 임치계약이라고 해야 한다.

[112]　Ⅱ. 공탁의 요건

　　1. 공탁원인　　　공탁으로 채무를 벗어나려면, 다음과 같은 두 원인(공탁원
인) 가운데 어느 하나가 있어야 한다(487조).

　　(1) 채권자가 변제를 받지 않거나 받을 수 없는 때　　　제487조 전단의 이 표현
은 채권자지체에 관한 제400조와 같고(다만 앞과 뒤가 바뀌어 있을 뿐), 또한 변제제공
의 방법에 관한 제460조 단서에서와 같이 '미리'라는 말이 없기 때문에, 그것은 채
권자지체가 있는 경우(채권자지체의 성립에 채권자의 유책사유를 필요로 한다는 견해에 따르
면, 채권자지체의 객관적 요건을 갖춘 때가 된다)를 뜻하는지에 관하여 의문이 생길 수 있
다. 만일 그렇게 해석한다면, 채권자가 미리 변제의 수령을 거절한 때에도, 채무자

는 다시 적법한 제공을 한 후에 공탁하지 않으면 채무를 벗어나지 못한다는 결과가 된다. 그러나 아래에서 설명하는 (2)의 공탁원인은 채권자지체와 전혀 관계없고, 또한 공탁은 포기와 달리 채권자에게 부당한 불이익을 미치지 않으므로, 공탁을 채권자지체의 효과로 볼 필요는 없다. 따라서 채권자가 미리 수령을 거절한 경우나 거절할 것이 명백한 경우에는, 채무자는 구두의 제공을 하지 않고서도 곧 공탁을 할 수 있다고 새기는 것이 타당하다. 이와 같이 해석하는 데 현재 이견이 없으며, 판례도 마찬가지이다(대판 1968. 5. 28, 66다291; 대판 1968. 11. 19, 68다1570; 대판 1981. 9. 8, 80다2851 참조). 따라서 채권자가 미리 수령을 거절한 경우에는 채무자는 구두의 제공을 하여 채권자를 지체에 빠지게 하든가, 또는 공탁을 해서 채무를 벗어나든가, 둘 가운데 어느 하나를 선택할 수 있다.

공탁원인인 수령거절을 위와 같이 새긴다면, 제487조가 정하는 또 하나의 공탁원인인 수령불능에 관해서도 같은 해석을 해야 한다. 즉, 제487조에서 말하는 수령불능도 채권자지체의 요건을 갖출 필요는 없다고 해야 한다. 따라서 예컨대, 채권자가 변제장소인 채권자의 주소에 있지 않기 때문에 변제하지 못하는 것도 수령불능으로서 공탁의 원인이 된다(위 예에서 채권자의 부재는 그것이 일시적인 것인지는 문제가 되지 않는다).

(2) 변제자가 과실 없이 채권자를 알 수 없는 경우　　객관적으로 채권자 또는 변제수령권자가 존재하고 있으나, 채무자가 선량한 관리자의 주의를 다해도 채권자가 누구인지를 알 수 없는 경우를 말한다(대판 1988. 12. 20, 87다카3118 참조). 예컨대, 상속 또는 채권양도의 유무나 효력 등에 관하여 법률상 또는 사실상 의문이 있는 경우, 또는 채권자라고 일컫고 있는 자가 여럿 있는 경우 등이다.

2. 공탁의 당사자　　공탁은 변제를 갈음하여 하는 제3자를 위한 임치계약이므로, 공탁이라는 임치계약의 당사자는 공탁자와 공탁소이다. 채권자는 계약당사자가 아니며, 다만 제3자약관에 의한 효과의 당사자일 뿐이다.

(1) **공 탁 자**　　공탁을 하는 자는 변제자이다. 따라서 채무자뿐만 아니라 제3자도 공탁을 할 수 있다.

(2) **공 탁 소**　　공탁해야 할 장소는 채무이행지의 공탁소이다(488조 1항). 공탁소는 지방법원과 그에 소속하는 지원·시법원·군법원에 두며, 지방법원장 또

는 지방법원지원장이 소속 공무원 중에서 지정하는 자가 공탁사무를 집행한다(공탁법 2조). 공탁소는 단순히 공탁사무를 집행할 뿐이고, 실제로 공탁 목적물을 보관하는 것은 공탁물보관자가 한다. 공탁물보관자는 대법원장이 지정하는 은행이나 창고업자이다(공탁법 3조).

위 기준으로 공탁소가 정해지지 않는 때에는 법원은 변제자의 청구에 따라 공탁소를 지정하고 공탁물보관자를 선임해야 한다(488조 2항).

(3) **채 권 자**　　제3자를 위한 계약이 제3자에 대하여 효력을 발생하려면, 원칙적으로 제3자의 수익 의사표시가 필요하다(539조 2항). 그러나 변제공탁에서는 채권자의 수익 의사표시는 필요하지 않다고 하는 것이 옳다.

3. 공탁의 목적물　　공탁의 목적물은 변제의 목적물이다. 동산이든 부동산이든 상관없다. 그러나 변제의 목적물이 공탁에 적당하지 않거나 멸실·훼손될 염려가 있는 때 또는 공탁에 비용이 너무 많이 드는 때에는 변제자는 법원의 허가를 받아 그 물건을 경매하거나 시가로 방매(放賣), 즉 매각하여 대금을 공탁할 수 있다(490조).

4. 공탁의 내용　　공탁으로 채무소멸의 효과가 생기는 것은 변제와 같은 이익을 채권자에게 주기 때문이다. 따라서 공탁이 채권소멸의 효과를 발생하려면, 공탁 목적물이 채무 내용에 따른 유효한 변제여야 한다. 특별한 경우(490조 참조)를 제외하고는, 본래의 채무 목적물을 그대로 공탁해야 한다. 특히 문제가 되는 것은 채권액 일부 공탁과 수령에 조건을 붙인 공탁에 관해서이다.

(1) **일부 공탁**　　일부 공탁이 문제되는 경우는 대부분 공탁원인인 수령거절이나 수령불능의 전제가 되는 변제제공 자체가 채권 일부에 관해서만 이루어지고 있는 때이다. 이러한 경우에는 일부 제공이 특히 유효한 제공이 되지 않는 한, 공탁원인 자체가 성립하고 있지 않기 때문에, 공탁은 무효가 된다(대판 1992. 7. 28, 91다13380 참조). 따라서 채무자는 공탁한 부분에 상당하는 채무를 벗어나지 못한다. 채무의 총액에 비하여 아주 적은 부족이 있는 경우에는 신의칙상 공탁은 유효하다고 보아야 한다(대판 1988. 3. 22, 86다카909 참조). 그러나 이때 유효하게 되는 것은 공탁 상당분에 관해서이며, 채권 전액에 관해서가 아니다. 따라서 그러한 경우에는 추가 공탁이 필요하다.

(2) 조건부 공탁   채무자(공탁자)가 채권자(피공탁자)에 대하여 동시이행 항변권을 가지고 있는 경우에는 채권자의 반대급부를 공탁물 수령의 조건으로 할 수 있다(대판 1972. 2. 22, 71다2596 참조). 그러나 이러한 경우를 제외하고는 본래의 채권에 붙어 있지 않은 조건을 붙여서 한 공탁은 그 조건뿐만 아니라, 공탁 전부가 무효로 된다(대판 1966. 2. 15, 69다2431; 대판 1969. 5. 27, 69다298·299 참조).

5. 공탁의 절차

(1) 공탁을 하려는 사람은 공탁관에게 공탁서 2통을 제출해야 한다(공탁규칙 20조). 이때 공탁자는 장차 피공탁자(채권자)에게 송부할 공탁통지서를 첨부해야 한다(동규칙 23조 1항).

(2) 공탁관이 공탁신청을 수리할 때에는 공탁서에 공탁을 수리한다는 뜻을 비롯하여 필요한 사항을 적고 기명날인한 다음 1통을 공탁자에게 내주어 공탁물을 공탁물보관자에게 납입하게 해야 한다(동규칙 26조 1항).

(3) 공탁자는 공탁물을 공탁물보관자에게 납입하고, 공탁물보관자는 이 사실을 공탁관에게 전송한다(동규칙 27조. 물품납입의 경우에는 공탁물품납입통지서를 보낸다). 위와 같은 전송이나 통지를 받은 공탁관은 공탁통지서를 채권자에게 발송한다(동규칙 29조). 민법 제488조 3항은 "공탁자는 지체 없이 채권자에게 공탁통지를 해야 한다."라고 정하고 있으나, 공탁자가 직접 채권자에게 통지하지 않고, 위와 같이 공탁관을 통해서 통지하게 된다.

[113] Ⅲ. 공탁의 효과

1. 채무소멸   공탁의 효과로서, 변제가 있었던 것과 같이 채무는 소멸한다(487조). 좀 자세히 적는다면, 공탁관의 수탁처분과 공탁물보관자의 공탁물수령으로 공탁의 효력이 발생하여, 채무소멸의 효과를 가져온다. 주의할 것은, 채권자에 대한 공탁통지나 채권자의 수익의 의사표시가 있는 때에, 공탁의 효력이 생기는 것이 아니라는 점이다(대결 1972. 5. 15, 72마401 참조). 공탁에 의한 채무소멸에 관해서는 다음과 같은 문제가 있다. 즉, 잠시 후에 설명하는 것처럼([114] 참조), 일단 공탁이 된 후에도 변제자는 공탁물을 회수할 수 있기 때문에, 이 회수권이 존속하는 동안은 공탁의 효력은 불확정하다. 여기서 채무소멸의 효과발생에 관하여, 채무는 공탁

으로 곧 소멸하나, 공탁물이 회수되는 때에는 채권은 소급하여 소멸하지 않았던 것
으로 된다는 해제조건설이 다수설이다(김기선 345면, 김증한·김학동 387면, 최식 242면.
정지조건설로는 김상용 486면, 김형배 749면 참조). 민법의 해석론으로서는 이 견해에 따
르더라도 상관없을 것이다. 즉, 공탁으로 채무는 소멸하고(487조), 공탁물을 회수하
는 때에는 공탁하지 않은 것으로 본다(489조 1항 후단). 바꾸어 말해서, 공탁물이 회
수되면, 채무는 소멸하지 않았던 것으로 간주된다.

　　공탁자와 공탁물수령권자 사이에 채무발생원인이나 채무액 등에 관하여 다툼이
있으나, 공탁자가 그의 주장대로 공탁원인사실을 기재하여 공탁하는 경우가 있다. 상대
방이 아무런 이의 없이 공탁물을 수령하면, 공탁의 취지에 따라 수령한 것이 되어 공탁
사유에 따른 법률효과가 발생한다(대판 1980. 8. 26, 80다629 참조). 그러나 공탁물을
수령하면서 이의를 보류하면 위와 같은 효과가 생기지 않음은 물론이다. 예컨대, 채권
자가 채권액에 부족한 변제공탁금을 수령할 때까지, 채권액에 부족하다고 주장하고 있
는 때에는, 공탁금액을 넘는 나머지 금액에 관해서는 채무자에게 청구할 수 있다. 채권
자의 이의는 누구한테 해야 하는가? 판례는 공탁관뿐만 아니라 공탁자에게도 할 수 있
다고 한다(대판(전) 1982. 11. 9, 82누197 참조).

2. 채권자의 공탁물출급청구권　　　채권자는, 공탁소에 대하여, 공탁물출급
청구권(供託物出給請求權. '공탁물인도청구권'이라고도 한다)을 취득한다(그 절차에 관해서는
공탁규칙 제32조 이하 참조). 이 채권자의 출급청구권에 관하여 법률은 특별히 규정하
고 있지 않으나, 공탁이 변제에 준하여 채무소멸원인으로 되어 있는 것은 바로 채
권자가 이 권리를 취득하기 때문이다. 그리고 이미 설명하였듯이 공탁을 제3자를
위한 임치계약이라는 이론구성을 하는 것도 이 때문이다. 그러나 공탁은 채권자가
변제를 수령하지 않는 경우에 채권자의 수령을 갈음해서 하는 것이기 때문에, 그의
수익 의사표시는 필요하지 않다.

　이처럼 채권자의 공탁물출급청구권은 본래의 급부청구권을 갈음하는 것이므
로, 그 권리의 성질·범위는 본래의 급부청구권과 같아야 한다. 따라서 본래의 급부
청구권에 선이행이나 동시이행의 항변권이 붙어 있는 경우와 같이, 채무자가 채권
자의 급부가 있는 때에 그에 대응하여 변제해야 할 경우에는, 채권자는 자기의 급
부를 하지 않고서는 공탁물을 수령하지 못한다(491조, 공탁법 10조 참조).

3. 공탁물소유권의 이전   공탁물의 소유권이 채권자에게 이전하는 것은 어느 때인가? 두 경우를 나누어서 생각하는 것이 편리하다.

(1) 공탁물이 금전 그 밖의 소비물인 때에는 소비임치가 성립하므로(702조 참조), 공탁물의 소유권은 일단 공탁소에 귀속하고, 채권자가 공탁소로부터 그것과 동종·동질·동량의 물건을 수령하는 때에 채권자가 그 소유권을 취득한다고 해석하는 데에 이론이 없다.

(2) 문제는 특정물을 공탁한 경우이다. 물권변동에 관하여 민법이 성립요건주의(형식주의)를 취하고 있어서 해결하기 어려운 문제가 되었다. 다수설은 다음과 같이 설명한다. 공탁소는 소유권을 취득하지 않고, 공탁자로부터 직접 채권자에게 소유권이 이전된다. 소유권이 이전되는 시기에 관하여, 특정물이 동산이면 공탁소로부터 채권자가 목적물을 취득하는 때에 인도가 있다고 보아 소유권이 이전된다. 공탁물이 부동산이면 등기한 때 이전된다. 말하자면, 변제자의 공탁신청 속에 소유권이전의 청약이 포함되어 있고, 채권자가 공탁소에 대하여 그의 출급청구권을 행사할 때 위 청약에 대한 승낙을 한 것이 되어 물권적 합의가 성립하고, 그 밖에 인도·등기를 갖춘 때에 소유권이전이라는 물권변동이 일어난다(김기선 346면, 김증한·김학동 389면, 최식 241면 참조). 소수설(김증한·안이준 244면 참조)은 제3자를 위한 물권계약이 이루어진다는 이론구성을 하였다(이 견해는 부동산의 공탁을 인정하지 않는다. 따라서 동산만을 문제 삼는다). 즉, 공탁은 제3자(채권자)를 위한 물권계약을 포함하고, 이것은 채권자의 수익 의사표시(공탁의 승인 또는 수령의 통고)로써 그 효력이 생긴다고 한다. 즉, 채권자의 수익 의사표시로써 물권적 합의가 성립하고, 동시에 반환청구권의 양도에 의한 인도가 이루어져서 소유권이 채권자에게 이전된다고 한다. 두 견해는 결론에서는 차이가 없고, 다만 그 이론구성이 다를 뿐이다. 이론구성으로서는 제3자를 위한 물권계약이라고 설명하는 소수설보다는 다수설이 알기 쉽다. 또한 소수설은 공탁에서는 제3자(채권자)의 수익 의사표시를 필요로 하지 않는다고 하면서, 특정물공탁에 관하여 수익 의사표시를 가지고 이론구성하는 것은 앞뒤가 모순된다. 다수설에 찬성한다.

[114] Ⅳ. 공탁물의 회수

  1. **민법상의 회수**   본래 공탁은 변제자(공탁자)의 보호를 목적으로 하는
제도이므로, 채권자나 제 3 자에게 불이익을 주지 않는 한, 공탁자가 공탁물을 회수
할 수 있다고 하는 것이 타당하다. 민법도 이러한 견지에서 변제자의 공탁물회수
(供託物回收)를 인정하고 있다(489조 참조). 이 회수의 법적 성질도 문제이나, 채권자
에 대한 관계에서는 제 3 자약관의 '취소'이고, 공탁소에 대한 관계에서는 임치계약
의 해지(698조 참조)로서의 성질을 가진다. 그리고 공탁물회수와 공탁에 의한 채무소
멸의 관계도 문제이나, 이에 관해서는 이미 적었다([113] 1. 참조).

  민법은 변제자의 공탁물회수를 인정하나, 적극적으로 인정한 것은 아니고 소
극적으로 회수를 인정하지 않는 경우를 다음과 같이 정하고 있다.

  (1) 채권자가 변제자에 대한 의사표시로 공탁을 승인하거나, 공탁소에 대하여
공탁물을 받기로 통고한 때(489조 1항 전단).

  (2) 공탁이 유효하다고 선고한 판결이 확정된 때(489조 1항 후단).

  (3) 공탁으로 질권 또는 저당권이 소멸한 때(489조 2항). 공탁으로 채무는 소멸
하므로, 그 채무에 수반하는 질권·저당권도 당연히 소멸한다. 그런데 공탁물이 회
수되면, 채무는 처음부터 소멸하지 않았던 것으로 간주되므로, 담보권도 역시 소멸
하지 않았던 것이 된다. 그러나 이와 같이 담보권이 처음부터 소멸하지 않았던 것
으로 한다면, 제 3 자에게 예측하지 않은 손해를 줄 염려가 있다(예컨대, 공탁 후 회수
하기 전에 저당권을 설정한 자는 회수로 후순위 저당권자가 된다). 그리하여 민법은 공탁으
로 질권 또는 저당권이 소멸한 때에는 공탁자의 회수권이 없다고 규정하였다.

  민법은 위와 같이 물적 담보권이 소멸한 경우에 관해서만 규정하고 있으나, 공
동채무자나 보증인의 채무에 관해서도 꼭 같은 문제가 생긴다. 즉, 공탁으로 채무
가 소멸하면, 다른 공동채무자나 보증인의 채무도 소멸하게 된다. 만일 변제자가
공탁물을 회수하면, 공동채무자나 보증인의 채무는 부활하여 처음부터 소멸하지
않았던 것으로 되는지 문제된다. 공동채무자나 보증인은 채무자와 책임을 같이해
야 하므로, 공탁물회수로 면책되지 않더라도, 부당히 불이익을 받는다고 할 수 없
다. 따라서 이러한 채무는 공탁물회수로 부활한다고 해석하는 것이 타당하다(김증
한·김학동 391면, 최식 234면 참조).

(4) 공탁자가 회수권을 포기하면, 그 후에는 회수하지 못한다고 보아야 함은 민법에 규정이 없어도 당연하다.

　　2. 공탁법상의 회수　　　공탁법은 위와 같이 민법 제489조에 따라 공탁물을 회수할 수 있는 경우 이외에 ① 착오로 공탁을 한 때, ② 공탁의 원인이 소멸한 때에도 공탁물의 회수를 허용하고 있다(공탁법 9조 2항). ①은 공탁의 취소를 원인으로 하고, ②는 부당이득을 이유로 하며, 민법상의 회수와 그 성질이 다르다.

제 5 절 상　　계

[115]　I. 상계의 의의

　　1. 의　　의　　　채권자와 채무자가 서로 같은 종류의 채권·채무를 가지고 있는 경우에, 그 채권·채무를 대등액에서 소멸시키는 일방적 의사표시를 상계(相計)라고 한다. 예컨대, 甲은 乙에 대하여 1억원의 대금채권을 가지고 있고, 乙은 甲에 대하여 5천만원의 대금채권을 가지고 있는 경우에, 甲 또는 乙이 상대방에 대한 일방적 의사표시로 5천만원의 금액에서 쌍방의 채권·채무를 소멸시키는 것이 상계이다.

　　상계제도가 가지는 기능은 두 가지가 있다. 첫째, 채권자·채무자가 같은 종류의 채권·채무를 서로 현실적으로 청구하거나 집행하고 이행하는 것은 시간과 비용의 낭비이며, 상계는 그러한 쓸데없는 번거로운 절차를 생략할 수 있는 편리한 수단이 된다. 둘째, 두 당사자 가운데 어느 한쪽의 자력이 나빠진 경우, 특히 파산한 경우에, 다른 쪽 당사자가 자기 채무는 모두 변제하면서, 자기 채권의 실현은 곤란하게 된다면, 결코 공평하다고 할 수 없다. 이러한 불공평을 제거하자는 데 상계제도의 또 다른 목적이 있다. 예컨대, 위 예에서 甲이 파산했다고 가정한다면, 상계제도가 인정되지 않는 경우에는, 乙은 자기 채무 1억원을 모두 변제해야 하나, 자기 채권은 파산채권으로서 배당에 참가할 수 있을 뿐이다(파산채권의 배당률은 매우 낮다). 원래 당사자 쌍방이 이러한 종류의 채권을 가지는 경우에는, 당사자는 그 대등액에서 이미 채무관계를 정리해서 끝냈다고 서로 믿고 있으므로, 위와 같은 결과를 인정하는 것은 공평에 반한다. 상계는 당사자 쌍방이 서로 같은 종류의 채권을 가지고 있는 때에는, 당사자의 자력과는 관계없이, 액수가 같은 채권은 같은 효력이 있다고 하는 것이므로, 이 제도는 위와 같은 불공평을 제거하고 당사자 사이의 신뢰를 유지할 수 있도록 한다. 바꾸어 말하면, 본래 채권의 가치는 일반적으로 채무자의 자력에 따라 정해지지만, 당사자 사이에서는 그러한 당사자의 자력과 관계없이 액수가 같은 채권은 같은 효력이 있도록 하는 것이 공평하다는 데 상계제도의 기초가 있다. 따라서 이 제도는 동일한 당사자 사이의 동종채권에, 마치 유치권이나 질권이 있는 것과 같이, 서로 담보작용을 하게 한다. 예컨대, 위 예에서 乙은 甲에 대하여 1억원의 예금채무를 부담하는 은행이고, 예금자 甲에게 5천만원을 대출하고 있다고 한다면, 은행 乙은 그의 채권 5천만원에 관해서는 나중에 甲이 파산하더라도, 상계함으로써 손실을 면할 수 있다. 이와 같은 담보작용에서 상계의 경제적 기능은 크다. 그러나 이 담보작용은 당사자 사이에서는 충분히 타당성을 가지지만, 제 3 자에게는 예측하지 않은 손해를 줄 염려가 있다. 상계는 현실적으로 이행되는 일이 없이 단순한 일방적 의사표시로 이루어지고 그에 관한 공시가 없기 때문에, 채권의 존재를 믿은 제 3 자는 예측하지 않은 손해를 입게 된다. 특히 甲이 파산에 직면하고 있는 경우에, 甲의 채무자 乙이 거의 가치가 없게 된 甲에 대한 채권을 헐한 값으로 사 모아서 대등액으로 상계하는 때에는, 甲의 다른 채권자는 부당한 손해를 입게 된다. 「채무자 회생 및 파산에 관한 법률」(145조, 422조 참조)은 이러한 부당한 결과를 막고 있으나, 반드시 만전을 꾀하고 있다고 할 수 없다. 요컨대, 당사자 사이에서 액수가 같은 채권은 대등한 효력을 가진다는 상계제도의 기초는, 서로 채권·채무를 가지고 신뢰하는 당사자 사이에서만 타당하고, 그 범위를 넘어서 제 3 자에 대한 관계에서는 타당하지 않을 뿐만 아니라, 오히려 불공평한 결과를 가져온다. 여기에 상계의 담보적 작용에도 스스로 한계가 있게 됨을 잊어서는 안 된다.

  2. 성 질   상계제도는 위에서 보았듯이 당사자 사이의 편의와 공평을 꾀하려는 것이나, 그것이 계약인지, 단독행위인지, 아니면 법률상 당연히 생기는 것인지에 관하여 일찍부터 논의가 있었으나, 민법은 상계를 단독행위로 하고 있다. 즉, 민법이 정하는 상계는 단독행위로서의 성질을 갖는다.

  한편 상계가 채권소멸원인이 되는 근거에 관해서는 채무자의 일방적 의사표시로 채권을 소멸시키는 하나의 독립한 특수한 채권소멸원인이라고 이해하는 데 이론이 없다.

　　3. 상계계약　　민법상 상계는 단독행위이지만(493조 참조), 이것과 같은 목적은 당사자 사이의 계약, 즉 상계계약(相計契約)으로도 달성할 수 있다. 계약자유의 원칙상 상계계약이 유효하다는 데 이론이 없다.

　　(1) 상계계약은 당사자 사이에 서로 대립하는 채권을 대등액에서 소멸시키는 것을 목적으로 하는 유상계약이다. 상인들이 평소의 거래에서 일정한 기간에 생기는 채권·채무 총액의 청산을 목적으로 하는 상호계산(相互計算)은 상계계약의 전형적인 것이다(상법 72조).

　　(2) 그 내용은 계약 내용에 따라 해석·결정됨은 물론이나, 원칙적으로 소급효를 가지며, 두 채권의 소멸은 서로 인과관계에 서는 것으로 이해되어 있다(따라서 한쪽 채권이 존재하지 않았던 때에는 다른 쪽의 채권도 소멸하지 않는다).

　　(3) 민법이 정하는 상계의 요건이나 상계의 금지는 상계계약에는 원칙적으로 적용되지 않는다. 상계계약에서는, 단독행위인 상계와 달리, 쌍방의 채권은 같은 종류일 필요가 없고, 또한 두 채권이 같은 가치를 가져야 하는 것도 아니다. 그 밖에 불법행위에 기초한 채권 또는 압류금지의 채권에 관해서도 상계계약을 할 수 있다. 한쪽 당사자가 제3자에 대하여 가지는 채권으로써 상대방의 채권과 상계하는 것도 당사자 쌍방과 제3자 사이의 3면계약으로 할 수 있다. 이른바 어음교환제도는 이러한 상계계약을 기반으로 성립하는 것이다. 그 밖에도 상계계약에는 조건·기한을 붙일 수 있으므로(493조 1항 후단 참조), 장차 일정한 조건이 충족되면 상계의 효과가 생긴다고 하는 계약(보통 '상계의 예약'이라고 한다)도 유효하다. 예컨대, 예금채무를 부담하는 은행이 예금자에게 대출하고, 그 대출금의 원리금과 예금의 원리금이 같게 된 때 상계된다는 계약은 유효하다. 그러나 상계에 관한 제한이 계약에 의해서도 그 회피를 허용하지 않는 취지라면, 이에 반하는 상계계약은 무효이다(근로기준법 28조 참조).

[116]　Ⅱ. 상계의 요건

　　1. 상계적상　　상계가 유효하기 위해서는 대립하는 채권에 관하여 여러 요건이 갖추어져 있어야 한다. 일정한 요건을 갖춘 채권의 대립상태를 상계적상(相

計適狀)이라고 한다. 다음과 같은 요건을 갖춘 때 채권은 상계적상에 있고 그 상계
는 유효하게 된다.

　(1) **채권이 대립하고 있을 것**(492조 1항 본문)　　상계하려는 사람의 채권을 자
동채권(自動債權) 또는 능동채권(能動債權)이라고 하고, 상계를 당하는 상대방의 채권
을 수동채권(受動債權)이라고 한다.

　㈎　자동채권은 원칙적으로 상계자 자신이 상대방(피상계자)에 대하여 가지는
채권이어야 한다. 이 원칙에는 예외가 있다. 즉, 연대채무(418조 2항)·보증채무(434
조)의 경우에는 타인이 가지는 채권으로써 상계할 수 있고, 연대채무(426조 1항)·보
증채무(445조 1항)·채권양도(451조 2항)의 경우에는 타인에 대한 채권으로써 상계할
수 있다.

　㈏　수동채권은 상대방이 상계자에 대하여 가지는 채권이어야 한다. 따라서 상
계의 상대방이 제3자에 대하여 가지는 채권과 상계하지는 못한다. 또한 제3자는
채무자를 위하여 변제할 수 있으나, 채무자를 위하여 상계하지는 못한다(예컨대, 乙
의 甲에 대한 채무를 제3자 丙이 변제할 수 있으나, 丙이 자기의 甲에 대한 채권을 가지고 상계
하지는 못한다).

　㈐　위와 같은 자동채권과 수동채권이 서로 대립하고 있어야 한다. 바꾸어 말
해서, 자동채권과 수동채권 가운데 어느 하나가 없으면 상계할 수 없다.

　(2) **두 채권이 동종의 목적을 가질 것**(492조 1항 본문)　　따라서 상계를 할 수
있는 것은 종류채권에 한정된다. 그 가운데에서도 주로 금전채권이 상계에 이용된
다. 같은 종류의 목적을 가지는 채권이면 되고, 채권액이 같을 필요는 없으며, 채권
액이 확정되어 있을 필요도 없다. 또한 두 채권의 이행지가 같아야 하는 것도 아니
다(494조 참조).

　(3) **두 채권이 변제기에 있을 것**(492조 1항 본문)　　자동채권은 반드시 변제기
에 있어야 한다. 변제기가 도래하지 않은 채권을 자동채권으로 하여 상계하는 것을
허용한다면, 상대방은 이유 없이 기한의 이익을 잃게 되기 때문이다. 이에 반하여 수
동채권은 반드시 변제기에 이르러야 하는 것은 아니다. 즉, 상계자가 기한의 이익을
포기할 수 있는 때에는, 이를 포기해서 상계할 수 있다(대판 1979. 6. 12, 79다662 참조).

　(4) **채권의 성질이 상계가 허용될 것**(492조 1항 단서)　　현실의 이행을 해야만

채권의 목적을 달성할 수 있다면, 채권의 성질상 상계가 허용되지 않는다. 부작위
채무(예, 서로 경업을 하지 않는다는 채무)나 '하는 채무'(예, 서로 노무를 제공하는 채무)가
이에 속한다. 그리고 자동채권에 대하여 항변권이 붙어 있는 경우에도 마찬가지로
해석해야 한다(대판 1969. 10. 20, 69다1084; 대판 1975. 10. 21, 75다48 참조). 이에 반하여
수동채권에 대하여 항변권이 붙어 있는 때에는, 채무자는 그 항변권을 포기할 수
있으므로, 이를 포기해서 상계하는 것은 상관없다.

　　(5) **상계가 금지되어 있지 않은 채권일 것**　　　이에 관해서는 항을 바꾸어 살
피기로 한다([117] 참조).

　　2. 상계적상의 현존　　　위와 같은 요건을 갖춘 상계적상은 원칙적으로 상
계의 의사표시를 할 당시에 현존해야 한다. 두 채권 가운데 한쪽이 존재하지 않거
나 무효인 때에는 상계도 무효가 됨은 물론이고, 일단 상계적상에 있었던 경우에도
상계하지 않는 동안 한쪽 채권이 변제·계약해제 그 밖의 사유로 소멸한 때에는 당
연히 상계할 수 없게 된다. 다만 민법은 자동채권이 소멸시효가 완성된 경우에 관
하여 예외를 인정하고 있다. 즉, 소멸시효가 완성된 채권이 그 완성 전에 상계할 수
있었던 것이면, 그 채권자는 상계할 수 있다(495조). 그 이유는 상계적상에 있는 채
권의 당사자는 서로 채권관계를 결제했다고 생각하는 것이 보통이므로, 당사자 사
이의 그러한 신뢰를 보호하려는 것이다. 따라서 예컨대, 채권자의 연대보증인에 대
한 채권과 연대보증인에 대한 채무가 상계적상에 있었으나, 나중에 주채무자에 대
한 채권이 소멸시효가 완성되었더라도, 채권자는 상계할 수 있다. 그런데 이것은
위와 같이 어디까지나 당사자 사이의 신뢰를 보호하려는 것이 그 목적이므로, 이미
소멸시효에 걸린 타인의 채권을 양도받아서 이를 자동채권으로 하여 상계하는 것
은 허용되지 않는다. 그리고 수동채권이 소멸시효에 걸려 있는 때에는, 채무자는
시효의 이익을 포기할 수 있으므로, 이를 가지고 상계할 수 있음은 당연하다. 문제
가 되는 것은, 제척기간이 지난 채권을 자동채권으로 하여 상계할 수 있느냐이다.
민법 제495조를 유추 적용해서 긍정해야 한다. 판례는 매도인이나 수급인의 담보
책임을 기초로 한 매수인이나 도급인의 손해배상채권의 제척기간이 지난 경우에도
민법 제495조를 유추적용해서 매수인이나 도급인이 상대방의 채권과 상계할 수 있
다고 한다(대판 2019. 3. 14, 2018다255648 참조). 한편 임대차 존속 중 차임채권의 소멸

시효가 완성된 경우 소멸시효 완성 전에 임대차보증금 반환채권과 차임채권이 상계할 수 있는 상태에 있지는 않았으나, 그 후에 임대인이 이미 소멸시효가 완성된 차임채권을 자동채권으로 삼아 임대차보증금 반환채무와 상계하는 것은 허용되지 않지만, 연체차임은 민법 제495조를 유추 적용해서 임대차보증금에서 공제할 수 있다고 보아야 한다(대판 2016. 11. 25, 2016다211309 참조).

[117]　Ⅲ. 상계의 금지와 상계권 남용

상계가 금지되거나 그 행사가 남용이 되는 경우가 있는데, 다음과 같다.

　1. **당사자의 의사표시에 의한 금지**　　당사자는 상계를 금지하는 특약을 할 수 있다(492조 2항 본문). 계약으로 발생하는 채권에 관해서는 계약으로, 그리고 단독행위로 발생하는 채권에 관해서는 단독행위로, 상계를 금지할 수 있다. 그러나 상계금지의 의사표시는 선의의 제3자에게 대항하지 못한다(492조 2항 단서). 예컨대, 甲의 乙에 대한 1억원의 채권에 관하여 상계금지의 특약이 있는 때에는, 甲·乙 어느 쪽도 이를 상계로 소멸시킬 수 없다. 그러나 甲으로부터 채권을 양수한 선의의 제3자 丙은 자기가 乙에 대하여 부담하는 채무와 상계할 수 있다. 또한 乙로부터 甲에 대한 채무를 인수한 선의의 제3자 丁은 자기가 甲에 대하여 가지는 채권과 상계할 수 있다.

　2. **법률에 의한 금지**　　현실의 변제를 받게 할 특별한 사정이 있는 수동채권은 이를 상계로 소멸시키는 것이 법률규정으로 금지되어 있다. 그러한 채권은 다음과 같다.

　(1) **고의의 불법행위에 의한 손해배상채권**　　채무가 '고의'의 불법행위로 생긴 것이면, 채무자는 상계로 채권자에게 대항하지 못한다(496조). 즉, 고의의 불법행위자는 피해자의 손해배상청구권을 수동채권으로 하여 상계하는 것이 금지된다. 예컨대, 甲의 방화로 乙이 1억원의 손해를 입었으나, 한편 甲은 乙에 대하여 1억원의 금전채권을 가지고 있고 그 변제기에 이르렀다고 가정한다면, 甲(불법행위자)은 乙(피해자)에 대한 금전채권을 자동채권으로 하여 乙의 손해배상채권(수동채권)과 상계할 수 없다. 이는 고의의 불법행위 피해자로 하여금 현실의 변제를 받게 하는 동시에, 불법행위의 유발(채무자의 무자력 그 밖의 이유로 변제받을 수 없게 된 채권자가 채무

자에게 고의의 불법행위를 함으로써 만족을 얻고자 하는 경우 등)을 방지하려는 취지이다. 불법행위는 고의 또는 과실로 피해자에게 손해를 주는 위법행위이며(750조 참조), 고의·과실을 구별하지 않고 불법행위의 성립을 인정하는 것이 원칙이다. 그러나 상계의 수동채권이 될 수 없는 것은 오직 '고의'의 불법행위로 생기는 손해배상채권이다. 따라서 과실에 의한 불법행위로 생기는 채권은 이를 수동채권으로 할 수 있다. 그리고 금지되는 것은 고의의 불법행위채권을 '수동채권'으로 하는 것이며, '자동채권'으로 하여 피해자가 상계하는 것은 상관없다(위 예에서 乙이 그의 손해배상채권을 자동채권으로 하여 상계하는 것은 상관없다). 그러나 자동채권이 불법행위로 생긴 것인 경우에, 수동채권도 역시 '고의의 불법행위'에 의한 것이라면, 상계는 허용되지 않는다. 예컨대, 사용자가 그의 노무자를 구타하여 부담하게 된 손해배상채무와 노무자의 횡령으로 생긴 손해배상채권의 상계는 허용되지 않는다.

한편 고의의 불법행위에 인한 손해배상채권에 대한 상계금지를 중과실의 불법행위에 인한 손해배상채권에까지 유추 또는 확장 적용해서는 안 된다(대판 1994. 8. 12, 93다52808). 그리고 이 규정은 고의의 채무불이행으로 인한 손해배상채권에는 적용되지 않는다. 다만 고의에 의한 행위가 불법행위를 구성함과 동시에 채무불이행을 구성하여 불법행위로 인한 손해배상채권과 채무불이행으로 인한 손해배상채권이 경합하는 경우에는 이 규정이 유추 적용된다(대판 2017. 2. 15, 2014다19776, 19783 참조).

(2) **압류금지의 채권**   채권이 압류하지 못하는 것일 때에는, 그 채무자는 상계로 채권자에게 대항하지 못한다(497조). 즉, 압류금지채권(민집 246조, 공무원연금법 39조, 근로기준법 86조, 형사보상 및 명예회복에 관한 법률 23조 등)을 수동채권으로 하지 못한다. 이는 압류금지의 취지, 즉 채무자 보호를 관철하기 위한 것이다. 압류금지 채권이라도 이를 자동채권으로 상계하는 것은 상관없다.

근로자의 임금에 관하여, 근로기준법 제21조는 사용자는 전차금(前借金)이나 그 밖에 근로할 것을 조건으로 하는 전대(前貸)채권과 임금의 상계를 금지하고, 또한 동법 제43조 1항 본문은 임금을 통화로 직접 근로자에게 그 전액을 지급할 것을 규정하고 있다. 그러나 민사집행법 제246조는 원칙적으로 임금의 2분의 1에 대해서는 압류를 인정하고 있다. 여기서 근로기준법 제43조는 임금 전액에 관하여 상계를 금지하는 것인지 문제된다. 원칙적으로 임금 전액에 관한 상계를 금지한 것으로 새겨야 한다(대판 1990. 5. 8, 88다카26413 참조).

판례는 근로자가 받을 퇴직금도 임금의 성질을 가지므로 마찬가지라고 하면서도, 계산의 착오 등으로 임금을 초과 지급한 경우 사용자는 초과 지급한 임금의 반환청구권을 자동채권으로 하여 근로자의 임금채권이나 퇴직금채권과 상계할 수 있는 일정한 예외를 인정하고 있다. 이러한 법리는 사용자가 근로자에게 이미 퇴직금 명목의 금원을 지급하였으나 그것이 퇴직금 지급으로서 효력이 없어 사용자가 같은 금원 상당의 부당이득반환채권을 갖게 된 경우에 이를 자동채권으로 하여 근로자의 퇴직금채권과 상계하는 때에도 적용된다. 한편 민사집행법 제246조 제 1 항 제 5 호에 비추어 사용자가 근로자에게 퇴직금 명목으로 지급한 금원 상당의 부당이득반환채권을 자동채권으로 하여 근로자의 퇴직금채권을 상계하는 것은 퇴직금채권의 2분의 1을 초과하는 부분에 해당하는 금액에 관해서만 허용된다고 한다(대판(전) 2010. 5. 20, 2007다90760 참조).

(3) **지급금지채권**   지급금지명령을 받은 제 3 채무자는, 그 후에 취득한 채권에 의한 상계로, 그 명령을 신청한 채권자에게 대항하지 못한다(498조). 지급금지명령을 받은 채권은 압류 또는 가압류된 채권을 말하며, 그 채무자는 지급금지 후에 취득한 채권으로써 상계해도 이를 가지고 압류채권자에게 대항하지 못한다. 예컨대, 甲의 乙에 대한 채권이 甲의 채권자 丙에 의하여 압류되었다고 하자. 제 3 채무자 乙이 압류 전부터 甲에 대하여 채권을 가지고 있으면 이를 자동채권으로 하여 상계할 수도 있으나, 압류 후에 채권을 취득해도 그 채권으로 상계하지 못한다. 乙이 압류 전부터 甲에 대하여 반대채권을 가지고 있으면, 甲에 대한 자기의 채무는 상계로 청산할 수 있다는 기대를 하는 것이 보통이므로, 그러한 기대를 보호할 필요가 있으나, 압류 후에 乙이 甲에 대한 반대채권을 취득한 경우에는 그러한 기대를 보호할 여지가 없다. 압류 후에 취득한 채권을 가지고 상계하지 못한다고 제한한 이유는 위에서 본 바와 같은 합리적인 기대가 없을 뿐만 아니라, 이를 허용하면 그러한 압류가 있는 때에는 언제나 반대채권을 만들어서 압류의 효력을 없게 하여 압류채권자를 해치게 되기 때문이다.

그런데 제 3 채무자가 압류명령 이전에 취득한 채권을 자동채권으로 하여 상계하는 것에 아무런 제한이 없는지에 관해서는 판례가 바뀌어 왔다. 현재의 판례는 채권압류명령을 받은 제 3 채무자가 압류채무자에 대한 반대채권을 가지고 있는 경우에 상계로써 압류채권자에게 대항하려면, 압류의 효력 발생 당시 대립하는 양 채권이 상계적상에 있거나, 그 당시 반대채권(자동채권)의 변제기가 도래하지 않은 경우에는 그것이 피압류채권(수동채권)의 변제기와 동시에 또는 그보다 먼저 도래해야 한다고 하고 있다(대판(전) 2012. 2. 16, 2011다45521 참조). 이를 '변제기 기준설'이라고 한다. 위와 같은 제한을 둘 근거가 없다는 견해도 있으나, 판례에 찬성하는 견해가 다수설이다(김형배 772면 참조). 이러한 판례가 민법 제498조의 문언에 정면으로 배치되는 것은 아니고, 압류채권자와 제 3 채무자의 이익을 적정하게 형량한 결과로 볼 수 있다는 점에서 찬성할 수 있다.

(4) **질권이 설정된 채권**　　민법은 이에 관하여 특히 정하고 있지 않으나, 질권이 설정된 채권은 질권의 효력으로서 지급금지의 효력이 생기므로, 지급금지명령을 받은 채권으로 다루어야 한다.

(5) 민법 외에 특별법에서 상계가 금지되는 채권이 있다(상법 421조 2항·596조, 근기법 21조 등 참조).

3. 상계권의 남용　　민법상 상계의 요건을 갖추고 있는데도 상계권 남용을 이유로 상계를 허용하지 않는 경우가 있다. 상계권의 행사에도 신의칙이나 권리남용 금지에 관한 민법 제 2 조가 적용된다. 상계권 남용에 해당하는지는 상계권 행사가 상계제도의 목적이나 기능을 벗어난 것인지, 법적으로 보호받을 만한 대립하는 채권과 채무의 담보적 기능에 대한 정당한 기대가 없는지 등을 고려하여 판단해야 한다. 판례는 당사자가 상계의 대상이 되는 채권이나 채무를 취득하게 된 목적과 경위, 상계권을 행사함에 이른 구체적·개별적 사정에 비추어, 그것이 상계제도의 목적이나 기능을 벗어나고 법적으로 보호받을 만한 가치가 없는 경우에는, 상계권의 행사는 신의칙에 반하거나 상계에 관한 권리를 남용하는 것으로서 허용되지 않는다고 한다. 이 때 일반적인 권리남용의 경우에 요구되는 주관적 요건은 필요하지 않다고 한다(대판 2003. 4. 11, 2002다59481; 대판 2010. 5. 27, 2007다66088 참조). 권리남용에 관하여 대법원은 객관적 요건과 주관적 요건을 갖추어야 한다고 하고 있다. 그러나 권리자에게 가해의 의사나 목적이 없더라도 권리남용을 인정할 수 있고, 그와 같은 주관적 사정은 권리남용을 판단하는 고려요소로 보는 것으로 충분하다(『민

법총칙」[31] 3. (2) 참조). 상계권 남용에 관한 판례는 주관적 요건을 요구하지 않고 있다는 점에서 진일보한 판결이다.

[118] Ⅳ. 상계의 방법

1. 상계는 상대방에 대한 의사표시로 한다(493조 1항 전단). 즉, 단독행위이다. 이처럼 민법에서 상계는 법률상 당연히 생기지 않고, 의사표시가 필요하다. 상계의 의사표시에는 상계하는 채권을 표시해야 한다. 즉, 무엇이 자동채권이고, 어느 수동채권과 상계하는지를 명시해야 한다. 그러나 그것은 채권의 동일성을 인식할 수 있는 정도로 표시하면 되고, 그 발생일시·발생원인·액수 등을 분명하게 가리킬 필요는 없다. 또한 상계의 의사표시는 재판 밖에서뿐만 아니라, 재판상으로도 할 수 있으며, 재판상 상계는 변론이 종결될 때까지 법원에 대하여 해야 한다.

2. 상계의 의사표시에는 조건 또는 기한을 붙이지 못한다(493조 1항 후단). 단독행위인 상계에 조건을 붙이면, 일방적 의사표시로 상대방을 불안정한 지위에 놓는 결과가 되고, 또한 기한을 붙이는 것은 상계가 소급효를 가지기 때문에 무의미하다.

[119] Ⅴ. 상계의 효과

(1) **채권의 소멸**　상계로써 당사자 쌍방의 채권은 그 대등액에서 소멸한다(492조 1항 본문). 즉, 두 채권의 액수가 같지 않으면, 일부만 상계되고 액수가 큰 채권은 그 차액이 남게 된다. 상대방이 상계적상에 있는 여러 수동채권을 가지고 있고 자동채권이 그 전부를 소멸시키는 데 부족한 때에는 변제충당에 관한 규정을 준용해서 상계되는 채권을 결정한다(499조). 이를 상계충당(相計充當)이라고 한다.

(2) **상계의 소급효**　상계의 의사표시는 '각 채무가 상계할 수 있는 때'에 대등액에 관하여 소멸한 것으로 본다(493조 2항). 즉, 상계의 의사표시는 쌍방의 채무가 서로 상계하는 데 적합하였던 처음에 소급해서 효력이 생긴다. 바꾸어 말하면, 상계에는 소급효(遡及效)가 인정된다. 쌍방의 채권이 상계적상에 있는 때에는 당사자는 마치 채무관계가 이미 결제된 것처럼 다루는 것이 보통이다. 상계의 효력에 소급효를 인정하는 것이 당사자의 의사나 거래의 실정에 합당하다. 따라서 상계적상이 생긴 이후에는 이자가 발생하지 않고 이행지체도 소멸한다. 그러나 상계는 상

계의 의사표시를 할 당시 상계적상이 현존해야 하므로, 일단 상계적상이 생겼더라도, 그 후에 예컨대 경개·변제·해제 등으로 상계적상이 소멸하면, 상계의 의사표시는 그 요건을 갖추지 못한 것이 되어 상계로서 효력이 생기지 않으며(따라서 상계로 일단 소멸하였던 채권은 다시 살아나게 된다. 대판 1980. 8. 26, 79다1257·1258 참조), 소급효는 문제가 되지 않는다.

(3) 이행지가 다른 채권의 상계와 손해배상   상계는 쌍방 채무의 이행지가 다른 경우에도 할 수 있으나, 상계하는 당사자는 상대방에 대하여 그로 말미암아 생긴 손해를 배상해야 한다(494조).

제 6 절   경   개

[120] I. 경개의 의의

1. 경개(更改)는 채무의 요소를 변경함으로써 새로운 채무를 성립시키는 동시에 구채무를 소멸시키는 유상계약이다(500조). 경개에서 구채무의 소멸과 신채무의 성립은 1개의 계약 내용을 이루며, 별개의 행위로 새로 생긴 채권을 대가로서 교부함으로써 구채권을 소멸시키는 것이 아니다. 구채권의 소멸과 신채권의 성립은 서로 인과관계가 있다. 따라서 구채권이 소멸하지 않으면 신채권이 성립하지 않고, 반대로 신채권이 성립하지 않으면 구채권은 소멸하지 않는다(504조). 이러한 의미에서 경개는 유인계약(有因契約)이다. 또한 경개는 대물변제와 비슷하나, 본래의 급부와 다른 급부가 현실적으로 이루어지지는 않고, 단순히 급부할 새로운 채무가 성립하는 데 지나지 않는 점에서, 대물변제와 다르다.

2. 채권관계에서 인적 요소를 중시하여 채권이 동일성을 유지하면서 당사자가 변경되는 것을 부정했던 로마법에서는, 경개제도는 채권양도와 채무인수를 갈음하는 중요한 경제적 작용을 하였다. 그러나 민법은 채권양도·채무인수를 인정하고 있으므로, 민법의 경개제도는 그 존재의의가 줄어들었다고 말할 수 있다.

[121] II. 경개의 요건

1. 소멸할 채권의 존재   경개로 소멸할 채권이 존재하지 않으면, 경개는

무효이며 신채권도 성립하지 않는다. 예컨대, 구채무자가 부담한 채무의 일부가 무효인 때에는, 신채무도 그 한도에서 성립하지 않는다. 또한 구채무의 발생원인이 되는 계약에 취소원인이 있을 때 당사자가 이의를 보류하지 않고 경개를 한 때에는 법정추인에 의하여 그 경개가 유효하게 되지만(145조 3호), 이의를 보류해서 경개를 한 때에는 나중에 계약이 취소되면 경개는 처음부터 무효로 된다. 그러나 채권자의 변경에 의한 경개에는 채권양도에 관한 제451조 1항이 준용되기 때문에(503조), 채권이 이미 소멸하고 있는데도 이의를 보류하지 않고 경개를 한 경우에는, 채권소멸의 항변권을 잃게 되고 신채권은 유효하게 성립한다. 이것은 채권양도에서와 마찬가지로 신채권자의 신뢰를 보호하려는 취지이다.

  2. 신채무의 성립   신채무가 성립하지 않으면, 경개는 무효이고 원칙적으로 구채무도 소멸하지 않는다. 이 점에 관하여 민법 제504조는 "경개로 인한 신채무가 원인의 불법 또는 당사자가 알지 못한 사유로 인하여 성립되지 아니하거나 취소된 때에는 구채무는 소멸되지 아니한다."라고 정하고 있다. 즉, ① 신채무가 그 원인의 불법(예컨대, 사회질서에 반하는 급부를 목적으로 하는 때)으로 성립하지 않은 때에는 구채무는 언제나 소멸하지 않는다. ② 신채무가 그 밖의 사유로(급부가 불가능인 경우 등) 성립하지 않은 때에는, 당사자가 이를 알지 못하는 경우에만 구채무는 소멸하지 않는다. 이 경우 신채무가 불법원인 이외의 사유로 성립하지 않은 때에는 구채무는 소멸한다. 이때에는 당사자가 구채무를 면제할 의사를 가지는 것으로 볼 수 있기 때문이다. 그리고 ③ 신채무가 취소된 때에는 구채무는 언제나 소멸하지 않음을 주의적으로 규정하고 있다.

  3. 채무의 중요 부분 변경   채무의 중요한 부분(이를 '요소'라고도 한다)이 변경되어야 한다(500조). 무엇이 채무의 중요 부분인가? 그것은 채무의 동일성을 결정하는 중요한 부분으로서, 발생원인·채권자·채무자·채권의 목적이 이에 속한다. 그러나 이들 가운데 어느 하나가 변하면 언제나 채무의 중요 부분이 변경되는 것은 아니며, 다시 당사자가 신채무의 성립으로 구채무를 소멸시키려는 의사, 즉 경개의 사를 가지는 때에만 중요 부분의 변경이 있다고 해야 한다. 그 이유는 다음과 같다. 민법은 채권양도·채무인수를 인정하여, 채권은 동일성을 변경하지 않고 중요 부분을 변경할 수 있음을 인정하고 있다. 따라서 민법에서는 채무의 중요 부분을 변경

하기 위하여 경개제도가 필요하게 되지 않았다. 또한 채권은 재화로서 다루어지게 되었으므로, 채무의 중요 부분이 변경되더라도 원칙적으로 채무의 동일성에는 영향을 미치지 않는다. 따라서 채무의 중요 부분에 변경이 있더라도, 당사자의 경개의사가 명확하지 않으면, 경개라고 볼 것은 아니다. 요컨대, 민법에서는 채무의 중요 부분의 변경이 경개의 유일한 요건은 아니며, 채무의 동일성을 변경하려는 당사자의사의 효과로서 경개가 생긴다고 이해해야 한다.

4. **경개계약의 당사자**   경개의 종류에 따라서 다르다.

(1) **채권자 변경에 의한 경개**   신·구 두 채권자와 채무자의 3면계약에 의한다. 채무자도 반드시 계약당사자가 되어야 하는 점에서, 채권양도와 다르다. 이 계약에는 특별한 방식이 필요하지 않으나, 이로써 제3자에게 대항하려면 확정일자 있는 증서로 해야 한다(502조). 그리고 이 경우에 제451조 1항이 준용됨은 이미 설명하였다.

(2) **채무자 변경에 의한 경개**   채권자와 신채무자의 계약에 의한다(501조). 즉, 구채무자를 당사자로 할 필요는 없다. 그러나 그의 의사에 반하여 하지는 못한다(501조 단서).

(3) **목적 변경에 의한 경개**   채권자·채무자 사이의 계약에 의한다. 목적의 변경은 채무의 내용인 급부에서 중요 부분을 변경하는 것을 말한다(예컨대, 특정물이전의 채권을 소멸시키고 일정 금액의 지급을 목적으로 하는 채무를 성립시키는 것).

[122] Ⅲ. 경개의 효과

(1) **구채권의 소멸**   경개에 의하여 구채권은 소멸한다(500조). 따라서 구채권에 관하여 존재하였던 담보권·보증채무·위약금 그 밖의 종된 권리는 모두 소멸한다. 그러나 경개의 당사자는 특약으로써 구채무 목적의 한도 내에서 소멸하는 채무의 담보에 제공한 담보를 신채무의 담보로 할 수 있다(505조 본문). 그러나 제3자가 제공한 담보는 그의 승낙이 필요하다(505조 단서).

(2) **신채무의 성립**   경개에 의하여 신채무가 성립한다. 그 결과 신채무는 구채무에 관하여 존재한 항변권을 수반하지 않는다. 그러나 채무자는 이의를 보류함으로써, 구채무에 관한 항변권을 보류할 수 있다(503조·451조 1항 참조).

(3) **경개계약의 해제**   경개계약으로 성립한 채무에 관하여 불이행이 있는 경우 계약해제의 일반원칙에 따라 이를 해제할 수 있는지 문제된다. 경개계약은 신채무가 유효하게 성립하면 그 효과는 완결하고 경개계약 이행의 문제는 발생할 여지가 없다. 따라서 신채무의 불이행은 경개계약의 불이행으로 볼 것은 아니므로, 경개계약을 해제하는 것은 허용되지 않는다. 판례도 마찬가지이다(대판 1980. 11. 11, 80다2050. 다만 계약자유의 원칙상 경개계약의 성립 후에 그 계약을 합의 해제하여 구채권을 부활시키는 것은 적어도 당사자 사이에서는 가능하다. 대판 2003. 2. 11, 2002다62333 참조).

제 7 절 면 제

[123] I. 면제의 의의

1.   면제(免除)는 채무자에 대한 채권자의 일방적 의사표시로 채권을 무상으로 소멸시키는 것이다(506조). 즉, 면제는 채권자의 단독행위이며, 그것은 결국 채권의 포기에 지나지 않는다.

2.   면제는 채권의 '처분행위'이다([83] 참조). 따라서 화해계약 또는 증여계약에서 채권자가 채무를 면제할 의무를 부담하는 행위와 그 이행으로서 하는 면제행위는 구별된다. 그러나 채무의 면제에는 특별한 방식이 요구되지 않으므로, 위와 같은 계약에서 채권자의 의사표시 가운데에는 면제의 의사표시도 포함되는 경우가 많다. 계약자유의 원칙상 당사자 사이의 면제계약으로 채권을 소멸시킬 수 있음은 물론이다. 면제계약은 제3자를 위한 계약으로 할 수도 있다.

[124] II. 면제의 요건

1. 채권의 처분권한   면제는 채권의 처분이므로, 채권의 처분권한을 가지는 자만이 면제를 할 수 있다. 예컨대, 채권의 추심을 위임받은 자가 면제해도 무효이다. 그러나 추심목적으로 채권을 신탁적으로 양도받은 사람이 한 면제의 의사표시는 유효하다. 채권자는 채권을 처분할 수 있는 것이 원칙이지만, 채권이 압류되었거나 질권의 목적으로 되어 있는 경우에는 처분권한이 제한되므로, 면제로써 압류채권자나 질권자에게 대항하지 못한다.

2. 면제의 의사표시   면제는 채무자에 대한 채권자의 일방적 의사표시로 한다. 방식을 필요하지 않고 면제의 의사표시는 명시적이든 또는 묵시적이든 상관없다(대판 1979. 7. 10, 79다705 참조). 면제는 단독행위이지만 조건을 붙이는 것은 무방하다. 이것이 채무자를 특히 불리하게 하지 않기 때문이다.

[125] Ⅲ. 면제의 효과

면제의 효과로서 채권은 소멸한다. 일부 면제도 유효하고 그 범위에서 채권은 소멸한다. 채권 전부가 소멸하면, 그에 수반하는 담보물권·보증채무 등의 종된 권리도 또한 소멸한다.

채권자는 원칙적으로 자유로이 면제를 할 수 있으나, 다만 그 채권에 관하여 정당한 이익을 가지는 제3자에게 대항하지 못한다(506조 단서).

제 8 절 혼 동

[126] 혼동의 의의와 효과

채권과 채무가 동일인에게 귀속하는 사실을 혼동(混同)이라고 한다. 예컨대, 채권자가 채무자를 상속하거나, 채권자인 회사와 채무자인 회사가 합병한 때, 채무자가 채권을 양수받은 때 혼동이 일어난다. 이러한 혼동이 있게 되면, 채권은 원칙적으로 소멸한다(507조 본문). 자기에 대하여 채권을 가진다는 것은 일반적으로 무의미하기 때문이다. 그러므로 이러한 채권을 특히 존속시키는 데 법률상 의미가 있는 경우에는 채권은 소멸하지 않는다. 그리하여 민법은 "그 채권이 제3자의 권리의 목적인 때"에는 채권은 혼동이 있어도 소멸하지 않는다고 규정한다(507조 단서). 예컨대, 甲의 乙에 대한 채권이 甲의 채권자 丙의 채권의 목적으로 되어 있는 때에는, 비록 乙이 甲을 상속하여도, 甲의 채권은 소멸하지 않는다. 제3자 丙의 이익을 해치지 않도록 하기 위해서이다. 그리고 지시채권·무기명채권·사채 등과 같은 증권화한 채권은 채권의 대인적 성격이 매우 엷을 뿐만 아니라 그 자체가 독립한 유가물로서 거래되기 때문에, 혼동으로 소멸하지 않는다(509조, 어음법 11조 3항, 수표법 14조 3항 참조).

조문색인

판례색인

사항색인

공저자 약력

곽윤직(1925∼2018)

- 서울대학교 법과대학 졸업
- 법학박사(서울대학교)
- 서울대학교 법과대학 교수(1991년 정년퇴임)
- 서울대학교 명예교수

주요 저서

독일민법개설(신구문화사)
대륙법(박영사)
민법총칙〔민법강의 Ⅰ〕(제 9 판)(공저)(박영사)
물권법〔민법강의 Ⅱ〕(제 8 판 보정)(공저)(박영사)
채권각론〔민법강의 Ⅳ〕(제 6 판)(박영사)
상속법〔민법강의 Ⅵ〕(개정판)(박영사)
민법개설(개정수정판)(박영사)
부동산등기법(신정수정판)(박영사)
부동산물권변동의 연구(박영사)
후암 민법논집(박영사)
판례교재 물권법(법문사)
韓國の契約法 ― 日本法との比較(アジア經濟
    研究所, 日本 東京)
Credit and Security in Korea 〔The Legal Pro-
    blems of Development Finance〕(University
    of Queensland Press St. Lucia: Crane,
    Russak & Company Inc., New York)

김재형

- 서울대학교 법과대학 졸업
- 법학박사(서울대학교)
- 서울지방법원 등 판사
- 독일 뮌헨대학교와 미국 콜럼비아 로스쿨에서
  법학연구
- 서울대학교 법과대학 · 법학전문대학원 교수
- 대법관
- 현 : 서울대학교 법학전문대학원 교수

주요 저서

민법론 Ⅰ, Ⅱ, Ⅲ, Ⅳ, Ⅴ(박영사)
근저당권연구(박영사)
언론과 인격권(제 2 판)(박영사)
민법판례분석(중판)(박영사)
계약법(제 3 판)(공저)(박영사)
민법총칙〔민법강의 Ⅰ〕(제 9 판)(공저)(박영사)
물권법〔민법강의 Ⅱ〕(제 8 판 보정)(공저)(박영사)
민법주해 제16권(분담집필)(박영사)
주석 민법 – 물권(4)(분담집필)(한국사법행정학회)
주석 민법 – 채권각칙(6)(분담집필)(한국사법행정
    학회)
기업회생을 위한 제도개선방향(대한상공회의소)
민법개정안 연구(공저)(박영사)
채무불이행과 부당이득의 최근 동향(공편)(박영사)
금융거래법강의 Ⅱ(공편)(법문사)
도산법강의(공편)(법문사)
통합도산법(공편)(법문사)
한국법과 세계화(공편)(법문사)
판례민법전(편)(2023년판)(박영사)
유럽계약법원칙 제1 · 2부(번역)(박영사)

제 7 판(전면개정)
채권총론(민법강의 Ⅲ)

초판발행   1964년 8월 25일
신정판발행   1994년 2월 15일
신정수정판발행   1999년 12월 24일
제 6 판발행   2003년 1월 15일
제 7 판(전면개정)발행 2023년 9월 20일

지은이   곽윤직 · 김재형
펴낸이   안종만 · 안상준

편 집   김선민
기획/마케팅 조성호
표지디자인   이영경
제 작   고철민 · 조영환

펴낸곳   (주) 박영사
            서울특별시 금천구 가산디지털2로 53, 210호(가산동, 한라시그마밸리)
            등록 1959. 3. 11. 제300–1959–1호(倫)

전 화   02)733–6771
f a x   02)736–4818
e-mail   pys@pybook.co.kr
homepage   www.pybook.co.kr
ISBN   979–11–303–4529–1   93360

정 가   28,000원